付祥喜／编著

ZHONGGUO
WENXUESHI ZHUZUO
BIANNIAN XULU

中国文学史
著作编年叙录

GUDAI WENXUESHI JUAN

古代文学史卷

（上）

山西出版传媒集团
山西人民出版社

图书在版编目（CIP）数据

中国文学史著作编年叙录．古代文学史卷．上／付祥喜编著．—太原：山西人民出版社，2023.4
ISBN 978-7-203-12035-3

Ⅰ．①中… Ⅱ．①付… Ⅲ．①中国文学－古代文学史－专题目录－中国 Ⅳ．① Z88．I209

中国版本图书馆 CIP 数据核字（2021）第 258165 号

中国文学史著作编年叙录·古代文学史卷（上）

编　　著：付祥喜
责任编辑：蔡咏卉
复　　审：傅晓红
终　　审：梁晋华
装帧设计：陈　婷

出 版 者：山西出版传媒集团·山西人民出版社
地　　址：太原市建设南路 21 号
邮　　编：030012
发行营销：0351 - 4922220　4955996　4956039　4922127（传真）
天猫官网：https://sxrmcbs.tmall.com　电话：0351 - 4922159
E — mail：sxskcb@163.com　发行部
　　　　　sxskcb@126.com　总编室
网　　址：www.sxskcb.com

经 销 者：山西出版传媒集团·山西人民出版社
承 印 厂：山西出版传媒集团·山西新华印业有限公司

开　　本：720mm×1020mm　　1/16
印　　张：33.5
字　　数：495 千字
版　　次：2023 年 4 月　第 1 版
印　　次：2023 年 4 月　第 1 次印刷
书　　号：ISBN 978-7-203-12035-3
定　　价：99.80 元

如有印装质量问题请与本社联系调换

总　序

在出版界，作为一个编辑是应该讲点智慧和毅力的。一本书稿拿到手里，如真是不俗的，我总想尽可能让它有个好的结果。

前些天，为一本书稿找出路，我得以结识山西人民出版社总编辑梁先生。一通电话，彼此谈得很投缘。末了他说："你人脉广、资源多，不妨为我们组织一套有点儿学术、有点儿文化积累，还有点儿市场的图书。"山西人民出版社是出过不少好书的，如秦晖、杨奎松、雷颐等，都在那里出过书。我心动了，想到自己手里的积累，就愉快地答应了。当然，答应了，不等于就铁定每年要做多少；条件具备了就做，因为毕竟要面对图书市场，面对出版人的现实境遇。

之所以把这套书叫不夜灯书系，我得交代几句：本来这是我几年前为自己的"东家"预定的，但"东家"产品线调整，因故中断了；这里拿来，只是觉得这个筐子适合放更多的东西。直接的意义不言而喻，就是多读书，不舍昼夜——尤其是在这个"读书不一定改变命运"的时代，已经把读书的范围圈得很小了。然而，唯有多读书，才可能明辨是非，才可能在纷扰的世界不被迷惑，不为心术不正的人所忽悠。什么是人类命运共同体？我们当知自己是世界的人，有世界的眼光，有共同的价值追求，因此读书自然是第一要务。

也许，现实的都是合理的。然而，这种"合理"是由很多外在因素支撑的，也会此一时、彼一时的。我们不必悲观颓废，也不必盲目乐观。是大时代，也是众生表演的时代。无论众说纷纭，抑或人云亦云，凡存在的，任其存在；然我辈始终如一，坚守自己的学术良知和信念——这种坚守，正是时代所需要的。假如你有这种独立而坚守的东西，我们很欢迎。邮箱779789298@qq.com在静候你的参与。人生有限，参与大时代的学术重建，终而不悔焉。

向继东

2021年6月于羊城一隅

凡　例

一、本书注重实用性，既可供统览，又可供具体检索，为中国文学史研究和高校中国文学史教学提供工具书，为文学爱好者了解中国文学史写作历程与状况提供便捷的读物。

二、本书所收中国文学史著作，以中国人自著者为主，成书和出版时间，以1854年为上限、1949年为下限。所收史著的内容限于中国古代文学（凡是以中国近代文学、现当代文学内容为尾翼者，均另外收入他书），故本书名为"古代文学史卷"。其类型包括通史、断代史、专题史（民间文学、民族文学、抗战文学、妇女文学、宗教文学）、分体史（韵文、美文、骈文，或诗、词、赋、曲、小说、戏剧），以获得出版（自印或出版机构印行）的图书为主，但也收入部分1949年以前成书却从未出版或直到1949年后才出版的文学史讲义、篇幅较大的毕业论文。

三、本书的编排，以各类文学史著作出版时间为序，按年和月分别编入。凡是出版年月不详者，以其成书时间编入；出版年份确定但月份不明者，以"本年"为子目编入；成书时间和出版时间都不明者，不予编入。由此，本书在编排和内容方面具有两个特点：1.以年为纲、以月为子目，凸显中国文学史写作和史著出版在不同年代的发展状况；2.不但介绍史著的作者、版本和成书简况，还概述其传播史、接受史，并评述其特色，最后详录目次。

四、考虑到晚清以皇帝年号和农历纪年，故书中凡是涉及晚清时期的年份和日月，均换算为公元纪年；民国时期虽以"中华民国"纪年，但月和日均按照公元纪年方式，因而从民国元年（1912年）开始，其月和日均直接对应公元纪月和纪日。

五、本书主要参考了《中国文学史书目提要》（陈玉堂编，黄山书社1986年版）、《中国文学史著版本概览》（吉平平、黄晓静编，辽宁大学出版社1992年版）、黄文吉主编《中国文学史总书目（1880~1994）》（《台湾出版中国文学史书目提要（1949~1994）》，万卷楼图书有限公司1996年版）、《中国文学专史书目提要》（陈飞主编，大象出版社2004年版）诸书，同时作了三个方面的增删、修正：一是新增史著；二是删去重复录入、出版时间不详、非文学史（如《中国音乐史》和纯理论的《中国文学概论》）的著作；三是补正错漏和不确之处。

六、本书对文学史著作的叙录，主要来自每部史著的版权页、出版说明、凡例、序跋、绪论、目录。

目　录

1854年（咸丰四年）

本年

〔德〕威廉·肖特《中国文学论纲》

威廉·肖特（Wilhelm Schott，1802—1889），德国汉学家，曾编印刊行《御书房满汉书广录》（1840年）。肖特的《中国文学论纲》（Entwurf einer Beschreibung der chinesischen Literatur），载1854年出版的《柏林皇家科学院1853年文集》，共125页。[1]

该书20世纪20年代被认为在当时德国出版的中国文学史中"首先值得一提"，"从整体上看仍然是一篇未被超越的研究，其持久价值就在于，它系统地整理了材料，给出了中国文献名录"。[2]在21世纪初，被中国学者认定为"世界第一部中国文学史"[3]。

全书分12章，每章列出一类重要典籍的名字，略作内容介绍。

目次：

> 国家宗教的经书；道士经书与其他哲学宗教典籍；佛教经书及宗教道德典籍；独立的儒家、经师、方士；朱熹的作用与中国文化的僵化；史书；地志；统计和法律；语文学典籍；博物志和医书；生产百工；美文学（诗歌作品，小说化的故事、小说和剧本，美文艺术）。

---

[1]肖特：《中国文学论纲》，载《柏林皇家科学院1853年文集》，柏林：Druckerei der Königlichen Akademie der Wissenschaften，1854年，第293~418页。〔Wilhelm Schott，Entwurf einer beschreibung der chinesischen litteratur，in：Abhandlungen der Königlichen Akademie der Wissenschaften zu Berlin，aus dem Jahre 1853，Berlin：Druckerei der Königlichen Akademie der Wissenschaften（F. Dümmler），1854〕

[2]Eduard Erkes，Chinesische Literatur，Breslau：Ferdinand Hirt，1922，S. 82.

[3]方维规：《世界第一部中国文学史的"蓝本"：两部中国书籍〈索引〉》，《世界汉学》第12卷，2013年12月。

1880年（光绪六年）

本年

〔俄〕王西里《中国文学史纲要》

王西里（1818—1900），著名汉学家，沙皇俄国科学院院士。"王西里"系其自取的汉名，原名为瓦·巴·瓦西里耶夫（Василий Павлович Васильев）。1837年毕业于俄国汉学的摇篮——喀山大学，1840年即随东正教传教士团来华，在北京居留10年，学通汉、满、蒙、藏语，兼懂日、朝、突厥语和梵文。1850年回国时，他已非常熟练地掌握了汉语的口语和文言体，阅读了不计其数的汉文著作典籍，收集了中国西藏和印度的大量佛教资料，为他的研究之路奠定了牢固的基础。他在《中国文学史纲要》的"开场白"中说："我所提到的著作，没有一本不是亲自阅读的。"[①]他带回俄国的汉、满、藏、蒙等文字的书籍849种，共2737册，成为其日后研究的重要资料。回国后被喀山大学聘为汉、满文教授。从1851年起在喀山大学首创开设中国文学课程，后来转入彼得堡大学，讲授中国文学史。他在1855年和1857年分别出版了《关于喀山大学图书馆馆藏佛教史的书籍》和《东方书籍简介》，为此后写作中国文学史作了资料方面的准备。在出版《中国文学史纲要》之前不久，用石印发表了他长期教学积累的讲稿《中国文学史资料》。此外，还有《汉语文选》三卷本。

[①]В.П.Васильев, Очерк Истории Китайской Литературы, СПб., 1880.p.4.

《中国文学史纲要》①由圣彼得堡斯塔秀列维奇印刷所于1880年印刷出版，大32开，共163页，译成中文10多万字（至今尚无中译本）。

19世纪80年代，著名东方学家柯尔施计划出版一套世界文学史，邀请权威汉学家王西里撰写中国文学史部分，与古埃及和印度文学史合编为《世界文学史》第一卷，于1880年在圣彼得堡出版，后来中国文学史部分又以单行本出版。此书出版后，直到2002年经中国学者李明滨介绍，才逐渐广为中国学术界所知。②

《中国文学史纲要》是世界第一部中国文学史，正在为海内外越来越多的汉学家和文学史家所证实。俄罗斯科学院院士、当代著名汉学家李福清先生指出："据我们所知道的，这是世界上第一部中国文学通史，这一点是它的不容争辩的价值。"③中国学者郭延礼否定了学术界长期以来认为第一部中国文学史出自英国学者翟理斯的迷信，认为"真正的破天荒之作还数不到翟理斯的书，而是俄国人瓦西里·巴甫洛维奇·瓦西里耶夫写的《中国文学简史纲要》"④。2005年，文学史家黄霖也说："据目前所知，最早的现代意义上的'中国文学史'著作是俄国人瓦西里耶夫于1880年写的《中国文学史纲要》。"⑤前苏联著名汉学家艾德林在纪念王西里《中国文学史纲要》出版90

---

①对于王西里这部文学史书的译名，学者们的译法不尽相同。《国外汉学史》（何寅、许光华著，上海：上海外语教育出版社，2002年版）一书第284页译作"《中国文学史纲》"，而同页注1则译作"《中国文学史纲要》"。陈福康先生译作"《中国文学史纲要》"（《新民晚报》1980年8月18日）。郭延礼译作"《中国文学简史纲要》"（郭延礼：《19世纪末20世纪初东西洋〈中国文学史〉的撰写》，《中华读书报》2001年9月19日），此处依陈福康先生之译文。

②参见李明滨：《世界第一部中国文学史的发现》，《北京大学学报》（哲学社会科学版）2002年第1期。需要指出的是，最早公开发表文章提及并肯定王西里《中国文学史纲要》的并不是李明滨，而是康文。1987年康文在一篇短文中说："我最近见到的材料表明，最早撰写中国文学史的，应为俄国学者瓦西里耶夫——汉名'王西里'——的《中国文学史纲要》。"（康文：《再谈"外国人所写之中国文学史"》，《鲁迅研究动态》1989年第9期，第66页）

③李福清：《中国古典文学研究在苏联（小说·戏剧）》，田大畏译，北京：书目文献出版社，1987年版，第2页。

④郭延礼：《19世纪末20世纪初东西洋〈中国文学史〉的撰写》，《中华读书报》2001年9月19日。

⑤黄霖：《谈谈1900年前后的三部"中国文学史"著作》，《古典文学知识》2005年第1期。

周年的文章中说"《中国文学史纲要》影响了俄国汉学的发展……不仅对了解汉学发展史有重要的意义,对掌握中国文学也有一定的帮助",并且评价本书是"对中国文学认识过程中的第一个里程碑"。①

　　本书共有 15 章,内容分为 5 个部分。第一部分为引言性质的概论,包括"几句开场白"、"中国人的语言和文字"、"古代汉语和文献问题"三章,说明中国古代书籍的产生背景、条件和作者的写作意图。第二部分为全书的重点,以儒学的发展为线索,以"儒学的第一时期"和"儒学的第二时期"分别阐述其起源发展的历史。其中"儒学的第一时期"包括"孔子及其贡献"、"儒家的宗教和政治"、"三部经书:《诗经》、《春秋》、《论语》"、"儒家的伦理道德基础"、"王氏文学史之特色《孝经》"、"体现儒家精神的治国理想的《书经》"和"《孟子》";"儒学的第二时期"包括《易经》、《中庸》以及宋明时期以来儒学新阶段"理学"的代表人物和著作。第三部分"同儒学不相容的道教哲学家"和"佛教"两章,介绍了道教与佛教的学说与书籍。第四部分为实用科学,有"中国人的科学发展"、"语言学、批评、古籍"、"中国人的农书、自然科学、兵书"。最后一部分讲的是当代中国文学,分别以"中国人的雅文学"和"民间文学:戏曲、小说、章回小说"为题介绍了中国文学中的高雅文学和俚俗文学。

　　作为目前所知的世界第一部"中国文学史",本书有几个令人印象深刻的特征:

　　(1)以儒学作为中国文学的基础。这样做出于两个原因:一是王西里认为,"儒学已经和中国人骨肉相连","儒学是整个中华文明和广阔多样的中国文学的基础","连反对者都不得不接受它创造的语言和表达方式","它没有宗教的形态,却比其他民族的宗教更深刻地影响了中国人"。②在他看来,不讲述当年在中国意识形态领域里占统治地位的儒家道德伦理系统及思想体系,

---

　　①转引自陈金鹏:《俄国汉学家王西里与世界首部中国文学史》,南开大学硕士学位论文,导师阎国栋,2005 年 5 月答辩,第 10~11 页。此文现收藏于南开大学图书馆。本条目的撰写多处参考该文,特予说明并致谢。

　　②В.П.Васильев,Очерк Истории Китайской Литературы,СПб.,1880.

就说不清中国文学发展的源头和动力。二是王西里在中国住过10年，了解中国文学的实际情况，所以他不可能将西方文学史的编写模式照搬到中国文学史的写作中，曾明确表示自己不会"把那些在一种文学中是主要而在另一种文学却是附属的著作摆到首位"。他这样说也是有依据的，在西方文学中，占据主导地位的是诗歌、戏剧、小说和话剧，文学史也基本上围绕着它们展开。而在中国，民间文学一直处于被忽视的地位，甚至为人所不齿。只有儒家的四书五经才是历来官方和学术界推崇的正统教材，是儒家学者反复考证、训释的目标。①

（2）把文学看做一切文章典籍的总和。本书共163页，谈到文学的内容，加上不到一节谈《诗经》的部分，也只有三节，仅占全书五分之一。若从篇幅上看，则文学内容43页，占全书的四分之一。即便加上书中同文学有密切联系的语言文字部分，也只有73页，勉强占到全书的一半。尤其是，除了介绍儒学、道教、佛教，本书还涉及自然科学、语言学、农业、军事书籍。汉学家李福清于是指出："王西里不是一个文学理论家，所以把文学看作是一切文章典籍的总合。"②之所以如此，与王西里采用的"文学"概念的含义有直接关系。俄语"Литературы"的含义有两层，一指"文学"，一指"文献、书籍"，王西里显然是取了第二层意义。书中涉及的自然科学、语言学、农业、军事书籍，与表现情感和想象力的文学毫无关系。然而，他弃当时西方关心的诗歌、戏曲、小说等雅文学，而取俄语中"文学"的"文献典籍"含义，除了他深谙中国并不视小说、戏曲为雅文学，③还因为他要编写的其实是一部"文化典籍史"，所以他在本书中，致力于向西方读者推荐展示尽可能多的中国文化典籍。王西里有这种动机，很可能因为他"是先成为汉学家再来研究

①陈金鹏：《俄国汉学家王西里与世界首部中国文学史》，南开大学硕士学位论文，导师阎国栋，2005年5月答辩，第14、15页。

②李福清：《中国古典文学研究在苏联（小说•戏曲）》，田大畏译，北京：书目文献出版社，1987年版，第2页。

③王西里对中国"雅文学"的定义相当宽泛，几乎无所不包："任何议论、训诫、札记、指令、报告、献词、论文、书信、前言、墓志铭、祭祀文章，都属于雅文学。"(В.П.Васильев，Очерк Истории Китайской Литературы，СПб.，1880.p.153.)但其中没有戏曲和小说。

中国文学的，而不是从研究文学才成为汉学家的，所以他习惯于从汉学的宏观角度想问题"①。

（3）不以朝代、文体为经纬。我们常见的文学史书的框架，绝大多数以朝代、文体为经纬，即按照每个朝代对文学进行分期，在每个时期之下，按照文体分别叙述作家作品及与此相关的历史现象。而王西里这部文学史书没有依附于时代顺序，不是按朝代讲述，而是依据收集来的文学古籍资料，将其划分为儒学、道教、佛教、自然科学、人文科学、戏曲、小说等板块。吊诡的是，这种体例既与中国传统学术按照"经史子集"划分相暗合，也与早期中国人自著的"中国文学史"杂糅的体例异曲同工。

（4）重视民间文学并指出其价值。王西里在最后一章，用了7页的篇幅来叙述民间文学，称赞中国有成千上万名如普希金、涅克拉索夫那样的伟大诗人，以及题材多样、类似于俄国自由体诗歌的赋。他介绍了在中国地位不高的民间文学，包括小说、话本及改编的戏曲等"庸俗和荒诞的作品"。王西里对《西厢记》、《聊斋志异》、《红楼梦》的艺术性给予了很高的评价，认为在欧洲也很难找到这样完美的剧本和小说。②论述《诗经》时，他在附注中写道："如果有人对中国今日的民歌也加以注意，那将是很有意义的……在中国不同地区，必定存在着富有地方色彩的歌谣。"③30余年后，才有刘半农等五四时代人物在中国开展搜集民歌的活动。王西里对中国民间文学的评价很高，认为民间文学反映了"中国人的真实生活和思想"，展示了所有的细节。④正是出于这种认识，他把弹词归入雅文学范畴，将其誉为"诗体小说"，如《再生缘》、《锦上花》、《来生福》。在19世纪末，这样的观点是有先见之明的。

当然，本书也存在一些明显的不足。

首先，作者过于独立的研究态度有时会使文学史写作陷入自我封闭、排斥异己的境地。他力图在学术研究中开辟一条新路，因此，"在书中不援引其

①李明滨：《中国文学在俄苏》，广州：花城出版社，1990年版，第19页。

②В.П.Васильев，Очерк Истории Китайской Литературы，СПб.，1880.p.156.

③В.П.Васильев，Очерк Истории Китайской Литературы，СПб.，1880.p.33.

④В.П.Васильев，Очерк Истории Китайской Литературы，СПб.，1880.p.162.

他欧洲学者的著作，而是扼要地概括自己过去和现在备课写讲稿时的文章以及笔记"①。这本来没有错，但过犹不及，"王西里强调一切靠自己独立研究，不借鉴、援引他人的材料和结论。这有时会失之偏颇，导致同世界汉学相隔绝，走向自我封闭"②。

其次，体例杂糅，几乎无序。此后出现的"中国文学史"，不论1882年日本学者末松谦澄的《支那古文学略史》，还是1901年英国人翟理斯的《中国文学史》，都按照朝代顺序分章。这种体例做法直接明了，更容易让读者观察到自古至今中国文学演变发展的时空线索。而王西里此书不以时间为序，故中国文学历史发展演变脉络较模糊。也许，这正是其出版后没有引起中国学术界注意的原因之一。

第三，作为研究中国文学史的早期著作，书中对中国社会尤其文学历史的观察难免表面化，对一些重要文学现象和作家作品不予提及，有的论述也给人隔靴搔痒之感。例如，讲述民间文学时，竟然对元剧一字不提。

目次（略）。

---

① В.П.Васильев，Очеркисторииκитайскойлитературы，СПб.，1880.p.4.

②李明滨：《中国文学在俄苏》，广州：花城出版社，1990年版，第64页。

1882年（光绪八年）

9月

〔日〕末松谦澄《支那古文学略史》①

末松谦澄（1855—1920），幼名是千松，日本福冈县行桥市人，明治大正时代政治家、历史学家。《支那古文学略史》，东京文学社于1882年（明治十五年）9月30日初版，上、下册，共63页。1887年2月再版。

末松谦澄编写本书的原由，在当时的外交官河田熙为其所作的"小引"中交代得很明确，即主要为了给日本人学习中国典籍提供方便。他说，他们这批"自幼苦读汉籍，稍长而习欧文"的日本学人，有感于西方学者编写的史书"导之有序、学之得要"，觉得这种编书的精神与方法有学习的必要。而"汉土之学"，本来就是日本"本邦文物之祖，苟志于学问者，固不可不讲究其书也"。但是，汉土之书，流行已久，"圣经贤传，残缺不全；诸子百家，各异门径；编纂之法，亦甚无秩序"，这就使学者"毕生孜孜鲜有所得，或至于以为无益而舍之"，因此有必要引进新的方法来编史，将中国古代典籍分类阐述，以期给后学提供帮助，"本邦后生，由是辨其方向，而得为学之要"。

《支那古文学略史》基本上以中国上古儒学家、文学家为贯穿的线索，每位人物单列一篇，首先是概述，其次是名篇、名句、段落拔萃，最后是对人物和作品进行评价。虽然这种以人物为主线进行论说的文学史叙述方式如今看来不是很科学，但此后却对中国文学史写作影响很大，成为一种重要的叙史模式，1987年出版的钱理群等主编的《中国现代文学三十年》（上海文艺出版社出版），仍以人物（重要作家）为主线。

末松谦澄将"古文学"的时间限定为中国的先秦到战国，但叙述的并非

---

① "支那"为特定时期的词汇表达。

纯文学，而是学术著作和文章技艺。纯文学在书中所占比重不大，倒是儒家典籍占据了大部分篇幅。这是因为，"末松谦澄虽系英国留学生，但文学观念相当保守，他所谓的'文学'，实际上和'学术'同义，书中主要论述了中国群经和诸子（仅就此点，和林传甲的《中国文学史》倒有相同之处），而对作为文学结构主体的诗、词、戏曲和小说，均未涉及，故此书其名虽曰'文学（略）史'，实际上是一部'儒学史'"①。

《支那古文学略史》的亮点是呈现出鲜活的文学观及独特的文学视角。比如书中摘录了五首《诗经》中的诗歌。第一首《唐风·绸缪》，我国此后出现的文学史书一般认为其描写了新婚之夜的缠绵与喜悦，用"三星"作背景，描写夜晚时光的流动；而末松谦澄却认为此诗描写的是乡下少男少女野合之事，并以格调古朴为由将它列在最前面。第二首《唐风·葛声》，末松谦澄对这首诗的评价很高，认为此诗写寡妇独居之情，愈读愈见其情思缠绵，是一首流露了真性情之作。第三首《魏风·陟岵》，末松认为此诗写的是游子的思乡之情，称"我们远国游子更深知此诗的妙处"。第四首《王风·黍离》，这是一首途经旧国废都时的感时伤世之作。最后一首《卫风·竹竿》，这是一首写女子远嫁思亲的诗歌。作者在点评这五首诗歌时只谈到人情，并不关乎政治民生，他似乎并没有在意《诗经》的缘起是具有政治色彩的，也并不十分推崇《诗经》所体现的现实主义精神。事实上，怨世、刺世与反抗类的诗歌在本书中并没有受到特别的重视，像《伐檀》、《硕鼠》等反映民生疾苦的诗篇均未见录入其中。②

本书是目前所知的日本第一部中国文学史，可谓开启了日本的中国文学史写作。此后，一大批中国文学史著作如雨后春笋般涌现，日本迎来了中国文学史写作的高潮。

目次：

---

① 郭延礼：《19世纪末20世纪初东西洋〈中国文学史〉的撰写》，《文学经典的翻译与解读——西方先哲的文化之旅》，济南：山东教育出版社，2007年版，第159页。

② 转引自赵苗：《日本第一部中国文学史》，《文学史知识》2010年第6期，第70页。

子》、《杨朱墨翟》、《列子》。

下卷：《孟子》、《商子》（商鞅）、《公孙龙子》、《庄子》、《孙吴兵法》、《苏秦张仪》、《屈原宋玉》、《荀子》、《申韩》、《吕氏春秋 竹书纪年 左传 国语》。

1891年（光绪十七年）

本年

〔日〕儿岛献吉郎《支那文学史》

儿岛献吉郎（1866—1931），1888年毕业于东京帝国大学古典讲习科，1926年出任京城帝国大学教授。他可以说是日本汉学界实现由汉文学向中国文学史研究过渡的先驱。

1891年，儿岛献吉郎在同文社刊行的《支那文学》杂志上以连载的形式发表《支那文学史》（第1~9、11号，时值1891年8月至1892年2月），两年后又在汉文书院出版的讲义《支那学》上发表《文学小史》，尽管仅限于探讨上古文学，但已尝试用相对狭义的文学观念来梳理中国文学的发展历程。

1909年、1912年，儿岛献吉郎以《支那文学史》为基础，先后编成并出版《支那大文学史——古代篇》、《支那文学史纲》，后者对中国文学史写作影响较大，曾毅的《支那文学史》以此书为蓝本，予以编译并作部分改写而成。

儿岛的中国文学论著，尚有《汉文典》、《续汉文典》、《支那文学考·散文考》、《支那文学考·韵文考》、《支那诸子百家考》等。

目次（参见儿岛献吉郎著《支那文学史纲》）。

1892年（光绪十八年）

10月

〔日〕斋藤木《支那文学史》

斋藤木《支那文学史》，为东京专门学校文学科第二届学生的授课讲义，起明治二十五年（1892）10月，迄明治二十六年（1893）2月。今存当时在学的岛村生（岛村泷太郎，1871—1918）笔记，与飨庭篁村（1855—1922）《近世小说史》、坪内雄藏（1859—1935）《英文学史》、铃木弘恭（1844—1897）《百人一首讲义》诸讲义合订一册，藏早稻田大学图书馆贵重书库（索书号イ0402236 18）。

斋藤木（1861—?），原名和内，号文哉，先后任教于早稻田大学、东京大学及陆军大学。

斋藤氏的讲义，由"支那文学史总论"、"文字史"、"音韵史总论"、"文学史本论"四部分组成。"支那文学史总论"将所谓中国文学史分为四个时期：发明时代（周）、训诂时代（汉）、理气时代（宋）、考证时代（清），依此略述各期著述成就及演进大势。"文字史"由"文字的创始"、"文字熟字的创始及书、名、文"、"六书"、"音形义"四个方面着论。"音韵史总论"主要就其与文字史相关一侧，说明文字尚未成立时代的音韵，兼及晋代的声韵说，分"第一声"、"第二音"、"文节"、"五帝时代声音的性质及其发达"、"周时代声音的变迁"、"四声"、"第三韵"等七个方面，概述古今对声音韵的认识及其变迁。"文学史本论"分别由"支那文学的时代及概纲"、"周代文学"、"周初文学"以及对管仲、墨子、《晏子春秋》（仅存目）、孔子、《书经》、《诗》六义与《诗序》等的论述构成。"周初文学"主要讨论《周易》，以其始以文字为卦，视为文学史之始。后又论及管仲、墨子、孔子和《书经》、《诗经》等。斋藤氏此文学史讲义"虽仍在传统体制内，却（是）将音韵史较为有机地纳入所谓文学史叙述的早期著作"①。

目次（略）。

①陈广宏：《古典学的余脉：斋藤木〈支那文学史〉讲义》，《国际汉学研究通讯》2012年第4期。后复经修订，编为陈广宏著《中国文学史之成立》（上海古籍出版社2016年版）第一编第一章。本条目主要摘录自此文，特致感谢。

1894年（光绪二十年）

本年

〔日〕儿岛献吉郎《文学小史》

1894年，儿岛献吉郎在由汉文书院出版的一套题为《支那学》的讲义中，发表了他的《文学小史》，讲的是中国文学。但是跟末松谦澄一样，儿岛献吉郎此时发表的《文学小史》只写到秦汉。

值得注意的是，虽然儿岛献吉郎的《文学小史》只写到秦汉时期，但是文中将中国文学史分为四个时期，即第一期上古（从文学创作产生至秦代焚书坑儒）、第二期中古（至唐初）、第三期近古（至明亡）、第四期今世（清世祖即位以来至今）。这很可能是对于中国古代文学史的最早分期，此后出现的中国文学史分期，多循此例。

目次（略）。

1897年（光绪二十三年）

5月

〔日〕古城贞吉《支那文学史》

古城贞吉（1866—1949），号坦堂，又称古城坦堂，日本明治时期中国文学史家。幼时在私塾研习汉学，19岁进入东京第一高等学校，翌年退学开始自修中国文学、经学，后历任东洋大学教授、东方文化学院研究所评议员。1895年，古城贞吉应黄遵宪之召受聘于《时务报》。自此到《时务报》终刊，古城贞吉主持"东文报译"栏目56册（期），发表译文600多篇，共计34万余字，其译稿内容具有明显的广泛性与时代性特点。所著《支那文学史》，1897年5月由经济杂志社（东京）发行，硬皮装订24开本，共734页。1892年12月由劝学会订正再版。卷首依次有长冈护美题字，木村弦雄、田口卯吉、井上哲次郎作的"支那文学史序"和著者所题"凡例"。另，本书于1902年12月由富山房、育英舍出版订正第二版。1913年，王灿将之译为中文，以《中国五千年文学史》为书名出版（详见该条目）。

据古城贞吉该书"凡例"及井上哲次郎为之所作"序"，这部书开始起草，是在1891年秋天。此后，日本对清朝开战，古城贞吉"投笔从戎"，直到1897年5月，这本书才由东京的经济杂志社出版发行。"凡例"里说，书中多引"文例（文选）"，目的是"供中学、师范等学校参考"。可见本书虽非学校讲义，编者却有意以中学、师范等学生为读者。

本书是日本第一部中国文学通史，也是第一部以书的形式出版发行的中国文学史。虽系仿三上参次、高津锹三郎的《日本文学史》而作，却也显示出当时日本的中国文学史写作出手不凡。在此之前，不论末松谦澄的《支那古文学略史》还是儿岛献吉郎的《支那文学史》，都是断代史，仅就四书五经等古籍加以论述，中间尚未眉目清楚地分章分节。而至古城贞吉的《支那文学史》，作为一部通史，全书的脉络与节目都很清楚。其体例之成熟，令人惊叹。

全书除"序论"之外，共分九编："支那文学的起源"、"诸子时代"、"汉代文学"、"六朝文学"、"唐代文学"、"宋代文学"、"金元间文学"、"明代文学"、"清代文学"。每一编中，先设一节"总论"，概述每一时代文学发展的大势和特点；然后分体设"章"，如汉代分"议论体文"、"叙事体文"、"书牍体文"和"汉代的韵文"；"章"下再分"节"，"节"下按作家、作品依次而论，如汉代"叙事体文"下分"正史"与"传记"两节，"传记"节下，是"韩婴、刘向及其著作"；最后是"文例"，选录了一些代表性的篇章。这样，"时序"与"文体"相兼顾，"史论"与"选文"相结合。有研究者称本书为"日本真正的第一部中国文学史"，虽有些言过其实，但也不无道理。

除了比较成熟的章节体例，本书还有几个值得注意的地方：

一是重视环境对文学的影响，如"序论"从支那国民、支那文字的性质、四周环境与文学的关系、政体及儒教主义的影响、王家与文学、支那的文学者等几个方面，对中国文学的产生、发展及其性质作了总体上的论述。但他并非局限于讨论社会环境对中国文学的一般性影响，而是深入中国文化思想的内核，探究社会环境与中国文化精神之间的复杂关系。如认为中国文学独得之特色，全在其以象形为主的文字上，就诗歌文章而言，自是一种绘画之排列联合，故断定中国文学是一种美术文学。又如他指出，中国西北与东南风土人情、政治经济的差异，直接影响了文学出现地域上的差异。西北文学词气贞刚，音韵铿尔；东南文学雍容和雅，济济治平之音，而莺花骀荡，流连荒亡，哀歌怨音，于喉珠宛转间迸出，亦每在江南烟雨暗柳之境。这种对中国文学因地域差异而带来不同质性的关注，成为本书叙述中国文学史的一个重心。

二是重视儒学与文学的关系。如他将政体与儒教主义作为考察影响中国文学特征的主要因素，在"余论"中更通过儒家治国平天下之政治理想在各个时代发展的简要回顾，揭示出就中国文学而言，带有温故与保守性质。这种儒教主义开展的结果，于其文辞以儒雅切实为适用，于诗赋以温柔敦厚为教旨，而将戏曲小说摒斥于文学之外。

三是注意到宗教对文学的影响，如佛教对六朝文学、唐文学的影响。这在当时是了不起的认识。

四是在文体方面，偏重诗词和散文，而基本上不提戏曲小说。这一点大致可说明，尽管古城此书导入了文学史构架，并试图寻求一条阐释主线，却未见有多大的突破，在文体方面因循了中国文史传统历来就有的轻视戏曲小说的观念。

本书出版后不久，久保天随撰文予以批评，认为古城之书是"作家小传和著书题解"。当代日本学者芳村弘道评议说："久保天随对此前《支那文学史》如此严厉的批判，矛头直接指向的是三浦氏的《明治的汉学》及藤田丰八、古城贞吉、笹川种郎等人。久保的非难也并不过分，毕竟古城《支那文学史》始终给人以作家小传和著书题解的印象。"①

目次：

序论：支那国民、支那文字的性质、四国的境遇与文学的关系、政体及其儒教主义的影响、皇家之文学、支那的文学者、小结。

第一篇　支那文学的起源

第一章　总论：上古的世态、三代的政治文学、周代文化的美、本篇所引参考书目。

第二章　书契的起源及其文字的构成：书契时代、仓颉创字、六书及其大要、书体。

第三章　唐虞三代的沿革及其开化一斑：尧舜禹汤及武王周公的事迹、三代的贤者、三代的国是、文华与柔弱的关系。

第四章　周代的学制：周代学制的大成、学校及其教育、教育的要旨、教习时期、成业的士。

---

① (日)芳村弘道：《久保天随とその·支那文学史》，川合康三《资料篇·日本で刊行された中國文学史——明治から平成まで》，东京：创文社，2002年版，第69页。

第五章　诸子时代以前的文学：上古诗歌、商颂、周诗周颂、尚书。

第二篇　诸子时代

第一章　总论：诸子时代、春秋战国间的状况、当代文学的三期及其主要区别、文学发达的原因、当代文学的短评。

第二章　儒家：第一节　孔子及其五经（儒家大要、孔子传、五经大要、春秋三传及其论语）；第二节　孔门弟子（孔子死后其弟子的行业、诸弟子小传）；第三节　孟轲、荀卿及其著作（孟子及其学说、荀子及其学说、二子的文评及其文例）。

第三章　道家：第一节　老子及其著作（道家大要、老子传记、学说、与孔子的比较）；第二节　列御寇、庄周及其著作（列子及其学说、庄子及其学说、二子的文章）。

第四章　墨家：墨家大要、墨翟及其著作、墨翟学说一斑、墨翟的文章。

第五章　法家：法家大要，管仲、商鞅、申不害、韩非及其著作，管、商、韩三子文例。

第六章　名家：名家大要，公孙龙、尹文及其著作，文例。

第七章　兵家：兵家大要，孙武、吴起、尉缭及其著作，三子的文例。

第八章　杂家：杂家大要，邓析、慎到、鹖冠、鬼谷等杂家的著作，文例。

第九章　赋家：赋家大要，屈原、宋玉及其赋，骚赋举例。

第三篇　汉代文学

第一章　总论：汉朝的创立、武帝之治、董仲舒的对策、汉儒的治学及其典籍、两汉文学之比较、本篇所引参考书目。

第二章　议论体文：贾谊、晁错及其作品，陆贾、董仲舒、刘安及其著作，扬雄及其著作，东汉诸家。

第三章　叙事体文：第一节　正史（司马迁、班固及其史书，批评及其文例）；第二节　传记（韩婴、刘向及其著作，文例）。

第四章　诏敕、上书及书牍体文学：诏敕、上书及书牍体概说、文例。

第五章　汉代韵文：第一节　古诗和乐府（乐府及其起源，乐府的解题，五言七诗及无名氏的十九首，苏武、李陵及其诗作，七言诗和柏梁联句）；第二节　辞赋（司马相如与其他辞赋家、辞赋举例）。

第四篇　六朝文学

第一章　总论：六朝时期、曹魏文学、清谈文学、南北朝时期的学制概览、南北风气异同及其与文学的关系、六朝文学的特征、佛教的影响。

第二章　六朝诗歌：建安诗歌、晋代诸家的诗歌、南北朝诸人的诗歌。

第三章　六朝散文：第一节　著作分类（子类、历史类、地理类）；第二节　杂文（六朝诸家的杂文、批评及其文例）。

第四章　六朝词人传：第一节　邺都诸人；第二节　晋代词人；第三节　南北朝词人。

第五篇　唐朝文学

第一章　总论：唐太宗的政策、十八学士、唐朝文学的渊源、经术与诗文及其消长、天宝之乱及其对文学的影响、古文的复兴、佛教的流布、文学发达的原因。

第二章　唐朝的儒学：皇家的鼓励措施，训诂，陆德明、颜师古、孔颖达小传。

第三章　唐诗：第一节　唐诗概说（初盛中晚时期的诗风、唐诗与汉魏六朝诗歌之比较，唐诗发达偏重的理由、诗人世次）；第二节　初唐诸家（初唐四杰，陈子昂及其诗作，沈佺期、宋之问及其诗作，诗歌韵律的变化，初唐诗歌举例）；第三节　盛唐诸家（盛唐的诗运、李太白及其诗作，杜甫及其诗作，王维、孟浩然、高适、岑参及其他诗人，诸家诗作举例）；第四节　中晚诸家（韩愈、白居易、元稹及其他诗人，诸家诗作举例）。

第四章　唐朝散文：第一节　唐朝散文概说（时文与古文、陆赞的奏议文、史笔）；第二节　古文家（韩愈及其古文辞、柳宗元及其文章）。

第五章　唐朝佛教文学：玄奘的译经、禅宗各派、禅家的文章及其举例。

第六篇　宋朝文学

第一章　总论：黑暗的五代十国时期、宋朝建国与赵普的立策、宋朝的文臣制度、朋党之争、科举与文学、宋儒的讲学与佛教。

第二章　宋朝的儒学：道统学说、宋儒的学风、儒学各派及其传略。

第三章　宋朝散文：第一节　宋初散文与欧阳修（宋初的文体，柳开、穆修及尹洙，欧阳修传略，欧阳修的散文）；第二节　三苏（苏洵小传及其文章、苏轼传略、苏轼的人品与文章及其代表作、精华语录、苏辙小传及其文章）；第三节　曾王及其他作家（曾巩、王安石及其文章，范仲淹、司马光、李观等人的作品）；第四节　南宋诸人（王十朋、吕祖谦、陈亮及其他作家，谢枋得小传及其文章）。

第四章　宋诗：第一节　苏轼以前的诗（宋初的诗，梅圣俞、苏子美及欧阳修的诗，二王之诗①）；第二节　苏轼的诗（东坡的诗风、各种评论、苏氏兄弟唱和之作、诗歌作品举例）；第三节　东坡以后的作家（苏门六子、南渡后四家、陆务观小传及其诗作、四家诗作举例、朱熹的诗、文天祥的诗）。

第七篇　金元文学

第一章　总论：本篇所涉及的时代背景、金元二朝的建国、金元文学的渊源及其发展、蒙古字与元朝文学的关系、二朝文学概评②。

第二章　金朝文学家：第一节　元好问以前的作家（辽宋的旧人，党怀英、李纯甫、赵秉文及其他作家小传，作品举例）；第二节　元好问及其诗文（元好问的地位、元好问略传、元好问的诗文）。

第三章　元代文学家：赵孟頫及其诗作举例，虞集小传及其作品，杨载、范梈、揭傒斯及其诗作，马祖常萨都剌及其作品，儒学家诸人，

---

①原书此处为"二姦の诗"，疑有印刷错误，笔者据宋初诗人情况和书中内容推断，应为"二王之诗"，"二王"即王禹偁、王安石。

②原书此处为"槩评"。"槩"古同"概"。

杨维桢小传及其诗作。

第八篇　明代文学

第一章　总论：本编的时期、明朝的创立、明太祖的性格、当代儒风、文运概略①、当代作者的弊病、皇家的陋习及其对文学的影响。

第二章　明代散文：第一节　古文辞（宋濂及其文章，王祎、方孝孺的文章，模拟派的兴起，王守仁及其学问文章，唐宋派与模拟派的对立，归震川的散文，散文的衰亡，诸家作品举例）；第二节　八股文（八股文的特征、八股文的起源及其发展、杰出的八股文作家）。

第三章　明代的诗：第一节　明初诗人及其作品（沈德潜的明诗评，刘基和他的诗，高启小传及其诗作，袁凯、杨基和其他诗人）；第二节　永乐以后的诗（杨士奇的台阁体诗，李东阳和他的诗，七子及其诗，杨慎、薛蕙等，李攀龙、王世贞及其一派的诗，明末诗歌，王世贞的明诗评）。

第九篇　清朝文学

第一章　总论：清朝的起源、清世祖兴学、蒙古字及其翻译、清圣祖的文学鼓励措施及书籍编纂、康熙乾隆年间的文运及其发展的原因、嘉庆以来的世运与文学。

第二章　清朝的文章家：清初两大家、侯方域小传及其文章、侯方域对清人的评语、魏禧及其文章、汪琬及其文章、王猷定及其文章、顾炎武小传、《日知录》精华语录、姜宸英及其文章、朱彝尊小传及其文章、邵长蘅及其文章、方苞小传及其作品、桐城派作品、袁枚小传及其作品、嘉庆以后的作家、当代作品举例。

第三章　清朝诗人：钱谦益、吴伟业及其诗作，南施北宋的诗，陈其年和尤侗，王士祯及其诗作，朱竹垞的诗，顾亭林的诗，赵执信、查慎行的诗，厉鹗、袁枚、蒋士铨、赵翼等，张问陶及其他诗人，数篇作品举例。

---

①原书此处为"槩略"。"槩"古同"概"。

〔日〕藤田丰八《支那文学史稿·先秦文学》

藤田丰八（1869—1929），号剑锋，日本德岛县人，文学家、史学家。1897年后发行《支那文学史》、《先秦文学》，后著有《中国文学大纲》。清末至民国在中国工作长达17年。他通过教授课程、编辑杂志、翻译书籍及参与教育改革，为中国引入和传播西方农学、物理学及教育管理模式，做出了一定的贡献，对推动中国教育近代化和农业近代化发挥了一定的作用，同时为其日后从事中国文学史研究奠定了基础。藤田丰八与罗振玉、王国维等晚清学人关系密切，曾为王国维讲授日语。①

《支那文学史稿·先秦文学》由日本东华堂于1897年5月初版②，共239页。

在本书中，藤田丰八首先讨论"文学史之考核方法"，提出了在当时可谓"进步"的文学史观：

> 盖时为历史之经，外围为历史之纬，人类之特性缘此经纬织出一种历史现象。文学史亦然。对于文学现象加以历史性考核，单就此现象，不足以阐明国民思想感情的推移。……余对文学现象，观察时与外围与人，以叙述此想与形与其变迁，务发挥中国文学之幽光。

藤田氏明确标举自家是"时"、"外围"、"人"三位一体的文学史观。根据日本有关研究者的解说，藤田氏在这里所说的"时"应指时代，"外围"则指地理环境，"人"当是群体的概念；至于"想"指思想，"形"指作品之构成。正因为他将文学视作国民思想感情的表述，所以要阐明中华"国民思想感情"，就必须对中华"文学现象加以历史性考核"。要做到这一点，非人种、环境、时代交织的要素不足以阐释其变迁之迹。"运用这似乎是唯一的考核方

---

①关于藤田丰八的详细事迹，请参阅李庆编著《日本汉学史》第二部（上海外语教育出版社2004年出版）。

②文学史家黄霖认为藤田丰八此书出版于1895年（参见黄霖：《日本早期的中国文学史著作》，《古典文学知识》1999年第5期）。

法，在紧接其后的'中国文学概观'中，他由汉人种的兴起及其南北自然条件的差异论起，探讨了最早定居于黄河沿岸的汉人种为衣食奔走的实际性格所由来。"例如："排他之念旺，使其文学成就其纯粹而妨碍他国文学侵入；崇古之心盛，使其文学具拟古性，妨害俗文学的发达；主亲情的结果，使其文学叙事诗贫乏；实用性使其文学多为实用性的文学，缺乏理想性的制作。而南方文学兴起、佛教传入，医治了其文学理想性的缺乏，而且注入了异思想，因而自宋末俗文学渐而勃兴。并且外在地理环境的壮大，令其国民思想亦壮大，雄伟夸大也就成为中国文学的性质之一；朝代革命、战乱间起，又令其文学发为慷慨激楚之音；象形文字使用之不便则导致其文学上的简净。"①

本书虽题为《先秦文学》，实际上仅限于讨论上古文学（作者此后数年才有《两汉文学》、《魏晋文学的源流》等论文发表）。

目次（略）。

6月

〔日〕笹川临风《支那小说戏曲小史》

笹川临风（1870—1949），本名笹川种郎，号临风，日本东京神田末广町人。东京帝国大学文科大学史学科毕业。他的《支那小说戏曲小史》，1897年6月由东京的东华堂出版，约24开，共191页，是为最早的中国小说戏曲专史。

全书共四编，第一篇概述中国小说戏曲的发展，后三编分别谈的是元、明、清三朝的小说戏曲，又只是着重谈了《水浒传》、《三国演义》与《西厢记》、《琵琶记》等几部重要的作品和几位重要的作家，故可谓十分简略。作者在"序言"中说："吾以吾见而就各时代之三四名著，作批判绍介，欲以供世之未尝染指此鼎之士，尝一脔之味。至其叙述编纂之法，亦颇与世之所撰文学史相异。要乃使人知其性质已矣。"

---

①陈广宏：《泰纳的文学史观与早期中国文学史叙述模式的构建》，《中国文学》第40辑，韩国首尔大学出版。

察此书篇幅，戏曲远重于小说。再看书中所论，则是以作品为中心，大略介绍梗概而已，唯对《西厢记》、《琵琶记》二剧探讨较为深入。由于本书第一编"中国小说戏曲的发展"勾勒了元朝以前小说戏曲的概貌，后三编的第一章又都用"概述"来梳理每一朝代的小说戏曲发展线索，所以总体上看，它还是一部"史"，描述了中国古代小说戏曲发展的流变。

目次：

第一篇　小说戏曲在支那的发展；第二篇　元朝（第一章　概述；第二章　杂剧；第三章　《西厢记》；第四章　《琵琶记》）；第三篇明朝（第一章　概述；第二章　汤若士；第三章　《水浒》）；第四篇清朝（第一章　概述；第二章　《三国演义》；第三章　金圣叹；第四章　李笠翁；第五章　《桃花扇》）。附录　《金云翘传》梗概。

8月

〔日〕笹川临风等《支那文学大纲》（十六卷）

《支那文学大纲》（十六卷），笹川临风、藤田丰八、田冈岭云、白河鲤洋、大町桂月合著，大日本图书株式会社于1897年8月开始陆续出版。

从1896年开始，这五位东京帝国大学毕业的"文学士"，联手合撰《支那文学大纲》，欲以世界文学的眼光，为日本文学寻找新的养分。次年8月，由笹川临风为第一署名人的五人合著本《支那文学大纲》（十六卷）开始陆续出版。其中，笹川临风撰写的部分最多，他撰写了《李笠翁》（1897）、《元遗山》（1898）、《汤临川》（1898）、《曹子建》（1900）、《杜甫》（1899）、《孟子》（1899）共六册。

目次（待访）。

11月

〔日〕笹川临风《支那文学大纲·李笠翁》

《支那文学大纲·李笠翁》，1897年11月由大日本图书株式会社出版发行，共192页。

1897年4月，笹川临风在《江湖文学》上刊出的《李笠翁戏曲论》，可谓其研究李笠翁的前期成果，亦为数月后出版研究李笠翁的专著奠定了基础。而《支那文学大纲》卷三《李笠翁》堪称中国戏曲史上第一部作家研究专书。该书"凡例"称，既谓文学大纲，自不能无小说戏曲大家之传，乃编清朝著名作家李笠翁之传，并详述其著作之梗概、评论及文学技能。

目次：

第一章 清朝学界之趋势；第二章 笠翁之一生及人物；第三章 十种曲及十二楼；第四章 笠翁之戏曲论；第五章 笠翁之才人技能（一、文；二、诗；三、词；四、史论；五、修容论；六、住房和饮食；七、种艺及养生）。

1898年（光绪二十四年）

6月

〔日〕笹川临风《支那文学大纲·汤临川》

笹川临风的《汤临川》系其与藤田丰八等合著的《支那文学大纲》丛书之卷五，于1898年6月26日由大日本图书株式会社出版发行，共155页。

本书虽以汤显祖为题，实为一部汤显祖之前的中国戏曲发展简史。远溯戏曲之由来与唐代诗词之关系，并详列"群英所编杂剧"凡556本，开具出第一份元人杂剧作家及其作品的清单。

笹川临风在"绪言"中称：

> 余岂敢称能知中国之戏曲，唯稍稍爱读填词，曾聊叙其所知，以成《中国小说戏曲小史》之小著，今爰与同人合作，欲撰《支那文学大纲》，余则加以戏曲作家之传记而成稿，乃取汤显祖、李渔两家，各别立传，微意不过聊以提供中国文学别种之趣味。唯知中国戏曲甚浅，欲加说而多难，故此未敢逞臆测，今此姑省，或待异日补足。

笹川临风一改之前日本汉学界轻视元代文学的态度，而对元文学推崇有加，认为元代小说戏曲可与唐诗宋词媲美。这是因为，"盖元朝文学之为中国文学史所重者，乃在其小说戏曲于此时代显著地发达也。是于重视实际的中国人，岂非未曾有之奇观耶？辽金文学于是无颜色。且其得配享先秦、唐、宋而不逊色，洵为有此特色也"[①]。其论宋代小说戏曲之兴起，颇有独到之

[①]（日）笹川临风：《支那文学大纲·汤临川》，东京：大日本图书株式会社，1898年版，第18页。

处："宋末诨词小说出，于小说发达上为一引人注目之现象。有才而不得志之士，去而隐于小说。宋时理学之盛行，在另一方面亦不无激励非实际性文学之倾向。小说气运之兴，或因此等原因也。元入主中国，朔漠地方之民，自苦于硬文学之理解，故其所欲在俗文学。俗文学之发达，自不能不顺应此等时势。且元之习俗，好乐喜舞。故戏曲伴随着宋末以降的风潮而于此时兴起，本非偶然。"①

尤需注意的是，笹川临风把中国戏曲置于世界戏曲史视野下予以观照，指出中国戏曲的不足："中国戏曲列于世界戏曲史上，显然逊色，固无可疑。"②一是中国向来无悲剧；二是"论词采虽不乏名篇，就其结构所见，若从戏剧意义上观之，中国戏曲犹是稚气纷纷耳"③。

目次：

8月

〔日〕笹川临风《支那历朝文学史》

1898年8月，笹川临风编著的《支那历朝文学史》由博文馆作为"帝国百科全书"之一出版，共316页。

1904年，本书经上海中西书局翻译成汉语，由中西书局印行（详见后

---

① （日）笹川临风：《支那文学大纲·汤临川》，东京：大日本图书株式会社，1898年版，第55页。

② （日）笹川临风：《支那文学大纲·汤临川》，东京：大日本图书株式会社，1898年版，第47页。

③ （日）笹川临风：《支那文学大纲·汤临川》，东京：大日本图书株式会社，1898年版，第70页。

文）。

书中每章先"总说"而后分述代表作家，如此"先总后分"的体例，后来被中国的文学史写作广泛采用。1926年11月出版的顾实《中国文学史大纲》，不仅采用"先总后分"的体例，连所述代表作家也同本书。到20世纪30年代，"先总后分"已成为约定俗成的学术文写作规范之一。

目次：

第一期　春秋以前文学：总说；一、书；二、诗；三、易。

第二期　春秋战国时代之文学：总说；一、孔子与老子；二、孟子与庄子；三、屈原；四、韩非子。

第三期　两汉文学：总说；一、贾谊与扬雄；二、司马迁与班固；三、司马相如；四、诗与乐府。

第四期　魏晋及南北朝之文学：总说；一、建安之词人；二、陶渊明；三、南北朝。

第五期　唐朝文学：总说；一、初唐之诗；二、李白与杜甫；三、韩与柳；四、白乐天；五、晚唐之诗。

第六期　宋朝文学：总说；一、苏东坡与其前后；二、陆放翁。

第七期　金元之文学：总说；一、元遗山；二、小说与戏曲之发展（小说与戏曲发展迟缓的原因，支那小说戏曲的特征、起源及其发展，水浒传，三国志，杂剧，西厢记，琵琶记）。

第八期　明朝文学：总说；一、高青邱；二、李何七子与李王七子；三、小说与戏曲（西游记、金瓶梅、汤若士）。

第九期　清朝文学：总说；一、诗人与文章家；二、小说与戏曲及批评（红楼梦、李笠翁、桃花扇、金圣叹）。

1900年（光绪二十六年）

本年

〔日〕中根淑《支那文学史》

中根淑（1839—1913），日本重要的中国文学史家。著有《歌谣字数考》、《琉球立国始末》、《琉球形势略》等。所著《支那文学史》，1900年由东京金港堂刊行，共168页。全书依"太古"、"唐虞"、"夏"、"殷"、"西周"、"东周"、"秦"、"西汉"，直至"元"、"明"、"清"分章叙述。

目次（略）。

1901年（光绪二十七年）

本年

〔英〕翟理斯《中国文学史》

翟理斯（Herbert Allen Giles，1845—1935），或译贾尔斯，出生于英国牛津，为英国著名汉学家、剑桥大学中文教授。从1867年开始，历任天津、宁波、汉口、广州、汕头、厦门、福州、上海等地英国领事馆翻译、助理领事、代领事、副领事、领事等职，直至1893年以健康欠佳为由辞职返英，前后历时26年。他曾翻译出版《庄子》、《洗冤录》、《聊斋志异》等中国古典文学作品，亦编著过大量与中国文学、中国文化相关的著作，如《华英词典》（*Chinese-English Dictionary*）、《古文选珍》（*Gems of Chinese Literature*）、《中国文明》（*The Civilization of China*）、《古今诗选》（*Chinese Poetry in English Verse*）、《中国神话故事》（*Chinese Fairy Tales*）等。

大约在1897年，伦敦威廉·海涅曼公司（William Heinemann& Co.）准备出版一套《世界文学简史》（*Short Histories of the Literatures of the World*），主编为艾德蒙·高斯（Edmund Gosse，1849—1928）。高斯邀请翟理斯撰写其中的中国文学史。翟理斯欣然接受了邀请。他说："从来没有一件比这更令我高兴的事了。"[1]原因是"在过去25年的时间里，我一直都在翻译各种体裁的中国文学作品，积累了大量足以完成这本著作的必要的素材"[2]。这年12月，翟理斯被聘为剑桥大学中文教授。但"在剑桥只有一名学生真正出于对语言（汉语）本身的兴趣而希望学习"，这使翟理斯意识到，他将要撰写的只能是一部读物型的文学史，而非论著型。他在《中国文学史》的"序言"中坦言，

---

[1] H.A.Giles，*Autobibliographical.etc.*，Add.MS，8964(1).Cambridge University Library，p.75.

[2] H.A.Giles，*Autobibliographical.etc.*，Add.MS，8964(1).Cambridge University Library，p.75.

本书是引导英语读者进入广阔的中国文学领域的"导论"（introduction），而非集大成的"定论"（conclusion）。他所面对的读者群体并不是文学研究者，更不是中国学者，而是学习中国语言与文学的欧美学生，这一点从书中不断出现的"学习中国文学的学生"（the student of Chinese literature）[①]、"欧洲学生"（European student）这些字眼中不难看出。这种读者定位，一定程度上决定了全书以内容概述和作品译介为主，偶尔引用一点前人的评论，而很少有编者个人的见解。在每一章内，翟理斯大致按照生卒年代排列作家。在各个作家的名目下，简单介绍相关轶闻并附录翻译作品。翟理斯之所以选择这种著述体例，是因为"这样使得中国作者在翻译之所能及的情况下，不辩自明"[②]。

1901年，翟理斯这部《中国文学史》由伦敦的威廉·海涅曼公司出版，32开本，共448页。此后多次再版，1909年纽约版、1923年纽约D.阿普尔顿出版公司版、1928年版、1933年版、1958年纽约丛书出版社版、1967年佛瑞德瑞克·安葛尔出版公司版，直到1973年，佛蒙特州的查尔斯E.塔特尔出版公司还在出版修订版[③]。

翟理斯本人对于本书在学术方面的开创性充满自信，他在"序言"开篇首句即道："这是用任何语言，包括中文在内，编写一部中国文学史的首次尝试。"[④]不少学者接受了翟理斯的说法，认为这部《中国文学史》是世界第一部中国文学史。这就涉及本书的出版时间。其实，关于其出版时间，中外学术界一直有较大争议，主要有1897年、1900年、1901年和1911年等几种说

---

①翟理斯解释为何以春秋战国为中国文学史开端时说："我们认为对于学习中国文学的外国学生而言，以公元前6世纪为开端是合适的。"（H.A.Giles，*A History of Chinese Literatue*，New York D.Appleton and Company，1909，p.4.）

②Ibid，p.2.

③H.A.Giles，*A History of Chinese Literatue*，Rutand，Vermont&Tokyo，Japan：Charles E. Tuttle Company.1973.

④H.A.Giles，*A History of Chinese Literatue*，New York D.Appleton and Company，1909，p.1.

法。经考证，本书实际出版于1901年，①比日本末松谦澄、儿岛献吉郎、笹川临风等人的"中国文学史"要晚数年。虽非"世界第一部中国文学史"，却是迄今所知第一部用英文撰写的中国文学史。

全书按朝代分八卷，每卷又分数章，分别介绍每个时期的经典、诗歌、戏剧、小说、散文、杂著等。第一卷封建时代，从公元前600年到前200年，从上古时代讲起，略述中国早期文明与书写历史的源头，其后分节重点介绍孔子与五经、四书与孟子、先秦诸子、先秦诗歌以及道家与《道德经》。第二

_____

①郑振铎先生指出："Giles的这部书，可以说是中国文学史中的一部最初的著作。"他先是说此书出版于1901年，后又说出版于1911年。〔参见郑振铎：《评Giles的中国文学史》，收入《郑振铎古典文学论文集（上）》，上海：上海古籍出版社，2009年版，第32页〕张弘也曾认为："翟理斯的这部著作开风气之先，是第一个从历史发展的角度，对中国文学进行考察与描述的结果。"〔张弘：《中国文学在英国》，广州：花城出版社，1992年版，第84页。需要指出的是，张弘后来对这一看法作出修正，他指出"此话有些不确，因为在此之前，俄国的瓦西里耶夫在1880年著有《中国文学史纲》……"（何寅、许光华主编：《国外汉学史》，上海：上海外语教育出版社，2002年版，第213页）〕王丽娜在其《中国古典小说戏曲名著在国外》一书中称："此书出版于1900年，列为'世界文学简史'第十种。"王丽娜所依据的是"1923年纽约D.阿普尔顿出版社出版的翟理斯译著《中国文学史》（A History of Chinese Literatuer）"。〔王丽娜编著：《中国古典小说戏曲名著在国外》，上海：上海学林出版社，1989年版，第10页〕郭延礼则指出："除了日本古城贞吉的《支那文学史》外，在西方也有关于中国文学史的著作，那就是大家所提到的英国汉学家赫伯特·阿伦·翟理斯（Herbert Allen Giles，1845—1935）写的《中国文学史》，但对此书的出版时间，目前学界或作1900年（陈伯海：《中国文学史学史编写当议》）或作1901年（黄鸣奋：《英语世界中国古典文学之传播》，第54页），都是不准确的。其实，此书和古城贞吉的《支那文学史》都是同一年出版，即公元1897年。"〔郭延礼：《19世纪末20世纪初东西洋〈中国文学史〉的撰写》，《文学经典的翻译与解读——西方先哲的文化之旅》，济南：山东教育出版社，2007年版，第159页〕

那么，翟理斯的《中国文学史》初版时间究竟是在什么时候？据剑桥大学图书馆手稿部现存的翟理斯自传打印稿，翟理斯《中国文学史》初版的时间应该是在1901年。〔参见H.A. Giles，*Autobibliographical. etc.*，Add. MS，8964（1）. Cambridge University Library，p.75.〕1973年本书在日本再版时，翟理斯所作"序言"的落款时间为"1900年10月"。（H.A.Giles，*Preface to A History of Chinese Literatue*，Rutand，Vermont&Tokyo，Japan：Charles E. Tuttle Company. 1973，p. xviii.）另据1906年出版的高第《汉学文献目录》记载，此书出版时间也是在1901年。（Henri Cordier，*Bibliotheca sinica：dictionnaire bibliographique des auvrages relatifs*，empire Chinois，Paris：Librairie Orientale&Ameriaines，Vols.I—IV，1908，p.1810.）因此可断定翟理斯的《中国文学史》初版于1901年。

卷汉朝，从公元前200年到公元200年，先叙述秦始皇与焚书的历史，然后介绍汉朝的诗歌、史传文学与辞书编撰方面的成就，还注意到佛教及其经典翻译对于中国文学的影响，并设专章论述。第三卷各小王朝，即魏晋南北朝，从公元200年到600年，分为"诗与各体文学"、"经典学问之道"两章，主要介绍建安七子、竹林七贤、陶潜、鲍照等人及一些研究典籍的学者。第四卷唐朝，从公元600年到900年，分诗歌、散文两章，介绍了从王勃到司空图之间的主要诗人，以及儒家经典研究、古文运动等。第五卷宋朝，从公元900年到1200年，除介绍诗歌、散文、史传方面的成就以及历史学家、理学家、诗人之外，还设专章介绍活字印刷技术的发明、辞书编撰以及《洗冤录》一书。特别介绍了《广韵》、《集韵》、《太平御览》、《文献通考》，以及星象、植物、医药方面的"百科全书"。自第六卷开始，分别以"蒙古人之朝代"、"满族人之朝代"代称"元朝"、"清朝"。这种刻意强调封建王朝统治者之民族的行为，表明翟理斯注意到了民族政权对于中国文学发展的影响。第六卷蒙古人之朝代，即元代，从公元1200年到1368年，主要介绍文天祥及其后的一些诗人，还以不菲的篇幅介绍《赵氏孤儿》、《西厢记》等戏剧和《三国演义》、《水浒传》、《西游记》等小说。第七卷明朝，从公元1368年到1644年，主要介绍宋濂之后的一些诗人，《金瓶梅》、《今古奇观》等小说，《琵琶记》等戏剧，以及《永乐大典》、《本草纲目》、《农政全书》等。第八卷满族人之朝代，即清代，从1644年到1900年，主要介绍《聊斋志异》和《红楼梦》，还有《康熙字典》、《佩文韵府》等工具书，《日知录》、《皇清经解》等学术书，《小仓山房尺牍》、《花镜》、《感应篇》、《玉历钞传》等杂书，以及晚清的《申报》和翻译的《天路历程》、《教育论》、《基督山伯爵》、《伊索寓言》，此后还谈到中国传统中的幽默问题。最后三卷中，除叙述诗歌及其他各体文学的发展状况之外，还用大量的篇幅介绍了戏剧、小说的成就以及各种民间通俗文学的状况。

此书具有早期西方人编著中国文学史未能避免的几个特点：一是文学观念尚不明确，选译、介绍了不少后世文学观念认为显然不属文学范畴的天文、医学、园艺甚至饮食等方面的著作；二是将中国作家作品与西方作家作品相类比，如由《红楼梦》想到斐尔丁（Fielding，Glen D.）的作品、由《西游记》想起约翰·班扬（John Bunyan）的《天路历程》；三是以相当大的篇幅译介原文，有的几乎通篇都是译述，如此一来，导致翻译占去全书篇幅约二分之一。

尽管如此，翟理斯的《中国文学史》出版之后，英、美及欧洲报刊好评如潮，按翟理斯本人的说法，"事实上，我找不到一个持异议者的声音"[①]。1919年，这本书已经被译成西班牙文，此后多次在英国、美国再版。波乃耶（J.Dyer Ball，1847—1919）在《中国评论》上撰文指出："对于本书的问世，我们表示热烈欢迎；我们相信它能够激发汉学学生进一步探索中国文学之广袤领域的热情；同时，我们也希望它能够让那些对中国文学一无所知的人了解在中国'文学'这个词究竟意味着什么。"[②]在英语世界，"这本文学史在本世纪（20世纪）上半叶被视为中国文学标准的入门书"[③]。然而，此书出版后很长一段时间，在中国本土并未产生什么影响。因为，虽然三年后（1904年）林传甲、黄人开始编写《中国文学史》，他们的目光却集中于更早出版的日本笹川临风等编著的"中国文学史"。中国学者对翟理斯这部文学史的评价也不高，20世纪30年代郑振铎在《评Giles的中国文学史》一文中作了毫不含糊的批评，指出四点缺陷：甲、疏漏；乙、滥收；丙、编次非法；丁、详略不当。关于原书的优点，郑振铎只在结尾部分一笔带过："总之，Giles这本中国文学史，百孔千疮，可谈处极少。全书中最可注意处：一是能第一次把中国文人向来轻视的小说与戏剧之类列入文学史中；二是能注意及佛教对于中国文学的影响。……除了这两种好处以外，Giles此书实毫无可以供我们参考的地方。"[④]翟理斯的后学、曾就读于剑桥大学的学者卜立德（D.E. Pollard）认为，

---

①H.A.Giles，*Autobibliographical*.etc.，Add.MS，8964(1).Cambridge University Library，p.75.

②J. Dyer Bail，Dr. Giles，s A History of Chinese Literatue，*The China Review*，VolXXV，p.207.

③陈才智：《西文中国文学史书目(附专题论文、文学选本)》，http://www.cssn.cn/news/273474.htm，此文发布于2005年6月24日。

④郑振铎：《评Giles的中国文学史》，《郑振铎古典文学论文集(上)》，上海：上海古籍出版社，2009年版，第32~35页。

本书"由种种翻译片段组成，辅以相当琐碎的、有时无聊的轶闻"，同时，鉴于20世纪以来海外汉学的发展，"汉学已经细分为各专业学术学科，按照其标准，翟理斯只能算是个业余的"①。

翟理斯此书存在诸多缺陷，这是毋庸置疑的。但纵观上述评价，以下两个方面的情况显然被论者忽略：

第一，本书的性质。翟理斯明确表示，他的《中国文学史》是一部引导英语读者进入广阔的中国文学领域的"导论"，而非集大成的"定论"，翟氏甚至坦陈本书以那些"学习中国文学的外国学生"为读者定位。既然如此，以评价论著的眼光去看这样一部读物性质的文学史，难免苛刻。例如，郑振铎指责翟理斯介绍元代戏剧，同时上叙戏剧之发源，下及后代之发展，是"编次非法"。已有论者指出，"有些地方，恰恰是作者的匠心，郑先生却没有看出来。……其实这正是作者面向英国读者的有意安排。戏剧的起源前面几部分没有涉及。同样的道理，作者在叙述唐代诗歌时，就拨出一定篇幅介绍中国古典诗歌的格律，以便英国读者对唐代的格律诗有更逼真的了解"②。再如，本书以相当大的篇幅译介中国文学作品，这其实也是早期中国文学史写作的共同特征，何况在当时西方读者几乎没读过什么中国文学作品的情境下，译介作品以便满足读者需要是有必要的。

第二，不同国家和民族的读者对文学作品的感受和阅读品位有所不同，不同时代也有所不同。有的作品在中国被视为经典，在国外则被视为幼稚之作；相反，有的作品国人不重视，外人却视为珍宝。例如，郑振铎认为"《笑林广记》多无稽猥琐之言，事实既不感人，文笔也不足列于文坛之上……"翟理斯却把《笑林广记》列入《中国文学史》，这显然与他对中国幽默文学的重视有关（他曾翻译《笑林广记》中的242则，汇成《中国笑话》一书，于1923年出版）③。他认为，《笑林广记》"展示中国人智慧与幽默的一面……

①D.E.Pollard, *H.A.Giles and His Translations*, Rendition，Autumn 1993，p.103. 转引自李倩：《翟理斯的中国文学史》，《古典文学知识》2006年第3期。

②张弘：《中国文学在英国》，广州：花城出版社，1992年版，第95~96页。

③H.A Giles（tans.），*Quips from a Chinese Jest-book*，Shanghai：Kelly&Walsh，1925.

除此之外，这些笑话还能真实地反映中国社会生活，反映中国的男男女女、老老少少的行为、语言和思想"①。

综上，尽管翟理斯《中国文学史》有不少疏漏或不当，但当时在没有任何相关中国文学史著作可资参照的情况下，本书能够以史学的眼光观照中国文学发展的历程，并且在体例方面采用朝代为经、文体为纬，辅以专章介绍作家、作品，其价值和文学史意义值得肯定，因此理应在中国文学史写作史上占有一席之地。此外，本书对元明清时期俗文学的重视，也是早期同类著作（如日本明治时期汉学家所著"中国文学史"）少有能及的。

目次：

第一卷 封建时代（B.C.600—B.C.200）：第一章 传说中的时代—早期中国文明—文字的起源；第二章 孔子—五经；第三章 四书—孟子；第四章 杂家；第五章 歌—碑文；第六章 道家—《道德经》。

第二卷 汉朝（B.C.200—A.D.200）：第一章 秦始皇—焚书—杂家；第二章 诗歌；第三章 历史—词典编纂；第四章 佛学。

第三卷 各小王朝（A.D.200—A.D.600）：第一章 诗歌；第二章 古典作品。

第四卷 唐朝（A.D.600—A.D.900）：第一章 诗歌；第二章 古典文学和总体文学。

第五卷 宋朝（A.D.900—A.D.1200）：第一章 木版印刷的发明；第二章 历史—古典文学和总体文学；第三章 诗歌；第四章 词典—百科全书—法医学。

第六卷 蒙古人之朝代（A.D.1200—A.D.1368）：第一章 各类文学—诗歌；第二章 戏曲；第三章 小说。

第七卷 明朝（A.D.1368—A.D.1644）：第一章 各类文学—本草纲目—农政全书；第二章 小说和戏剧；第三章 诗歌。

---

①H.A.Giles, *Preface to Quips from a Chinese jest-book*, Shanghai：Kelly & Walsh, 1925, P.2.

第八卷　满族人之朝代（A.D.1644—A.D.1900）：第一章　《聊斋》—《红楼梦》；第二章　康熙皇帝和乾隆皇帝；第三章　古典文学和各类文学—诗歌；第四章　揭帖—报刊文学—智慧与幽默—谚语与格言。

〔日〕高濑武次郎《支那文学史》

高濑武次郎（1868—1950），日本明治时期著名哲学家，东京帝国大学文学博士，著有《支那哲学史》、《日本阳明学》等。其著《支那文学史》，1901年由东京哲学馆出版。

据说，高濑氏在书中试图界说"文学"："文学是依循一定的法则，采用藻饰的字句，表达人的思想感情和想象，以达到让各社会里一般人的精神愉悦为目的，间接传达一些事实的活动。"①倘若此言确是出自高濑氏《支那文学史》，则可见他已开始摆脱日本传统的"泛文学"观的束缚，强调文学的情感和想象力因素以及文学的精神性功能。

目次（待访）。

---

①〔日〕和田英信：《高濑武次郎·支那文学史》，川合康三《资料篇·日本で刊行された中國文學史——明治から平成まで》，东京：创文社，，2002年版，第61页。

1902年（光绪二十八年）

本年

〔德〕顾路柏《中国文学史》

顾路柏（Wilhelm Gmbe，又译顾威廉，1855—1908），德国早期著名汉学家，精通汉语、蒙古语、满语。生于俄国圣彼得堡，是嘎伯冷兹（Gabelentz）在莱比锡大学的高足，在完成哲学和语言学的学业之后，以对中国哲学经典的翻译取得博士学位和教授资格。顾路柏著述甚丰。他曾是德国研究女真文字的开创者，1896年发表的《女真的语言和文字》（*Sprache und Schrift der Jucen*）一直受到西方学者的重视。但他的主要贡献在研究中国文化与文学方面，既发表文章研究《神仙传》，也翻译过《封神演义》。对中国的民间文化和民间宗教也具有浓厚的兴趣，1898年至1899年在华旅行时，考察过厦门、北京的民俗，1901年出版的《北京民俗学》（*Pekinger Volkskunde*），即是作者此行的收获，颇获好评。另著有《中国的宗教礼俗》（*Religion und Kultus der Chinesischen*）一书。

《中国文学史》（*Geschichte der Chinesischen Literature*），1902年由莱比锡的阿梅朗斯出版社出版，布面精装，共470页。1909年再版。

本书引用了中国文学的大量译文，如《孟子》、《李太白全集》、《西厢记》等，材料非常丰富，使读者对中国文学的发展和内容有了一个相当直观的认识。在本书的"前言"中，顾路柏称：鉴于"读者对中国学的兴趣明显增大"，书市上关于中国的书籍显著增多，"而关于中国文学和思想的作品却很少"，"作为中国精神生活的一个重要方面的文学至今没有得到足够的研究"，乃决定"写一部通俗性的中国文学史"。

顾路柏经常把中国的文学家和西方的文学家加以比较，这要算比较文学的先驱。比如，他把庄子化蝶和西班牙卡尔德隆慨叹人生如梦的诗加以比较，在顾路柏的眼里，道家的杨朱不啻是古希腊的伊壁鸠鲁。

关于中国的大诗人李白，他这样写道："李白是个多产作家，作品多达30卷。他的诗都是'人生得意须尽欢'之类的酒歌，但是我们不难发现，他的片刻的欢娱无非是悲观和失望的另一种形式。在他的酒歌中我们不时可以听到低沉悲凉的调子。"

关于宋代以后的文学，顾路柏评价道："不仅是文学的创作力，而且整个精神生活和民风民俗都处于一种停滞状态。这主要是受朱熹的影响。对于儒家哲学的教条化的理解只能起阻碍精神发展的作用。人的个性完全消失了，活泼的道德被僵化的形式主义取代。"①

书中介绍了一些中国古典小说。其评述《红楼梦》时写道："《红楼梦》是17世纪出现的一部小说，它的作者是个名叫曹雪芹的人。这部小说无疑是中国小说文学中最重要的作品之一，是一部充满美妙细节的长篇爱情故事。小说篇幅十分庞大，即使概要地叙述它的内容，也会超过这一节的字数限制。"②

顾路柏的《中国文学史》代表了当时德国汉学的研究水平，该书出版以后，直到20世纪60年代，一直是德国权威模范的文学史专著。但顾路柏此书并非德国最早研究中国文学史的著作，威廉·硕特（Wilhelm Schott，1807—1889）早在1854年就出版了研究中国文学史的《中国文学述稿》一书。但《中国文学述稿》主要译介中国古典名著，很大程度上只是一部夹杂少量评论的文选。所以，顾路柏的《中国文学史》是德国第一部由专家写作的中国文学史。

目次：

---

① 此处及前引关于顾路柏《中国文学史》内容的介绍，主要出自国学网"海外汉学·汉学家·顾路柏"（http://www.guoxue.com/xueren/sinology/hanxuejia/gulubo.htm，2012年2月14日查阅）。

② 转引自〔苏〕孟列夫：《长篇小说〈红楼梦〉的无名抄本》，李福清译，见宋柏年编：《中国古典文学在国外》，北京：北京语言学院出版社，1994年版，第542页。

导言

第一章　孔子和古典文学；第二章　孔子前的文学巨著；第三章
老子和道家；第四章　屈原和《楚辞》；第五章　汉代文学；第六章　汉
唐之间的文学；第七章　唐代文学；第八章　宋代文学；第九章　宋元
戏剧；第十章　明清小说。

1903年（光绪二十九年）

11月

〔日〕久保天随《支那文学史》

久保天随（1875—1934），本名久保得二，号天随，又号默龙、青琴、兜城山人、虚白轩、秋碧吟庐主人等，日本东京人，被誉为历经明治、大正、昭和的"三代诗翁"。1899年7月，自东京帝国大学文科大学汉学科毕业。同年，进入同校大学院研究所就读。大学期间，即常在《帝国文学》发表汉诗作品及论文，并曾任《帝国文学》编辑委员，出版《汉文评释》、《汉诗评释》。1927年以《支那戏曲研究》获颁文学博士学位。1928年《支那戏曲研究》由东京弘道馆出版。另著有《四书新释》（博文馆，1901年）、《日本儒学史》（博文馆，1904年）、《近世儒学史》（博文馆，1907年）、《柳宗元》、《韩柳》以及诗集《秋碧吟庐诗抄》、《关西游草》、《闽中游草》、《琉球游草》等。逝世后其藏书由台北帝大（今中国台湾大学）购入，共894部、7427册，其中不少为罕见珍本。①

1902年久保撰成《支那文学史》，1903年11月由东京人文社出版，438页。②经增删、修订后，1907年作为早稻田大学文学教育科第一学年讲义录，由东京平民书房出版。久保天随在作于1906年9月的"序言"中说道："前半删减，后半增补，特别是把元明之后的部分补充得更加详尽，与世俗稍异，是我贯注心力之处。"③后世研究者多有将此两种版本混为一谈，实应区分并

---

① 周延燕：《近代日本汉学家久保天随及其藏书研究》，台北大学古典文献学研究所硕士学位论文，导师林庆彰。台北大学图书馆收藏号 HH8617714。

② 东京早稻田大学出版部收藏有此书（原版）。有的中国内地学者因故误记为"1903年11月早稻田大学出版部出版"。

③ （日）久保天随：《中国文学史·序言》，东京：平民书房，1907年版。

引起注意。

久保天随在该著第一讲中记述了撰写此书的意图及其文学史观：

> 文学史是涉及国民、有秩序的研究文学发展的活动……直至今日，有关支那文学史的著述已经出版了一些，有些著述为浅薄的学者们合著而成，其价值不值一文。有些人甚至连文学和文学史为何物都不知道，甚至有些文学史只不过是学者（不一定是文学家）的个人小传和著书的题解、无意义的列述或个人美好的心得体会罢了。有些著述虽没有前面的缺点，但不过是在尽力糊弄人罢了，出于便利考虑，这些著述者写作完全依据抄本，有关历代文人骚客的全集，从来就没有触及过，因而此类著述毫无客观的欣赏和精确的评判可言。这些著述大多充斥着套话空话，这些著述者可谓是学会的鼠贼。在此，我并非妄言，我想新编一套真正的支那文学史。①

在这里，须提到久保态度的一个重大转变。1904 年版署名为"久保得二述"，取述而不作之意，语义谦虚；1907 年版署"久保天随著"，并自负地表示"不惮公言，聊以东西文献研究第一人自期"，对以往日本的中国文学史著作提出了上述十分尖锐的批评。他批评的对象，所谓"有些著述为浅薄的学者们合著而成"显然指的是藤田丰八等五人合编的《支那文学大纲》（1898年），而"个人小传和著书的题解"指的是古城贞吉的《支那文学史》。

无独有偶，在久保天随的《支那文学史》出版两个月后，《太阳》报登载了大町桂月的《评天随的〈支那文学史〉》短评文章，大町氏在文中说：

> 如今从事日本及支那文学史撰写的人，已有十多人，却全不知文学、文学史为何物。有文学史著者视文学家为历史家，有的视文学家为擅长

①均转引自李群：《早期中国文学史写作中的日本因素》，《苏州科技学院学报（哲学社会科学版）》2009 年第 2 期，第 64 页。也可参见黄仕忠：《明治时期日本之中国戏曲研究》，《戏剧研究》2009 年第 4 期，第 188 页。

写文章之士，还有的视文学家为古典文学家或语言学家，还有的将文学与史传、文学与哲学混为一谈。就这样，这些文学史家撰写的一部文学史，只不过是文学家个人的传记及其著书梗概的列举，毫不涉及文学思想的追问、对影响文学发展的外在因素的诠释，以及对文学发展、变迁之轨迹详细描述，也不把文学发展视为一个有生命的有机体，而仅仅将其视为单个作品的简单胪列罢了。书写文学史，首要的是，要弄清文学及文学史为何物？①

久保氏和大町氏不约而同地对以往日本学者撰写的中国文学史提出严厉批评，表明日本的中国文学史写作从"泛文学"观向"纯文学"观转变。久保天随尊崇的是一种"纯文学"观，强调文学的艺术性和思想性的统一，追求无功利、客观自然的艺术观。他在其所著《支那文学史》中说：

> 所有的艺术，是形式和内容的谐调，其中以将二者谐调的最上乘的为最，文学史研究也是如此，这其中的二者谐调的轻重至关重要。还有，所有的艺术的作品是时代共通的思想和个人的兴趣的统一，文学的内容和上述两者并无截然区别。我的研究主要依凭上述根本的原则进行，而且，我认为记述要极端简易明晰、精确的论理推断和公平的批判态度相统一，而且要坚持始终如一式样。②

久保天随在中国文学史研究方面的主要贡献在于中国古代戏曲研究，以《西厢记》研究尤为突出。但他撰写的《支那文学史》，也被后世学者看重："久保先生的文学史虽然以今日的眼光来看也有各种各样的缺陷，但在当时轻视小说戏曲的风潮中，理应在众多的文学史中占有一席之地。先生高迈的见

---

①（日）大町桂月：《评天随的〈支那文学史〉》，《太阳》（东京）10卷1号（1904年1月出版）。

②（日）芳村弘道：《久保天随とその·支那文學史》，川合康三《资料篇·日本で刊行された中國文學史——明治から平成まで》，东京：创文社，2002年版，第68页。

识于此充分展示，我相信其所体现出的价值应该获得更高的评价。"①

据说，久保此书的宋代文学部分谈到"小说戏曲的气运"②。书中第四期"近世文学"之第一编"金元文学"共十三章，其中七章为戏曲小说，分别为第五章"剧之发达"、第六章"戏曲的形式"、第七章"杂剧"、第八章"《西厢记》"、第九章"《琵琶记》"、第十章"《水浒传》"、第十一章"《三国志》"；第二编"明代文学"共十三章，如第十二章"汤显祖"、第十三章"《西游记》与《金瓶梅》"；第三编"清代文学"共十五章，如第五章"金圣叹"、第六章"李渔"、第七章"《桃花扇》与《长生殿》"、第八章"《红楼梦》与《儿女英雄传》"、第十三章"《红楼梦九种曲》与《吟风阁词曲谱》"、第十四章"最近的小说"。③

目次（略）。

---

① 黄得时：《久保天随博士小传》，《中国中世文学研究》第 2 号，1962 年版，第 51~52 页。
② 仝婉澄：《久保天随与中国戏曲研究》，《文化遗产》2010 年第 4 期，第 56 页。
③ 转引自黄仕忠：《明治时期日本之中国戏曲研究》，《戏剧研究》2009 年第 4 期，第 166 页。

1904年（光绪三十年）

1月

〔日〕笹川种郎《历朝文学史》（中译本）

本书于1898年在日本出版（详见前文）。1904年，经上海中西书局翻译生译成汉语，于1月7日（光绪二十九年十一月二十日）由中西书局印刷，1月26日（光绪二十九年十二月初十日）发行，发行者有启文社、通社、新民书局、国文书局、广智书局、科学仪器馆等数家。书名署名"笹川种郎"，32开本，油光纸铅印线装四册，共147页，11万余字。此为迄今所知最早被中国学者翻译过来的一部中国文学史。早期中国人自著的文学史，多受此书影响，如林传甲的《中国文学史》，直到20世纪30年代初期，童行白等编写《中国文学史纲》时，仍以之为蓝本。

目次（待访）。

1905年（光绪三十一年）

本年

黄任恒《辽代文学考》

黄任恒（1876—1953），字秩南，号述窠，广东南海人。《辽代文学考》，1905年铅印，线装一册。1925年，作为《辽痕五种》之一由广州聚珍印务局出版，1934年7月增辑再印。

陈玉堂《中国文学史书目提要》载："《辽代文学考》，黄任恒（字秋南，广东南海人）著，1925年刊，南海黄氏述窠杂纂本，其他情况待查原书。此据《七十六年史学书目》录存。黄氏尚撰有《辽代金石录》和《辽痕五楼》等。"[1]关于这段话，有几点需补正：一、黄任恒字秩南，而非秋南；二、黄任恒《辽代文学考》，叙目署光绪三十一年即1905年，后于"甲戌六月增辑再印"，"甲戌六月"即1934年7月；三、本书1925年属于正式出版，而非刊印；四、《辽痕五楼》应为《辽痕五种》，此乃黄任恒编纂的丛书，共五种，分别是《辽代年表》、《辽代文学考》、《补辽史艺文志》、《辽文补录》、《辽代金石录》。

本书分上、下卷。述及中国文学历史，而并未贯穿"史"的意识，又兼及中国古代各类典籍，故全书可谓一部中国文化论文集。虽非严格意义上的文学史书，但对中国文学史写作亦有参考价值。

目次：

上卷 总论、好学、能文；下卷 经籍、学校、试士、文字语言、艺术、释道。

---

[1]陈玉堂：《中国文学史书目提要》，合肥：黄山书社，1986年版，第156页。

〔日〕宫崎繁吉《支那近世文学史》

宫崎繁吉（1871—1933），字子寔，号来城、柳溪，日本九州久留米人。据清末留日文人陶报癖介绍："宫崎来城者，东岛文坛之健将也，著有《西施》、《杨贵妃》、《虞美人》及多情之豪杰书，与往情来，淋漓浓艳，颇受一般社会之欢迎。"①另著有《支那小说戏曲文钞释》（东京：早稻田大学出版部，1907年）。所著《支那近世文学史》，日本东京早稻田大学出版部1905年刊行。

本书与久保天随的《支那文学史》同为早稻田大学出版的文学史讲义，但在中国的影响远不及久保氏之著。当然，作为明治时期为数极少的中国近世文学史（断代史），本书至今仍有可称道之处。例如，在《绪论》中，宫崎繁吉这样阐述他以"近世"作为主要论述方向的写作动机：

> 征诸我国艺文史乘，所谓的汉学传来迄今已千余年，随着德川时代的文化而辈出的诸儒，如同他们所费心思索研究，可观之处应该相当之多，特别现在经由新进作家之手写就的支那文学史亦不只一二，以典据为基础研究的结果，将之撰述出来，即使有时不见全貌，但思考之下仍有所得。然而就其所述之处观之，大率唐宋以前的甚详细致密，元明以后的甚为疏漏，这也是我在此为了近世文学，大气一吐，想有所作为的缘故，我的叙述就从金元之间开始。②

有感于日本汉学界历来对于中国唐宋以前的文学研究相当充足，而之后的研究却很少，宫崎繁吉将研究的焦点放在金元以后的时代，也因此，本书在当时日本汉学界研究中国文学通史已成风气的背景下出现，应当是比较特别的一项成就。

---

①（日）宫崎来城：《论中国之传奇》，陶报癖译，《月月小说》第14号（1908年3月17日出版），第11页。

②（日）宫崎繁吉：《支那近世文学史·绪论》，东京：早稻田大学出版部，1905年版，第1页。

据研究者透露的零星材料来看，①宫崎繁吉在本书中讨论金元以下的"近世"时，先以"总说"的方式告知欲讨论时期的重要特点，以及特殊文学成就，然后才进行各时期的具体分析，而具体分析部分大致上又按照作品和作家为分项讨论，最后，则以某时期重要作家作为总结。宫崎繁吉注意到了小说戏曲在"近世"文学的重要性，尤其是论述明清时期的文学时，以小说戏曲为主。宫崎对中国古代小说戏曲的重视，与同时代著有《支那文学史》的古田贞吉蔑视小说戏曲的态度，形成发人深思的对比。

目次（待访）。

---

① 参见林以衡：《日本旅台文人宫崎来城在台汉文学创作与评论初探》，《台湾学研究》（"国立中央图书馆"台湾分馆主办）第 9 期（2010 年版），第 118 页。

1906年（光绪三十二年）

本年

窦警凡《历朝文学史》

窦警凡（1844—1909），字晓湘，号警凡，江苏无锡人。

据刘厚滋《中国文学史钞（上）》，窦警凡《历朝文学史》可能是当年南洋师范的课本，此书脱稿于光绪二十三年（1897）。如刘厚滋此说属实，则窦警凡《历朝文学史》为国人自纂的第一部文学史。

据储皖峰编《中国文学史》"绪论"云：

> 我国人著的中国文学史，第一部当推窦警凡的《中国文学史》，见有光绪三十二年（1906）铅印本，序末署光绪三十二年丙午梁溪振学主人窦警凡序。据可靠的传说，他的著作则甚早。次之为林传甲的中国文学史。

据中国国家图书馆所藏窦警凡《历朝文学史》，封面题"历朝文学史张祖翼署首"，油光纸铅印本，双面印刷，共106面，每面12行，每行33字，全书约4万字。篇首有《读书偶得序》，末署"光绪三十二年丙午梁溪振学主人窦警凡氏序"。陈玉堂先生没有见过此版本，在《中国文学史书目提要》中据刘、储二位先生转录窦著，认为本书"实系国学概论，而非文学史"[1]。若就此书而言，总体上确实可归为一部国学概论，窦警凡自己也认为，本书是一部文明史。但倘若单就"叙集第五"来看，却可谓一部简略的中国文体史。由于此书原版稀见，知情人甚少，兹参考见过《历朝文学史》的周兴陆先生之言[2]，

---

[1]陈玉堂：《中国文学史书目提要》，合肥：黄山书社，1986年版，第4页。

[2]周兴陆：《窦警凡〈历朝文学史〉——国人自著的第一部中国文学史》，《古典文学知识》2003年第6期。

略述一二。

"叙集第五"6.4千字，简略描述了历代文（包括散文和骈文）、诗、词、曲的流变轨迹。与"叙经"、"叙史"、"叙子"偏重于对内容的评说不同，"叙集"注重对作家创作风格的评论。按窦氏自己的说法就是："读经时当考经，此以文为主。"他以两千余字的笔墨，勾勒了从上古至近代桐城派、阳湖派骈散文章的沿革流变，提到的作家近200人。

"叙集第五"论诗部分亦近2000字，提到了200多位诗人，简要述及历代诗歌创作的基本面貌和不同诗人的创作风格，粗线条地勾勒了诗歌演变的历史流程，尽管较为粗略，却也不乏真知灼见，比如一般人批评元诗纤佻，窦警凡则指出其具有"喜于一首中著警策数句"的特点。

在"叙集第五"论词部分，窦警凡从创作风格倾向上给予明晰的梳理，虽然文字不多，但却较为切中肯綮。他认为词应以姜夔、吴文英为正宗，这正是清代浙西词派以来的基本立场。窦警凡把宋代词的风格倾向划为以婉丽胜的秦柳派、以豪迈胜的苏辛派，陆游词则糅合二者为一。从这个角度来看清词，他认为只有蒋士铨为苏辛派，尤同、郑燮与陆游为近，多数词人则属于秦柳派，婉丽柔媚而无清刚豪迈之气。这是他对清代词风的基本认识。

尽管窦警凡也说"曲则其品益卑"，流露出轻贱之意，但他并没有忽略曲，而是把曲作为"叙集第五"的一个组成部分，虽只寥寥数语，却也是难能可贵的。他评说"曲"道："至于曲则其品益卑，然元曲《西厢》、《琵琶》相传已久，明汤显祖《四梦》传奇、徐渭《四声猿》，国朝如洪昉思《长生殿》、孔云亭《桃花扇》亦既脍炙人口，又有《元人百种曲》、《六十种曲》之汇刻。其一人所著者，李笠翁渔之《十种曲》，杨笠湖潮观之《吟风阁曲》，而以蒋心余《九种曲》为最佳。"

窦警凡持大文学观，认为文学发展史就是文明发展史。既然文学史就是文明史，那么中国文学的开端，就应该从中国文明的起源开始。窦氏认为，中国文明从文字开始，为此他的《历朝文学史》不从《诗经》起笔，而将许慎的《说文解字》当作第一章，题为"志文字原始第一"。《说文解字》以下，他论及魏晋间的李登、吕静《声类》、《五音》、沈约《四声》、陆法言《切韵》

以至司马光的《集韵》等。

第二章为"叙经"。窦警凡认为"文字以后，经学为最要"。依次论及《易经》、《书经》、《诗经》、《周礼》、《礼记》等，这就是通称的"十三经"。每论一经，先叙作者，次叙成书经过，后叙笺注，诠释此经的代表性著作及其作者，条理清晰。最后总论说："以上十三部尊之曰经，内以治身，外以经世天下，承学之士无人不谈，为千古文学之宗，不可以著述工拙论也。"

第三章为"叙史"。作者大谈以史为鉴、古为今用的高论。此章论及《史记》、《汉书》以下列朝列代之史著，止于《明季北略》、《明季南略》等共23种史著。

第四章为"叙子"。此章论及诸子名家，兼及杂流。例如论及阴阳家、儒家、墨家、法家、名家、道家、纵横家、农家、杂家、艺术等。作者将《红楼梦》、《镜花缘》、《聊斋志异》、《阅微草堂笔记》等归类于杂家，"其功在一洗胸中之恶俗"，却把医书、占卜、命相书等归于艺术一类。

最后一章为"叙集"。如前述，不赘言。

他自述以经、史、子、集作为纲目的理由：

> 学必由文字始，兹叙文字为发端。立纪纲，厚风俗，使薄海内外之人相协而不相离，可强而不可弱者，莫备于经，故次之以经。上下古今，成败得失之道，一览了然，得所依据，莫善于史，又次之以史。凡人情事理，以至农工商贾，虽世变日新，有百变而不能出其范围者，莫详于子，又次之以子。从古硕德通才，奇谋伟略，以至文人学士，亦各有著作，以抒其见，悉载文集，又次之以集。兹择其恒见而切要者录之，间附末议，虽所见孤陋，然窃谓会而通之，有益之学，大致备矣。

目次：

叙文字原始第一①；叙经第二；叙史第三；叙子第四；叙集第五。

---

① 陈玉堂《中国文学史书目提要》第4页所抄目录写为"文学原始第一"，实误。

1907年（光绪三十三年）

本年

吴梅《中国文学史（自唐迄清）》

吴梅（1884—1939），字瞿安，号霜厓，江苏长洲人。《中国文学史（自唐迄清）》，1907年由京师大学堂油墨印刷，黄色毛边纸；双面折叠，共294页，每页10行，每行20至24字，全书约6万字；骑缝上写"中国文学史文科国文门三年级　吴梅"字样，共三册，封面署名"吴"，内文则是"中国文学史——自唐迄清"，署"吴梅辑"。此原稿现藏法国法兰西学院汉学研究所图书馆。陈平原先生复印后，收入《早期北大文学史讲义三种》一书，由北京大学出版社于2005年9月影印出版。

本书作为大学文学史课程讲义，长期被埋没，乃至吴梅本人和他的友人、学生都不曾提及，其原因可能是该书在当时众多文学史著作中成就不高。考究"文章之运与世运递迁，一代体制，有因由创，道在自然，初非矫异"，确非吴梅所长。①书中错谬之处颇多。

虽书中标明"由唐迄清"，其实只讲到了明代，而且三册中有一册半是作品选。文学史论述分三部分：（一）唐代文学总论，共68页；（二）宋元文学总论，共35页；（三）明代文学总论，共45页。其中（一）、（二）合为第一册，（三）和"中国文学史附录"的唐代篇（共81页）合为第二册，"中国文学史宋元篇附录"加上"附录的附录"（"明人传奇目"、"明人杂剧目"），共95页，独立成为第三册。

体例方面，大致上以朝代为经、文体为纬，但第二部分把宋元文学合在

---

①转引自陈平原：《不该被遗忘的"文学史"——关于法兰西学院汉学研究所藏吴梅中国文学史》，《早期北大文学史讲义三种》，北京：北京大学出版社，2005年版，第620页。

一起讲，以致朝代之"经"显得混乱，各时代之文学主要述文、诗、词、小说，却在第一、二部分列入"史"，第三部分甚至列入"道学"。这些情况说明，此时中国文学史写作在体例方面尚幼稚，而吴梅所持的是广义的文学观。从另一个角度来看，本书体例有些"混乱"，也反映出吴梅较为明显的新旧杂糅的过渡特点，即既有传统文人的印记，又有现代学人的特点。就吴梅的个人兴趣而言，如果不是为了教学的需要，他是不会编写这样的文学史著作的，即使写了，其结构框架和表述方式也会与这本《中国文学史》讲义存在着很大的差异。

目次：

一、唐代文学总论：甲、文；乙、诗（一、初唐；二、盛唐；三、中唐；四、晚唐）；丙、词；丁、史；戊、小说；己、缁徒文学。

二、宋元文学总论：甲、文；乙、诗；丙、词；丁、曲；戊、史；己、语录；庚、小说；辛、时文。

三、明代文学总论：甲、文；乙、诗；丙、词曲；丁、道学（一、崇仁之学；二、河东之学；三、白沙之学；四、姚江之学；五、甘泉之学；六、整庵之学；七、蕺山之学）；戊、制艺；己、小说。

1908年（光绪三十四年）

本年

〔日〕松平康国等《支那文学史谈》

松平康国（1863—1950）等合著《支那文学史谈》，东京早稻田大学出版部约1908年出版。

关于此书的编著者，日本学界及中国学者都认为是松平康国一人。据笔者从日本早稻田大学图书馆检索的目录来看，该书标注"松平康国述《国文学史》/永井一孝讲述《支那文学史》（下）/久保得二、松平康国、永井一孝，久保天随述"，故此书应为松平康国等合著。

据说，此书分作上古期（三代至战国）、中世期（秦汉至唐宋）、近世期（宋以下至清），但近世没有写。①

目次（待访）。

---

① 黄仁生：《中国文学古今演变研究绪论》，《湖南文理学院学报》（社会科学版）2009年第5期。

1909年（宣统元年）

1月

张德瀛《文学史》

张德瀛（1861—?），字采珊，号山阴道上人，广东番禺人。《文学史》，1909年1月广东政法学堂初版，铅印线装一册。封面居中隶书"文学史"三字，右上方行书"宣统元年正月刊行"，署"禺麓张德瀛采珊编纂"，框高18厘米，宽12厘米，每页13行，每行37字。内文每页版心印"中国文学史"五字，与封面"文学史"稍异，下印"广东法政学堂出版"。全书共4篇66章，计9万余字。

此书有完整的版权页，著录定价、出版印刷机构，并且有版权贴花，这在中国文学史写作萌芽期现存史著中，实属罕见。（林传甲、黄人等诸人之史著，均无此完整版权页）这是广东籍学人编写的第一部中国文学史著作。

张德瀛于光绪十七年（1891）中举，有词集《阮俞笛谱》、《空中语》、《画禅外篇》、《击剑录》、《纫兰剩稿》，总名《耕烟词》；另有词学专著《词徵》六卷。张氏事迹见《番禺县续志》及《味天和室笔记》等，但并无其任教广东法政学堂的记录。鉴于广东法政学堂1906年正式开学，而本书由该校出版，可推断本书为张德瀛任教广东政法学堂时所写的讲义。据学者考证，此书写作于1906年至1909年间。[①]

张氏在《文学史序录》开卷就说：

> 有文字而后有人群，有进化之机、国运之维新、社会之发达、礼乐

---

①参见闵定庆：《张德瀛著文学史：一部值得关注的早期中国文学史》，《中山大学学报》（社会科学版）2006年第4期，第32~37页。本条所述，部分摘自闵定庆此文，特致谢意。

兵刑之因革、艺术之日出而日精，佐以文字，则流传益远，是所谓不朽盛业。

这里以"文字"来界定"文学"，属于传统的"文学"界说方法，与章炳麟、林传甲等对"文学"的认识与界说相似。因此，在张德瀛笔下，文字、字学、声韵、文体、经学都被写进文学史中。他说："兹篇所录，肇自上古，迄于皇朝，以集为主，而经、史、诸子亦备甄采。"

需要注意到，张德瀛将文字"误读"为文学，除了因为当时人们普遍取"大文学"的定义，还有借此阐发中国文学史中的文化意义和政治意义的意图。张德瀛将汉字文献（文学作品）当做"国粹"，提到了国家盛衰、民族存亡的高度来加以阐述：

盖有以专门名家、卓然而成独至之诣者，所关甚巨，范围愈广，盛衰倚伏咸寓其中。曩者泰西列强略地殖民，每迫令其所属之国改用己之语言文字。波兰者，泰西千余年之古国也，后为俄军所败，并取诸部，尝禁其士民用波兰语文矣。英墟印度，凡有土著，不令读书识字，是以流风善政、丰功伟业阒寂而无闻。文不在兹，国已灭亡。望古遥集，能无太息？吾中国亦已老矣，著于载籍，历千百祀而菁华弗掩者，非即今之所谓"国粹"者乎！

这段话"蕴含着满腔的忧患意识和世界眼光，从波兰和印度亡国废文的悲剧中读出了弘扬汉字文明的重要性和迫切性"①。他相信，叙述汉字文献构成的"中国文学史"，是担当起传承中华文明、捍卫国家独立、确保民族不朽的重任的重要举措，"世运虽变，未尝绝也"，"继此者亦必绳绳乎靡有艾也"。

对文字文献的重视，赋予本书一个鲜明的特点，那就是作者依靠文献而

---

①闵定庆：《张德瀛著文学史：一部值得关注的早期中国文学史》，《中山大学学报》（社会科学版），2006年第4期，第35页。

不是像后世文学史家那样依靠文学史观念和理论，来建构中国文学史的书写。为了突出经书、史书和史书文体的中心地位，书中专设"群经文体"、"周秦传记杂史文体"、"诸子文体"、"诸史文体"乃至"骈散离合"。他甚至认为，后世"文章"都由先秦文体发端："文章者，原出五经。诏命策檄，生于《书》者也；序述论议，生于《易》者也；歌咏赋颂，生于《诗》者也；祭祀哀诔，生于《礼》者也；书奏箴铭，生于《春秋》者也。"据此，称本书为一部广义的中国散文史，也未尝不可。

全书始自上古、迄于清朝。

目次（待访）。

2月

〔日〕儿岛献吉郎《支那大文学史·古代篇》

儿岛献吉郎《支那大文学史·古代篇》，1909年2月由日本东京的富山房印行。本书系儿岛氏计划编写的"支那大文学史"中的"古代篇"，迄于六朝。

目次（待访）。

3月

来裕恂《中国文学史稿》

来裕恂（1873—1962），字雨生，号匏园，浙江萧山长河镇人。《中国文学史稿》，以楷体抄写，三册，每册一卷，上卷（含"绪言"）61页、中卷60页、下卷49页。其中，上卷无第10页，可能系作者修订时抽去；中卷无第52页，可能系抄写时忘记编此页码。故，原稿本实为170页，现存168页。每版10行，每行25字，全书约8万字。原稿本藏于广东省中山图书馆。来氏著作，大多只有家印本，近年来，由于其长孙、著名史学家来新夏的推动，先后得以出版。原稿本有杭州市萧山区方志办影印本（2005年），数年后，岳麓书社据原稿本影印件整理出版（2008年8月出版，王振良整理编次，陈平原作序，来新夏作后记）。

来裕恂《匏园诗集》卷十七（编年为"乙巳"）内有《暑日，予著〈文学史〉，内子尝伴予至夜分，或达旦》（卷前目录为《著文学史》）诗一首，可知光绪三十一年（1905）至迟其已经开始编纂《中国文学史稿》一书。本书"绪言"末署"宣统元年二月萧山来裕恂叙于海宁中学堂"，故本书编写于1905年夏至1909年农历二月之间。由于书稿完成的准确时间无法确定，今以作者撰写"绪言"的时间（宣统元年二月，即公元1909年3月）作为完稿时间。1905年来裕恂受聘于浙江海宁中学堂。清末，不仅大学而且中学教师也可以自行编写教材。本书原稿本，应为来氏执教时的讲义。

来裕恂在"绪言"中指出，"远而希腊，近而欧美"，均"撷文学之精义，焕政治之明光"，因此"欲焕我国华，保我国粹，是在文学"，"盖文学者，国民特性之所在，而一国之政教风俗，胥视之为盛衰消长者也"。认为文学可以转移政治风气，可以起到"焕我国华，保我国粹"的作用，并把文学与"国民性"紧密联系起来。尤其是，他把文学提升到学术高度，认为近代中国的落后，是因为"泰西之政治，随学术而变迁，而我国之学术随政治为之旋转"，因此要改变近代中国落后的局面，就必须专心学术、振兴文学，而少谈政治。文学能否改变近代中国落后面貌，大可商榷，但来氏这种愿望，是他写作本书的动机，表明中国文学史写作自早期开始，就体现出了振兴民族国家的使命感。

目次：

第一编① 中国文学之起源

第一章 总论；第二章 文字之起源②及构成③；第三章 黄帝之学

---

①修订本改"编"为"篇"。下同，不赘言。

②原稿本正文目录与每卷前目录略有出入。此处原稿本正文写作"文字之缘起"。

③作者修订时在此第二章后加上第三章《伏羲之文学》和第四章《神农之文学》，此处目次以原稿本目次为准。

术；第四章　五帝三代之文学及沿革①；第五章　尧舜之学术②；第六章　禹之学术③；第七章　殷之学术④；第八章　周代学术⑤；第九章　周代之学制；第十章　诸子以前之文章⑥；第十一章　诸子以前学术⑦之本原；第十二章　旧说破而新说立⑧。

第二编　诸子时代⑨

第一章　总论；第二章　老子之道⑩；第三章　孔子之道；第四章　墨子之道；第五章　三家总论⑪；第六章　老孔墨演变为九家；第七章　诸子之派别；第八章　先秦文学之评议；第九章　诸子之文章⑫；第十章　孔子之六经；第十一章　儒学⑬之势力；第十二章　秦代焚书坑儒⑭；第十三章　秦改定新文字。

第三编　汉代之文学

第一章　总论；第二章　武帝以前之文学；第三章　武帝以后之文学；第四章　儒学⑮之统一；第五章　两汉之经师；第六章　汉代之大著作⑯；第七章　两汉之文辞；第八章　汉代之韵文；第九章　汉代谶纬之

---

①修订本删去此章。

②修订本改此章为"第六章"，改"学术"为"文学"。以下"第六章"改为"第七章"，依次改订，直到最后"第十二章"改为"第十三章"。

③修订本改为"夏代文学"。

④原稿本正文写作"殷之文学"，修订本改为"殷代文学"。

⑤原稿本正文与修订本都写作"周代文学"。

⑥修订本改为"诸子以前之文学"。

⑦修订本改"学术"为"文学"。

⑧修订本改为"旧文学破而新文学兴"。

⑨修订本改为"诸子时代之文学"。

⑩修订本改"道"为"文学"。第三、四章同此。

⑪修订本改为"老孔墨三家总论"。

⑫修订本改为"诸子之文学"。

⑬修订本改为"儒家文学"。

⑭修订本改为"秦代焚书坑儒，废古代文学"。

⑮修订本改为"儒家文学"。

⑯修订本改"大著作"为"大文学家"。

书有益于文学。

第四编　汉以后之文学

第一章　总论；第二章　三国时代之文学；第三章　汉魏文章之变迁；第四章　晋代之文学；第五章　晋以后始有文笔之分；第六章　六朝之文学；第七章　南朝之儒学及梵学；第八章　北朝之儒学及道教佛教；第九章　隋之文学。

第五编　唐代之文学

第一章　总论；第二章　唐代之经学；第三章　唐代之尊老子学；第四章　唐代之古文学；第五章　唐代之韵文；第六章　唐代之诗学；第七章　唐代之佛学；第八章　唐以后之文学。

第六编　宋朝①之文学

第一章　总论；第二章　宋代之道学；第三章　宋儒之学派；第四章　宋代②学派之争；第五章　宋代之文学；第六章　宋代之诗词。

第七编　宋以后之文学

第一章　总论；第二章　金之文学；第三章　元代之儒学；第四章　元代之诗学；第五章　元代之古文学；第六章　小说戏曲之发达；第七章　欧洲学术之输入；第八章　正历为元代之功；第九章　元代之医学发达。

第八编　明代之文学

第一章　总论；第二章　明代道学派之纷争③；第三章　明代之古文学；第四章　明代之诗学；第五章　明代采用欧洲历学；第六章　明季东林学派之影响。

第九编　"国朝"④之文学

第一章　总论；第二章　"国朝"之经学；第三章"国朝"之性理

---

①修订本改为"宋代"。

②修订本改为"宋儒"。

③原稿本写作"明代道学派"，修订本改作"明代学派"。

④原稿本无双引号，因修订本将"国朝"改为"清代"，故以双引号予以标注。下同。

学；第四章"国朝"之地学；第五章"国朝"之算学；第六章"国朝"之古文学；第七章"国朝"之韵文；第八章"国朝"之诗家；第九章"国朝"之小说戏曲；第十章"国朝"之考证学之拘泥；第十一章　近今之文学；第十二章"国朝"诸儒之学派。

1910年（宣统二年）

5月

黄节《文学史概》

黄节（1873—1935），字晦闻，广东顺德人，近代著名诗学家。《文学史概》，1910年5月（宣统二年四月）由两广优级师范学堂排印，线装一册。

学界多传黄节曾出版《中国文学史》一书，而语焉不详，似乎无人亲见。近年程中山在考辨黄节《诗学源流》一书成书年代及版本时说：

> 同年（宣统二年——引者按）四月，黄节亦有《文学史概》一书出版，此书为两广优级师范本科中国文学讲义，凡二册，分十编各述太古自清朝历代文章之流变，如第一编述自太古迄周季之文章，第二编述秦两汉之文章，如是者每编细分成若干章。[①]

目次及内容（待访）。

7月

林传甲《中国文学史》

林传甲（1877—1922），字归云，号奎藤，福建闽侯人。林传甲《中国文学史》一书版本甚多，据笔者所见有关资料，大致有以下几种版本：

一、讲义本：京师大学堂讲义，署名林归云，1904年初印，210页，1906年再印；

[①]程中山：《黄节〈诗学〉的成书年代及版本考略》，《学术研究》2006年第10期，第134页。

二、《广益丛报》连载本：1910年4月19日起；

三、武林谋新室本：武林谋新室印行兼发行，日本宏文堂印刷，上海科学书局和广东、天津、奉天、北京科学分局发行，宣统二年六月（1910年7月）朔校正再版；

四、广东育群书局本：石印线装两册；

五、汪剑余改本：改名为《本国文学史》，1925年初版。

经查考，第一种目前属传说中版本，至今未见实物出现过。第二种版本与第三种版本同。第三种版本是目前最常见的版本，陈玉堂《中国文学史书目提要》（1986）仅录"发行者上海科学书局和广东科学分局"，其实还有天津科学分局、奉天科学分局、北京科学分局。陈玉堂《中国文学史书目提要》又记录第三种版本为"初版本"，实际上是"校正本"，关于这一点，林传甲在书中第一篇有陈述。此外，第三种版本版权页还标出"宣统三年起至中华民国三年六版"，也就是说，自从1910年7月校正再版后，到1914年出版第六版。这个第六版，1986年台湾学海出版社影印过，1999年再版；2005年陈平原编、北京大学出版社影印的《早期北大文学史讲义三种》的底本，也是这个版本。另外还有一种1914年广东存珍阁印本，为谋新室本之盗印本，版权页注"民国甲寅年二月重校正印行"。第四种广东育群书局本，中国国家图书馆有收藏，根据该馆书目著录，出版时间为光绪三十年即1904年。如果这个记录可靠的话，那么这个版本很可能就是第一种版本（即陈玉堂先生所说的1904年印讲义本）。第五种汪剑余改本，笔者将在后文述及，此处不赘言。

流传最广的武林谋新室本，为24开本，"光绪甲辰季冬之望弋扬江绍铨序"①，序目24页，正文210页，7.7万字。

---

①陈飞主编《中国文学专史书目提要》(大象出版社2004年版)云："《中国文学史》，江绍玲著，京师大学堂，1904年版。"此"江著本"，不见于陈玉堂《中国文学史书目提要》。其实，这个所谓"江绍玲著，京师大学堂，1904年版"本，就是林传甲的《中国文学史》，此本卷首有"光绪甲辰季冬之望弋扬江绍铨序"。光绪甲辰，即1904年；江绍铨，即江亢虎，林传甲编写《中国文学史》时的友人。《中国文学专史书目提要》编著者把"江绍铨"误为"江绍玲"，误把作序者当作了著书者。

武林谋新室本系林传甲为京师大学堂预备科中国文学目教学而编写的教材。林传甲依据《奏定大学堂章程》，仿照日本早稻田大学《中国文学史》讲义，①耗时仅百余日而成十六篇讲义，结集为《京师大学堂国文讲义》，出版时改名为《中国文学史》。此书初成时间历来有争议，兹试作考证如下：

"戈扬江绍铨序"中说：

> 吾友林子归云……甲辰夏五月来京师主大学国文席，与余同舍居。每见其奋笔疾书，日率千数百字。不四阅月，中国文学史十六篇已杀青矣。

林传甲在该书第一篇中记道：

> 传甲不才，今置身著述之林，任事半年，所行止此。昔初编讲义时，曾弁短言为授业豫定书，今已届一学期。爰辑期内所授课，为报告书，由教务提调呈总监督察核焉。光绪三十年十二月朔侯官林传甲记。

由上可见，林传甲于1904年6月（农历五月为公历6月）开始编写《中国文学史》，约于9月初步完成，并同时开始在课堂讲授，1905年1月（农历十二月为公历次年1月），为提交校方核查而编订印刷。编订时间为"光绪三十年十二月"，即1905年1月。所以，林传甲初次编纂完成《中国文学史》一书的时间约为1904年9月。

据林氏自述，他本人在编写本书时，"查大学堂章程"，"取以为讲义目次，又采各科关系文学者为子目"，"甄择往训，附以鄙意"，并且，"仿日本

---

①林传甲写作此书时，显然有两个根据：一个是《奏定大学堂章程》中有关文学史的学科规范，另一个是日本人笹川临风的《支那文学史》。林氏自己表示，他主要依据后者，而世人也多谓林氏《中国文学史》乃模仿日人《支那文学史》之作。然而，从林氏之书的目录就可看出，该书更多的是受到《奏定大学堂章程》影响。

笹川种郎中国文学史之意"①，最后共得十六篇，每篇十八章，总二百八十八章，每篇自具首尾，用纪事本末之体，每章必列题目，用通鉴纲目之体。在林传甲的时代，中国人对"文学"的认识还相当模糊，没有与传统的史学、经学等区分开来。文字、音韵和训诂，这些被称为"小学"的内容，在20世纪初期以前，长期被视为学术入门的基础知识，林传甲秉承这种思维惯性，在书中第一至三篇先讲小学。在第四篇，他把自皇古唐虞到清代的文学，分成"治化之文"与"词章之文"两大类，并以为，这两类文学的此起彼伏，"关于世运之升降"。这其实注意到了文学与社会发展之间的关系。第五篇叙述的是很具体的修辞之法，尽管其"修辞"与现代汉语修辞有较大差异，但将之笼统称为语法可也。讲过语法后，接着在第六篇就该讲作文之法了。第七至十一篇，按照《资治通鉴》、《四库全书》的目录之学，分别讲经、子、史。第十二至十六篇，依次讲汉魏到唐宋的"文"。这个"文"，相当于现代的散文，也就是说，这部分内容实为中国散文史。为何只有"文"而无其他文体呢？林传甲对小说戏剧深恶痛绝，在书中不予提及，这尚可理解。为什么在中国传统文学中享有较高地位的诗歌，也没能在林氏的文学史写作中占得一席之地？存疑。

上面讲到，林传甲对小说戏剧深恶痛绝，这是有据可查的。他在《元代文体为词曲说部所紊》中写道：

元之文格日卑，不足比隆唐宋者，更有故焉，讲学者即通用语录文体，而民间无学不识者，更演为说部文体：变乱陈寿《三国志》，几与正史相混；依托元稹《会真记》，遂成淫亵之词。日本崔川氏撰《中国文学史》，以中国曾经禁毁之淫书，悉数录之，不知杂剧、院本、传奇之作，不足比于古文之《虞初》。若载于风俗史犹可。崔川载于《中国文学史》，彼亦自乱其例耳。况其胪列小说戏曲，滥及明之汤若士、近世之金圣叹，可见其识见污下，与中国下等社会无异。而近日无识文人，乃译新小说

①林传甲：《中国文学史·自述》，武林谋新室印行，1910年版，第23页。

以诲淫盗，有王者起，必将戮其人而火其书乎！

在他写作本书的1904年，梁启超发起的"小说界革命"、"戏剧改良"业已影响较大，多数人的文学观念正在发生巨大变化，而林传甲却痛斥小说戏曲"诲淫盗"，期望"有王者起，必将戮其人而火其书"。这固然与《奏定大学堂章程》等规定"以学生购阅稗官小说，垂为禁令"不无关系，但主要还是因为林氏持蔑视小说戏曲的传统文学观念。

林传甲在书中将文章分作"治化之文"和"词章之文"两类，描述了这两种文类的或分或合，形成各时代为文风气的过程。近年学者戴燕以当代"文学"观考察林氏此论之后，得到结论："林传甲对文学史的理解，真正是一种片面的误解，他所接受的只是表面的、形式上的那一点点东西。"[1]如果明白在中国古代受到重视的只有以经学为中心的学术、以政治为中心的载道文学，就能理解林传甲对文学史的理解也许"真正是一种片面的误解"，但他将古代的文章分作"治化之文"和"词章之文"两类，并叙述其或分或合的过程，其实还是抓住了中国文学的某些特征，而非"表面的、形式上的那一点点东西"。比如，他说"治化之文"与"词章之文"是从汉代以后开始分化，曹植和南朝的一些文士，都属于"词章派"，而到了唐代，则是"治化"与"词章"并举，这个看法，与后来文学史家公认的魏晋为文学自觉时代，极其相似。

这部书在过去一段时期被视为国人自著最早的文学史，[2]因此广受关注，影响很大，至今仍是早期中国文学史著的代表。但后世史家或研究者对该书并不看好，总体上批评指摘多过赞誉。郑振铎批评它"简直不能说是'文学史'，只是经史子集的概论而已"[3]。类似这样的批评大多出自五四以后的史家，他们依据现代文学史观念检查林传甲《中国文学史》，发现许多"不符

---

①戴燕：《中国文学史的早期写作——以林传甲〈中国文学史〉为例》，《文学史的权力》，北京：北京大学出版社，2002年版，第174页。

②例如郑振铎和容肇祖，较早就这么认为。

③郑振铎：《插图本中国文学史》，北平：朴社，1932年版，第10页。

合"文学史写作规则之处。他们没有考虑到，在林传甲编写本书时，至少绝大多数中国人不知道中国文学史为何物，林传甲只能根据自己的学识和理解来探索文学史写作。也许这种探索，在后人看来就像幼儿学走路一般可笑，却无疑应该肯定，林传甲较早开启了中国文学史写作的探索历程。

目次：

第一篇　古文籀文小篆八分草书隶书北朝书唐以后正书之变迁

一、论未有书契以前之世界；二、论书契创造之艰难；三、论书契开物成务之益；四、论五帝三王之世古文之变迁；五、古文藉许书而存；六、六书之名义区别；七、六书之次第；八、古文籀文之变迁；九、籀文以后之变迁；十、大篆小篆之变迁；十一、传说文之统系；十二、篆隶之变迁；十三、篆隶与八分之区别；十四、隶草之变迁；十五、北朝南朝文字之变迁；十六、唐以后正书之变迁。

第二篇　古今音韵之变迁

一、群经音韵；二、周秦诸子音韵；三、汉魏音韵；四、六朝音韵；五、经典释文音韵；六、广韵；七、唐韵；八、集韵；九、宋礼部韵；十、平水韵；十一、翻切；十二、字母；十三、双声；十四、六朝反语；十五、三合音；十六、东西各国字母；十七、宋元明诸家音韵之学；十八、国朝顾炎武江永戴震段玉裁王引之诸家音韵之学。

第三篇　古今名义训诂之变迁

一、虞夏商周名义训诂之变迁；二、列国风诗名义训诂之变迁；三、春秋战国名义训诂之变迁；四、尔雅兼收周秦诸子之名义训诂；五、秦始统一名义训诂之变迁；六、方言之训诂名义变迁最繁；七、释名考经籍名义可据；八、广雅萃集汉儒笺注名义训诂；九、唐颜师古匡谬正俗；十、南唐徐铉说文新附字；十一、陆佃埤雅之名义；十二、朱子究心名义训诂之据；十三、宋儒名义训诂之疏密；十四、骈雅之润色词章；十五、天算家名义训诂之变迁；十六、地舆家名义训诂之变迁；十七、制造家名义训诂之变迁；十八、古人名义训诂不可拘执。

第四篇　古以治化为文今以词章为文关于世运之升降

一、皇古治化无征不信；二、唐虞治化之文；三、夏后氏治化之文；四、殷商治化之文；五、酆岐治化之文；六、文武治化之文；七、阙里治化之文；八、邹孟治化之文；九、荀子治化之文；十、秦始皇治化之文；十一、汉以后治化词章之分；十二、六朝词章之滥；十三、唐人以词章为治化；十四、五代之治化所在；十五、辽金治化之文不同；十六、宋元治化之广狭词章之工拙；十七、明人之治化词章误于帖括；十八、论治化词章并行不悖。

第五篇　修辞立诚辞达而已二语为文章之本

一、孔门教小子应对之法；二、六年教以数与方名之法；三、闻一知二之捷法；四、举一反三之捷法；五、反言以达意之法；六、虚字联络实字达意法；七、虚字承传实字达意法；八、虚字分别句读以达意法；九、虚字以为发语词达意法；十、虚字为语助词达意法；十一、虚字语助词用为疑问法；十二、虚字用于形容词法；十三、虚字用为赞叹词法；十四、修辞分别雅俗异同法；十五、修辞必求明密法、十六、修辞当知颠倒成文法；十七、修辞引用古人成语法；十八、修辞勿用古字古句法。

第六篇　古经言有物言有序言有章为作文之法

一、高宗纯皇帝之圣训；二、言有物之大义；三、总论篇章之次序；四、初学章法宜分别纲领条目；五、初学章法宜先明全章之义；六、初学章法宜立柱分应；七、初学章法宜因自然次第；八、初学章法宜知层叠进退；九、初学章法宜知承接收束；十、初学章法宜知首尾照应；十一、初学章法宜知引用譬喻；十二、初学章法宜知调和音节；十三、初学扩充篇幅第一捷法；十四、初学篇法宜一意贯注；十五、初学篇章宜分别文之品致；十六、治事文之篇法；十七、纪事文之篇法；十八、论事文之篇法。

第七篇　群经文体

一、经籍为经国经世之治体；二、周易言象数之体；三、周易文言之体；四、周易支流之别体；五、尚书今古文辨体；六、尚书家为古史正体；七、禹贡创地志之体；八、洪范为经史之别体；九、诗序之体；十、三百篇兼备后世古体近体；十一、淫诗辨证；十二、周官为会典之古体；十三、仪礼为家礼之古体；十四、礼记创丛书之体；十五、春秋创编年之体；十六、三传辨体；十七、经学随时而变体；十八、皇朝经学之昌明。

第八篇　周秦传记杂史文体

一、逸周书为别史创体；二、大戴礼为传记文体；三、周髀创天文志历志之体；四、国语创戴记之体；五、国策兼兵家纵横家舆地家诸体；六、世本创族谱之体；七、竹书纪年仿春秋之体；八、山海经舆禹贡文体异同；九、穆天子传非本纪体；十、七经纬文体之大略；十一、神农本草创植物教科书文体；十二、黄帝素问灵枢创生理学全体学文体；十三、司马法创兵志之体；十四、家语与论语文体之异同；十五、孔丛子创世家之体；十六、晏子春秋创谏疏奏议之体；十七、吕氏春秋创官局修书之体；十八、汉以来传记述周秦古事之体。

第九篇　周秦诸子文体

一、管子创法学通论之文体；二、孙子创兵家测量火攻各法文体；三、吴子文体见儒家尚武之精神；四、九章算术文体之整洁；五、墨子发明格致新理之文体；六、老子创哲学家卫生学家之文体；七、庄子文体真伪工拙之异同；八、列子创中国佛教之文体；九、文子之文体冗杂；十、商君书创变法条陈之文体；十一、韩非子创刑律之文体；十二、公孙龙子创辨学之文体；十三、鬼谷子创交涉之文体；十四、鹖冠子不立宗派家之文体；十五、屈子离骚经文体之奇奥；十六、诸子伪书文体之近于古者；十七、诸子佚文由近人辑录之体；十八、学周秦诸子之文须辨其学术。

第十篇　史汉三国四史文体

一、史记为经天纬地之文；二、史记通六经自成一家之文体；三、史记本纪世家文体之辨；四、史记世家列传文体之辨；五、史记十表创统计学之文体；六、史记列传文体之奇特；七、褚少孙裴骃司马贞张守节诸家增补史记文体；八、归震川评点史记之文体；九、汉书仿史记之文体；十、汉书地理志之文体；十一、汉书艺文志之文体；十二、汉书西域传文体；十三、班昭续成汉书八表并天文志之文体；十四、后汉书纪传后附论赞之文体；十五、司马彪续汉书志之文体；十六、三国志文体之创例及正统所在；十七、裴松之注三国志之创例；十八、读史勿为四史所限。

第十一篇　诸史文体

一、晋书文体为史臣奉敕纂辑之始；二、宋书文体皆因前人之作；三、南齐书文体多谀辞；四、梁书陈书文体成一家之言；五、魏书文体惟官氏志最要；六、北齐书文体自成一家规模独隘；七、北周书文体欲复古而未能；八、隋书文体明备十志尤称精审；九、南北史仿史记纪传之文体；十、新旧唐书文体之异同；十一、旧五代史文体仿三国志新五代史文体仿史记；十二、宋史文体之繁芜；十三、辽史文体之简要；十四、金史文体中交聘表最善；十五、元史文体多疏芜；十六、明史文体集史裁之大成；十七、编年文体温公通鉴似左氏朱子纲目似公谷；十八、三通文体之异同。

第十二篇　汉魏文体

一、贾山至言为上皇帝书之创体；二、贾谊陈政事疏之文体为后世宗；三、晁错言备边诸书文体近似管子孙武子；四、枚乘七发与谏吴王书文体异同；五、董仲舒明经术文体为策封正宗；六、淮南子文体似吕览；七、汉武帝时文学之盛；八、汉宣帝时书疏之文体；九、元成哀平之文体匡衡刘向刘歆扬雄为大宗；十、光武君臣长于交涉之文体是以中兴；十一、明章以后之文体；十二、张衡天象赋两京赋文体之鸿博；十三、马融郑康成经学家之文体；十四、汉末党锢诸贤之文体；十五、蔡邕中郎集多碑志为谀墓之始；十六、曹魏父子兄弟及建安七子文体；十七、诸葛武侯出师表之文体；十八、孙吴文体质实非晋宋以后可及。

第十三篇　南北朝至隋文体

一、西晋统一蜀吴之文体；二、东晋搬迁江左之文体；三、五胡仿中国之文体之关系；四、晋征士陶潜文体之澹远；五、苏蕙创回文之体；六、南朝宋室颜谢鲍三家之文体；七、南齐永明体之纤丽祖冲之精实；八、萧梁诸帝皆能文；九、昭明文选创总集之体；十、刘勰文心雕龙创论文之体；十一、钟嵘诗品创诗话之文体；十二、萧梁文士之盛文体之缛；十三、徐陵玉台新咏创诗选之体；十四、北魏文体近于朴质；十五、北齐文体颜之推出入释家；十六、北周苏绰六条诏书文体之复古；十七、隋李谔论文体书之复古；十八、隋王通中说之文体。

第十四篇　唐宋至今文体

一、总论古文之体裁名义；二、唐宋八家文体之区别；三、唐初元结独孤及诸家始复古体；四、韩昌黎文体为唐以后所宗；五、柳子厚文体与昌黎异同；六、韩门张籍李翱皇甫湜文体；七、杜牧文体为宋之苏氏先导；八、五代文体似南北朝而不工；九、宋人起五代之衰柳开王禹偁穆修诸家文体；十、宋文以欧阳修为大宗；十一、苏氏父子兄弟文体同异；十二、王安石曾巩之文体；十三、有宋道学家文体亦异于语录；十四、南宋文体宗泽岳飞陈亮文天祥谢枋得之忠愤；十五、辽金文体至元好问而大备；十六、元人文体为词曲说部所荟；十七、明人文体屡变宋濂杨荣李梦阳归有光之异同；十八、国朝古文之流别。

第十五篇　骈散古合今分之渐

一、唐虞之文骈散之祖；二、有夏氏骈散相合之文；三、殷商氏骈散相合之文；四、周初骈散相合之文；五、逸周书骈散相合之文；六、周髀骈散相合之文；七、左传骈散相合之文；八、国语骈散相合之文；九、战国策骈散相合之文；十、孔孟荀诸子皆骈散相合之文；十一、老庄列诸子皆骈散相合之文；十二、管晏诸子骈散相合之文；十三、孙吴诸子骈散相合之文；十四、墨子骈散相合之文；十五、韩非子创连珠之体；十六、屈宋骚赋皆骈散相合之文；十七、吕氏春秋骈散相合之文；十八、李斯骈散相合之文。

第十六篇　骈文又分汉魏六朝唐宋四体之别

一、总论四体之区；二、汉之骈体至司马相如而大备；三、扬雄仿司马相如之骈体而益博；四、后汉班固张衡之骈体；五、后汉蔡邕之骈体；六、潘勖册魏公九锡文之体；七、魏曹植之骈体；八、六朝骈体之正变；九、徐庾集骈体之大成；十、唐初四杰之骈体；十一、燕许大手笔之骈体；十二、李杜二诗人之骈体；十三、陆宣公奏议为骈体最有用者；十四、元白温李之骈体；十五、宋初西昆骈体步趋晚唐及北宋诸家异同；十六、南宋骈体汪藻洪适陆游李刘诸家之异同；十七、元明以来四六体之日卑；十八、国朝骈文之盛及骈文之终古不废。

8月

黄节《诗学源流》

黄节《诗学源流》，1910年8月由粤东编译公司铅印，线装本，一册，共19页，2万余字。此书实际上是黄节代表作《诗学》（北京大学出版部出版）的初版本，北大版的版本依次有：1918年10月初版，1919年9月再版，1921年9月三版，1922年12月四版，1925年3月五版，1929年10月六版及1930年修订版。[①]1947年美国学者Elizabeth Huff将1925年版《诗学》翻译为英文，并附以简单的注释。[②]1949年以后，此书在中国大陆、港台地区多次重印出版，如1964年香港龙门书局据1930年版以线装方式影印出版，而中国大陆地区的版本大多将《诗学》与《律学》合编为一册，如天津古籍出版社2007年出版的《黄节诗学诗律讲义》。

《诗学源流》现藏于广东省中山图书馆，封面无书名，首页首行为"诗学讲习所讲义录"、次行为正文"诗序曰……"，版心处印有"诗学讲习所讲义

---

①学界一般认为黄节《诗学》系其在北京大学的讲义（完成于在北京大学任职期间），由北京大学出版部出版（目前仅见1919年再版本，估计初版于1918年）。近年程中山以令人信服的考证指出，1918年出版的《诗学》最早以"诗学源流"为书名初版于1910年。（参见程中山：《黄节〈诗学〉的成书年代及版本考略》，《学术研究》2006年第10期）
②转引自程中山：《黄节〈诗学〉的成书年代及版本考略》，《学术研究》2006年第10期，第133页。

【第一编　论诗学源流】粤东编译公司承印"（版心处依页码从"一"至"二十"）。故有人将本书定名为《诗学讲习所讲义录》。①书中没有标注出版印刷时间，但书首有庚戌七月所作的序言，故据此推断，《诗学源流》出版的时间大致为宣统二年七月（1910年8月）。当时黄节38岁，主讲于两广优级师范学堂。书的序后印有"第一篇　论诗学源流"，可见此书实为黄节当时所拟"诗学讲习所讲义录"的第一编。依照常理，应该还有第二编、第三编……但至今未见。可能黄节完成第一编后没有继续这项计划。②

　　"《诗学》版本的修订经过了从《诗学源流》（1910年版）到《诗学》（1918／1919年版）再到《诗学》（1921年版）三个阶段，1921年后，黄节再没有对《诗学》进行修订，《诗学》遂成为定本，风行海内外。"③《诗学源流》虽是1918年版《诗学》的初版本，但二者的不同处并非仅将前书中的"国朝"改为"清朝"、"两广优级师范学堂"改为"国立北京大学"，实际上，黄节在1918年版中有多处删改。④通过对比分析不同版本，"不仅可以见出该书集中论诗、渐趋完善的修订倾向，也约略反映出作者反对外在政治标准论诗和中正、客观的批评精神"⑤。

　　《诗学源流》出版后虽有学者知晓，如马以君《黄节年谱》于1910年著录

　　①李默：《黄节先生著作知见录》，广东炎黄文化研究会编：《岭峤春秋——黄节研究论文集》，广州：中山大学出版社，2003年版，第163页。

　　②据《诗学源流》第三章的'汉魏间源流'章末所论：'总斯而论诗，以五七言源流为大，余则间有为之者，别详《体制》一篇，兹不具论已。'可知继《诗学源流》后，黄节拟撰《诗学体制》一篇。此则引文亦见于1919年再版的《诗学》，亦知黄节到北京后，仍有续撰之意，只是到1921年三印其时，'别详《体制》一篇'六字才被删去。因此《诗学源流》只是黄节研究中国诗学的首篇，而余篇之撰写计划，惜未续之，诚为憾事。"（程中山：《黄节〈诗学〉的成书年代及版本考略》，《学术研究》2006年第10期，第134页）

　　③程中山：《黄节〈诗学〉的成书年代及版本考略》，《学术研究》2006年第10期，第137页。

　　④关于《诗学源流》与1919年版《诗学》之异同以及《诗学》各版本之修订详况，可参见程中山《黄节〈诗学〉的成书年代及版本考略》和王晓东《黄节〈诗学〉考辨》（《暨南学报》（哲学社会科学版）2008年第5期，第100~103页）。

　　⑤王晓东：《黄节〈诗学〉考辨》，《暨南学报》（哲学社会科学版）2008年第5期，第103页。

《诗学源流》一书，①李韶清《顺德黄晦闻先生年谱》亦于1910年著录《诗学源流》一书。②但广为人知、被视为黄节代表作的还是《诗学》。黄节的《诗学》虽不以"诗歌史"为书名，却是近百年来颇为传统学界所推重的一本中国古典诗学批评史，比陆侃如《中国诗史》早20年面世，可以说是近代最早的一部诗学史。朱自清在《论诗学门径》一文中曾举清代诗话代表作叶燮《原诗》与黄节《诗学》并提，后世学者也说："《诗学》是近代研究中国诗歌的开创性著作，它与林传甲的《中国文学史》、王国维的《宋元戏曲考》、鲁迅的《中国小说史略》一样具有学科建设的奠基意义。"③

目次：

  序④、诗学之起源、周秦间诗学⑤、汉魏诗学、六朝诗学⑥、唐至五代诗学、宋代诗学⑦、金元诗学、明代诗学⑧。

本年

黄人《中国文学史》

黄人（1866—1913），字摩西，原名振元，字慕庵，江苏常熟人。《中国

①马以君编：《黄节年谱简编》，黄节著、马以君编：《黄节诗集》，北京：中国人民大学出版社，1989年版。

②李韶清编：《顺德黄晦闻先生年谱》，黄节著、广东炎黄文化研究会编：《蒹葭楼自订诗稿原本（附录）》，广州：广东人民出版社，1998年版。

③毛庆耆：《黄节〈诗学〉研究》，《北京大学学报》（哲学社会科学版）2000年第3期，第121页。

④1919年版删去了初本序言末的"庚戌七月既望顺德黄节序"，并对"学堂"作了相应修改。

⑤1921年及之后《诗学》版本删去此章。

⑥1919年版在此章章末依照钟嵘《诗品》增列了诗人源流表。

⑦1919年版修改了本章结语的内容；1921年及之后的《诗学》版本在《宋代诗学》章增加了"永嘉四灵"部分。

⑧1919年版删去了初本《明代诗学》章末对岭南诗人的介绍。

文学史》由国学扶轮社印行，1910年前后出版，有光纸铅印，线装本，开本20厘米×13.2厘米，每面12行、每行29字，共2378页（张），约165万字。苏州大学图书馆藏有两套，一套29册（缺1册），另一套30册（其中1册为抄本），后者很可能是海内外现存的唯一全帙。每册首页右侧均题"中国文学史 东吴大学堂课本"。未印出版时间。

东吴大学堂正式成立于清光绪二十七年（1901），①首任校长为美国人孙乐文（David Lawrence Anderson）。同年，黄摩西即受聘为该校"国学教习（教授）"。据其同事徐允修云：

> 光绪三十年，西历1904年，孙校长以本校仪式上之布置略有就绪，急应厘定各科学课本；而西学课本尽可择优取用，唯国学方面，既一向未有学校之设立，何来合适课本，不得不自谋编著。因商之黄摩西先生，请其担任编辑主任，别延嵇绍周、吴瞿安两先生分任其事。一面将国学课择要编著；一面即用誊写版油印，随编随课。故编辑之外，又招写手四五人，逐日写印。如是者三年，约计所费已达银元五六千，所编《东亚文化史》、《中国文学史》、《中国哲学史》等五六种。孙先生以此事着手业经三年，理应择要付印，因由黄先生将《文学史》整理一过。此书系其自己手笔……惟发抄各家程式文时，致涉繁泛。书虽出版，不合教课之用。正欲修改重印，先生遽归道山，遂致延搁多年。今春，有王均卿先生（系先生之老友，在中华书局任编辑者），愿负修改之责，完成合适之本，付诸铅印，不日即可出版矣。②

---

①关于东吴大学的创办时间，历来说法不一。约略说来有二：一为1900年，一为1901年。（参见张圻福主编：《苏州大学校史》第一章，南京：江苏人民出版社，1992年版；《世纪春风——东吴大学建校百年纪念特刊》，台北：财团法人私立东吴大学，2000年版；张曼娟等主编：《坎坷与荣耀：东吴大学建校百年纪念文集》，书林出版公司，2000年版；王馨荣：《天赐庄：西风斜照里》，南京：东南大学出版社，2004年版）笔者认为，1901年说较可信，具体考辨可参见王国平《东吴大学的创办》（《苏州大学学报》2000年第2期）。

②徐允修：《东吴六志·志琐言》，利苏印书社铅印本，1926年印行。

根据以上及其他相关记载，黄人《中国文学史》应有三种版本：（一）"随编随课"，"逐日写印"的油印本，属于当年用于教学的内部讲义；（二）由黄人"整理一过"，且已"出版"，但"不合教学之用"的一种版本；（三）黄人死后，由王均卿修改整理的"合适之本"。现存的国学扶轮社本当然不是油印本，但也不可能是王均卿整理本（这两种本子至今均未发现），因为国学扶轮社本的内容具有"发抄各家程式文""致涉繁泛"、作品选读的其他部分也相当庞杂、章节体例不够统一等粗疏特征，故可断定：国学扶轮社本正是黄人在逝世之前"整理一过"，"虽出版"但"不合教学之用"的那个版本。黄人卒于民国二年（1913），国学扶轮社成立于宣统三年（1911），黄人即为创办人之一，由他主编的《普通百科新大辞典》亦由国学扶轮社出版（1911年5月印行）。由此可知黄人《中国文学史》的正式出版时间，应该略迟于林传甲本。但是，据王永健先生介绍，光绪丁未四月（1907年6月）出版的《东吴学报》第十一期和同年年底由东吴大学出版的《学桴》第二年第一期上，曾经连载摩西《华离期及暧昧期横决力及反动力》一文，注曰："节录正科第一年讲义"，属于这部《中国文学史》的重要部分。所以，黄人《中国文学史》"节录"的公开发表时间，早于《广益丛报》1910年4月19日起连载林传甲的《中国文学史》。

　　黄人此书的完成时间上限为1906年9月，因为，书中第四编"分论"第一章第一节"文学的定义"中引用了1906年9月日本东京博文馆出版的太田善男《文学概论》中的解释。而1907年，此书部分章节发表在《东吴学报》、《学桴》上，并注"节录正科第一年讲义"，说明此时已成书。所以，该书编写于1904年至1907年间。

　　然而，此书很可能并非黄人独立完成，书中讨论戏曲的内容，部分出自吴梅之手。理由如下：

　　第一，黄人《中国文学史》中讨论戏曲的段落，后来被原封不动地塞进大东书局1926年版的吴梅著《中国戏曲概论》。很难想象，吴梅一而再、再而三地抄袭黄人，合理的解释只能是，这些被原封不动"抄袭"的段落，原本就是吴梅当年在东吴大学时撰写。

第二，钱仲联在《梦苕庵诗话》中说：

> 金丈叔远（鹤冲）曩在东吴大学，与摩西为同事，且同乡，交尤契。丈告余曰：《中国文学史》一书，非摩西一人之作。属于古代者，出摩西手。汉以后则他人所续也。①

这段话颇为可信，除了黄人、金鹤冲之间有很深的交往，金氏作为黄人在东吴大学的同事兼好友，②理当了解黄人编著《中国文学史》的情况，而且钱仲联是严谨的学者。

第三，1905年，经黄人引荐，吴梅进入东吴大学任助教，经常出入黄人府邸。据王文濡回忆："犹忆三十年前，余在吴门办学，与黄子摩西订忘形交，休沐之暇，借茗寮为谈话所。黄子广交游，庄士狎友，不介自来，团坐放言，间及时事。一少年手拍案，足踏地，时而笑骂，时而痛哭，寮之人金目为狂。询诸黄子，则吴其姓，瞿庵其字，枕胙经史外，癖嗜词曲，英雄肝胆，儿女心肠，往往流露于文字间。所著《血花飞》传奇，乃其出手之初著也。心异其人，因与定交。"③王文濡曾与黄人、吴梅熟稔，所记应当无误。通过其回忆，可知两点：一是黄人和吴梅是忘年交，关系非同寻常；二是当时吴梅"枕胙经史外，癖嗜词曲"。也就是说，由于两人关系甚密，黄人让吴梅发挥对戏曲研究的特长，帮助编写《中国文学史》中的戏曲内容，这是合情理的。何况如徐允修所言，吴梅本来就是东吴大学课本编委会成员。

本书虽体例庞杂，叙述粗疏，但影响很大，后世研究者颇多。相关研究论文和著作主要阐述黄人在书中体现的新颖的"文学"观、"文学史"和研究

---

① 钱仲联：《梦苕庵诗话》，济南：齐鲁书社，1986年版，第49页。
② 参见王永健对黄人交游的稽考与描述。(《"苏州奇人"黄摩西评传》，苏州：苏州大学出版社，2000年版，第50~70页)
③ 王文濡：《中国戏曲概论·序》，吴梅：《中国戏曲概论》，上海：大东书局，1926年版。

方法，①也有人注意到书中关于中国文学史的新颖、独特的学术见解。②而本书编写体例，近年引起一些研究者深思。黄霖指出，黄人接受梁启超的观点，把中国历史分为上世、中世、近世三大时期，分章节加以叙述，因此"在编史的方法上，黄人的《中国文学史》也有独创性"③。温庆新则探讨了按章节编撰史书的体例和"三段式"分期的来源及其体现的思想观念，并分析了章节体撰史的利弊，认为"《中国文学史》第四编《分论》所展开的具体论述，则是整个章节体模式论述的薄弱环节"。"最大的问题在于，以章节体设置时代分期时，人为的切割痕迹太明显，过于注重进化的'阶段性'，忽略了事物进化之延续一面"④。

书的前面有"总论"、"略论"、"分论"，其后即为上世、中世、近世文学史，迄于明代。每一历史阶段以及章节多有绪论、结语；但全书重史料而少论述，皇皇160万余字，大量篇幅为作品选，其间杂有按语、点评、注释。

全书不标明卷册，也无目录，每册大多按年代或类别独立成册。前三册为绪论；第四、五、六三册为上世，主要叙述文学从胚胎到全盛期；第七册至第二十三册为中世，从三国起，历叙南北朝、隋唐、两宋及辽，其中唐代分骈文、散文、诗及闺秀诗凡六册；第二十四册至终册为近世，所述全系明代（缺清代）。

另有一册《中世文学史》，应为《中国文学史》完成后续补中世的部分。

---

①例如：黄霖等论述了黄人《中国文学史》的"文学"观念、以进化论为主的文学史观以及用比较文学法研究中国文学史。〔参见黄霖：《中国文学史上的里程碑——略论黄人的〈中国文学史〉》，《复旦学报》（社会科学版）1990年第6期；孙景尧：《首部〈中国文学史〉中的比较研究》，《复旦学报》（社会科学版）1990年第6期；曹培根：《中国文学史的一部重要著作——黄人的〈中国文学史〉》，《东南学术》2011年第3期；徐斯年：《黄摩西与〈中国文学史〉》，《鲁迅研究月刊》2005年第12期；龚敏：《黄人及其〈小说小话〉研究》，济南：齐鲁出版社，2006年版〕

②除黄霖、曹培根上述之文，可参见戴燕：《文学史的力量——读黄人〈中国文学史〉》，《文学史的权力》，北京：北京大学出版社，2002年版，第195~197页。

③黄霖：《中国文学史上的里程碑——略论黄人的〈中国文学史〉》，《复旦学报》（社会科学版）1990年第6期，第83页。

④温庆新：《有关黄人〈中国文学史〉编撰体例与分期问题——兼论以章节体修撰文学史之利弊》，《中国论丛》第27辑，2010年版，第353~355页。

这一部分叙述"文学华离期"，不分篇目，增添了一些当时文坛出现的新情况。

目次：

第一册

第一编　总论：文学之目的、历史文学与文学史、文学史之效用、结论。

第二编　略论：文学之起源、文学之种类、文学全盛期、文学华离期、暧昧期、第二暧昧期、文学之反动力。

第二册

第三编　文学之种类

第一章　（叙文体33种，自"命"、"令"至"经义"等；附50种，自"告身"、"内批"等至"下火文"、"撒帐词"等；前有"正义"）。

第二章　诗（叙诗体8种，前有"正义"）。

第三章　诗馀（叙词体4种，前有"正义"）。

第四章　馀（叙曲、通俗小说及南北宫调，前有"正义"）。

第三册

第四编　分论

第一章　学之起源：第一节　文学定义；第二节　文字之起源；第三节　音韵；第四节　书体；第五节　文典。

第四至六册

（上世文学上之上——此题原位于第四册开端）

第二章　文学之胚胎：第一节　诗歌；第二节　神话；第三节　格言。

第五编　文学之全盛上期（上世文学史上之上）

第一章　六经：第一节　诗之文学（附琴操）；第二节　书之文学（附逸周书、国语）；第三节　礼之文学；第四节　乐之文学；第五节　易之文学；第六节　春秋之文学（附文献）。

第二章　儒家：第一节　儒之名义；第二节　儒之品类；第三节　儒之源流；第四节　儒教之所以无力之由；第五节　儒之文学。

第三章　道家：第一节　老子；第二节　庄子；第三节　列子；第四节　墨子。

第四章　其他：第一节　法家；第二节　兵家；第三节　古小说。

第六编　文学全盛中期（上世文学史上之中）

第一章　南方文学：第一节　楚辞概论；第二节　离骚；第三节　其他。

第二章　秦汉文学：第一节　秦之文学；第二节　两汉文学（概述）。

第七编　文学全盛末期（上世文学史上之下）

第一章　史学文学——《史记》：第一节　《史记》之大旨；第二节　《史记》之特色；第三节　史记之文学（附司马迁自序）。

第二章　西汉司马迁以前文学家代表并文：第一节　贾谊及其《吊屈原赋》；第二节　司马相如及其《大人赋》；第三节　董仲舒及其《士不遇赋》；第四节　淮南王刘安及其《招隐士》一首；第五节　邹阳及其《狱中上梁孝王书》；第六节　枚乘及其复说吴王、《七发》八首。

第三章　西汉司马迁以后文学家代表并文：第一节　王褒及其《僮约》；第二节　刘向及其《请雨华山赋》、《上战国策叙》；第三节　扬雄及其《太玄赋》、《博士箴》、《酒箴》。

第四章　东汉文学家代表并文：第一节　桓谭及其上世祖表；第二节　冯衍及其《与妇弟任武达书》；第三节　班固及其《封燕然山铭》；第四节　崔骃及其《博徒论》、《酒箴》；第五节　张衡及其《周天大象赋》、《髑髅赋》；第六节　马融及其《樗蒲赋》；第七节　蔡邕及其《青衣赋》、《短人赋》、《陈太丘碑》、《陈太丘庙碑铭》、《篆势》、《隶势》；第八节　孔融及其《荐祢衡表》、《肉刑议》；第九节　祢衡及其《鹦鹉赋》；第十节　王充及其《无形篇选录》；第十一节　戴文让及其《失父零丁》。

第五章　两汉诗：第一节　西汉诗（共选7人34首）；第二节　东汉诗（共选2人5首）（上古终）。

第七至九册

（中世文学史上之上——此题原位于第八册开端）

第八编　文学华离期上（中世文学史中之上）

第一章　概述晋至宋元文学之弊。

第二章　两晋六朝文学：第一节　因于前代之文体；第二节　特创及分裂之文体（每类均有绪论、结语）；第三节　魏晋文（共选76人140篇，每类均有绪论）；第四节　两晋诗赋（共选18人84首）附晋窈眇文。

第十至十二册

第三章　南北朝文学：第一节　南北朝文学家代表（共选55人）；第二节　南北朝杂文（自宋至隋，共选80人187篇）；第三节　南北朝诗赋（自宋至隋，共选44人365首）；第四节　魏晋南北朝小说（共选5种54则）。

第十三至十九册

第九编　文学华离期中（中世文学史中之中）

第一章　唐代文学：第一节　唐初盛文学家代表（共选66人）；第二节　唐中晚期文学家代表（共选87人，含方外5人）；第三节　唐骈文（共选15人58篇）；第四节　唐散文（共选20人59篇）；第五节　唐诗（内含少数歌词，共选202人1821首，其中"闺秀"17人35首、"方外"12人36首）；第六节　唐新文体（共选56人87篇）。

第二章　五代文学：第一节　绪论；第二节　五代文（共选2人2篇）；第三节　五代诗（共选41人，内含闺秀、方外；188首，内含歌词）；第四节　五代诗馀（共选24人146篇，含闺秀1人）。

第二十至二十二册

第三章　两宋文学：第一节　两宋文学绪论；第二节　北宋文学家代表（共选53人）附北宋诗派之分；第三节　北宋散文（共选40人46篇）；第四节　南宋文学家代表（共选64人）；第五节　南宋散文（共选11人12篇）；第六节　两宋新文体（共选46篇）；第七节　两宋诗（共选200人364首，人有重复）；第八节　两宋诗馀家人名表（共选56人，含闺媛3人）。

第二十三册

第十编　文学华离期下（中世文学史中之下）

第一章　辽、西夏、高丽文学：第一节　辽诗（共选10人14篇）；第二节　西夏诗（共选1人4篇）；第三节　高丽诗（共选3人8篇）；第四节　辽诗馀（共选2人2篇）；第五节　高丽诗馀（共选1人9篇）。

第二章　金代文学：第一节　金文学家代表（共选19人）；第二节　金文（共选1人7篇）；第三节　金诗（共选49人208篇）；第四节　金诗馀（选12人17篇）。

第三章　元代文学：第一节　元文学家代表人名（共选46人）；第二节　元文（共选3人8篇）；第三节　元诗（共选81人103篇）；第四节　元诗馀（共选26人32篇）；第五节　金元曲（录金元乐府曲目，并选元曲作家187人，皆以四字评其人之势格）。

第二十四至三十册

（中国文学史近世——此题原位于第二十四册开端）

第十一编　文学暧昧期（近世文学史）

第一章　绪论

第二章　明代文学（第一暧昧期）：第一节　绪论；第二节　明前期文学家代表上（共选37人）；第三节　明杂文（洪武至正德）（共选11人22篇）；第四节　韵语（共选65人402首）；第五节　明前期文学家代表下（共选54人，含方外9人）；第六节　明杂文（共选42人103篇）；第七节　明次期诗录附诗馀（共选231人1034首，含闺秀7人15首、妓5人7首）；第八节　明之新文学——曲、制艺、小说（节选曲本31部120折，散曲7人18首；制艺家152人，杂论32条；列述最流行之章回小说八类）。

1912年（民国元年）

7月

〔日〕儿岛献吉郎《支那文学史纲》

儿岛献吉郎的《支那文学史纲》，日本东京富山房1912年7月初版，382页。1922年1月已出版至第五版。

该著是儿岛氏诸作中第一部完整地从上古至清代的通代文学史，较之《支那大文学史·古代篇》这部代表性论著，更简明扼要，故从初版到昭和三年（1928），印行了13版。[①]该书对中国学者编写文学史的影响很大，曾毅《中国文学史》直接以之为蓝本。

全书设为五篇，分别为"序论"、"上古文学"、"中古文学"、"近古文学"、"近世文学"，计92章。

目次基本上与曾毅《中国文学史》（1915年）同，详见该条目。

---

①参见（日）川合康三编《中国の文学史观》"资料篇"第一部中幸福香织有关该著的解说，创文社2002年版，第31页。

1913年（民国二年）

本年

〔日〕古城贞吉著、王灿译《中国五千年文学史》

古城贞吉《中国五千年文学史》，1913年开智公司铅印，王灿（字承粲，号粲君，江苏松江人，南社社友姚光之妻，亦社员）译，二卷，线装本二册。本书一部分曾在《谠报》（1913年第2期）刊载，且另有1976年台北版。

本书即古城氏于1897年出版的《支那文学史》。

目次（参见古城贞吉著《支那文学史》）

1914年（民国三年）

8月

王梦曾《中国文学史》

王梦曾（1873—1959），字肖岩，浙江东阳人。所著《中国文学史》由上海商务印书馆印行，1914年8月初版，24开，98页，2.6万字。蒋维乔校订。1926年8月第20版，1928年10月第21版。

本书系民初中学四年级国文科的兼授课本，为"教育部审定"的"共和国教科书"之一种。这说明王梦曾在书中的文学史写作，符合"教育部"的要求，具有示范性。仅举一例。当时虽然已是民国初年，大学国文系在课程规则方面，却仍然遵循《奏定大学堂章程》，该章程规定"中国文学门"的"主课"之一是"文学研究法"。"文学研究之要义"第二十七至三十二则规定了"文学"与外部各种环境关系的研究。这六则依次为：文学与人事世道之关系，文学与国家之关系，文学与地理之关系，文学与世界考古之关系，文学与外交之关系，文学与学习新理新法、制造新器之关系。这六则规定要求教员把文学与外部环境放在一起展开综合研究，而不要把文学孤立起来考察。受到这种规定的影响，此后的许多文学史著作都注重文学与外部环境关系的研究，而不限于文学自身。王梦曾的《中国文学史》也不例外，他在"凡例"中说："文学之变迁升降，尝与其时代精神相表里。学术为文学之根柢，思想为文学之源泉，政治为文学之滋补品。本篇于此三者，皆力加阐发，使阅者得知盛衰变迁之所由。"[1]他把学术根柢、思想源泉和政治环境三大要素作为考察文学史的准则。

---

[1]王梦曾：《中国文学史·凡例》，上海：商务印书馆，1914年版。引文中标点均系笔者所加，下同。

王梦曾在"编辑大意"中说:"编纂方法以文为主体,史学、小说、诗词、歌曲等为附庸,文字为文章之源,亦著其因革,其他经学理学等只旁及焉。"[1]这是一部包罗经史子集、以散文为主体的文学史已无疑,但在当时能做到"小说、诗词、歌曲等为附庸",已属难能可贵。又说:"凡文章、诗词、歌曲之源流,悉博考精稽,著之于册。其有一时异制,如唐末皮陆等之诗、宋世白话之诗词、元世白话之文告,亦刺取其精华,列入以明歧趋,并以博读者之趣。"这也是可称道的。

全书按照文体演变叙述,尤为难得的,是在没有先例可循的情况,能做到述史体例眉目清晰。日本汉学家青木正儿称赞其"理晰而事简","简净得体"[2],特施以点注后于1918年在日本出版,作为中国文学研究入门书,介绍给日本的初学者。

全书分四篇、十一章、七十二节,叙述从先秦至清代之文学史。

目次:

第一篇　孕育时代

第一章　六经之轫作:文字之创制、记载文之滥觞、韵文之发轫、论理文之导源、典制文之椎轮、记载文之进步。

第二章　诸子百家之朋兴:儒家之文学、道家之文学、法家之文学、纵横家之文学、余子之文学、词赋家之文学、诗歌之体变、文学之统一。

第二篇　词胜时代

第三章　词赋昌盛时期:汉初文学之概况、文景朝词赋之初兴、武帝朝词赋之全盛、词赋兴后论理文之状况、史家纪传体之成立、五言诗及乐府之倡始。

第四章　由词赋入骈俪之回翔时期:回翔之第一期、论理文之格变、断代为史之托始、回翔之第二期、字体之变更、回翔之第三期、古史学之发明、诗学之复振。

---

①王梦曾:《中国文学史·编辑大意》,上海:商务印书馆,1914年版。引文中标点均系笔者所加,下同。

②(日)青木正儿:《点注〈中国文学史〉卷首序》,京都:汇文堂刊行,大正七年(1918),第2页。

第五章　骈俪成立时期：成立之第一期、成立之第二期、记事文之体变、成立之第三期、诗格之变迁、北朝文学之大概。

第六章　由骈俪转古文之回翔时期：回翔之第一期、史学之复盛、古今体诗格之成立、回翔之第二期、唐诗之极盛、回翔之第三期、诗体之渐衰、词学之兴起。

第三篇　理胜时代

第七章　古文昌盛时期：宋初文学之状况、古文之兴盛、骈俪文之体变、记事文之体变、诗格之变迁、词之昌盛。

第八章　古文中衰时期：古文之式微、骈文之就衰、记事文之就衰、时文之兴起、小说文之体变、诗之就衰、词之就衰、曲之兴盛。

第九章　古文复盛时期：古文之复振、骈俪文之复兴、诗之复兴、词之复盛。

第四篇　词理两派并胜时代

第十章　驰骛时期：古文家之驰骛、骈文家之驰骛、史学家之驰骛、诗家之驰骛、词家之驰骛、曲之复盛。

第十一章　改进时期：古文家之改进、骈文家之改进、史学家之改进、诗家之改进、词家之改进、结论。

11月

王梦曾《中国文学史参考书》

本书系王梦曾为其《中国文学史》一书所编写的教学参考书，1914年11月出版，1916年10月第三版，1925年10月第四版，24开，198页，共约11万字。蒋维乔、许国英校订。

本书也分四篇、十一章、七十二节，标题同王氏《中国文学史》。凡是王氏《中国文学史》讲述的诗词文章，书中皆予援引。有些是全文引用，有些是片段引用，但不引六经和唐宋八大家。诸史及小说南北曲之类，则取一两段略予说明，其他不援引。

目次（略）。

1915年（民国四年）

9月

曾毅《中国文学史》

曾毅（1879—1950），字松甫，湖南汉寿人。《中国文学史》，1915年9月上海泰东书局初版，24开，336页，14万余字。1918年10月再版，1922年3月第三版，1923年4月第四版，1923年10月第五版，1924年11月第六版，此后作者又作了修正，分为两册，1929年9月出版上册，1930年7月出版下册，仍由泰东书局出版，24开平装，共406页，约15万字。修正本多次重版，且另有上海教育书店版。

据本书《凡例》第六条："本篇以诗文为主，经学、史学、词曲、小说为从，并述与文学有密切关系之文典、文评之类。"从这一条陈述来看，编者的文学观念，显然属于包括经、史、子在内的一切学术的"大文学"观，但又与林传甲在《中国文学史》中的文学观不尽相同。曾著以诗文为文学之正统，同时包括林著撇弃的词曲和小说，因而曾毅的文学观，处于中国传统的"泛文学"观向近代西方输入的与"literature（文学）"相对应的新文学观转换的过渡阶段，这在当时的中国学术界已经算是相当进步了。此外，"本篇以诗文为主"即以诗文流变为叙述线索，这在中国文学史述史体例上是一个创新。

编者在1929年9月的修正本《修正中国文学史弁言》中说："余于民国四年，始造为文学史，时亡命日本……漫从友人怂恿而为此书，故颇掇拾东邦学者之所记，不足，则凭向日之所诵读而一二知者，于图书馆中，参稽而涉猎之，故体段稍相仿佛，而议论援据，则忧乎不同。"1932年出版的胡云翼《新著中国文学史》说曾毅此书（初版本）"系完全抄自日人儿岛献吉郎之原作，又未能更正儿岛献吉郎氏错误之处，故亦不足取"①。将曾著初版本与儿岛献吉郎之相关论著比较，发现曾著初版本确实以儿岛献吉郎《支那文学史纲》为蓝本，不论基本框架还是章节设置，多有雷同或改编痕迹。如曾著第一编第一章至第五章、第七章，都与儿岛氏的著作标题相同或略同，内容大同小异。但胡云翼说"系完全抄自日人儿岛献吉郎之原作"，又言过其实。如第六章"文学之分类"系曾毅所撰。此后各编，曾毅都在儿岛氏的基础上有所改写和增添。曾毅在《凡例》中声明自己"博征往策"，"意搜众长"，但他并未列出参考书目。据查，他参考的日人史著，除了儿岛氏的《支那文学史纲》之外，应该还参考了久保得二的早稻田大学版《支那文学史》、藤田丰八的东京专门学校文学科讲义录《支那文学史》或东华堂版《支那文学史稿·先秦文学》、高濑武次郎的哲学馆讲义录《支那文学史》、笹川种郎的博文馆版《支那文学史》、笹川种郎等五人合著的《支那文学大纲》、儿岛氏的《支那大文学史古代篇》乃至古城贞吉的经济杂志社版《支那文学史》等。后来曾毅鉴于本书初成时"借鉴"日著颇多，故予以修正，凸显自己的见解，这便是初版本与修正本的最大不同。

在分期方面，曾毅显然受笹川种郎等日本学者的"中国文学史"影响，采用了把中国文学史分为上古、中古、近古、近世的分期法。这种分期，既免除了林传甲等《中国文学史》以中国传统目录学为纲目之不足，也不同于当时已经逐渐流行的按政治朝代分期。但是，在断代方面，曾毅的一些主张值得商榷。他把"秦之文学"断为上古文学，而两汉文学为中古文学，又把隋朝文学与南北朝文学一起放在中古文学讲，这是不符合秦汉文学、隋唐文学之间存在密切关系的事实的。

曾毅很注意文学与外部环境的关系，在"绪论"中，先后讨论了"文学与学校"、"文学与科举"、"文学与儒释道"。其他各编的许多章节也有不少涉及对文学与外部环境之关系，如第三编中"汉初文学之状况与高祖之遗谟"、"佛教之势力与缁徒之文学"、"宋之学术与文学之影响"、"宋之政治与文学之

---

①胡云翼：《新著中国文学史·自序》，上海：北新书局，1932年版，第3页。

影响"等。他根据不同时代文学发展的具体情况而展开与之相关内容的研究，这使得他的文学史写作比同时代多数文学史著作更能体现文学的丰富性与文学发展的复杂性。

本书在早期出版的"中国文学史"著作中有着良好的评价，影响也较大。胡怀琛、郑振铎、胡云冀都认为曾著是自己所见各种"中国文学史"中比较好的一部。[1]本书不仅多次重版，而且每版的销量也不菲，至1929年已销行二三万册，[2]这在当时是可观的销售量。

本书分五编，共九十章，起于上古，迄至清代；修正本分五编，共七十七章。

目次：

第一编　绪论（修正本改为总论）

第一章　文学史上之特色；第二章　文学与文字；第三章　文学与学校（修正本为"文学与科学"）；第四章　文学与科举（修正本为"文学与学校"）；第五章　文学与儒释道三教（修正本为"文学与思想"）；第六章　文学之分类（修正本为"文学之种类"）；第七章　文学史上之时代区画（修正本无此章）。

---

[1]胡怀琛在其所著《中国文学史概要》中说："中国有正式的文学史，是在二十年前。第一部《中国文学史》，是前清京师大学教员林传甲做的，出版于宣统二年。民国以来，也出过几部文学史：计谢无量一部，曾毅一部，张之纯一部，王梦曾一部。其中以曾毅的比较的最好，谢无量的比较的最博。"（胡怀琛：《中国文学史概要·总论》，上海：商务印书馆，1931年版，第13页）郑振铎在《我的一个要求》一文中列举了在各图书馆所搜寻到的已刊九种中文版文学史著作之后论道："只有谢无量与曾毅的二书，略为可观。曾毅的较谢无量的还好些。"（郑振铎：《我的一个要求》，《中国文学论集（下册）》，上海：开明书店，1934年版，第397页）胡云翼在其《新著中国文学史》中，对之前近十余年来出版的二十部文学史著作进行了梳理与反省，在概述"实有多数不能令我们充分的满意"的同时，指出："就中以曾毅的《中国文学史》为较佳。"（胡云翼：《新著中国文学史·自序》，上海：北新书局，1932年版，第3页）

[2]曾氏在修正本《中国文学史》卷首《修正中国文学史弁言》中说："初刊行之时，国内之有此项作品者，仅商务馆之一小册子（按：当指王梦曾所著），其后著者渐日以众，而拙撰乃谬蒙社会嘉许，销行至二三万册之多，是固为余之所感愧，亦以表见出版界之犹属沉沦也，不然，供人覆瓿久矣，岂得幸邀明者之一顾哉。"（第1页）

第二编　上古文学

第一章　概论（修正本无此章，只有一至七章，即以下二至八章）；第二章　唐虞文学；第三章　三代文学（一、二）；第四章　春秋战国文学（一、二、三）；第五章　秦之文学。

第三编　中古文学（共二十七章，修正本为十九章）

第一章　两汉文学总论；第二章　汉初文学之状况与高祖之遗谟（修正本无此章）；第三章　文景时代之文学（修正本无此章，而将第二、三章改为"第二章　汉初之文学"）；第四章　武帝时代之文学极盛（一、二）；第五章　司马相如与司马迁；第六章　郊祀歌十九首与古诗十九首；第七章　小说之发展；第八章　昭宣时代之文学（修正本将第六至八章改为"第六章　汉初之文学"）；第九章　刘向父子与扬雄；第十章　光武之中兴与文学之遗谟；第十一章　班氏父子（修正本为"第九章　班氏父子与张衡"）；第十二章　东汉之诸子者流（修正本为"第十章　东汉之专门著述"）；第十三章　训诂学之风行（修正本无此章）；第十四章　建安文学（修正本为"第十一章　建安七子"）；第十五章　魏晋之非儒教主义（修正本为"第十二章　魏晋间文风之嬗变"）；第十六章　八代文章之始衰；第十七章　正始文学；第十八章　太康文学；第十九章　东晋之诗杰；第二十章　南北朝之佛教思潮；第二十一章　元嘉文学；第二十二章　永明文学；第二十三章　梁陈间作者；第二十四章　大邢小魏；第二十五章　六朝之乐府；第二十六章　文集与文史之兴衰（修正本改第二十一至二十六章为"第十八章　文集与文史之递兴"）；第二十七章　隋之统一与文运之更始。

第四编　近古文学（共四十六章，修正本为三十二章）

第一章　唐之文化及思潮（一）；第二章　唐之文化及思潮（二）；第三章　古今体诗格之成立（修正本为"声律之完成"）；第四章　十八学士与唐之经学；第五章　史学；第六章　初唐四杰与沈宋二家；第七章　陈子昂（修正本无第四至七章，改为"第四章　初唐之文学"）；第

八章　开元天宝间诗学之极盛（修正本为"开元天宝之极盛"）；第九章　李白杜甫；第十章　大历十三才子；第十一章　元和长庆之中兴（修正本将第十、十一章改为"大历元和间之风气"）；第十二章　晚唐诗学；第十三章　韩柳以前文章三变（修正本为"唐初文章三变"）；第十四章　韩愈柳宗元；第十五章　韩柳以外之文家；第十六章　佛教之势力与缁徒之文学；第十七章　唐代小说之盛兴；第十八章　词学之发展；第十九章　宋之学术与文学之影响；第二十章　宋之政治与文学之影响；第二十一章　西昆体；第二十二章　欧阳修与文运拓新；第二十三章　曾巩王安石；第二十四章　洛党与道学；第二十五章　川党与文学（修正本将第二十四、二十五章改作"第十七章　洛党与川党"）；第二十六章　江西诗派；第二十七章　南渡后之文；第二十八章　南渡后之诗；第二十九章　鹅湖之会与朱陆异同；第三十章　记事文之发达；第三十一章　词学之极盛（修正本为"宋代词学之极盛"）；第三十二章　文史与文料；第三十三章　辽金文学；第三十四章　元之建国文学；第三十五章　元代之作者；第三十六章　小说戏曲之勃兴（修正本为"小说戏曲之盛兴"）；第三十七章　明之国势与文运；第三十八章　宋濂方孝孺；第三十九章　吴中四杰（修正本将第三十八、三十九章改为"第二十七章　明初作者"）；第四十章　台阁体；第四十一章　八股文；第四十二章　弘治文学；第四十三章　王守仁（修正本将第四十至第四十三章改为"第二十八章　台阁体与复古派"）；第四十四章　嘉靖文学（一、二）；第四十五章　公安派与竟陵派；第四十六章　明末文学。

第五编　近世文学（共十五章，修正本为十三章）

第一章　前清文学之概观（一）；第二章　前清文学之概观（二）；第三章　明季遗老（一）；第四章　明季遗老（二）；第五章　清初之文学；第六章　王渔洋朱竹垞；第七章　方苞刘大櫆；第八章　神韵派之反抗者（修正本为"神韵派之反对者"）；第九章　骈体文之兴盛；第十章　桐城派与阳湖派；第十一章　折中派与曾国藩；第十二章　史学之昌盛；第十三章　词学之复兴（修正本为"词学之复盛"）；第十四

清之戏曲小说；第十五章　结论。

王国维《宋元戏曲史》

王国维（1877—1927），字伯隅、静安，号观堂、永观，浙江海宁盐官镇人。《宋元戏曲史》由上海商务印书馆印行，1915年9月初版，32开，199页，7万余字。

从1907年起，王国维开始从事戏曲研究。到辛亥革命之前，他已写出多种有影响的专著和论文，如《曲录》（六卷）、《戏曲考源》（一卷）、《宋大曲考》（一卷）、《古剧角色考》（一卷）、《曲调源流表》（一卷）等。辛亥革命爆发以后，王国维携眷东渡，移居日本，并在之前戏曲研究专著和论文的基础上，用三个月时间，完成了《宋元戏曲考》。由于其之前已有相当的戏曲研究基础，王国维对这部三个月成书的论著充满自信，他在"序"中说："凡诸材料，皆余所搜集；其所说明，亦大抵余之所创获也。世之为此学者，自余始；其所贡于此学者，亦以此书为多。非吾辈才力过于古人，实以古人未尝为此学道也。"果如其言，这部著作发表后，掀起一股"中国戏曲研究热"，而此后大凡研究中国戏曲史者，莫不以王国维此书为始祖。

此书完稿后，先是在《东方杂志》第九卷第十、十一号及第十卷第三、四、五、六、八、九号共分八次刊完，[①]始自1913年4月1日，迄于1914年3月。1915年9月，由商务印书馆出版单行本，印行时以《宋元戏曲史》为书名，列为"文艺丛刻甲集"丛书之一。1921年12月再版，1924年8月第四版，1927年7月第六版；1930年4月列为"万有文库"第一集一千种出版；1933年3月"国难后"第一版、1934年"国难后"第二版、1935年5月"国难后"第三版，列为"国学小丛书"之一；1944年赣县第一版。此外，还有一种很少为世人所知的版本，即六艺书局1932年7月版，列为"增补曲苑革集"，书名

---

①《东方杂志》第九卷第十号刊载《宋元戏曲考》的目录作"第一至第三章"，误，实则只刊登第一章；其第十一号目录作"第四至第七章"，误，实则只刊登第二章；第十卷第三号刊第三、四两章，第四号刊第六、七两章，第五号刊第八、九两章，第六号刊第十、十一两章，第八号刊第十二、十三、十四共三章，第九号刊第十五、十六两章及附录。

为《中宋元戏曲考》，无标点和断句，24开，147页。1949年后的版本更多。如：1957年11月中国戏剧出版社版；1982年台湾商务印书馆版；1984年中国戏剧出版社重版；1996年3月东方出版社版（"经典学术"丛书之一）；1996年3月华东师范大学出版社版；1998年12月上海古籍出版社版（叶长海导读）；2006年1月团结出版社"插图珍藏本"版；2007年10月江苏文艺出版社版（"北斗丛书"之一）。

本书完稿的时间，一般认为是在1912年，而近年有学者经考证后认为完稿于1913年1月。其主要证据系两封王国维的信。一封是壬子十一月十八日即公历1912年12月28日（实为12月26日）致日本友人铃木虎雄，其中云：

> 前闻大学藏书中有明人《尧山飞堂外纪》一书，近因起草宋元人戏曲史，颇思参考其中金元人传一部分，能为设法代借一阅否？①

信中的"大学"指的是铃木虎雄当时所在的京都高等师范学校。经查，该校至今仍藏有《尧山飞堂外纪》一书，可资证实王国维信中所述之事非虚。于是可断定，1912年年底，《宋元戏曲史》正在撰写中。另一通书信致学界前辈缪荃孙，时在壬子十一月廿八日即公历1913年1月5日，其中云：

> 近为商务印书馆作《宋元戏曲史》，将近脱稿，共分十六章。润笔每千字三元，共五万余字，不过得二百元。但四五年中研究所得，手所疏记心所储藏者，借此得编成一书，否则往再不能刻期告成。惟其中材料皆一手荙集，说解亦皆自己所发明。将来仍拟改易书名，编定卷数，另行自刻出。②

---

①原载《艺文》杂志十八年八号,收入吴泽主编,刘寅生、袁英光编《王国维全集·书信》,北京:中华书局,1984年版。

②原件藏故宫博物院,收入吴泽主编,刘寅生、袁英光编《王国维全集·书信》,北京:中华书局,1984年版。

论者据"将近脱稿"、"共分十六章"、"共五万余字",连可得稿酬都能大致算出,断定成书时间为1913年1月。考虑到1月5日王国维在信里只是说"将近脱稿"(说明章节已定,但尚未写完),以致该书直到4月1日才开始在《东方杂志》连载(按照当时一般的杂志出版速度,排字、校对、印刷等至少要半个月),则成书时间应该在1913年2月。至于信中提到的稿酬,很可能是预支,因当时王国维经济很拮据。

王国维在第二封信中提到"将来仍拟改易书名,编定卷数,另行自刻出"。看来他对东方杂志《宋元戏曲史》这个书名不满意,打算以后再改名。王氏辞世后,其友人于1927年编辑《海宁王忠悫公遗书》,其弟及门人于1934年编辑《海宁王静安先生遗书》,内收此书时,均题为《宋元戏曲考》。王氏亲友此举,很可能才是王国维的本意。有研究者考析说:

> 王氏以前的戏曲研究,书名均喜欢用"考",如曰《唐宋大曲考》、《戏曲考原》、《古剧脚色考》等,而且一律分卷而不分章节。《宋元戏曲史》虽加强了史的论述,但总的风格依然是"考"胜于"史","考"显而"史"隐,诚如王氏在致缪函中所言乃"材料"加"说解",改称《考》亦十分合适。①

斯言极是。曰"史"曰"考",一字之差,意义有别。本书对历代戏曲史料的考证用力犹勤,多有独到发现,如对"诸宫调"的考证、对"董解元《西厢记》诸宫调"的认定、对"赚词"乐曲体式的考定等。"考"实为本书引人注目的特色。

与繁复的史料爬梳、考证相比,书中的"论"虽显得单薄,但言简意赅,对中国戏曲本质、起源和发展演变过程的归纳阐述,极其精准。关于这一点,已有众多研究成果予以指出,这里不再赘述。

---

①叶长海:《中国戏曲史的开山之作——读王国维的〈宋元戏曲史〉》,《戏剧艺术》1999年第1期,第72页。

本书之价值和学术史地位，今已成为共识。梁启超称其为"空前创作"，认为虽体例尚有可议处，"然为史界增重既无量矣"。郭沫若曾将其与鲁迅《中国小说史略》并举，称为"中国文艺史研究上的双璧"，认为"不仅是拓荒的工作，前无古人，而且是权威的成就，一直领导着百万的后学"。今人亦视之为"划时代的学术名著"、"研究中国古代戏剧的里程碑"、"第一部科学的完整的戏曲史专著"、"文学专史中的名作"、"一部前无古人的各朝代戏曲的分析研究"、"学术界公认的经典之作"、"戏曲史研究领域的开山之作"、"中国戏曲学这门学科创立的标志"、"古典文学研究中具有方法论意义的代表性著作"，等等。当然，异议也是有的。日本学者狩野直喜将其看成是王国维"业余的著述"[①]。近年有论者指出，该书"有一些材料问题亦值得再斟酌"[②]。

目次：

第一章　上古至五代之戏剧；第二章　宋之滑稽戏；第三章　宋之小说杂戏；第四章　宋之乐曲；第五章　宋官本杂剧段数；第六章　金院本名目；第七章　古剧之结构；第八章　元杂剧之渊源；第九章　元剧之时地；第十章　元剧之存亡；第十一章　元剧之结构；第十二章　元剧之文章；第十三章　元院本；第十四章　南戏之渊源及时代；第十五章　元南戏之文章；第十六章　余论。附录。

12月

张之纯《中国文学史》

张之纯（江苏江阴人）的《中国文学史》，蒋维乔校订，上海商务印书馆印行，1915年12月初版，1924年12月第六版，32开本，上、下册，108页，

---

①（日）狩野直喜：《忆王静安君》，原载《艺文》1927年第8号（昭和二年八月）。收入陈平原、王枫编《追忆王国维》，北京：中国广播电视出版社，1997年1月版。

②叶长海：《中国戏曲史的开山之作——读王国维〈宋元戏曲史〉》，《戏剧艺术》1999年第1期，第72页。

9万余字。

本书系遵照教育部部定师范学校课程而写作，供三、四年级师范生用，扉页有"师范学校新教科书"字样。

全书分四编，共三十五章、一百六十四节，叙述由伏羲时代至清代之文学史。其中既包括传统文学中的文字、诸子、诏敕、疏议、书牍、诗词，也有新兴的小说、戏曲。

目次：

1916年（民国五年）

10月

谢无量《中国妇女文学史》

谢无量（1884—1964），字大澄，号希范，后易名沉，字无量，别署啬庵，四川梓潼人。①《中国妇女文学史》由上海中华书局印行，1916年9月印刷、10月发行，24开精装本，346页，约17万字。封面署名"梓潼谢无量"。1928年再版，1931年6月第八版，1933年重印，《民国丛书》第二编第60册收录1933年影印本，1992年9月中州古籍初版社出版了据中华书局1916年版影印本。

本书为中国妇女文学史开山之作，影响甚大。其初步勾勒出中国古代妇女文学史的脉络，把历来被传统士大夫视为陪衬和点缀的妇女文学创作列为研究对象，从此"妇女文学"成为多数中国文学史写作不可缺少的内容之一。尤其本书出版后，梁乙真《清代妇女文学史》、谭正璧《中国女性的生活》（后改为《中国女性文学史》）等相继出版，后者的立意和内容都受到谢著的影响。

全书分上古、中古、近世三编，共四十章，由上古迄于明代。由此，其体例体现出"三编六阶段"的形式，即"绪论"之下设立三编，每编基本上分上、中、下三个阶段，实际上，把中国古代妇女文学史划分为三个时期、六个阶段。这种分期法，不仅成为此后妇女文学史写作的主要方法，而且也影响到了非妇女文学史写作的分期。每编之下都设立了章。除个别章下设立

---

①关于谢无量的籍贯，有两种说法，一为四川乐至，一为四川梓潼。在谢氏《中国大文学史》第十三版（中华书局1928年8月出版）版权页标出一行字"编辑者　梓潼谢无量"，说明谢氏为四川省绵阳市梓潼县人。

节外，其他均不设节，书中叙述于是常常显得冗长、杂乱。这一点，体现了早期中国文学史写作在章节设置方面尚不成熟。

谢无量持的是"大文学"观，在本书中亦不例外，几乎穷尽能搜集到的所有妇女写成的文字，连伪作也不放过，"伪者亦附"，而且，多数良莠不分，以致其书被后人认为是"妇女文学资料长编"。其实，谢无量对材料的处理，还是贯穿了"史"的意识的。他自述："考历代妇女文学之升降"，"固将会其渊源流别"①。其"史"的意识，体现在对材料的分类、排比之中，只不过由于大多述而不作，容易给人"资料长编"的印象。

谢无量在书中贯穿了女性文学史观，并据此确立起"妇女文学史"基本研究范式，对此后出现的女性文学史写作（如梁乙真的《清代妇女文学史》）产生影响。②

书中专辟章节叙述娼妓文学（第二编下第五章"薛涛与唐代娼妓文学"，第三编下第九章"明之娼妓文学"），这在当时是需要勇气的，体现了作者非凡的眼光。

目次：

绪言

第一编　上古妇女文学（中国妇女文学史一）

第一章　妇女文学渊源；第二章　周之妇女文学：第一节　总论，第二节　诗经与妇女文学，第三节　春秋时妇女杂文学，第四节　战国妇女文学。

第二编（上）　中古妇女文学——两汉（中国妇女文学史二）

第一章　汉之宫廷文学：第一节　唐山夫人，第二节　班婕妤，第三节　后汉马皇后，第四节　后汉邓皇后，第五节　汉之宫廷杂文学；第二章　妇女与五言诗之渊源；第三章　班昭；第四章　徐淑；第五章　蔡琰；第六章　汉代妇女杂文学。

---

①谢无量：《中国妇女文学史·绪言》，上海：中华书局，1916年版，第3页。
②详见本书"绪论"第三节相关内容。

第二编（中） 中古妇女文学——魏晋南北朝（中国妇女文学史三）

第一章 魏之妇女文学；第二章 晋世妇女之风尚；第三章 左九嫔；第四章 子夜与乐府诸体；第五章 苏蕙回文诗；第六章 晋之妇女杂文学；第七章 宋齐妇女文学；第八章 梁陈妇女文学；第九章 北朝妇女文学。

第二编（下） 中古妇女文学——唐五代（中国妇女文学史四）

第一章 唐之宫廷文学；第二章 武则天；第三章 五宋与鲍君徽（附牛应贞）；第四章 唐之女冠文学；第五章 薛涛与娼妓文学；第六章 唐之妇女杂文学；第七章 五代妇女文学与花蕊夫人。

第三编（上） 近世妇女文学——宋辽（中国妇女文学史五）

第一章 宋之宫廷文学；第二章 李易安：第一节 李易安事略，第二节 李易安与词学，第三节 李易安之诗，第四节 李易安杂文与四六；第三章 朱淑真；第四章 宋妇女之词；第五章 宋之妇女杂文学；第六章 辽之妇女文学。

第三编（下） 近世妇女文学——元明（中国妇女文学史六）

第一章 元之妇女文学；第二章 明之宫廷文学；第三章 朱妙端（附陈德懿）；第四章 陆卿子与徐小淑；第五章 文氏之拟骚；第六章 沈婉君与叶氏诸女；第七章 方维仪；第八章 明代闺阁文学杂述；第九章 明之娼妓文学；第十章 许景樊。

12月

谢无量《中国六大文豪》

谢无量之《中国六大文豪》，由上海中华书局印行，1916年12月初版，1929年10月第五版，24开，101页，4.5万字。

作者认为屈原、司马相如、扬雄、李白、杜甫、韩愈"足以代表一国之文学"，为"中国六大文豪"，因为除了并非文学家的司马迁、班固等人，其余作家都师源于这六人，例如，所谓"唐宋八大家"中，"韩可以兼柳，欧、苏、曾、王皆承韩公之绪焉"①。

本书虽以"六大文豪"为叙述主体，但不仅考其渊源所自，论述受其影响之作家，还考察了六位作家之间文学理念的相互关系。通过本书，"学者既深观六家之神理，又可由是以辨古今文学之源流也"②。由于这个缘故，本书可大致视为一部以作家为纲的中国古代文学史。

目次：

绪言

第一编　屈原

第一章　屈原传略；第二章　屈原在文学上的价值；第三章　离骚经；第四章　九章自述；第五章　屈原之狂及其天才；第六章　屈原之后学。

第二编　司马相如

第一章　司马相如传略；第二章　赋体之大成；第三章　司马相如之事功及其文学；第四章　封禅文；第五章　司马相如与乐府；第六章　司马相如与并世文人。

第三编　扬雄

第一章　扬雄传略；第二章　扬雄与屈原；第三章　扬雄之赋与司马相如；第四章　太玄经；第五章　法言；第六章　扬雄之杂文体。

第四编　李白

第一章　李白传略；第二章　李白与前世之诗体；第三章　李白之拟古诗；第四章　李白之乐府及长句；第五章　李白之近体诗及其他杂著。

第五编　杜甫

第一章　杜甫传略；第二章　杜甫之古体；第三章　杜甫之近体；第四章　杜甫与李白；第五章　杜甫与并世诗人。

①谢无量：《中国六大文豪·绪言》，上海：中华书局，1916年版，第3、4页。
②谢无量：《中国六大文豪·绪言》，上海：中华书局，1916年版，第5页。

第六编　韩愈

第一章　韩愈传略；第二章　六朝骈体之反动及古文之渊源；第三章　韩愈之儒略；第四章　韩愈拟古文及其心得；第五章　文笔合辙及实用文体；第六章　杂文及游戏；第七章　韩愈之诗体；第八章　韩愈与并世文人；第九章　韩门诸子。

1917年（民国六年）

8月

钱基厚《中国文学史纲》

钱基厚（1877—?），字孙卿，号孙庵，江苏无锡人，钱基博之弟、钱锺书之叔父。《中国文学史纲》，1917年8月初版，锡成公司代印，油光纸线装，仅9页，5000余字。

本书为作者1914年至1915年间授课时的讲义，原名为《中国文学史》。

目次：

第一节　正名；第二节　原始；第三节　考论；第四节　谭史；第五节　攻子；第六节　阐经考文①；第七节　完体。

---

①讲义本第六节为"考文"，共六节，无第七节。

1918年（民国七年）

10月

谢无量《中国大文学史》

谢无量之《中国大文学史》，上海中华书局印行，1918年10月初版，24开，精装本，640余页，约34万字。吴兴王文濡撰序。1928年8月第13版，到1932年9月已印至第17版。1992年中州古籍出版社据初版本影印。

本书是早年有影响的第一部由上古至清代的文学通史。全书共分五编，六十三章，一百六十节；范围扩及文学、经学、文字学、诸子哲学乃至史学和理学；体例上融流派、宗派、法律、纪事、杂评、叙传、总集七种体例为一体；论述上，远溯起始，述其源流，叙其盛衰，对作品，其人其事其作相结合；材料上，多引史传、笔记、文评、诗话等基本史料作为评价与立论的依据。本书是我国率先出版的一部体制庞大、内容广博的文学史，初步建构起中国历代文学发展的历史进程，具有开创意义。

本书采用与黄人、曾毅《中国文学史》相同的分期法，即把中国文学史分作上古、中古、近古、近世四个时期，每个时期又以朝代为序，以每一时段典型作家或常见流派为中心与重点展开论述。与谢无量之前出版的《中国妇女文学史》相比较，尽管《中国妇女文学史》与本书都按照上古、中古、近世来分期，但具体分期的时间界线却完全不同。见下表：

史书 ＼ 分期	上古	中古	近世
《中国妇女文学史》	周代—战国	魏晋—唐五代	宋代—明朝
《中国大文学史》	三皇五帝—秦朝	汉代—明朝	清朝

不论《中国妇女文学史》还是《中国大文学史》，作为通史著作，它们叙述的中国文学历史是相同的，不同的只是专注的内容不同。但是在谢无量那

里，不同种类的文学史著的分期界限不同。类似的情况，在其他文学史作者那里也有存在。这是因为，文学史分期的主观性很强，它可以而且总是随着文学史写作专注的内容而作出调整和改变。或者说，我国文学史作者很早就注意到了文学史分期与文学史类型之间的吻合问题。

中国的早期文学史写作开卷都要先辨"文学的定义"。谢无量在"绪论"中先是辨析了中外"文学之定义"，然后指出"文学者，或分知之文、情之文二种，或用创作文学与评论文学对立，或以实用文学与美文学并举。顾文学之共，亦有主知而情深，利用而致美者"。这话虽是关于文学分类的，却指出了文学具有"知"、"情"、"美"的特征。一年后，罗家伦进一步发展了这一观点，指出"文学"须具有思想、想象、情感和艺术价值。①但谢无量并未解释何谓"大文学"。从其论述大体可知，谢氏的"大文学"分为有句读之文和无句读之文两大类，下分十六科，例如有句读之文分为韵文和无韵文，韵文包括赋颂、哀诔、箴铭、古繇、古今体诗和词曲，而无韵文包括学说、历史、公牍、典章、杂文、小说。其中，《诗经》等诗歌属于"赋颂"类，"词曲"包括戏曲、弹词等，而"小说"类仅指"文言俗语诸体"。因此，本书在叙述中侧重传统诗文，而对于元明清之戏剧、小说，叙述极为简略。这反映了谢氏注重传统诗文，轻视戏剧、小说等通俗文学的文学观。而他的文体分类，其实也是经史子集的具体化。与五四以后的中国文学史著相比较，谢著体系庞杂，文类界限模糊。

此外，谢著也存在类似黄人《中国文学史》那样引证过多过繁的问题。谢著往往先引证前人相关言论，再摘录欲介绍的文学作品，自己很少发言。有时候甚至整篇抄录，而不加剪裁、修饰。再有就是全书前详后略，结构很不匀称。五四以后出版的文学通史，大都近详远略，而本书却相反，大谈传说中的邃古五帝文学，上古、中古文学叙述详细，而宋元明清文学则极其简略。作者曾说："清之文学，不逮于明，明文不逮于宋元。"②可见，造成本书

---

①参见罗家伦：《什么是文学——文学界说》，《新潮》第一卷第二号（1919年2月出版）。
②谢无量：《中国大文学史》第10卷，郑州：中州古籍出版社，1992年版，第41页。

结构失衡的原因，是作者厚古薄今的文学史观所致。

本书在20世纪二、三十年遭到一些文学史家的激烈批评。其中，以胡云翼的批评最详细，也相对有道理。他逐条列举了谢无量此书存在的问题，如把"文学史"当"学术史"、"文字学史"，"不懂文学原理"，导致"取舍不当"，"不辨作品真伪"，"缺乏现代的眼光"，不知"文学进化"观念，"篇幅不适比例"，等等。

目次：

第一编

绪论：一、文学之定义；二、文字之起源及变迁；三、古今文学之大势；四、中国文学之物质；五、古来关于文学史之著述及本论之区分。

第二编

上古文学史：一、邃古文学之渊源；二、五帝文学；三、夏商文学；四、周之建国及春秋前之文学；五、孔子与五经；六、春秋时杂文体；七、战国文学；八、秦文学。

第三编

中古文学史：一、汉高创业与楚声之文学；二、博士派之文学；三、贵族之倡导；四、武帝时代文学之全盛；五、昭宣以后之文学；六、经术变迁与文学之影响；七、二班与史学派；八、东京之词赋与诗体；九、王充与评论派之文学；一〇、佛教之输入；一一、建安体与三国文学；一二、魏晋老庄学派及名理之影响；一三、太康文学；一四、晋之历史家与小说家；一五、永嘉以后之文学；一六、南北朝佛教之势力及文笔之分途；一七、元嘉文学；一八、永明文学；一九、梁文学；二〇、陈文学；二一、北朝文学；二二、隋之统一及文学。

第四编

近古文学史：一、唐初文学与隋文学之余波；二、上官体与四杰；三、武后及景龙时文学；四、开元天宝之文学；五、大历文学；六、韩柳古文派；七、元和长庆间之诗体；八、晚唐文学；九、五代词曲之盛；一〇、宋文学之大势及五代文学之余波；一一、庆历以后之古文复兴；

一二、黄庭坚及江西诗派；一三、道学派与功利派之文体；一四、南渡后之诗体；一五、宋四六；一六、宋之词曲小说；一七、辽金文学；一八、元文学及戏曲小说大盛；一九、明初文学；二〇、台阁体；二一、弘正文学；二二、嘉靖万历文学；二三、明之戏曲小说。

第五编

近世文学史：一、清初遗臣文学；二、康熙文学；三、乾嘉文学；四、清代之戏曲小说；五、道咸以后之文学及八股文之废。

1919年（民国八年）

本年

褚传诰《文学蜜史》

褚传诰（1860—1940），字九云，号仲宣，晚号石桥老人，浙江天台人。《文学蜜史》，1919年初版，四册，线装铅印。1976年台北广文书局出版影印本，25开，513页。

褚传诰少入天台文明书院、西湖崇文书院就读。光绪二十年（1894）以廪贡生参与编纂《台州府志》。次年，参与编纂《天台县志》（至1915年总纂成书，油印行世）。光绪二十七年（1901）后，执教于三台书院、浙江高等学堂。光绪三十二年（1906）襄助金文田创办天台中学堂，任国文教习。后应聘为广东方言学堂国文教习，至宣统二年（1910）初冬去职。民国二年（1913），执教于浙江省第六中学，至民国二十五年（1936）退休。任教期间，编撰了《新定中国历史》和《文学蜜史》。

本书原为作者在两广方言学堂主讲时所著。所谓"蜜史"，据作者自述："蜜史者何，取裴世期注三国志语也，而文网罗古今，足以自成一史，窃用其义，以名是编。"

本书以朝代为经、各朝代表作家为纬，分甲至辛共八集。卷前刊有《略例》长文一篇。成书时，作者尚有"壬"、"癸"未脱稿，但其目录已列于本书。卷首有张蓬镳、袁之球作的序言，门人张广荫作后跋。

目次：

甲集：左传略、公谷略、国语略、国策略、檀弓略、周秦诸子略；

乙集：西汉文略、东汉文略；

丙集：魏晋南北朝文略；

丁集：隋唐文略、五代文略；

戊集：两宋文略；

己集：辽金元文略；

庚集：明文略；

辛集：清文略；

壬集：历朝文派图说、风雅遗篇、古今谣谚、俗语所本；

癸集：金石文存、目录之学、杂存补遗、自叙。

1920年（民国九年）

6月

张静庐《中国小说史大纲》

张静庐（1898—1969），原名张继良，化名吴齐仁，笔名张卒，民国五年（1916）开始用笔名"静庐"，浙江镇海人。《中国小说史大纲》，上海泰东书局发行，1920年6月初版，1921年3月经订正增删后再版，32开，60页（另有序文18页），约2万字。卷首分别有王无为、王靖、周剑云、蔡晓舟的序及作者自序。

本书为新潮丛书（文学系）第2种，是最早出版的中国小说史，但其整体水平和学术影响远不及鲁迅《中国小说史略》（1923年）。

全书分五卷：小说的定义与性质、小说的沿革、现代的小说思潮、小说的派别与种类、传奇与弹词略言。次年3月修订再版，篇幅增加，改为十章，即"小说名称之由来"、"小说之由来"、"小说之定义、诗赋与小说"、"小说之创始时期"、"小说之演进时期"、"小说之发达时期"、"欧美小说入华时期"、"现代小说之潮流"、"小说进化之历程"、"传奇与弹词略言"。

本书是作者拟写小说史五编系列之一的第一编《总论》。

目次（略）。

10月

朱希祖《中国文学史要略》

朱希祖（1879—1944），字逖先，又作迪先、逷先，浙江海盐人。《中国文学史要略》，1916年为北京大学文科一年级所编之讲义（铅印），1920年10

月文化学社印行，24开，线装铅印本，共73页，约3.7万字，作为学生参考书。北京大学图书馆、南京大学图书馆藏有1920年版。2005年9月北京大学出版社出版之《早期北大文学史讲义三种》，影印的就是1920年版，由陈平原辑。

本书卷首有朱希祖撰写的《中国文学史要略叙》，简述成书时间、缘由及付印诸事。文末标示"民国九年十月朱希祖自叙"。其无篇次、章节之分，将上古至清末文学分六期叙述。

目次：

第一期　上古至夏商；第二期　周至三国；第三期　晋至陈；第四期　隋唐李五；第五期　宋至明（原书题为"第四期　宋至明"，应为"第五期　宋至明"）；第六期　　（原书为"第五期"，无标题，其内容为清代文学）。

本年

刘师培《中国中古文学史讲义》

刘师培（1884—1919），字申叔，号左盦，辛亥期间改名光汉，别号光汉子，江苏仪征人。《中国中古文学史讲义》由国立北京大学出版部印行，1920年初版，1923年9月再版，[①]铅印线装本，64页，卷首题《中国中古文学史讲义》，正页中书名为《中古文学史》。1936年出版宁武南氏校印本（南桂馨、钱玄同、郑裕孚等编），大字刻印，线装，不标点，250页。1957年7月，人民文学出版社据1920年版标点后出版，书名《中国中古文学史讲义》，24开，106页，7.8万字。后由郭绍虞、罗根泽主编的"中国古典文学理论批评专著选辑"，将本书连同作者原发表于《国粹学报》（1905年）各期的《论文杂记》收入，并参阅了《刘申叔先生遗书》，互校整理，于1959年11月仍由人民文

---

① 有研究者认为此书初版于1923年，又引鲁迅1924年5月23日日记"买《中古文学史》、《词余讲义》、《文字学形义篇》及《音篇》各一本"（《鲁迅全集》，第14卷，第498页）为证。其实，鲁迅这天购买的是刘师培《中国中古文学史讲义》的再版本。

学出版社出版，书名为《中国中古文学史·论文杂记》，1984年5月北京第3次印刷，大32开，146页，约10万字。1997年，江苏古籍出版社据1936年宁武南氏校印本收入《刘申叔遗书》影印出版。2000年12月上海古籍出版社将之收入"蓬莱阁丛书"出版简体本（程千帆等导读）；2004年将《中国中古文学史》作为"刘师培经典文存"之一出版；2006年该社将此书列为"世纪文库"之一出版。2008年4月，江苏文艺出版社将《中国中古文学史讲义》、《附搜集文章志材料方法》、《汉魏六朝专家文研究》合为一本书出版。2009年时代文艺出版社将之作为"老北大讲义"之一出版。

本书完成于1917年，这一年刘师培始任国立北京大学教授。据蔡元培《刘君申叔事略》，刘师培"是时病瘵已深，不能高声讲演，然所编讲义，元元本本，甚为学生所欢迎"[1]。所指应当是《中古史讲义》。前面两课《概论》和《文学辨体》成稿时间最早，1913年2月题为《论文五则附文笔诗笔词笔考》在《四川国学杂志》第三期发表；随后《论文五则》改题为《文说五则》，发表于《中国学报》第一期；《文说五则》后来成为《中古中国文学史讲义》一书的总纲，即《概论》。

全书共分五课十节讲述，侧重于汉魏和魏晋。作者在《搜集文章志材料方法》一文中说："文学史者，所以考历代文学之变迁也。古代之书，莫备于晋之挚虞。虞之所作，一曰《文章志》，一曰《文章流别》。志者，以人为纲者也；流别者，以文体为纲者也。"1919年他辞世之前说："挚氏之书久亡，而文学史又无完善课本，似宜仿挚氏之例，编纂《文章志》、《文章留别》二书，以为全国文学史课本，兼为通史文学传之资。"[2]可见《中国中古文学史讲义》的体例类似《文章志》、《文章流别》，是考魏晋南北朝文学变迁之书，在叙流别中论人。因此，第二课《文学辨体》并非阐述"文学是什么"，而是"'文'是什么"。此后三课论述魏晋宋齐陈的文学变迁，是本书主体部

---

[1]蔡元培：《刘君申叔事略》，钱玄同等编《刘申叔遗书》，南京：江苏古籍出版社，1997年版。

[2]刘师培：《搜集文章志材料方法》，陈中凡、刘文典辑《刘申叔遗书》，南京：江苏古籍出版社，1997年版，第1665页。

分。其第一次把中古文学作为独立的研究对象，但最引人瞩目的特点是广征博引，从政治、思想、风俗、时尚等方面将文学发展变迁的大势和文体文风的演变脉络梳理得格外清楚。本书体例亦值得注意，先辑录胪列相关史料，其间杂以己说，再选录相关文章，呼应前文。表面上看，是以资料为主，以论为客，让史实说话，其实大抵是"六经我注"；书中资料的选录和排列都可谓煞费苦心；案语评点画龙点睛，不时有真知灼见，启人心扉。

本书虽为纲要性讲述，以史料为主，却历来为学界所推重。鲁迅对其评价极高，尤其在《魏晋风度及文章与药及酒之关系》一文中称述最详。[①]而鲁迅此文，明显受到本书的影响。例如，刘师培概括出魏晋文风有"清峻"、"通脱"、"骋词"、"华靡"四个特点，直接影响了鲁迅。鲁迅说："汉末、魏初的文章，可说是'清峻'、'通脱'、'华丽'、'壮大'。"尤其刘氏在书中提出的"建安文学，革易前型"观点，首开"建安文学自觉说"。"'建安文学，革易前型'，在某种意义上成为1927年鲁迅《魏晋风度及文章与药及酒之关系》的源头"，"鲁迅以曹丕时代为'文学的自觉时代'应该就是来自刘师培的'建安文学，革易前型'，这一观念由于鲁迅的重新表述成为当今中国文学史观的一部分，建安朝也被普遍用作上古文学与中古文学的分界点。似乎这也就是刘师培浩繁文学论述中唯一被继承的遗产"[②]。

目次：

---

①鲁迅在该文中说："我今天所讲，倘若刘先生的书里已详的，我就略一点；反之，刘先生所略的，我就较详一点。"《致台静农》（1928年2月24日）又说："中国文学史，大概未必编的了，也说不出大纲来。我看过已刊的书，无一册好。只有刘申叔（师培）的《中古文学史》，倒要算好的，可惜错字多。"两文见《鲁迅全集》，北京：人民文学出版社，1981年版，第11卷，第609页；第3卷，第502页。

②王风：《刘师培文学观的学术资源与论争背景》，载夏晓虹、王风等著《文学语言与文章体式：从晚清到五四》，合肥：安徽教育出版社，2006年版，第261~262页。值得一提的是，孙明君认为日本汉学家铃木虎雄才是最早提出"文学的自觉时代"者（参见孙明君：《三曹与中国诗史》，台北：商鼎文化出版社，1996年版，第113~114页）。然而戴燕却认为林传甲《中国文学史》说治化之文和词章之文从汉代以后开始分化，"跟后来文学史家津津乐道的魏晋为文学自觉时代的结论，就及〔极〕其相似"。（参见戴燕：《文学史的权力》，北京：北京大学出版社，2002年，第175页）

第一课　概论。

第二课　文学辨体。

第三课　论汉魏之际文学变迁（第三课附录）。

第四课　魏晋文学之变迁：甲　傅嘏及王何诸人；乙　嵇阮之文；丙　潘陆及两晋诸贤之文；丁　总论。

第五课　宋齐梁陈文学概略：甲　宋代文学；乙　齐梁文学；丙　陈代文学；丁　总论（甲）声律说之发明，（乙）文笔之区别。

1921年（民国十年）

1月

葛遵礼《中国文学史》

葛遵礼，浙江萧山人。《中国文学史》①由上海会文堂新记书局印行，1921年1月初版，1921年11月第三版，1928年12月第十二版，1930年4月第三十版，1939年3月增辑出版。有24开、32开两种，平装，24开旧版152页，增辑本180页，约6万字。笔者所见为第三版，24开平装本，152页，谢浚、葛陛纶、陈选庠校订。

陈玉堂《中国文学史书目提要》将本书录为"1920年12月初版"②。此乃误记。据葛遵礼《中国文学史》第三版版权页，本书于1921年1月初版。此外，书前有绍兴寿孝天、章琢其作的序，落款分别为"民国九年庚申至日"和"民国九年庚申冬"，证明本书初版时间只可能在1920年12月之后。

作者葛遵礼在"例言"中说："参考书兼及东籍，有集思广益之意。"书中并未明言参考了哪些日本人写的文学史书，但据本书写作年代及书中内容，可推断参考的是笹川种郎之《历朝文学史》和古城贞吉之《中国五千年文学史》。作者又自述写作本书，是因为"文学日就陵夷，几有忘祖之虑"。本书大约编成于1920年，当时新文学已取得一定的成绩，展现出了蓬勃生机，显见葛遵礼之言，是站在新文学对立面，视当时的新文学为"陵夷"，故有"忘祖之虑"。

---

①此书初版本封面和正文都署"萧山葛遵礼著"，但有论者乃至出版机构将之写成"葛遵礼、谢浚编"。查第三版、第三十版版权页都有"著作者　萧山葛遵礼　萧山谢浚"字样。细看却可知，萧山谢浚系校订者。

②陈玉堂：《中国文学史书目提要》，合肥：黄山书社，1986年版，第16页。

本书是高小、中学生课外读物，共分十三编（旧版共十二编），按代讲述，不分章节，上起三代，下迄清季，增辑现代。书中每节论述完毕，即附录相关考证，以资阅读。全书叙述由尧舜禹三代至清末，1939年增辑本至新文学（在原书基础上增加"第十三编　现代文学"）。

目次：

第一编　三代文学；第二编　周末文学一（北方）；第三编　周末文学二（南方）；第四编　周末文学三（中部思潮）；第五编　两汉文学；第六编　魏晋文学；第七编　六朝文学；第八编　唐代文学；第九编宋代文学；第十编　辽金元文学；第十一编　明代文学；第十二编　清代文学；第十三编　现代文学（旧版无此编）。

5月

〔日〕盐谷温著、郭希汾译编《中国小说史略》

郭希汾（1893—1984），即郭绍虞，江苏苏州人。其译编之《中国小说史略》由上海中国书局1921年5月初版，1933年7月新文化书社再版，32开，96页，约3万字。

本书据盐谷温所著《支那文学概论讲话》第六章译编而成，分作四章，共八节。（其全译本，参见盐谷氏原书或者陈彬龢译《中国文学概论》、孙俍工译《中国文学概论讲话》）

本书虽是译作，但出版较早，因而被胡怀琛《中国小说的起源及其演变》一书列为"研究中国小说参考的书目"之一。

目次：

第一章　神话传说。

第二章　两汉六朝小说：一、汉代小说；二、六朝小说。

第三章　唐代小说：一、别传；二、剑侠；三、艳情；四、神怪。

第四章　诨词小说：一、诨词小说之起源；二、四大奇书；三、红楼梦。

12月

刘贞晦、沈雁冰《中国文学变迁史》

刘贞晦（1881—1960），名景晨，初名鳌，字冠三，1918年取"韬贞隐晦"之意，改字为"贞晦"，嗣以字行，人皆称之"贞晦先生"，浙江温州人。沈雁冰（1896—1981），笔名茅盾，浙江桐乡人。二人合著《中国文学变迁史》[①]，版权页署"闻野鹤校"、"鲁承庄、抱恨生校订"，上海新文化书社发行，集成公司印刷，中华图书集成公司代发行，1921年12月初版，新文学研究会发行，列为"新文学丛书之一"。平装，32开，114页，约3.8万字。

1923年9月上海新文化书社出版第四版，1931年8月出版第十版，封底改为"闻野鹤（1901—1985，名宥，江苏松江人）编辑"，其他同前。1933年10月出版第十一版。1936年达文书店再版，封面署名改为闻野鹤编，32开，110页。

《中国文学变迁史》由两部分组成，正文著者为"北京大学教授刘贞晦"，这一部分为《中国文学变迁史略》，共十一编，上始唐虞，下迄民国，分篇叙述，大约2.5万字；附录部分《近代文学体系的研究》著者为沈雁冰，分两章，约1.3万字。

刘贞晦就读于京师大学堂（1904—1906）时，林传甲、黄人等在该校任教；刘氏写作本书时，与胡适同为北京大学文科同事。本书出版的第二年，胡适写成《五十年来中国之文学》（1923年），其中，对新文学的论述调子，与刘贞晦大体相同。虽然《中国文学变迁史略》中"民国成立以来的文学"的内容多数是近代文学，但毕竟提到了白话文运动尤其新旧文学之争，因此本书很可能是最早书写新文学的史著，比胡适《五十年来中国之文学》要早近两年。

---

① 本书由两部分组成（刘贞晦《中国文学变迁史略》和沈雁冰《近代文学体系的研究》），封面的书名为"中国文学变迁史"，但正文部分题为"中国文学变迁史略"。

在清代文学之后讲述新文学，必须解决的一个问题，即旧文学如何向新文学转变。刘贞晦特别强调清末废除科举、西学东渐在其中起到的"思想解放"作用。他说：

> 自从清季废八股文试士的制度，文学思想才解放了。再加那时候陆海交通已经便利，欧美新学说输入渐多，不但文学界的人思想开通起来，就是一般人民的思想也改变了。所以从科举停废之后，不到十年，革命成功，我国文学的丕变，从此真要相始经营。①

他还从清末思想变迁的角度和学理角度阐释新文学的出现，有比较独到的认识：

> 原来清季治诗古文辞的人，本已不多。后来废科举，设学校，各种科学列为课程。学者兼修并进，当然不能照从前的老样子，专治文学。就是先觉的几位学者，意在导进文化，著书立说，或刊行杂志，或登载报章，文应共解，势须急就，也当然不能给古文的法度拘束。民国初立，百端未整，不但文学没有成绩可观，在这过渡时期，虽尚有前清科举旧人，诗古人辞，本是功深养到的。又有羽翼古文的志士，提倡保存国粹，结社集会，要作个大雅扶轮。不过文化进步，要在通变制宜，现在种种新思想，须叫一般人民共同了解，若用古文去发表，不但著述的人不易图功，就是受读的人也难领悟。所以近一二年来，有人提倡改用白话文，传达文化。可以收个因利乘便的功效。这算民国文学变迁的一种动机。②

与20世纪20年代初期新旧文学两大阵营用偏激的言辞互相攻讦不同，刘贞晦对新旧文学有着比较清醒的认识。他说：

---

①刘贞晦、沈雁冰：《中国文学变迁史》，上海：新文化书社，1921年版，第69页。
②刘贞晦、沈雁冰：《中国文学变迁史》，上海：新文化书社，1921年版，第69~70页。

可不免有火色太过的人，因此排诋古文，说旧文学简直可以废了。但是旧文学的本身，实有种种不可废的功能。单就译书一方面说，从前译著出来天演论群学肆言种种书，学理虽是新的，文词原来是旧的，一般读过这书的人，何尝不用旧文学的功能，得新学理的感化。现在已经有用白话文译的书，却不见得那译笔就一定比用旧文词好。不过新文学现在还是个草创的，原也不可求全责备罢了。谈旧文学的人说，文章要有理趣，有情味，有音节。新文学何独不然。做到好的地步，那理趣、情味、音节也自然都有了。要在有志文学的人，下一番切实研究的功夫，或是旧文学本有根柢的人，来参预这新文学的改造，再拿旧的蜕化出新的，或是主张新文学的人，去摘发那旧文学的弊病，再拿新的去矫正了旧的，能够这样并力向前做去，民国的新文学就有完全成立的希望了。[①]

但刘贞晦并非对新旧文学持不偏不倚的态度，而是在感情上倾向新文学，肯定其成绩。他明确把民国以后的新文学纳入了整个中国文学史的框架，指出新文学"是中国文学变迁史上一种进步的现象"：

我们中国自秦以后，文学的变迁，就现在的眼光看起来，成绩实是有限，只有察看那历代文学变迁的机势，无非在少数文人的社会中，一起一落。现在的变迁，都是要扩大范围，造成全体国民易知易能的文学了，这不能不说是中国文学变迁史上一种进步的现象。有志保存国粹的人，也要明白这一点。不好说改造新文学是不该提倡的呢。[②]

刘贞晦对于小说、新诗、戏曲和话剧（文明新戏）等新的文学形式，都给出了肯定的评价，而且对这些新形式的发展有清醒的认识。他说："诗歌一类的文学，我国历代有人讲究，本来有个渊源，将来只要打破那芜秽的藩篱，

---

① 刘贞晦、沈雁冰：《中国文学变迁史》，上海：新文化书社，1921年版，第70~71页。
② 刘贞晦、沈雁冰：《中国文学变迁史》，上海：新文化书社，1921年版，第72页。

向自然美好的境界进行，就用白话，何尝不可登大雅之堂。不过要叫这新诗体真个成立，须不是旦夕的功夫。现在只算个试验的时期了。"

沈雁冰的《近代文学体系的研究》，其实是世界近代文学概论。他在书中指出，近代文学因为关注、反映平民及其生活而重要。书中以浪漫主义和写实主义界定近代文学，这在当时也算得上是不俗的见识。

目次：

中国文学变迁史略

第一篇：唐虞以前的文学；第二篇：唐虞夏商文学；第三篇：周秦文学；第四篇：汉代的文学；第五篇：魏晋及南北朝的文学；第六篇：隋唐五代的文学；第七篇：宋文学；第八篇：辽金元的文学；第九篇：明文学；第十篇：清文学；第十一篇：民国成立以来的文学。

附　近代文学研究体系的研究

第一章　总论：（甲）近代文学何以重要；（乙）近代文学的界说；（丙）近代文学的渊源。

第二章　近代文学主要的几类（1936年达文书店再版时删去此章）：（甲）说部；（乙）诗；（丙）剧本；（丁）结论。

1922年（民国十一年）

10月

施淑仪《清代闺阁诗人征略》

施淑仪（1878—?），字学诗，上海崇明人。《清代闺阁诗人征略》由崇明女子师范讲习所发行，崇明第一图书馆代售，各省商务印书馆寄售，1922年10月初版，大32开，铅印线装本，四册，共329页（序目占16页），22万余字。卷首有易顺鼎序，童大年题写书名。

本书虽云"闺阁诗人"，其实以叙述女诗人事迹为主，偏重文艺，而兼顾词赋、书画及其考证。所采录的诗文以有专集行世或作品入选文集、总集者为限，书画家则以已经论定者为限，杂著以有传本者为限。共录入清代女诗人等1200余人，其年限由顺治至光绪。

全书十卷，书末为补遗，另附作者小传两篇。

目次：

卷一：录入沈云英、刘淑英等87人；卷二：录入徐灿、徐文琳等141人；卷三：录入卓璨、俞桂等118人；卷四：录入陆凤池、曹锡珪等143人；卷五：录入曹柔和、申元善等104人；卷六：录入席佩兰、屈秉筠等126人；卷七：录入王韵梅、王谢等93人；卷八：录入汪端、席慧文等164人；卷九：录入陈兰君、程芙亭等117人；卷十：录入夏鞠初、秋瑾等68人；补遗：录入宗室兰轩、熙春等102人。

1923年（民国十二年）

10月

胡怀琛《中国文学通评》

胡怀琛（1886—1938），原名有怀，字季仁，又字寄尘，别号秋山，安徽泾县人。《中国文学通评》，上海大东书局发行，1923年10月初版，1924年7月再版，32开，136页，约4.7万字。

本书名为"中国文学通评"，其实文献资料引录远多过评论——仅略取历代若干名家之诗文，或全引，或节录后加以简短的评论。不过，本书在编写的时序上独树一帜，它一反传统的由远及近的编年体例，采取由近及远的编写方法，由清代桐城派起，上溯至孟庄，共五章、三十五节。

"通评第四"述"左国史汉"、"通评第五"讲"孟柯庄周"，在作者看来，这些就是春秋战国文学和秦汉文学的代表，可见他秉承中国传统学术，重视史和集，持的是"大文学"观。

目次：

通评第一　桐城文

一、桐城派之源流；二、史记；三、欧阳永叔；四、归震川；五、方望溪；六、刘海峰、姚薑坞；七、姚姬传；八、姬传弟子及其他桐城派文家；九、曾涤生；十、吴南屏；十一、曾文正弟子。

通评第二　清初三家

一、清初文学之大概；二、侯魏汪三家；三、侯朝宗；四、魏叔子；五、汪钝翁。

通评第三　唐宋八家

一、八家之名称之来历；二、八家文与唐宋两代文学之关系；三、八家文之总评；四、韩退之；五、柳子厚；六、欧阳永叔；七、苏明允；八、苏子瞻；九、苏子由；十、曾子固；十一、王介甫。

通评第四　左国史汉

一、总论；二、左传；三、战国策；四、史记；五、汉书。

通评第五　孟柯庄周

一、总论；二、孟柯；三、庄周。

12月

鲁迅《中国小说史略》

鲁迅（1881—1936），原名周树人，浙江绍兴人。《中国小说史略》，北京新潮社发行，1923年12月出版上卷，164页，1924年6月出版下卷，190页（由第165页至第354页）。24开道林纸精装本。

本书系作者1920年至1924年在北京大学、北京女子师范学院讲授中国小说史时的讲义。起先是由17篇构成的油印本，后增至26篇，刊成排印本讲义，书名为《中国小说史大略》（中国国家图书馆收藏此书线装本）；此后，经稍微修改并增至28篇，先后于1923年12月、1924年6月由北京大学第一院新潮社分上、下卷初版此排印本，书名为《中国小说史略》。本书1949年前各种版本如下：

（1）油印本讲义，实物现存两件，一为单演义藏，题名《小说史大略》，一为北京鲁迅博物馆藏，系常惠捐赠，题《中国小说史》，北京大学国文系教授会印行，两件之文字基本相同，都为17篇；

（2）排印本讲义有两种，一为《中国小说大略》，中国国家图书馆藏，共26篇，另一种为《中国小说史》，北京女子师范学院讲义，28篇，周海婴藏；

（3）北京大学第一院新潮社初版本，1923年12月出版上卷、1924年6月出版下卷，题名《中国小说史略》，共28篇，此新潮社版本，比排印本增加了"序言"、"后记"、"目录"、"正误表"，文字上稍有修改；

（4）1925年2月新潮社再版上卷，"勘订了初版的误文和补正了脱文，页数也多出两页。下卷再版日期待查"①，另外，还改正了初版本中的错误，且删去初版本中的"正误表"；

（5）1925年9月，北新书局出版合订本，增加"再版附识"；

（6）1926年年初，北新书局出版合订本再版，11月第三版，1927年8月第四版，1929年1月第五版；

（7）1931年7月北新书局订正本出版，1930年鲁迅将第十四、十五、二十一编"稍施改订"（《题记》）；

（8）1931年9月北新书局订正本第八版，增加"题记"，删去"再版附识"，1933年3月第九版，1935年6月第十版，1936年10月第十一版；

（9）1941年10月10日，作为鲁迅纪念委员会编纂的"鲁迅三十年集"之一，由鲁迅全集出版社出版上海版，1947年出版大连版；

（10）1943年9月，作家书屋出版渝一版。

本书是研究中国小说史的开山之作，始于神话与传说，迄于晚清谴责小说，材料丰富，见解精辟。后世对本书的推重，大多喜欢强调"中国历来鄙视小说的氛围"，以此凸显鲁迅独具慧眼。实际上，晚清时期小说创作蔚然成风，尤其是梁启超等发起"小说界革命"之后，国人对小说的鄙视已大为改观。经文学革命，至鲁迅编写讲义之时，所谓"中国历来鄙视小说的氛围"已难见。因而，就本书而言，鲁迅先生的过人之处不在于他顶着"中国历来鄙视小说的氛围"编写本书，而在于率先把小说作为一门专门的学问加以系统地研究，开创了中国古代文学研究的新领域，为中国小说史研究奠定了坚实的基础。鲁迅先生为撰写本书作了大量史料勾稽、考证工作，并据此在书中作了许多精辟、富有启发性的评论。

《中国小说史略》的开创之处大致有这样几点：

第一，在文学史观上，首次用进化史观研究中国小说。进化论的文学史观，早在黄人的《中国文学史》中已清晰可见，至胡适的《五十年来中国之文学》更以进化论文学史观作为贯穿文学发展的主线。但鲁迅不是简单、机

---

①陈玉堂：《中国文学史书目提要》，合肥：黄山书社，1986年版，第234页。

械地套用进化论的文学史观，而是对其进行适当的修正，这是鲁迅的创新之处，也是高明之处。在他的文学演进理念中，小说史被看作不断发展的变化进程，但他同时注意到"中国进化的情形，却有两种很特别的现象"，一种是反复，一种是羼杂。小说史的发展，并非直线前进，而是有反复，即旧的并不因为新的来临就立即消退，有时会出现"新的来了好久之后而旧的又回复过来"，有时"新的来了好久之后而旧的并不废去"，于是出现新旧羼杂。①显然，鲁迅看到了小说史演进过程中的复杂性，比黄人、胡适那种直线型的进化论文学史观要符合实际。遗憾的是，后来的史家似乎很少有人注意到鲁迅这种认识与胡适为代表的进化论文学史观之间的差异。

第二，在具体研究思路上，鲁迅的文学史研究比较注重外部研究。外部研究即所谓的史论或社会历史学方法，注重对社会思潮和文人心态的论述，这在鲁迅的文学史著作中体现得尤其明显。在《魏晋风度及文章与药及酒之关系》中，他开门见山地说："想研究某一时代的文学，至少要知道作者的环境、经历和著作。"②他认为文学是某一时代的文学，具有时间性和历史性，因此要了解文学的历史境遇；同时还要理解作家的环境、经历和其他的著作。鲁迅总是联系政治、文化、社会习俗等文学发展的历史境遇来进行研究。在《中国小说史略》中，每章起首处都以精简的语言精辟地介绍当时的文化思潮。不同的历史时期和社会状况，会对文学产生不同的影响，鲁迅抓住每个历史时期对文学影响最重要的特点进行分析，突出了政治和经济因素对文学的影响。认为，汉末魏初文学发生的重大变化，与当时的社会急剧动荡和政治变革紧密相关。在鲁迅看来，曹操文章"清峻的风格"与他政治上"尚刑名"有关；而"尚通脱"的风格又是对当时的"自命清流"的社会风气的反驳；"建安七子"的"慷慨"，是因为当时天下大乱，亲朋在战乱中纷纷毙命，他们作文不免会带有悲凉、激昂和慷慨的特色。阮籍的"饮酒不独由于他的

---

①详见鲁迅：《中国小说的历史的变迁》，此文作为附录收入鲁迅《中国小说史略》(《鲁迅全集(第9卷)》，北京：人民文学出版社，1980年版)。

②鲁迅：《魏晋风度及文章与药及酒之关系》，《鲁迅全集(第3卷)》，北京：人民文学出版社，1981年版，第501页。

思想，大半倒在环境"；正是黑暗压抑的政治环境逼迫阮籍沉湎于酒以避免与社会发生直接、正面的对抗，也正是这种险恶的现实环境的压迫，使他的许多诗文意义"隐而不显"。

鲁迅比较注重外部研究，尤其对作家的环境、经历的重视，既暗合了中国传统学术"知人论世"的要求，又赋予其新的意义，即他注重寻找社会环境对作家及其创作的影响。此后的中国文学史尤其文艺思潮史写作，可明显看到鲁迅此种研究思路的影响，例如谭丕模的《中国文学史纲》、吴文祺的《近百年来的中国文艺思潮》、刘大杰的《中国文学发展史》等。

第三，在体例上，鲁迅《中国小说史略》的重大创举，就是小说分类。鲁迅对内容丰富、体裁庞杂、当时还是混沌一片的小说进行梳理、分类，并为一些小说类型命了名。其中，"志怪"、"传奇"的命名与界说，受到了明人胡应麟的影响；[1]"话本"的命名，采纳了宋元时期已有的说法。虽然并非独创，但在小说史中对流传已久的成说予以确认，其功亦不可没。明清说部发达，数量众多，并且还出现一些"志怪"、"传奇"、"话本"不能涵括的小说新类型。鲁迅对其予以分类的办法，是既有自己的综合、独创又融进西方小说的类型概念。由此，鲁迅命名的明清小说类型，构成了《中国小说史略》一书的重头戏，加上书中的研究思路、方法和观念，形成了内在的小说类型体系。这个体系尤其是其所采用的分类名称，对后世的小说史研究影响极大，直到今天有些仍是众所周知的术语。

作为中国小说研究的开山之作，《中国小说史略》的地位和作用毋庸置疑。时至今日，我们对古代小说的认识，就整体而言，基本上没有超出鲁迅《中国小说史略》的层面，仍然停留在一个粗线条的把握上。因此，这部经典著作在一定程度上束缚了后世学者研究中国小说史的思维和视野。[2]其实，虽然鲁迅事先在小说史料方面作过扎实的准备，他具体编写本书的时间却是短

---

①陈平原：《小说史理论与实践》，北京：北京大学出版社，2010年版，第217页。

②近年某著名大学教授公开说："鲁迅写了中国第一部小说史《中国小说史略》，今天所有研究古典小说的人必须看它，看完之后只有佩服，因为确实超过不了它……读完鲁迅的东西，我只觉得他说的是板上钉钉。"

促的，而且直到1931年最后一次修订，一直没有做过大的修改，书中出现一些缺漏、失误，在所难免。

例如，书中对一些重要概念的使用存在失误。在《中国小说史略》第二十三篇"清之讽刺小说"中，鲁迅以《儒林外史》作为代表和论述重点，却又在第二十八篇"清之谴责小说"中说：

> （《官场现形记》）头绪既繁，角色复多，其记事遂率与一人俱起，亦即与其人俱讫，若断若续，与《儒林外史》略同。[1]

鲁迅明确指出作为"讽刺小说"的《儒林外史》与作为"谴责小说"的《官场现形记》"略同"。这容易给人造成一种印象，即《儒林外史》既是"讽刺小说"，也可视为"谴责小说"。鲁迅提出上述说法，是因为他在书中对这两个概念的表述很模糊，他甚至没有对"谴责小说"作出界定，就让它直接出场。

鲁迅提出"讽刺小说"的命名不久，就有人提出异议。1926年文学史家郑振铎以笔名"西谛"发表文章，认为：

> 中国的讽刺作品，自古就没有；所谓《何典》不过是陈腐的传奇，穿上了鬼之衣而已，《捉鬼传》较好，却也不深刻，《儒林外史》更不是一部讽刺的书，《官场现形记》之流却是破口大骂了；求有蕴蓄之情趣的讽刺作品，几乎不见一部。[2]

郑氏之言固然有可讨论之处，但他批评鲁迅把《儒林外史》、《官场现形记》当成"一部讽刺的书"，是有一定道理的。而且鲁迅以"蕴蓄之情趣"作

---

[1]鲁迅：《中国小说史略》，《鲁迅全集（第9卷）》，北京：人民文学出版社，1980年版，第289页。

[2]西谛（郑振铎）：《呐喊》，《郑振铎全集》，石家庄：花山文艺出版社，1998年版。

为"讽刺小说"的重要特征，也欠妥。①

目次②：

---

①对鲁迅《中国小说史略》缺漏、失误处的论述,可参见欧阳健《中国小说史略批判》山西人民出版社2008年版)。

②为保持完整性,这里录入的是全书(上、下卷)的目次,而仅非1923年版上卷目次。

为大；王度《古镜记》；无名子《白猿传》；张文成《游仙窟》；开元天宝以后作者蔚起；沈既济《枕中记》等；沈亚之《湘中怨》等；陈鸿《长恨歌传》等；白行简《李娃传》等。

第九篇　唐之传奇文（下）。

第十篇　唐之传奇集及杂俎。

第十一篇　宋之志怪及传奇文。

第十二篇　宋之话本。

第十三篇　宋远之拟话本。

第十四篇　元明传来之讲史（上）。

第十五篇　元明传来之讲史（下）。

第十六篇　明之神魔小说（上）。

第十七篇　明之神魔小说（中）。

第十八篇　明之神魔小说（下）。

第十九篇　明之人情小说（上）。

第二十篇　明之人情小说（下）。

第二十一篇　明之拟宋市人小说及后来选本。

第二十二篇　清之拟晋唐小说及其支流。

第二十三篇　清之讽刺小说。

第二十四篇　清之人情小说。

第二十五篇　清之以小说见才学者。

第二十六篇　清之狭邪小说。

第二十七篇　清之侠义小说及公案。

第二十八篇　清末之谴责小说。

本年

冰心《论元代的戏曲》

冰心（1900—1999），原名谢婉莹，笔名冰心女士等，原籍福建长乐，生于福州。《论元代的戏曲》，1923年燕京大学油印本，又刊载于《燕京学报》1927年6月第1卷第1期，署名谢婉莹。

本书是冰心在燕京大学时的毕业论文。冰心晚年给陈子善的一封信里说："关于周作人先生，我实在没有什么话说，我在燕大末一年，1923年曾上过他的课，他很木讷，不像他的文章那么洒脱，上课时打开书包，也不看学生，小心地讲他的，不像别的老师，和学生至少对看一眼。我的毕业论文《论元代的戏曲》，是请他当导师的，我写完交给他看，他改也没改，就通过了。"[1]尽管冰心在信中流露出对周作人不满和不屑，却仍可见：一、冰心此文或多或少受到周作人影响；二、周作人虽为冰心论文导师，但"他改也没改，就通过了"，说明周作人对此文的主要观点是赞同的。

目次：

一、元曲的分类：（甲）戏曲；（乙）杂剧；（丙）；套数；（丁）小令。

二、元曲的渊源：（甲）演作方面：（一）觋巫歌舞，（二）俳优戏扮；（乙）歌词方面：（一）乐府；（二）诗；（三）词。

三、元曲的作家：（甲）四大作家：（一）关汉卿，（二）白朴，（三）马致远，（四）郑光祖；（乙）三期作家：（一）蒙古时代，（二）一统时代，（三）至正时代。

四、元曲的结构：（甲）折数；（乙）乐调：（一）大曲，（二）唐宋调，（三）诸宫调；（丙）声韵。

五、元曲的脚色：（甲）杂剧；（乙）院本；（丙）北曲；（丁）南曲。

六、元曲的思想：（甲）背景：（一）政治环境，（二）社会环境；（乙）派别：（一）和平派，（二）激烈派。

七、元曲的艺术：（甲）意境：（一）真挚，（二）潇洒，（三）深刻；（乙）修辞：（一）不避骈律，（二）不避俗语，（三）善用形容字。

八、元曲与新文学：（甲）时代关系；（乙）工具关系。

---

[1]陈子善编:《闲话周作人》,杭州:浙江文艺出版社,1996年版。

1924年（民国十三年）

3月

胡怀琛《中国文学史略》

胡怀琛《中国文学史略》，初为油印讲义，线装一册，52页，并附有"二十四史一览表"。1924年3月梁溪图书馆初版，1927年8月第五版。1931年7月慧记书斋又版，32开，正文150页，附文50页，6万余字（附文近2万字）。台北广文书局1980年版署名"佚名编"，其目次与1931年上海慧记书斋版完全相同。另有台北广大书局1980年12月印行本，32开，149页，附录50页。

本书共十一章，从上古至清代，共三十二节，末为附录八节。自第三章周秦起，每章均分"此时代文学变迁之大势"、"此时代文学之特点"、"此时代文学之作家小传"三节。

目次：

一、绪论（文学之界说与分类，文学之起源，文学与人生之关系，文学与他学科之关系）。二、上古（上古之文字）。三、周秦（此时代文学变迁之大势，此时代文学之特点，此时代文学家小传），（自第三章起，至第十一章，每章三节，节数连续，至三十二节，节题相同，从略）。四、两汉。五、魏晋。六、南北朝及隋。七、唐及五代。八、宋。九、辽金元。一〇、明。一一、清。

附录：一、中国文议论发歧之因原；二、所谓古文；三、中国小说之源流；四、中国之地方文学；五、古今儿童读物之变迁；六、四库全书之历史；七、民间传说之故事；八、民间流传之歌谣。

4月

徐嘉瑞《中古文学概论》

徐嘉瑞（1895—1977），号梦麟，云南邓县人。《中古文学概论》，上海亚东图书馆1924年4月印行，1930年3月第三版，32开，178页，约5.4万字。胡适作序。

本书与其他史著最大的不同，在于其"认定中古文学史上最大重要的部分是在那时间的平民文学，所以他把平民文学的叙述放在主要的地位，而这一千年的贵族文学只占了一个很不冠冕的位子"[①]。所谓"平民文学"，就本书而言，主要指曲舞，因而本书"亦可作为音乐文学史视之"[②]。这是徐嘉瑞编写的第一本书，胡适看过书稿后，主动为其作序，认为这是"一部开先路的书"、"一部提纲挈领、指出大趋势和大运动的书"。由于其独特处，也由于胡适的推崇，本书在当时文坛影响较大。

全书分五编，共十八章，二十七节。

目次：

第一编　绪论：第一章　贵族文学与平民文学；第二章　平民化之文学；第三章　音乐与文学（第一节　音乐与文学之心理的关系，第二节　音乐与文学之历史的关系）；第四章　中国音乐与西域文化之关系；第五章　诗与散文。

第二编　平民文学：第一章　汉魏平民文学；第二章　鼓吹曲与横吹曲（第一节　鼓吹横吹与相和之比，第二节　乐器及音调，第三节　乐词，第四节　鼓吹曲横吹曲之特点）；第三章　相和歌辞（第一节　相和歌辞之历史，第二节　相和歌辞之内容，第三节　相和歌辞之文章；第四节　分类）；第四章　六朝平民文学（第一节　南方文学—清商曲

---

①胡适：《〈中古文学概论〉序》，徐嘉瑞编《中古文学概论》，上海：亚东图书馆，1934年版，第8页。

②陈玉堂：《中国文学史书目提要》，合肥：黄山书社，1986年版，第139页。

辞，第二节　外族文学—北方文学，第三节　南北朝文学之比较，第四节　六朝平民文学之廋词，第五节　六朝平民文学与汉魏平民文学，第六节　汉魏六朝平民文学与唐代之关系）。

第三编　舞曲：第一章　舞之发生之心理的关系；第二章　舞之发生之历史的关系；第三章　中国舞曲（第一节　莫公舞，第二节　巴渝舞，第三节　四舞）；第四章　外国舞曲（第一节　霓裳羽衣舞）。

第四编　贵族文学：第一章　汉代贵族文学（第一节　总论，第二节　贵族文学之劣点）；第二章　魏晋贵族文学（第一节　魏，第二节　晋）；第三章　南北朝贵族文学（第一节　南朝，第二节　北朝，第三节　隋）。

第五编　唐代平民化之文学：第一章　唐代文学之背景；第二章　唐代文学之分类。

8月

刘毓盘《中国文学史略》

刘毓盘（1867—1927），字子庚，号噉椒，别号掞禽，浙江江山人。《中国文学史略》，上海古今图书店1924年8月初版，32开，62页，约2万字。卷前有刘毓盘门生查猛济和钱恂的序言。

刘毓盘于光绪二十三年（1897）登拔贡榜，授陕西候补知县。辛亥革命后，与学界名流李叔同、鲁迅、陈望道、朱自清、俞平伯等同时执教于浙江第一师范学校。1920年，受蔡元培校长之聘，任北京大学国文系教师，主讲词史与词曲学；1922年，根据授课讲义编定《词史》一书（1931年）。毓盘先生平生所著，除词史外，尚有骈体散文若干卷及《濯泽宦词》、《掞禽记》、《唐五代宋辽金元词辑》、《诗心雕楷》、《词话》等。

《中国文学史略》分为文、诗、词、曲四略，叙述十分简略，其中以"词略"最精。

目次①：

文略：文字之肇端、文体之初起、学术之竞争（包括儒家、道家、阴阳家、法家、小说家等共十家）、骚赋之轫作、刻石之踵兴、子余之初见、提倡之得人、文学之极盛（经赋之盛、辞赋之盛、诗歌之盛、杂文之盛、史才之盛、采撰之盛）、西京之为东、后起之杰出、谶纬之盛行、文体之一变、文苑之定名、国史之起、文学之通儒、文士之不幸、七子之所长、书表之杰作、古意之渐漓、文体之一振、科学之发明、诸胡之文学、大乘之译经、南朝之文学、北朝之文学、周隋之文学、唐骈之各家、韩柳之文学、五代之文学、两宋之文学、四六之各家、语录之一种、辽金之文学、元人之文学、八比之风行、小说之日众、文学之中衰、文学之全盛、骈体之各家、散文之三派。

诗略：古音之初起、歌谣之初起、诗体之初起、诗教之初起、诗乐之异同、文章之趋势、七言之初起、乐府之初起、联句之初起、五言之初起、文纲之感言、长篇之首出、四言之就衰、继响之佚作、回文之所兴、排句之发现、律诗之先声、诗体之日下、雅语之复闻、诗学之极盛、韵学之昌明、变体之叠出、宋派之互争、唐宋之大别、诗史志微词、元音之复振、风雅之式微、诗选之论定、余事之所为、集句之工者、诗话之必传、各体之备考。

词略：乐府之钧元、协律之改字、歌辞之流行、字义之索解、借题发舒、句法之变易、词体之初起、小令之初起、变叠之初起、词集之初起、近词之初起、慢词之初起、大晟之正宗、词家之别派、白话之入词、诗词之分界、闺阁之多才、词学之极盛、国外之采风、中声之仅见、正规之将亡、弹词之别出、新体之纷更、图谱之妄作、变雅之未成、词律之考正、倚声之各家、音节之略说。

曲略：歌声之初起、律吕之初起、谣谚之稽疑、曲文之鼻祖、倡优之由来、排场之考古、今乐之异名、大曲之传本、乐语之通行、剧本之

①此书无目录和章节编次，笔者据正文中的小标题依次抄录，作为目次。

历溯、旧谱之相沿、北曲之极盛、长剧之开宗、宫调之订定、北曲之渐衰、南曲之初起、集部之外编、南曲之极盛、北曲之中兴、合套之初起、遭际之各殊、道情之臆刱、命意之甄微、南派之极盛、法部之正声。

9月

胡毓寰《中国文学源流》

胡毓寰编《中国文学源流》，1924年9月商务印书馆印行初版，1925年10月再版，1926年10月第三版，1930年5月第四版，1933年6月又出"国难后"第一版，1935年5月第二版。32开，有344页和338页两种，约17万字。台湾商务印书馆1971年12月影印第一版，1976年10月第二版，40开，344页。

本书自文字创始起，至新文学与新诗出现止，以文体为目，共二十五章。其中选录古今文章约有百篇，诗词约二百题，作者自称这是一本"文学史"和"文学读本"的混合书。卷前有江亢虎作的序，其次是编者撰写的一篇例言，介绍了本书的简要内容。"国难后"版的第二版，有胡朴安序文一篇。

目次：

文字之创始、诗歌谣、记事文之发展、理论文之渐兴、字体之变迁、辞赋、乐府及古诗、骈俪文、近体诗、诗之极盛时代、古文、忠孝的色彩、非攻的色彩、达观的色彩、香奁的色彩、词、小说之盛、戏曲之兴、白话文之渐、诗文之分派、诗体举要、文体举要、八股文、古典之敝、新文与新诗。

11月

陈景新《小说学》

陈景新，号警心，浙西人。《小说学》，上海明星社发行，1924年11月初版，32开线装本，201页（另有序等30余页），6万余字；1927年6月再版。另有1926年4月泰东书局版，应该是据1924年明星社版重印（1926年版仅无

1924年版卷首的于右任、江亢虎手书的题词）。

本书原为作者在南方大学、上海大学授课时的讲义，全书分五篇、三十章，仅第一篇可视为文学史，其余各篇可视为文学史参考资料。卷首有：海上漱石生序一、徐卓呆序二、张舍我序三、不肖生序四、董修甲序五、狄侃序六、许天随序七、张冥飞序八、高冠吾序九、汪了翁序十、康烛天序十一、詹联芳序十二、邓登泰序十三、朱勤序十四、余大雄序十五、吴听德序十六、胡朴安序十七，自序，及胡寄尘、陈飞等人题词。

目次：

本年

易树声《中国文学史》

易树声《中国文学史》，金陵大学1924年印行，线装本共三册，正文合计538页，23万余字。全书分四编，七十六章，若干小节。据说，该书对清代词学有精深研讨，惜未见。

目次（待访）。

1925年（民国十四年）

4月

汪剑余《本国文学史》

汪剑余，湖南益阳人。《本国文学史》，上海历史研究社1925年4月初版，新文化书社总代销，32开，248页，约7万字。后改由新文化书社印行，1934年10月出版，抱恨生校阅，仍为32开平装、248页。

本书系林传甲《中国文学史》一书的删改本，多数篇幅照抄原书，篇目稍有增删。例如本书删去林著中的第五、六篇，而第一章增添"文艺之概论"，故该章前十六节与林著相同，而第十七节至二十二节叙述诗歌、小说、戏剧等文艺之发展演变，为林著所无；再如第十二章"唐宋至今文体"，林著分十八节讲述，本书增添一节，即第十九节"民国之文学革命"。

汪剑余系江亢虎的学生，江亢虎认为"林制甚佳，惜作于清时，多与现代潮流不合"，于是命汪剑余将林著"盍加笔删，重刊问世"[1]。江亢虎还为此书题写书名并题词。

全书十四章，二百四十余节。

目次：

第一章　文字学之变迁及文艺之概论；第二章　古今音韵之变迁；第三章　古今名义训诂之变迁；第四章　以治化为文以词章为文说；第五章　群经文体；第六章　周秦传记杂史文体；[2]第七章　周秦诸子文体；第八章　史记汉书三国志四史文体；第九章　诸史文体；第十章　汉魏文体；第十一章　南北朝至隋文体；第十二章　唐宋至今文体；第

---

[1] 汪剑余：《本国文学史·绪言》，上海：新文化书社，1934年版，第1页。
[2] 陈玉堂《中国文学史书目提要》漏录此第六章（第23页）。

十三章　骈散古合今分之渐；第十四章　骈文又分汉魏六朝唐宋四体之
别。

徐敬修《词学常识》

徐敬修，江苏吴江人。《词学常识》，上海大东书局1925年4月初版，同
年6月第二版、8月第三版，1926年6月第四版，1933年第八版。32开，116
页，约7万字。

本书系作者"国学常识"丛书（共十种）之一，其中第二章叙述由唐代
至清代的词学发展，其他两章可视为词学史参考资料。

目次：

第一章　总说：第一节　词之意义及其起源；第二节　词调之渊源
及词之沿革；第三节　词之体例；第四节　词与诗乐曲之关系。

第二章　历代词学之变迁：第一节　唐代之词学；第二节　五代之
词学；第三节　宋代之词学；第四节　金元之词学；第五节　明代之词
学；第六节　清代之词学。

第三章　研究词学之方法：第一节　填词之入手法；第二节　填词
之格式；第三节　词韵；第四节　词书之取材。

徐敬修《诗常识》

徐敬修《诗常识》，上海大东书局1925年4月初版，同年即再版，1928年
11月第五版，1933年第八版。32开，190页，约5.2万字。

本书系作者"国学常识"丛书（共十种）之一，其中第二章叙述由春秋
战国至近代的诗学之发展。其他两章可视为诗史参考资料。

目次：

第一章　总说：第一节　诗之意义；第二节　诗之起源；第三节
诗与赋及文之区别；第四节　诗之种类；第五节　诗之体例。

第二章　历代诗学之变迁：第一节　三代之诗学；第二节　春秋战
国时之诗学；第三节　两汉之诗学；第四节　魏晋时之诗学；第五节

南北朝时之诗学；第六节　隋唐时之诗学；第七节　宋代之诗学；第八节　金元之诗学；第九节　明代之诗学；第十节　清代之诗学；第十一节　近代诗学之趋势。

第三章　研究诗学之方法：第一节　研究诗学之要点；第二节　作诗之入手法；第三节　诗之格式；第四节　诗之取材。

徐敬修《说部常识》

徐敬修《说部常识》，上海大东书局1925年4月初版，当年第三版，次年第四版，1928年11月第五版，1933年第八版。32开，108页，约5万字。

作者在卷首"说部常识提要"中说："小说可以广见闻、资考证、助劝诫，其有功于社会者非渺，故于子部中提出另编一集焉。本书关于小说起源及其流派与种类，既已详言之，又凡有名之著作，皆为述其缘起，标其作法，以资读者取舍。并论近代小说家之趋势，与研究小说之方法。"

本书系作者"国学常识"丛书（共十种）之一，其中第二章叙述由周秦战国至近代的小说之发展，其他两章可视为小说史参考资料。

目次：

第一章　总说：第一节　小说之意义及其价值；第二节　小说之起源；第三节　小说发达迟缓之原因；第四节　小说之类别；第五节　小说与传奇弹词；第六节　小说与戏剧。

第二章　列代小说之变迁：第一节　周秦时之小说；第二节　两汉时之小说；第三节　六朝时之小说；第四节　唐代之小说；第五节　宋代之小说；第六节　元代之小说；第七节　明代之小说；第八节　清代之小说；第九节　近代小说之趋势。

第三章　研究小说之方法：第一节　研究小说之要点；第二节　作小说之方法；第三节　重要之小说书籍。

徐敬修《文学常识》

徐敬修《诗常识》，上海大东书局1925年4月初版，同年即再版，1928年

11月第五版，1929年第六版，1933年第八版，1934年10月第十版。32开，159页，约5万字。

本书所谓"文学常识"，仅指骈散文，诗歌、词、小说等因另书已叙述，此处从略。而对于文学起源、历代文学的变迁以及文章宗派等，则叙述甚详。

本书系作者"国学常识"丛书（共十种）之一，其中第二章叙述由上古至近代的文学之发展，其他两章可视为文学史参考资料。

目次：

第一章　总说：第一节　文学之意义；第二节　文学之起源；第三节　文学之范围；第四节　文学之分类；第五节　文学之沿革。

第二章　历代文学之变迁：第一节　上古之文学；第二节　周代之文学；第三节　秦代之文学；第四节　两汉之文学；第五节　魏晋时之文学；第六节　南北朝之文学；第七节　隋唐之文学；第八节　宋代之文学；第九节　辽金元之文学；第十节　明代之文学；第十一节　清代之文学；第十二节　近代文学之趋势。

第三章　研究文学之方法：第一节　研究文学之要点；第二节　作文之方法；第三节　重要之文学书籍。

8月

朱谦之《音乐的文学小史》

朱谦之（1899—1972），字牵情，福建闽侯人。《音乐的文学小史》，上海泰东书局印行，1925年8月5日初版，1929年6月再版，32开，134页，5万多字。

本书是作者1924年在长沙第一师范等学校所作的演讲稿汇集，同年应厦门大学之邀，出任教职，在厦门南普陀寺写成"序言"和"后记"。作者认为，最真情流露的文章，"正是表情最自然最美的声音"，"中国的文学应以

'音乐的文学'为正宗"。①

虽然本书仅由三篇谈中国文学与音乐关系的演讲稿组成，并不具有文学史著作的常见形式，但为最早研究音乐文学史者无疑，显示了开辟一种全新的中国文学史类型——中国音乐文学史的可能。1931年，作者编写的《中国音乐文学史》脱稿，并于1935年10月由商务印书馆出版（详后）。

目次：

中国文学与音乐之关系（在长沙第一师范的讲演）。

平民文学与音乐文学（在长沙平民大学的讲演）。

《诗经》在音乐上的位置。

音乐文学史用书要目。

9月

胡怀琛《中国民歌研究》

胡怀琛《中国民歌研究》，上海商务印书馆1925年9月初版，32开，122页，约4万字。1991年，上海书店将其收入"民国丛书"第三编第56种影印出版。

作者在第一章"总论"卷首对"民歌"作出如此定义："流传在平民口上的诗歌，纯是歌咏平民生活，没染着贵族的彩色；全是天籁，没经过雕琢的工夫，谓之民歌。"并提出"一切诗皆发源于民歌"的观点，为其把民歌纳入文学范畴提供理论支撑。姑且不论这一观点是否准确，应该承认，相对于五四文学革命之前的文学观来说，是不小的进步。

本书系王云五主编的"百科小丛书"之一。作者于1924年10月动笔编撰，1925年6月脱稿，是一部出版较早的中国民歌研究专著。全书共八章，四十一节。卷首列有参考书目21种。

---

①朱谦之：《中国文学与音乐之关系》，《音乐的文学小史》，上海：泰东书局，1925年版，第9、10页。

目次：

第一章　总论：一、民歌是什么；二、一切诗皆发源于民歌；三、中国的诗与民歌。

第二章　古谣谚：一、谚；二、谣。

第三章　古代抒情的短歌及其他短歌：一、国风；二、吴风；三、越风；四、楚风；五、胡笳十八拍及其他胡歌；六、子夜歌及其他吴声歌曲；七、月节折杨柳歌及其他西曲歌；八、竹枝词；九、莲花落；十、道情。

第四章　古代叙事的长歌：一、孔雀东南飞及其他五言的叙事诗；二、木兰诗及其他七言的叙事诗；三、长短句的叙事词①。

第五章　叙事长歌递变为戏剧：一、变迁的关键；二、竹枝词；三、弹词；四、元曲；五、昆曲；六、京戏。

第六章　近代抒情的短歌及其他短歌：一、北京俗歌；二、凤阳花鼓；三、扬州小曲；四、苏州山歌；五、江浙间的民歌；六、粤讴；七、两广山歌；八、苗瑶等民族的情歌。

第七章　近代叙事的长歌：一、唱体；二、鼓儿词；三、大鼓书；四、摊簧；五、龙舟歌②。

第八章　补遗：一、孔雀东南飞的疑问；二、孟姜女梁山伯花木兰的考证；三、已失传的古代民间歌谣的目录；四、民歌与非民歌的优劣。

12月

龚道耕《中国文学史略论》

龚道耕（1876—1941），字向农，一字君迪、悲庵，别署蛛隐，先世浙江会稽人，宦游入蜀，着籍四川成都。《中国文学史略论》，1925年12月成都镂梨斋刊印。据陈玉堂《中国文学史书目提要》，龚氏此书直到1945年秋才有成

---

①陈玉堂《中国文学史书目提要》此处录为"长短句的叙事诗"（第248页），实应为"长短句的叙事词"。

②陈玉堂《中国文学史书目提要》此处录为"龙船歌"（第248页），实应为"龙舟歌"。

都薛氏崇礼堂刊本，线装一册。而近年坊间出现成都镂梨斋本，1925年12月刊印、1929年再版，石印，一册。据庞俊《记龚向农先生》，龚氏《中国文学史略论》还有民国二十九年（1930）成都建国中学印本，[1]此实为1930年8月再版本。

本书是龚氏1912年执教于成都高等师范时，应文科主任刘师培之嘱编写，未半而辍。1919年，龚氏复任教该校，完成此稿。据作者作于"乙丑十有二月"[2]（约1925年12月）的序中所说，书稿完成后，"诸生为之印行"，此诸生印行本，即为1929年成都镂梨斋本。

作者为近代四川著名学者、经学家，著有《经学通论》、《中国文学史略论》等著作100余种，在经学、史学、文献学等领域都有极高造诣。作者注重通识，反对过分狭隘的文学史观。他反对"近世言文学者，或以诗歌戏曲小说为干，而摈经史诸子，以为非类"（自序），指出他们这样做，盖"仿据远西"，不合乎中国文学的具体实际。因此他讲文学史，必先明其学术大势，再详其经学源流，接着备列诸子以及史学之盛衰，然后才是文体的变化、诗词歌赋小说戏曲之创作。但，所述以经史、文集、诸子百家为主，行文通篇采用文言。在本书结尾处，作者极力诋毁白话文学，称响应白话文学者为"黄口小生"。对《红楼梦》、《水浒传》两书评价很低，痛骂将二书编入文学史，为"狗吠驴鸣，偏于天下"，哀叹如此则"文学不可复问矣"。

全书分作"上古三代"、"秦汉"、"后汉魏晋"、"南北朝"、"唐"、"宋元明附辽金"、"清"共七卷。

目次（略）。

---

[1]庞俊：《记龚向农先生》，《国文月刊》第五十八期，开明书店，1947年，第31~33页。按，初稿曾载《志学月刊》1942年第6期，第12~14页。

[2]陈玉堂认为，"农历乙丑是公历1925年，这里的'十有二月'已跨年"（陈玉堂：《中国文学史书目提要》，合肥：黄山书社，1986年版，第120页）。陈氏此言谬。龚道耕在序中标记"乙丑十有二月"，此时间是作序的日期。作成一篇不足两千字的序，他怎么可能竟耗时近半年（1925年10月~1926年2月）！其次，"十有二月"大多指农历十二月，如"冬，十有二月，祭伯来"。（《左传·隐公》）国画大师吴昌硕在其作品《兰蕙图》中曾题记"辛亥十有二月"。故，"十有二月"指十二月。

本年

黄任恒《补辽史艺文志》

黄任恒《补辽史艺文志》，广州聚珍印务局1925年初版。此后，本书收入开明书店《廿五史补编》出版。

本书系黄氏《辽痕五种》之一，列于广州聚珍印务局1925年出版的《辽痕五种》之二。仅一卷。

目次（待访）。

1926年（民国十五年）

3月

胡云翼《宋词研究》

胡云翼《宋词研究》，1926年3月中华书局初版，1927年1月再版，1928年5月订正第三版。24开，198页，约11万字。

胡云翼（1906—1965），湖南桂东人，原名耀华，字南翔，笔名拜苹女士，词学家。1927年毕业于武昌师范。曾创办《艺林旬刊》。历任长沙岳云中学、南华中学、省立一中、无锡中学、暨南大学教职。后在上海中华书局、商务印书馆任编辑。中华人民共和国成立后任上海南洋模范中学教员，上海师范学院教授。著有《宋词研究》、《宋诗研究》、《唐诗研究》、《中国词史大纲》、《新著中国文学史》、《唐代的战争文学》，编有《词选》、《诗学小丛书》，又有小说《西泠桥畔》等。

本书为"少年中国学会丛书"之一。作者鉴于"本书行世前，尚无此类专著"而编写本书，但其直接目的在于使读者知道词的内包外延、宋词的发展和变迁状态、宋词作家的作品及其生平。

全书分上、下两篇，上篇为"宋词通论"，下篇为"宋词人评传"，共二十八章。书末附录"词的参考书"，收入词类参考书目70余种。

目次：

上篇　宋词通论

一、研究宋词的绪论；二、词的起源；三、何谓词；四、宋词的先驱；五、宋词发达的因缘；六、宋词概观（上）；七、宋词概观（下）；八、论宋词的派别及其分类；九、宋词之蔽。

下篇　宋词人评传

一、引论；二、词人柳永；三、晏殊、晏几道的小词；四、张先的词；五、六一居士的词；六、东坡词；七、词人秦观；八、苏门的词人；九、北宋中世纪的五词人；十、词人周清真；十一、李清照评传（附录朱淑贞）；十二、词人辛弃疾；十三、辛派的词人；十四、南渡十二词人；十五、词人姜白石；十六、姜派的词人；十七、词人吴文英；十八、晚宋词家；十九、宋词人补志。

附录：词的参考书。

〔日〕盐谷温著、陈彬龢译《中国文学概论》

盐谷温著、陈彬龢译《中国文学概论》，北京朴社1926年3月初版。1929年12月再版，24开，104页，约3.5万字。卷前有译者之妻汤彬华所作的序。

盐谷温于1919年初版的《支那文学概论讲话》对中国学者影响很大，早在中译本出现之前，鲁迅编写的《中国小说史略》以之为主要参考书。《支那文学概论讲话》在20世纪20年代有三种译本，陈彬龢译本是最早的。不过陈彬龢并没有按照原著全章照译，而是"择要译之"，以致原本很厚重的一本书，变成了仅仅104页的译本。最后的戏曲小说两章，陈彬龢除了将原著的概述和结论部分进行压缩，还对重点作品的文本分析予以大幅度删略，这就使得以小说戏曲部分为重要特征的原著失去其特色，且前后文线索模糊。此外，原著当中盐谷温的序被删略。

第二种中译本，是《小说月报》本。1927年6月《小说月报》发行"中国文学研究专号"，其中署名"君左"的《中国小说概论》是盐谷温《支那文学概论讲话》的第二个中译本。君左的译本由于只是《讲话》的节译，加上刊载于《小说月报》"中国文学研究专号"（并未单独出版），所以流传不广。但是，君左的翻译远比陈彬龢本忠实于原著。

第三种是1928年孙俍工完成的译本，1929年6月初版。（详后）

全书分六章，起自传说中的尧舜禹时期，迄于清代。每章始自远古，终于近代，循序而述。

目次：

第一章　音韵：一、中国语之特质；二、四声及百六韵。

第二章　文体：一、总说；二、辞赋类；三、骈体类。

第三章　诗式：一、总说；二、古体；三、近体。

第四章　乐府及词：一、乐府；二、绝句之歌法；三、词。

第五章　戏曲：一、叙说；二、唐宋之古剧；三、金之杂剧（弹词、连厢词）；四、元之北曲；五、明之南曲。

第六章　小说：一、古代神话传说；二、两汉六朝小说；三、唐代小说；四、宋代小说；五、元代小说；六、明代小说；七、清代小说。

8月

曹聚仁《中国平民文学概论》

曹聚仁（1900—1972），字挺岫，号听涛，笔名陈思、阿挺、尾生、丁舟等，浙江浦江人。《中国平民文学概论》，梁溪图书馆印行，黄济惠发行，上海新文化书社代售，1926年8月初版，1935年5月新文化书社重排出版。32开，188页，约5.5万字。

作者把历代文学分为贵族文学、病态文学和平民文学三类。书中使用数十种图表以佐论述。这种叙述方式，显然吸收了历史表解体。

本书分为"诗歌"、"戏曲"、"小说"三篇，论述中国历代迄于清的平民文学。无前言或序，也无目录。上篇共八章；中篇仅第九章，题为"文学（三）——平民文学（中）"；下篇也只有一章，为第十章，题为"文学（四）——平民文学（下）"。

目次（略）。

9月

佟晶心《新旧戏曲之研究》

佟晶心（1900—？），名赋敏，蒙古族。《新旧戏曲之研究》，上海戏曲研究会1926年9月初版，戏曲研究会总发行，北京东安市场、文华书局分发行，

1927年3月再版，32开，335页，14万字。

本书作者热爱戏曲。既上舞台演过青衣、小生，编导过戏剧，还曾研究过欧美歌剧，故书中叙述古今戏曲，没有一般论者的隔靴搔痒之感。

全书分八章，若干节，卷首有舒又谦作的序、作者照片、1805年日本重印的明朝查楼、明朝顾虎头所绘之花鼓戏图。

目次：

引言一、引言二

第一章　第一节　昆曲：（一）中国戏的来源，（二）昆曲的来源，（三）昆曲的组织法及表演法，（四）昆曲改造论；第二节　皮簧：（一）皮簧的由来，（二）皮簧的组织，（三）皮簧的改造方法，（四）时下皮簧改造的批评；第三节　杂剧：（一）秦腔，（二）高腔，（三）大鼓，（四）荡调，（五）半班戏，（六）莲花落，（七）小曲，（八）歌谣，（九）道情，（十）花鼓戏，（十一）摊簧，（十二）丐歌；第四节　社剧及赛会：（一）社剧的解释，（二）北京赛会简记，（三）怎样创造社剧，（四）露天剧院。

第二章　第一节　话剧：（一）话剧的起源，（二）话剧的组织，（三）舞友脚本的要求，（四）乐友的团体，（五）写实剧的改造计划，（六）写实剧的排演法；第二节　文明戏；第三节　说书。

第三章　傀儡剧　第一节　宫戏：（一）宫戏的由来，（二）宫戏的表演法，（三）赞成傀儡的理由；第二节　哑剧。

第四章　影剧　第一节　中国影剧：（一）中国影剧的由来，（二）影戏的表演法，（三）中国影戏的改造。

第五章　戏院杂谈：（一）戏院，（二）舞台，（三）露天舞台，（四）光，（五）布景，（六）服装，（七）要演戏的几件重要事，（八）戏本编作法，（九）戏剧种类之分析，（十）前台。

第六章　表演杂谈：（一）音，（二）动作，（三）化装，（四）乐队长与乐队位置及完全乐谱，（五）编演剧戏本人的要求，（六）对于观众的要求，（七）评剧家的眼光，（八）艺术院的提倡，（九）演员常识，

（十）度曲须知。

第七章　辞曲范本：（一）昆曲，（二）高腔，（三）二簧，（四）秦腔，（五）大鼓，（六）半班戏，（七）小曲，（八）鼓儿词，（九）摊簧，（十）什不闲彩唱，（十一）花鼓戏，（十二）旱船，（十三）荡调，（十四）道情，（十五）夯歌，（十六）数来宝，（十七）影戏，（十八）串屠氏。

第八章　创作脚本：（一）古装话剧，（二）创造新皮簧乐剧，（三）新歌剧，（四）结论。

〔日〕波多野乾一著、鹿原学人编译《京剧二百年之历史》

波多野乾一著、鹿原学人编译《京剧二百年之历史》，启智印务公司印刷，上海大报馆、北京顺天时报馆、东方时报馆总发行，1926年9月初版，同年10月再版。32开本，424页，约20万字。

本书原著书名《支那剧及其名优》（1925年初版），经译者改定今名译成中文，内容有所增益，但取材庞杂。本书虽名为200年历史，实则自皮黄纪元起，至成书日止，总共才160多年。

全书按京剧脚色行当分为十一章，若干小节，从京剧的创成时代开始（徽班进京），梳理了近200年间京剧各种行当的名伶先后继起、传承门派、艺术特征、擅长剧目的变化，并将这些变化与传人的身世、遭际、时迁事变编织在一起，构成了一部完整的演剧史。时人说这部书既显示出这位日本学者"致力之勤，用心之深"，又可以借助此书"研究我国社会状况，洞悉我历史民族性"（徐朗西序）。

本书成书时间较早，对前辈京剧名家介绍详细，附有剧照及演员便装照甚多，卷前为程长庚等剧照若干幅，书末附载《剧话》、《鞠部拾遗》等数篇。作为民初的三部戏曲史著作之一，对京剧史的研究具有重要的参考价值。

书中凡各艺人之事迹涉及以后情况者，以及书内加"按"之处，均为译者所增，此外还增补了不少有关女演员的内容。凡书中艺人之年岁均从1925年折算。

目次：

序说 皮黄纪元、京剧创成、四大徽班。

第一章 老生之定义、分类、唱工老生、衰派老生、红生、因人之派别、程长庚派、奎派、余三胜派、汪派、孙派、谭派、刘派、汪笑侬派。

第十三节　票友老生：傅侗、周子衡、包丹庭、恽毓鼎、乔荩臣、王君直、言菊明、吴炳南、恩禹芝、马振卿、孙化成。

第十四节　女伶老生：恩晓峰、小兰英、翁梅倩、李桂芬、金桂芬、张喜芬、王玉如、双兰英、金凤英、王福宝、郭小芬、李伯涛、孟小冬。

第十五节　秦腔老生：郭宝臣、魏联升、杨宝珍、薛固久、孙佩亭、王喜云。

第二章　小生。

第一节　徐小香。

第二节　物故小生：王桂官、沈莲芬、江春山、鲍福山、陆连桂、陆佩香、陆双玉、陆阿五、陆小芬、陆华云、陆杏林。

第三节　现存小生：德珺如、朱素云、程继仙、李桂芳、金仲仁、张宝昆、姜妙香、王又荃、李艳侬、程连喜、陈嘉祥、邓兰卿、张云青、张锦文、盖俊卿、张彩林、杜富隆、金燕平、钱鳞夫、胡子延、舒子宽、庄荫芝。

第三章　武生。

第一节　武生三派之开祖：俞菊笙、黄月山、李春来。

第二节　物故诸伶：汪连宝、姚增禄、李寿峰、范福泰、田雨农。

第三节　活子龙杨小楼。

第四节　现存诸伶：尚和玉、俞振庭、李吉瑞、盖叫天、周瑞安、高福安、瑞德宝、沈华轩、薛凤池、夏月恒、夏月润、杨瑞亭、马德成、于德芳、康喜寿、韩长宝、小宝义、何月山、赵如泉、俞赞庭、王俊卿、张桂轩、小孟七、迟月亭、朱湘泉、阎兰亭、常春恒、刘砚芳、张国斌、茹锡久、茹富兰、小振庭、马春樵、张顺来、张德禄、张淇林、张八十、沈韵秋、沈月来、小菊笙、张德俊、李顺来、李玉奎、李德奎、盖春来、小福安、余小琴、应宝莲、孟鸿群、张瀛洲、王菊芳、李菊笙、陆金奎、姚喜成、小小桂芳、吕月来、苏月楼、夏德升、王景山、七岁红、王三黑、方洪涛、何连涛、殷连瑞、赵连升、小双喜、俞华庭、俞少庭、高月秋、杨幼朵、裴云亭、小小宝义、茹玉麟、小菊仙、小菊笙、路凌云、小明海亮、赵盛璧、沈富贵、程富恩、李万春、其他各角。

第四章　青衣。

第一节　余紫云至王瑶卿：余紫云、时小福、胡喜禄、梅二琐、张芷荃、阎金福、吴顺林、陆玉凤、罗巧福、王彩林、王桂林、乔郑香、叶忠兴、戴韵芳、孙棣棠、孙怡云、孙喜云、张子仙、陈子芳、旧派青衣泰斗陈德霖、新派青衣领袖王瑶卿。

第二节　剧坛明星梅兰芳。

第三节　现存诸伶：陈德霖之后继者尚小云，王瑶卿之后继者程砚秋，吴彩霞、王琴侬、杨韵芳、朱幼芬、欧阳予倩、姚玉芙、李连贞、胡素仙、伍月华、律喜云、律佩芬、小喜禄、石蕴玉、陈碧云、李素云、沈飘香、李琴仙、伍凤青、赵芝香、赵菊芳、徐碧云、吴富琴、程丽秋、俞步兰、胖宝琴、杜富兴、章小山、蒋君稼、樊杏初、李伴琴、赵剑禅、田少俊、林钧甫、郭效汾。

第四节　秦腔青衣：崔灵芝、盖陕西、周咏棠、金灵芝、芙蓉草、小香水、小荣福、金刚钻、孙桂秋、杜云卿、杜云红、刘凤仙、张喜铃。

第五章　花旦。

第一节　梅巧玲至路三宝：梅巧玲、张宝亭、魏长生、王湘云、王长桂、田桂凤、侯俊山、田际云、杨桂云、杨小朵、朱霞芬、朱小芬、秦稚芳、郭际云、一汪水、姚佩秋、姚佩兰、姚佩霞、路三宝。

第二节　现存诸伶：王蕙芳、贾璧云、毛韵珂、冯子和、赵君玉、刘玉琴、林颦卿、小杨月楼、高秋颦、刘筱衡、王佳楣、小翠花、白牡丹、绿牡丹、黄润卿、朱琴心、诸茹香、陆凤琴、刘凤林、高月霞、王芸芳、蔡连卿、小桂花、小马五、周蕙芳、李荔秋、潘海秋、郭小兰、韩世昌。

第三节　女伶月旦：杨翠喜、小灵芝、曹桂芬、林凤仙、王克琴、金月梅、小兰芬、小桃、林黛玉、刘喜奎、鲜灵芝、金玉兰、小月英、金桂莲、马素珍、陆菊芬、张文奎、张文艳、小素梅、刘昭蓉、金少梅、琴雪芬、碧云霞、恩佩贤、于紫仙、十三旦、苏兰舫、任绛仙。

第六章　老旦：谭叫天、周老旦、谢宝云、龚云甫、罗福山、文亮臣、陈文启、文荣寿、邓丽峰、卧云居士、尚俊卿、陈云涛、陈小贤、郭瑞卿。

第七章　武旦：杨二、张芷芳、余玉琴、朱小喜、朱小元、朱文英、八仙旦、两阵风、九阵风、朱桂芳、荣蝶仙、元元旦、云中凤、飞来凤、张莲凤、张莲芬、方连元、刘连湘、邱富棠、赵斌忠、龚云仙。

第八章　正净。

第一节　净之说明。

第二节　何桂山以后之诸伶：汪正士、何桂山、金秀山、刘永春、李穆子、刘寿峰、讷绍先、郎德山、裘桂仙、董俊峰、王连浦。

第九章　副净。

第一节　黄润甫前后：徐宝成、庆春圃、钱宝峰、叶忠定、活曹操黄润甫、李连仲、麻穆子、李寿山。

第二节　活孟德郝寿臣。

第三节　现存诸伶：侯喜瑞、福小田、普世亨、陈富瑞、马俊山、梅荣斋、蒋少奎。

第十章　武净：钱金福、范宝亭、许德义、何佩亭、刘凤奎。

第十一章　丑：刘赶山、黄三雄、罗百岁、赵仙舫、姜永泰、李百岁、陆金桂、李敬山、张文斌、夏月珊、高士杰、萧长华、慈瑞全、迟子俊、茹富蕙、马富禄、曹二庚、郭春山、贾多山、刘义增、麻德子、张黑、王长林、草上飞、傅小山、王福山。

附录　剧话（三江村人著）、鞠部拾遗（东邻著）、跳加官考（傅惜华著）、京班规则（三十三条）、后台术语注解（六十九项）。

10月

徐珂《清代词学概论》

徐珂（1869—1928），原名昌，字仲可，别号纯飞馆主，浙江杭州人。

《清代词学概论》，上海大东书局1926年10月初版，浙江海宁人陈乃乾校阅，吴兴葆光子作序，24开，82页，2万余字。

全书七章，叙述相当简约。

目次：

第一章　总论；第二章　派别（一、浙派，二、常州派）；第三章选本；第四章　评语；第五章　词谱；第六章　词韵；第七章　词话。

吴梅《中国戏曲概论》

吴梅《中国戏曲概论》，上海大东书局1926年10月初版，24开，142页，约5万字。1990年年初，上海书店将之列入"民国丛书"第一编第63种影印出版；2000年1月，河北教育出版社将之收入《吴梅全集·理论卷》出版；2000年5月，上海书籍出版社将之与《顾曲尘谈》合二为一，列为"蓬莱阁丛书"之一整理出版简体横排本（江巨荣导读）。此外还有：2004年9月中国人民大学出版社版（冯统一点校，列为"国学基础文库"之一）；2008年4月江苏文艺出版社版；2010年1月岳麓书社版。

王交濡在《中国戏曲概论·序》中说："去岁（1925年——引者注）冬，困事至苏，邂逅于茗寮桂芳园，故地重逢，互相惊喜。……既而询君近作，出示《曲学概论》（即《中国戏曲概论》——引者注）一编，自金元以至清代……"据此可断定，《中国戏曲概论》脱稿于1925年冬，是时吴梅任教于东南大学。

本书是吴梅代表作，与王国维《宋元戏曲史》同为民国时期研究中国戏曲史的经典著作。其从中国戏曲史的全局角度，理清了金元、明、清各朝代杂剧、散曲、传奇的发展脉络，梳理其衍变的阶段性，概括了各流派的个性，使这段时期中国戏曲史演变的历史得到全面清晰的展现。作者有补《宋元戏曲史》的动机，不单把戏曲史研究跨度延伸到明清，还把明清戏曲作为研究的重点，着重讨论明清传奇和杂剧，为明清传奇史研究作了许多开创性的工作。例如，王国维把"一代之文学"的下限定到"元之曲"，认为明清戏曲是"死文学"，殊不知"今歌场中，元曲既灭、明清之曲尚行，则元曲为死剧，而明清为活剧也"①。吴梅认为明传奇和明代戏曲的成就非但不亚于元剧,在某些方面还要超过前者:"有明承金元之余波,而寻常文字尤易触忌讳,故有心之士,寓志于曲。则诚《琵琶》,曾见赏于太祖,亦足为风气之先导。虽南北异宜,时有凿枘,而久则同化,遂能以欧、晏、秦、柳之俊雅,与关、马、乔、郑之雄奇相调剂,扩而充之,乃成一代特殊的乐章,即为一代特殊之文学。"②吴梅认为明曲是继元杂剧后的又一高峰。这种观点把被王国维腰斩了的"一代有一代之文学"的流脉接了起来。

吴梅在书中采用的是传统的曲学研究方法,即以剧作评点、题品、校勘、整理为中心,由此旁及作家生平、题材源流等。采用这种研究方法,必然多从知人论世的角度用传统诗学的研究方法评论作品的高低。在书中,吴梅几乎对每一种录目的作品有所品评,定其优劣。与前人不同的是,吴梅不是就作品作"纯文艺"式的审读,而是往往顾及社会生活、政治经济和文化对作家作品的影响。诚如研究者所言:"吴梅的戏曲史观更具有联系社会生活、政治、文化情况,联系其他文艺形式的横的特点。他在论述史的过程中,更注意对作家作品作艺术上的深入探讨,注重戏曲本身的特征,不是纯以文字作为艺术衡量标准。"③

吴梅还首开传奇史流派研究的先河。流派研究是文学史研究的重要内容之一。"他在传奇史研究中,第一个梳理了明清传奇的各个流派及其各自的师承关系,总结了各流派的风格特征和成员,也勾勒了各曲家的分工和所属流派,其筚路蓝缕之功不可埋没。"④吴梅最早提出明代曲家分为三个流派:"有明曲家,作者至多,论其家数,实不出吴江、临江、昆山三家。"⑤然而,"昆

___

①〔日〕青木正儿:《中国近世戏曲史·序》,上海:商务印书馆,1926年版,第1页。
②吴梅:《顾曲尘谈·中国戏曲概论》,上海:上海古籍出版社,2000年版,第151页。
③平颖:《吴梅戏曲理论研究》,福建师范大学硕士学位论文,导师游小波,2003年5月答辩,第24页。此文现收藏于福建师范大学图书馆。
④范红娟:《世纪初的建构——王国维、吴梅和传奇史研究》,《南阳师范学院学报》(社会科学版)2005年第7期,第34页。
⑤吴梅:《顾曲尘谈·中国戏曲概论》,上海:上海古籍出版社,2000年版,第106页。

山一席，不尚文字……吴中绝技，仅在歌伶"①。昆山派绝大多数属于歌唱家，作家作品少见，传世的似乎只有梁辰鱼的《浣纱记》，因此划分这一派的标准只能是唱腔。而吴江和临江两派，以创作理论和实践为标准。既然昆山与其他两派的标准不同，把它划为一个流派，并与其他两派相提并论，是否合适？后世研究者就此争论不休。尽管如此，吴梅提出"三派"说的学术意义是显见的。

对花部评价过低，也体现了本书以及吴梅戏曲史研究的局限性。他认为清代戏曲总体逊色于明代，原因之一是宣宗以后花部流行。吴梅在下卷《清总论》中写道："光宣之季，黄冈俗讴，风靡天下，内廷法曲，弃若土直，民间声歌，亦尚乱弹，上下成风，如饮狂药，才士按词，几成绝响。"又说："故论逊清戏曲，当以宣宗为断。咸丰初元，雅郑杂矣。光宣之际，则巴人下里，和者千人，益无与文学之事矣。"②吴梅把深受群众喜欢的花部比作"如饮狂药"，把花部剧本排除在"文学之事"的外面，他如此贬低花部，是因为他受轻视民间文学的传统观念影响，只看到花部未经整理以致粗糙的表面，而看不到其中不乏优秀作品。

全书分上、中、下三卷，分别为金元、明、清，共十三章，卷前有王文濡作的序。

目次：

---

①吴梅：《顾曲尘谈·中国戏曲概论》，上海：上海古籍出版社，2000年版，第163页。

②吴梅：《顾曲尘谈·中国戏曲概论》，上海：上海古籍出版社，2000年版，第176页。

11月

顾实《中国文学史大纲》

顾实（1878—1956），字惕生，江苏武进人。《中国文学史大纲》，上海商务印书馆1926年11月初版，1928年1月再版，1929年9月第四版，24开平装本，331页，约14万字。

顾实早年攻习法科，曾在东南大学执教，后转至无锡国专任教，讲授中国古代文学。本书为顾实任教东南大学时所作，列为"东南大学丛书"之一出版。

本书体例值得注意。全书以朝代为经，但作为纬的部分，有两种情况，既有以文体为纬（第二章、第六至九章、第十一至十二章），也有以作家为纬（第三至五章、第十章）。可以说，凡是文体发达的朝代，以文体为纬，而文体相对不发达或特征不明显但重要作家突出的朝代，以朝代为纬。可见作者在著述体例方面，已经开始考虑到体例与文学史的搭配问题。这在中国文学史写作上，是一个进步。

每章先总后分，眉目清晰，然将之与笹川临风《支那历朝文学史》对照，可以看出二者在目次编排上相似处不少，故似可断定本书曾较多参考《支那历朝文学史》。不过，本书亦有特色，比如说，重视地理环境对文学之影响。在论及《诗经》之题材时，作者说："北方之天然，以无诗材，故《诗经》之诗人不赞赏天地之美者，当然之事也。"[1]因南北地理环境之不同，第三至五章将周代文学分作北方文学、中部思想、南方文学讲述。周代文学是否已有明显的南北地域之分，尚可讨论，但顾实在书中强调地理环境对文学的影响，恰是民国时期多数文学史家缺少的。

全书共分十三章、七十五节，叙述从太古至清代之文学史。

目次：

---

[1]顾实：《中国文学史大纲》，上海：商务印书馆，1926年版，第40页。

第一章　太古文学：第一节　总说；第二节　华夏民族；第三节文字；第四节　坟典及遗文。

第二章　三代文学：第一节　总说；第二节　易经；第三节　书经；第四节　诗经。

第三章　周末文学（其一——北方文学）：第一节　总说；第二节孔子；第三节　孟子；第四节　荀子；第五节　左丘明。

第四章　周末文学（其二——南方文学）：第一节　总说；第二节老子；第三节　列子；第四节　庄子；第五节　屈原。

第五章　周末文学（其三——中部思潮）：第一节　管子；第二节韩非子；第三节　战国策；第四节　西方文学。

第六章　两汉文学：第一节　总说；第二节　汉代诸子；第三节论策家；第四节　史家；第五节　赋；第六节　诗及小说。

第七章　魏晋文学：第一节　总说；第二节　魏诗；第三节　晋诗；第四节　陶渊明；第五节　魏晋文。

第八章　六朝文学：第一节　宋诗；第二节　齐诗；第三节　梁诗；第四节　陈诗；第五节　北朝诗及隋诗；第六节　六朝乐府；第七节六朝文。

第九章　唐代文学：第一节　总说；第二节　初唐诗；第三节　盛唐诗；第四节　中唐诗；第五节　晚唐诗；第六节　方外及女诗人；第七节　唐古文；第八节　唐小说。

第十章　宋代文学：第一节　总说；第二节　北宋初诗文；第三节　欧阳修；第四节　三苏父子；第五节　曾巩王安石；第六节　苏门六君子；第七节　南宋诗文；第八节　两宋词。

第十一章　元代文学：第一节　辽金文学；第二节　元文学总说；第三节　杂剧；第四节　传奇；第五节　小说；第六节　诗。

第十二章　明代文学：第一节　总说；第二节　明初诗文；第三节　明中世以后诗文；第四节　戏曲；第五节　小说及游记。

第十三章　清代文学：第一节　清初文学；第二节　清初诗；第三

节　清初文；第四节　清初批评家；第五节　乾嘉诗；第六节　桐城派阳湖派古文；第七节　传奇小说；第八节　后清诗文。

本年

鲁迅《中国文学史略》

《中国文学史略》，是鲁迅1926年在厦门大学讲授中国文学史课程时编写的油印讲义，题为"中国文学史略"，次年在广州中山大学讲授同一课程时又曾使用，改题"古代汉文学史纲要"。本书在作者生前没有正式出版，1938年编入《鲁迅全集》时改用此名。1941年"鲁迅先生纪念委员会"编《鲁迅三十年集》时，书名改作"汉文学史纲要"，后多从此名。

本书虽名为"中国文学史略"，但因为迄于汉代，后来不曾继续，实为断代史。详细目次见鲁迅《汉文学史纲要》。

吴芳吉《中国文学史附文学发凡》

吴芳吉（1896—1932），字碧柳，自号白屋吴生，世称白屋诗人，重庆人。《中国文学史附文学发凡》，国立西北大学国学专修科讲义，油印本，约成稿于1926年。其他待访。

〔德〕卫礼贤《中国文学》

卫礼贤（Richard Wilhelm 1873—1930），生于德国斯图加特，原名为理查德·威廉，来中国后取名卫希圣，字礼贤，亦作尉礼贤，汉学家。《中国文学》，维尔德帕克-波茨坦1926年初版，1930年再版，布面精装。（Richard Wilhelm，"Die chinesische Literatur，Handbuch der Literaturwissenschaft 26"，Wildpark-Potsdam：Akademische Verlagsgesellschaft Athenaion，1926）

本书的导言对语言和文字进行了介绍，然后把中国文学史分作五个时期，分别叙述。"第一时期"主要介绍经典著作，即：一、"五经"以及《论语》和《礼记》；二、"南方文学"老子；三、"老子之后的道家文学"列子、杨朱、墨子。"第一时期"的第二部分，论述以老子为代表的南方文学，并专设"南方文学"一节，提出"孔北老南之说"，这显然是受到梁启超南北文化观的直接启发，卫氏此书多处提及梁氏。墨子被归入道家这一章节，认为墨子是"被长期斥为异教徒的人"。"第二时期"介绍了公元前4世纪至公元前3世纪的"作家"，如孟子、荀子、庄子、吕不韦、韩非和屈原。由于卫礼贤本人翻译过《孟子》、《庄子》，在此竟然不惜篇幅，对二者作了比较研究。《吕氏春秋》也占据了大量篇幅，而《楚辞》和《离骚》被简略提及。"第三时期"是汉代，把"作家"列为三组，包括：学者贾谊和淮南子，史学家司马迁和班氏家族，诗人枚乘、司马相如和"民歌诗人"。仅简要提到新文体赋，没有提到乐府诗歌和作为学者的董仲舒。"第四时期"汉唐文学，介绍了建安时期的七位诗人"竹林七贤"以及晋代诗人王羲之和陶渊明，但遗漏了文艺理论著作如陆机的《文赋》、刘勰的《文心雕龙》，《文选》也只提到书名。"第五时期"为唐朝文学，对孟浩然、王维、李白、杜甫、白居易、韩愈以及晚唐时期的诗人都有详略不同的评述。他认为唐代的第一代诗人是信仰佛教的，而从第二代那里"可以感受出道教的影响"，第三代诗人则深受儒教影响（如韩愈和柳宗元）。至于白居易，"他的主观创造方式最近在欧洲也找到了赞同者。他与那些前代诗人相比，就像欧里庇得斯与索福克勒斯"（第138页）。最后，"第六时期"论述了"新时期"文学，包括宋朝的作家林逋、欧阳修和苏轼，元曲、小说，以及所谓的清朝"科技文献"和"现代文艺复兴"。对于五四文学革命，卫礼贤肯定了胡适、梁启超、王国维、林语堂等人在这方面的成就。

目次（略）。

1927年（民国十六年）

2月

陈钟凡《中国文学批评史》

陈钟凡（1888—1982），后改名中凡，字斠玄，号觉元，江苏盐城人。《中国文学批评史》，上海中华书局1927年2月印行，[1]24开红漆布面精装本，178页，约7万字。1929年12月第三版，1934年7月第五版，1940年2月第六版（32开）。

陈钟凡"以远系学说，持较诸夏"，兼采中西关于"文学"之义界，把"文学"定义为"抒写人类之想象、感情、思想，整之以辞藻、声律，使读者感其兴趣洋溢之作品也"。然后根据英人森次巴力（Saintsbury）的《文学批评史》，把文学批评派别分作十二类：归纳的、推理的、判断的、考订的、历史的、比较的、解释的、道德的、审美的、印象的、欣赏的、科学的。他认为，"归纳、推理、判断三者，为一切批评之基础；历史的批评则又最适宜于研究"。"故本书于此编外，拟再用此四种方式，对于古今各派文艺，略事衡量。"[2]书中叙述历代文学批评家时，多引《四库全书书目提要》之言，但也有少量自家评论。除了自汉代起每章都有诗文评之外，还为两宋之后的章节设立词曲评。据统计，全书述及批评家90余人。陈钟凡此书对中国文学批评史的理解和表述尚显得生疏、粗糙，缺漏之处不少，但已初具批评史的规模，此后，文学批评史逐渐成为一种重要的文学史类型。罗根泽的《中国文学批评史》（1934年8月出版）曾受到此书较大影响。

---

[1] 陈玉堂《中国文学史书目提要》录为"1927年4月出版"（第26页）。据笔者查看陈钟凡《中国文学批评史》初版本版权页，标注有"民国十六年二月印刷、民国十六年二月发行"。

[2] 陈钟凡：《中国文学批评史》，上海：中华书局，1927年版，第6~8页。

在材料方面存在单薄和选择不当的问题。朱自清尖锐地指出："那似乎随手掇拾而成，并非静心结撰。取材只是人所熟知的一些东西，说解也只是顺文敷衍，毫无新意，所以不为人所重。"①朱自清的批评似嫌严苛。不管怎样，都不能否认陈钟凡此书是中国第一部文学批评史，不该忘记陈钟凡对于中国文学批评史写作的筚路蓝缕之功。

本书列为中华书局"文学丛书第一种"。第一章卷前有"盐城陈钟凡述"字样。

目次：

第一章　文学之义界：（一）文学之本义及歧义；（二）历代文学之义界；（三）近世文学之义界。

第二章　文学批评②：（一）批评之意义；（二）批评之派别。

第三章　中国文学批评史总述。

第四章　周秦批评史：（一）孔子诗说③；（二）卜商诗说；（三）孟柯诗说；（四）荀卿诗学及批评；（五）结论。

第五章　两汉批评史：（一）司马迁文评；（二）扬雄赋评；（三）班固诗赋分类；（四）王充论文。

第六章　魏晋批评史：（一）曹丕典文论；（二）曹植论文书；（三）应场文论；（四）陆机文赋；（五）挚虞文章流别论；（六）李充翰林论；（七）葛洪抱朴子评文。

第七章　宋齐梁陈批评史：（一）范晔文论；（二）谢灵运评文人；（三）沈约声律说；（四）刘勰文心雕龙；（五）钟嵘诗品；（六）萧绎文笔辨；（七）萧统评陶集；（八）萧纲论当代文体；（九）萧子显文学传论；（十）江淹杂体诗序；（十一）总述南朝文评之趋势。

第八章　北朝：（一）引说；（二）颜之推家训文论。

---

① 朱自清：《郭绍虞〈中国文学批评史〉（上卷）》，《清华学报》第九卷第四期（1934年10月），第1011页。

② 初版本目次中写为"批平"，后面均同。

③ 陈玉堂《中国文学史书目提要》录为"孔子传说"（第27页），初版本写为"孔子诗说"。

第九章　隋唐：（一）隋唐文评；（二）初唐文评；（三）盛唐文评；（四）中唐文评；（五）晚唐文评。

第十章　两宋批评史：（一）诗评；（二）词评；（三）骈散文评。

第十一章　元明批评史：（一）诗批——元代诗学志趋势、明代诗学志趋势；（二）骈散文评；（三）词曲评。

第十二章　清代批评史：（一）诗评；（二）词曲评；（三）骈散文评。

参考书目

梁乙真《清代妇女文学史》

梁乙真《清代妇女文学史》，上海中华书局1927年2月初版，24开精装本，360页，约18万字。王西神与秋瑾之女王灿芝分别撰序。

作者在"自序"中称，感于谢无量《中国妇女文学史》叙述至明末止而无清代，故编写本书以补其缺。作者显然在书中贯穿了进化论文学史观，不但以"蝉蜕"描述由明到清的妇女文学，而且把清代妇女文学分为极盛和衰落两个时期。与谢著不同的是，梁乙真在本书中，以相当大的篇幅叙述男性作家对妇女文学的影响，比如第二至四章，以三章的篇幅讲袁枚亲授或影响下的女作家。

全书分明清两朝文学之蝉蜕、清代妇女文学之极盛时期、清代妇女文学之衰落时期等五大编，共二十三章，各章若干节；编著体例方面，以诗为经、以史为纬，分别叙述。书末附录作家表及人名索引。

目次：

第一编　明清两朝妇女文学之蝉蜕

第一章　遗民文学：第一节　会稽商祁；第二节　秀水黄皆令；第三节　当涂吴严子母女；第四节　歙县毕著；第五节　钱塘顾氏。

第二章　蕉园七子：第一节　林以宁；第二节　顾姒；第三节　柴静仪；第四节　冯娴；第五节　张昊；第六节　毛媞。

第三章　风尘三隐：第一节　周羽步；第二节　柳如是；第三节

顾横波。

馆。

张仕章《中国古代宗教诗歌集》

张仕章，浙江海宁人，少年时曾与徐志摩为杭州府中同学。《中国古代宗教诗歌集》①，上海广学会1927年2月印行，32开，145页，7万余字。张树森、许家怡分别作序，朱起凤作跋。

本书为"中国古代宗教丛书第一种"。从作者"自序"来看，本书脱稿于1925年秋。

全书分作两部分，第一部分简述宗教诗歌之定义、范围、体例、沿革、地位，第二部分选编唐虞至汉代有关宗教的诗歌，并加以注释。

目次：

导言

第一节　宗教诗歌之定义；第二节　宗教诗歌之范围；第三节　宗教诗歌之体例；第四节　宗教诗歌之沿革；第五节　宗教诗歌之地位。

3月

佟晶心《新旧戏与批评》

佟晶心《新旧戏与批评》，北京隆华书社1927年3月初版，336页。目次与作者《新旧戏曲之研究》基本相同。

4月

郑振铎《文学大纲》

郑振铎（1898—1958），字西谛，书斋用"玄览堂"的名号，有幽芳阁主、纫秋馆主、纫秋、幼舫、友荒、宾芬、CT、郭源新等多个笔名，生于浙江温州，原籍福建长乐。《文学大纲》，上海商务印书馆1927年4月初版，1931年4月第三版，1933年8月"国难后"第一版（此版被列为"大学丛书"。）24开道林纸本，四册，有精、平装两种，有些版本有三种颜色的彩色

---

①陈玉堂在《中国文学史书目提要》中将其记录为"1926年上海广学会出版"（第318页），而实际上，该书版权页标明"中华民国十六年二月出版"。

插图，有些无彩色插图。全书共2168页，约82万字，黑白插图638幅，彩色插图33幅。

这是一部世界文学史，也是20世纪20年代杰出的中国文学史和比较文学史专著。全书不仅涉及文学（包括诗歌、散文、小说、戏曲、文学理论），还兼及史学、古籍、文字、绘画等诸多领域。所述上起人类开化史之初叶，下迄20世纪前期中国新文学运动风起云涌之时，涉及古今中外诸多作家诗人的名篇大作，且首次把东西方文学史平等而紧密地结合在一起，是一部真正意义上的世界文学通史。此书把中国文学史按时段穿插在世界文学发展的潮流中，中国文学史部分共约25万字，若是将其单独编成书，可自成一部"中国文学史"。

此书印行前，曾在1924年1月的《小说月报》第十五卷连载，后来陆续有补正、增添材料，直到印刷出版。据陈玉堂《中国文学史书目提要》记述："书中关于日本文学的一部分，大多为谢六逸手笔。部分校对及年表是徐调孚助其完成。"[①]

目次：

叙言

第一章　世界的古籍；第二章　荷马；第三章　圣经的故事；第四章　希腊的神话；第五章　东方的圣经；第六章　印度的史诗；第七章　诗经与楚辞；第八章　中国最初的历史家与哲学家；第九章　希腊与罗马；第十章　汉之赋家历史家与论文家；第十一章　曹植与陶潜；第十二章　中世纪的欧洲文学；第十三章　中世纪的中国诗人（上）；第十四章　中世纪的中国诗人（下）；第十五章　中世纪的波斯诗人；第十六章　中世纪的印度与阿剌伯；第十七章　中国戏曲的第一期；第十八章　中国小说的第一期；第十九章　中世纪的日本文学；第二十章　欧洲文艺复兴时代的文学；第二十一章　17世纪的英国文学；第二十二章　17世纪的法国文学；第二十三章　中国小说的第二期；第二十四

---

①陈玉堂：《中国文学史书目提要》,合肥：黄山书社,1986年版,第29页。

章　中国戏曲的第二期；第二十五章　18世纪的英国文学；第二十六章　18世纪的法国文学；第二十七章　18世纪的德国文学；第二十八章　18世纪的南欧与北欧文学；第二十九章　18世纪的中国文学；第三十章　19世纪的英国诗歌；第三十一章　19世纪的英国小说；第三十二章　19世纪的英国批评及其他；第三十三章　19世纪的法国小说；第三十四章　19世纪的法国诗歌；第三十五章　19世纪的法国戏曲及批评；第三十六章　19世纪的德国文学；第三十七章　19世纪的俄国文学；第三十八章　19世纪的波兰文学；第三十九章　19世纪的斯坎德那维亚文学；第四十章　19世纪的南欧文学；第四十一章　19世纪的荷兰与比利时文学；第四十二章　爱尔兰的文艺复兴；第四十三章　美国文学；第四十四章　19世纪的中国文学；第四十五章　19世纪的日本文学；第四十六章　新世纪的文学。

跋；年表（一）；年表（二）；译名对照表；插图目录。

胡适《国语文学史》

胡适《国语文学史》，北京文化学社1927年4月初版，24开，340页，约9万字。版权页上标示"重印胡适国语文学史讲义"。书前有黎锦熙所作《代序　致张陈卿李时张希贤等书》，长达万言，讲述了本书从讲义到印行的全过程，对于了解本书版本流传等，颇有史料价值。钱玄同题写封面书名。

本书原系胡适在1921年11月至次年1月间所写，是胡适在教育部主办的第三届国语讲习所主讲"国语文学史"课程时所用讲义的石印本。原书分为十五篇，全文约八万字。讲义本之目次为：

一、我为什么要讲国语文学史呢（此讲在本书付印时删去，后来作为"引子"补入《白话文学史》）；二、古文是何时死的；三、汉朝的平民文学；四、三国、六朝；五、唐代（上）；六、唐代（中）；七、唐代（下）；八、五代十国的词；九、北宋文与诗；十、北宋词；十一、白话散文（以上作为全书"第一期"，后面的作为"第二期"）；十二、总

论　第二期的白话文学；十三、南宋的诗；十四、南宋的词；十五、南宋的白话文。

　　因国语讲习所两个月即毕业，胡适的讲义，写到南宋的白话文就中止了。1922年3月，胡适在南开讲演时，将上述讲义稿删改几处，并作三讲，即《国语文学史》的三篇（删去第一讲）。同年暑假又在南开讲课一次，并印有一册油印本。同年12月，第四届国语讲习所开课，又以南开油印本为底本，另行刊印油印本。之后，胡适出国。曾长期担任国民教育部国语统一筹备会、国语推行委员会常委的黎锦熙，将上述油印本予以改订、增补，交北京文化书社印行，这便是1927年版的《国语文学史》。在该书印行前，黎锦熙将改订、补充后的《国语文学史》作为临时讲义，在北京师范大学等学校讲授。

　　1927年春，胡适在国外接到家信，得知讲义由黎锦熙交北京文化书社印行出版。同年回国后，结合新发现的文学史料，重新改写而得《白话文学史》，交新月书店于1928年出版（详后）。

　　胡适这部史书自问世以后，既享有盛誉，也遭受众多批评、指摘。①关于此书对中国文学史写作的重要贡献，可参见后文"胡适《白话文学史》"。考察其弊，比较不为后世研究者注意的地方如下：

　　既然胡适写作本书目的在于为五四白话文运动寻找历史渊源，就必然以白话作为批判文学优劣的标准。例如，全书十五章，他以三章讲述晚唐五代、北宋、南宋的"白话词"，这是较早的词史写作，其中不乏真知灼见，但由于他的标准是"白话"，对词人的选择和词作的评价，难免有偏见。比如，为了"单选柳永的白话词"，对于脍炙人口的《雨霖铃·寒蝉凄切》、《望海潮·东

---

①以近年学界对《国语文学史》的评价为例，有研究者称，此书为第一部具有现代学术眼光的中国文学史专著(参见骆玉明：《关于胡适白话文学史》，载于胡适《白话文学史》，上海：上海古籍出版社，1998年版)；另外有学者却指出，胡适《国语文学史》有着明显的"六经注我"的倾向，"在客观性、科学性上存在诸多缺失"(尹康庄：《胡适两部文学史的缺失》，《深圳大学学报》(人文社会科学版)2008年第3期)；另有研究者的看法可谓折中，他认为，胡著既有成绩，也有不足，"难以简单地肯定或否定"(刘石：《关于胡适的两部中国文学史著作》，《文学评论》2003年第4期)。

南形胜》等篇章，只能放弃。由于执行"白话"标准，那些口语、平民特征明显的作品，就比文辞古朴的要优胜。于是，在胡适那里，一面肯定"苏轼是个绝顶聪明的人，他的词的意境比柳永高得多"——这个评价本来也没有什么新意，但胡适又惋惜"他的词没有柳永那样通行民间"，"苏轼的究竟是文人的词，柳永的却是平民的词"，于是他最终得出结论，即柳永的词比苏轼的要好。在《国语文学史》中，由于胡适执行"白话"标准批判作家作品，得出的别出心裁乃至惊世骇俗的结论还有很多，不一一指出。总之，为了达到通过写史的方式为新文学张目的目的，"托古改制"①，胡适在作家选择和作品评价方面执行"白话"标准，导致不少优秀作家漏选，许多名篇被放弃或评价过低。

目次：

代序

第一编　汉魏六朝的平民文学（黎锦熙增补了几段秦以前的《诗经》和《楚辞》材料）：第一章　古文是何时死的；第二章　汉朝的平民文学（黎锦熙增补了《孔雀东南飞》全文，补足《罗敷行》和《木兰诗》原文）；第三章　魏晋南北朝的平民文学。

第二编　唐代文学的白话化：第一章　盛唐；第二章　中唐的白话诗；第三章　中唐的白话散文；第四章　晚唐的白话文学；第五章　晚唐五代的词（孙光宪的《浣溪沙》一首和张泌的《江城子》一首，被黎锦熙删去）。

第三编　两宋的白话文学：第一章　绪论；第二章　北宋诗；第三章　南宋的白话诗；第四章　北宋的词；第五章　南宋的白话词；第六章　两宋白话语录（原改订油印本中无此章，系黎锦熙根据第一次的油印本割裁而成）；第七章　南宋以后国语文学的概论（原改订油印本中无此章，系黎锦熙根据第一次的油印本补入）。

---

①1927年黎锦熙在为《国语文学史》写的"代序"中说，胡适写这部史著，"是因为这是'文学革命'之历史的根据，或者也含有一点'托古改制'的意味"。

9月

胡云翼《唐代的战争文学》

胡云翼《唐代的战争文学》，上海商务印书馆1927年9月初版，32开，88页，约3万字。

本书为王云五主编的"国学小丛书"之一。胡云翼针对当时创造社作家鼓吹非战争文学，提出相反的看法，认为："我们所需要的，是革命的、主战的文学，应该反对卑怯的非战文学，反对那妨害国民性的鼓吹非战思想的文学。……现在的文坛，应该提倡主战的非战争文学。"[①]

本书所述都是唐诗，因而实际上是一部唐代诗歌方面的专史。无序言，书末附录"谈谈非战争文学"，说明作者编著本书的动机。

目次：

第一章 时代的背景；第二章 初唐诗人的壮歌；第三章 中唐诗人的非战文学；第四章 杜甫的非战思想；第五章 祈祷与诅咒；第六章 晚唐诗人的血；第七章 出塞曲；第八章 宝刀与战马。

附录 谈谈非战争文学。

陈钟凡《中国韵文通论》

陈钟凡（1888—1982），字觉圆，号玄，别名少甫、觉元、觉玄，后改名中凡，江苏盐城人。《中国韵文通论》，上海中华书局1927年9月初版，1936年3月第四版，32开硬皮精装本，417页，约17万字。

书中的"韵文"，包括诗、词、曲、赋各类，上起《诗经》，接着为《楚辞》、《诗》、《骚》之比较，后为汉魏六朝赋、乐府诗、汉魏讫隋唐古诗、唐人近体诗、唐五代及两宋词、金元以来南北曲，共九章、六十六节。

---

①胡云翼：《附录 谈谈非战争文学》，《唐代的战争文学》，上海：商务印书馆，1927年版，第88页。

刘勰《文心雕龙·总术》篇曰："今之常言，有文有笔，以为无韵者笔也，有韵者文也。"可见"韵文"乃押韵之文，以此特点区别于不押韵的"笔"。刘师培认为，《文心雕龙》从第六篇至第十五篇，即《明诗》《乐府》《诠赋》《颂赞》《祝盟》《铭箴》《诔碑》《哀吊》《杂文》《谐隐》，所论均为韵文。①如此，再加上《文心雕龙》中《辨骚》（此篇显然是韵文），韵文便总共有11个大类、数十个子类。陈钟凡在本书中所论及者为诗、骚、赋、词、曲五个大类，虽然这五个大类已经涵盖了中国古代文学史上最重要的韵文体类，但相对于一部韵文通史而言，难免有遗珠之憾。

本书是中华书局"文学丛书第二种"，为陈钟凡代表作之一，影响较大，很可能是最早出版的韵文史。书前有陈钟凡的学生赫立权于1926年7月所作之跋语。据说本书源自陈钟凡平时授课的讲义。

目次：

第一章　诗经略论：一、引言；二、诗之义界；三、诗之起原；四、三百篇之体制；五、风诗背景；六、三百篇之作风；七、三百篇之艺术及其修词；八、用韵；九、余论。

第二章　论楚辞：一、引言；二、楚辞背景；三、屈原生世；四、屈原思想及其特性；五、楚辞篇目；六、楚辞艺术及其修词。

第三章　诗骚之比较：一、引言；二、诗骚之渊源；三、诗骚之背景；四、诗骚之体制；五、章句之比较；六、音律之比较；七、思想之比较；八、感情之比较；九、宗教之比较；十、结论。

第四章　论汉魏六代赋：一、赋之义界；二、赋之原流；三、赋之修词及其技术；四、赋之派别及其流变。

第五章　论乐府诗：一、引言；二、乐府之原流；三、乐府之流变；四、乐府之体制；五、乐府与古典；六、乐府诗之字句及命题；七、乐府诗之歌法；八、乐府之派别；九、余论。

第六章　论汉魏迄隋唐古诗：一、引言；二、古诗体制；三、五古

---

① 参见刘师培：《中国中古文学史》，北京：人民文学出版社，1959年版，第102页。

起原；四、七古起原；五、古诗之流变；六、古诗之修词；七、古诗之艺术。

第七章　论唐人近体诗：一、近体诗之起原；二、近体诗之韵律；三、近体诗之修词及其艺术；四、近体诗之派别；五、各体之品藻；六、五七言之比较。

第八章　论唐五代及两宋词：一、词之起原；二、词之体制；三、词之声律；四、词之修词；五、词之艺术；六、词家之派别；七、余论。

第九章　论金元以来南北曲：一、曲之原流；二、曲之体制；三、南北曲之声律；四、曲之修词；五、曲之艺术；六、南北曲之派别；七、余论。

12月

范烟桥《中国小说史》

范烟桥（1894—1967），乳名爱莲，学名镛，字味韶，号烟桥，别署含凉生、鸥夷室主、万年桥、愁城侠客，江苏吴江同里人。《中国小说史》，苏州秋叶社1927年12月初版，苏州小说林书社总经销。32开，340页，20万字。包天笑作"弁言"、胡寄尘作"序一"。

此书值得注意的地方有二：（一）作者借鉴西学，把"小说的定义"界定为"小说者，文学之倾于美的方面之一种也"。这显然是极为宽泛的定义。按照这个定义，作者认为"小说实包含戏曲弹词也"，因此把历代戏曲弹词列入书中。（二）作者把中国小说史分为混合时期、独立时期、演进时期、全盛时期共四个时期。这种分期方法具有两个特点，一是按照小说在不同时期的总体发展特征来划分时期，二是暗含了进化论史观。虽然书中具体的时间界线以及按照进化论规范小说史未必合理，但这种纯粹按照小说自身发展特征来分期的思路，却是有启发意义的。

本书编写开始于1925年冬，完成于1927年夏。全书以时代为纲，以著作为目，而以作者经纬之，从先秦时期叙述至晚清。共六章，约十四节、三百五十小节（书中目录存在缺节和小节编次错乱的现象）。

目次：

第一章　总说：第一节　小说之定义（一、旧定义，一、新定义）；第二节　中国小说之起源（二、古书中小说之意味，二、各种小说之起源）；第三节　中国小说在文学上之地位（四、汉以后观念，四、近代观念）①；第四节　小说与中国社会之关系（五、宋代社会与小说之感应，五、梁启超论小说之势力，六、小说受社会支配，六、小说有三种目的）。

第二章　小说混合时期：第一节　周秦之际（七、《山海经》，八、孟子《齐人章》，八、庄子，八、列子，九、韩非子，十、《国策》，十一、《檀弓》，十一、《左传》，十二、《汉书艺文志》之《周秦小说书目》）。

第三章　小说独立时期：第一节　汉（十四、班固于《艺文志》提出小说，十四、东方朔之《神异经》、《海内十洲记》，十六、班固之《汉武故事》、《汉武内传》，十七、汉书内涵之小说，十八、郭宪之《洞冥记》，十九、刘歆之《西京杂记》，二十、伶玄之《飞燕外传》、《杂事秘辛》，二十一、《史记》内涵之小说，二十二、《越绝书》，二十三、《汉书艺文志》之汉人小说书目，二十四、诗的小说《孔雀东南飞》）；第二节　魏及六朝（此后各节小说书目，因其繁杂，略去不录）；第三节　元。

第四章　小说演进时期：第一节　唐及五代；第二节　宋；第三节　元；第四节　明。

第五章　小说全盛时期：第一节　清；第二节　最近之十五年。

第六章　结论。

---

①原目录如此，缺"三"。以下缺节现象颇多，不赘述。

吴梅《词学通论》

吴梅《词学通论》，广州国立中山大学出版部1927年12月初版，32开，无标点、无断句，223页，9万余字。吴梅此书在1912年已由东南大学排印铅字本，但未正式发售。1927年版由国立中山大学出版部印刷也由其公开发售，故实为初版本。可惜当时发行量甚少，如今很少有人知，而学界所悉知的，是1932年12月"初版本"，上海商务印书馆印行，24开本，断句、无标点，185页，列为"国学小丛书"之一。该"初版本"于1933年5月再版，1934年5月第四版；1988年台湾商务印书馆曾影印出版；20世纪90年代，收入上海书店"民国丛书"第五类第54种影印出版；1997年3月华东师范大学出版社、2005年复旦大学出版社、2006年4月上海古籍出版社、2006年5月中国书籍出版社、2008年4月江苏文艺出版社都曾校订、标点出版。此外，本书还曾被列为商务印书馆出版的"万有文库"第一集一千种之一，于1933年出版。

本书是吴梅在东南大学、国立中山大学等院校执教时的讲义。所谓"通论"，含综论、统论之意，即从各个方面、各个角度来研究词。它是宏观研究与微观研究的结合。"本书先论平仄四声，次论韵，次论音律，次论作法。于《论音律》章内，又附《八十四宫调正俗名对照表》、《管色杀声表》、《古今雅俗乐谱字对照表》、《中西律音对照表》，最为本书特色。自第六章以下，论列唐五代以迄清季词学之源流正变，与诸大家之利病得失。"①概括地说，主要论词与音乐的关系、词的作法、词的发展史，以及对著名词人及其代表作的评价。《绪论》溯词之源，第二章至第四章，分别为"论平仄四声"、"论韵"、"论音律"，皆围绕音乐问题而论词；后四章（第六章至第九章）按朝代梳理词之流变，实为历代作家作品论。把全书贯串起来，便是一部词史。但本书显然不是一般的词史，吴梅沿袭了古代重体制的学术习惯，在书中并非专注于梳理、考究词的源流、演进，而是尤重辨体——全书九章，前五章实际上都是词体之辨。

---

①《词籍介绍》,《词学季刊》第一卷第二期（1933年8月出版）。

后四章概论历代词家及其作品，也有值得注意的地方：一是对历代词的综论，颇有高屋建瓴般的见识。如论唐代词："大抵初唐诸作，不过破五七言诗为之，中盛以后，词式始定。迨温庭筠出，而体格大备，此唐词之大概也。"再如论北宋词："词至赵宋，可云家怀隋珠、人抱和璧，盛极难继者矣。""柳永失意无憀，专事绮语；张先流连歌酒，不乏艳辞。惟托体之高，柳不如张，盖子野为古今一大转移也。前此为晏、欧，为温、韦，体段虽具，声色未开；后此为苏、辛，为姜、张，发扬蹈厉，壁垒一变。而界乎其间者，独有子野，非如耆卿专工铺叙，以一二语见长也。迨苏轼则得其大，贺铸则取其精，秦观则极其秀，邦彦则集其成，此北宋词之大概也。"二是对历代词家及其作品的叙述既详略有别，又能巨细不遗。后四章就每一朝代的代表性词家作简论，每一词家又大多简评一首代表作——关于这一点，也许是多数文学史家具备的，然而不同的是，吴梅还在书中对一些词家列名引词，于是每代词家及其作品，呈现出详略有别而巨细不遗，既突出了每代词的特点，也使读者能领略词家及其作品之况味。

本书既是吴梅词学研究的代表作，也是最重要的现代中国词学专著之一。

目次：

第一章　绪论；第二章　论平仄四声；第三章　论韵；第四章　论音律；第五章　作法；第六章　概论一　唐五代；第七章　概论二　两宋；第八章　概论三　金元；第九章　概论四　明清。

本年

赵平复《中国文学史略》

赵平复（1902—1931），笔名柔石，浙江宁海人。《中国文学史略》，是他任教浙江宁海中学时的讲义，未出版。以行草誊写在24开稿纸上，共50页，1.65万字。扉页除题写书名外，还有作者签名"平复"。稿本现藏于浙江省博物馆。

赵平复此稿鲜为人知，坊间出版的《柔石文集》多未收入。1925年赵氏到北京大学旁听，1926年春因生活无法维持离京南下，是年秋到浙江镇海中学任教，1927年回到家乡于宁海中学任教。1928年年初，在中共地下组织和进步力量支持下，任宁海县教育局局长，仅数月，因参与该县暴动，被迫离开家乡去上海。据此推断，《中国文学史略》讲义的编写开始于1926年秋柔石在镇海中学任教时，完成于在宁海中学任教时，即1927年。

目次：

第一章　绪论；第二章　《诗经》与《楚辞》；第三章　《古诗十九首》与汉魏乐府；第四章　汉之赋家及散文家。

齐如山《京剧之变迁》

齐如山（1875—1962），名宗康，字如山，河北高阳人。《京剧之变迁》，北京国剧学会1927年初版，1935年5月增订再版（卷首有余叔岩题写"齐如山剧学丛书之二"，有自序及赵尊岳、哲维氏序），24开，122页，5万余字。20世纪20年代初期，上海书店据1935年版本影印出版，收入"民国丛书"第二编第69种，书名为《鞠部丛刊·京剧之变迁·古剧说汇》（《鞠部丛刊》系周剑云编，交通图书馆1918年出版；《京剧说汇》系冯沅君著，商务印书馆1947年出版）；2008年11月，辽宁教育出版社据1935年版本重排出版，大32开，390页。

关于本书初版本的时间，世人大都以为是1935年5月，如陈玉堂《中国文学史书目提要》。[1]其实，1935年5月为增订再版。虽然1927年初版本至今未见，但仍有两点可实证它的存在：一是1935年5月版封面上以小字标注"增订再版"；二是齐如山在再版本"序"中说："《京剧之变迁》一书，乃余十余年前应友人之请，书以刊登日报者也。后余主讲女子文理学院时，当事者即以之付印。仓卒出版，毫未校雠而出版月馀，即行售罄。"齐如山"主讲女子文理学院"在20世纪20年代后期，这一时间，与《京剧之变迁》初版时

---

①陈玉堂：《中国文学史书目提要》，合肥：黄山书社，1986年版，第275页。

间 1927 年吻合。①

　　齐如山毕生致力于中国戏曲研究，早年留学欧洲，曾涉猎外国戏剧，归国后不仅作戏剧理论研究，还曾为梅兰芳编剧，因此他编写的《京剧之变迁》等著作，是自身在京剧理论与实践方面的结晶。

　　本书主要叙述京剧史实及剧评，出版前曾陆续发表于《北京画报》、《民言剧刊》等报刊，成书后，由于所述琐碎、错杂，"有若干则，都是连类混合记之，不易分析，故亦未能详列子目，书中亦未分章节"。但书中叙述，或者是著者目睹，或者听长辈口述，"都是信而有征之谈"②。

　　目次（不分卷，无目次）。

---

　　①后来,齐如山在回忆录中也谈及《京剧之变迁》的出版经过。(详见齐如山:《齐如山回忆录》,北京:中国戏剧出版社,1998年版,第192~193页)

　　②齐如山:《齐如山回忆录》,北京:中国戏剧出版社,1998年版,第193页。

1928年（民国十七年）

5月

〔日〕铃木虎雄著、孙俍工译《中国古代文艺论史》

孙俍工（1894—1962），原名孙光策，又号孙僚光，湖南隆回人。孙俍工译《中国古代文艺论史》，北新书局印行，分上、下两册，上册于1928年5月初版，下册于1928年10月初版，次年4月全书再版。32开道林纸毛边本，共314页，13万余字。

本书系日本铃木虎雄所著《支那诗论史》的中译本。《支那诗论史》1925年年初由日本京都弘文堂书房出版，共分三篇，分别论说先秦各家有关诗的见解，以及魏晋南北朝的文学理论和明清诗论中的格调、神韵、性灵三种诗说。此书通常被看作是现代日本学者研究中国古代文论的嚆矢。1927年，孙俍工将该书第一、二篇译出，易名为《中国古代文艺论史》，次年由北新书局出版，即为《中国古代文艺论史》上册，分两编，共十三章。而后又将第三编译成中文，出版下册，共六章。

铃木虎雄著、孙俍工译《中国古代文艺论史》的出版是中国古代文论研究史上的一件大事，尽管该书有体例混乱、详略不一之病，却是影响较大的中国文学批评史著作，为后来中国学者撰写文学批评史提供了借鉴。

目次：

上册

第一编　周汉诸家对于诗的思想：一、尧舜及夏殷时代；二、周时代；三、孔子对于诗的意见；四、孔子及孔门诸子底谈诗；五、子夏底诗说；六、诸子底诗说；七、汉时代。

第二编　魏晋南北朝时代底文学论：一、魏时代——支那文学上的自觉期；二、晋时代；三、宋时代；四、齐梁时代；五、北朝底文学论；
六、总结。

下册

一、用语底意义及三说关系底大要；二、三说发生以前的诗说梗概；
三、论格调之说；四、论神韵之说；五、论性灵之说；六、结论。

6月

胡适《白话文学史》

胡适《白话文学史》，1928年6月新月书店初版，24开，分精、平装两
种，正文478页，"序"、"目"各16页，"引子"7页，"勘误"6页，约20万
字。封签为钱玄同手笔。1928年12月第二版，至1933年2月印行第六版。
1934年10月商务印书馆重排出版，1938年5月商务印书馆第四版，408页。岳
麓书社1986年1月影印出版，大32开，478页。1969年中国台湾"胡适纪念
馆"以1928年新月书店版为底本影印出版。此后，本书在中国大陆有近十种
简体排印本。

胡适原先想彻底修改《国语文学史》一书，但几年中新发现了很多文学
史料，有些新史料甚至推翻了原先的某些论断，如该书断定唐朝一代的诗，
由初唐到晚唐，是一段逐渐白话化的历史，而据新发现的敦煌石窟的唐五代
写本的俗文学，可见白话化要比设想的早几百年。这需要对《国语文学史》
进行大改动，于是胡适索性把原稿全部推翻，重写后定名为《白话文学史》。
按最初规划，《白话文学史》的上编偏重韵文（即本书的第二编唐朝上），下
编从古文运动讲起，偏重散文方面的演变，并计划写中、下两卷，但后来中、
下卷最终没有完成。这部仅有上卷的书，和他那本著名的《中国哲学史大纲》
上卷一道，为胡适赢得了"上卷先生"的称号。后来虽然他几次打算完成该
书剩余部分，却最终不了了之。胡适为何未能完成此书？这成为学界一大悬
念。

胡适《白话文学史》无疑是20世纪影响最大的文学史著之一，它用现代

科学方法对中国白话文学进行了比较全面、系统的总结，对各个领域的白话文学均有阐述。但它也是引起争议最多的著作之一，自问世以来，人们就对它褒贬不一。其中，张荫麟在本书正式出版后不久发表的《评胡适〈白话文学史〉上卷》比较公允，观点也有代表性。张氏首先指出，此书的主要贡献有三方面：

> （一）方法上，于我国文学史之著作中，开一新蹊径。旧有文学通史，大抵纵的方面按朝代而平铺，横的方面为人名辞典及作品辞典之糅合。若夫趋势之变迁、贯络之线索、时代之精神、作家之特性，所未遑多及，而胡君特于此诸方面加意。
>
> （二）新方面之增拓。如《佛教的翻译文学》两章，其材料皆前此文学史上作家所未曾注意，而胡君始取之而加以整理组织，以便于一般读者之领会也。
>
> （三）新考证，新见解。如《自序》14、15页所举王梵志与寒山之考证、白话文学之来源及天宝乱后文学之特别色彩等，有极坚确不易者。至其白话文之简洁流畅，犹余事也。①

接着，张氏指出本书有三点须商榷，其中尤须注意的，是对书名"白话文学史"的质疑。确实，这个书名容易让人误解为指的是一部用白话写成的文学史。其实，它是一部讲述中国白话文学历史的书。也就是说，这个书名容易授人以柄。"白话"只是一个语言学上的概念，用它来划分文学批评范畴犹如驴唇对马嘴，也就是张荫麟所指出："将语言学上之标准与一派文学评价之标准混乱为一。"此外，本书还存在一些观点自相矛盾之处（如，第一章中声称"汉武帝时古文已死"，第四章中却又说汉初的诏令是很朴实的，直到昭宣年间，其诏令仍是"很近于白话的"）。虽然如此，胡适无疑仍是中国现代

---

①张荫麟：《评胡适〈白话文学史〉上卷》，《大公报·文学副刊》第四十八期，1928年12月3日。

文学史上开风气的人物，他的《白话文学史》在中国文学史上具有开创性的、里程碑的地位。本书以全新的思路与结构框架，揭示了中国文学发展的规律和特质，其突破性的成就具体表现在：（一）打破了前人文学史研究的狭隘框限，把视野伸展到了经典作家作品以外的广阔领域，拓阔了中国文学史的内涵；（二）研究方法上，注重纵向的考查与横向的比较；（三）跳出传统的思维偏见，以全新的审美观和价值观评判中国古代文学。

总之，这是一部在中国文学史上具有划时代意义的文学史。

目次：

自序

引子　我为什么要讲白话文学史呢：第一，要人知道白话文学是有历史的；第二，要人知道白话文学史即是中国文学史，近年的文学革命在历史上的意义（此章引子，是《国语文学史》油印本的第一讲，改订印刷本曾删去）。

第一编　唐以前

第一章　古文是何时死的：古代方言的不统一、汉武帝时古文已死的证据、科举是维持古文的绝妙方法、古文在历史上的大功劳、白话文学是压不住的、国语文法的进化。（第一章原是《国语文学史》初稿的第二讲，也是印刷本的第一章，稍有删改）

第二章　白话文学的背景：平民作了帝后公卿、庙堂的文学、田野的平民的文学。

第三章　汉朝的民歌：一切新文学都来自民间、汉初的民谣、李延年、古乐府里的汉时民歌、从民间口唱到"乐府"里、"乐府"是什么。

第四章　汉初的散文：散文发达总在韵文之后、汉初的散文还近于语体、王褒的《僮约》、文体之坏起于一班文人清客、王充用"俗言"著书、王充的文论。

第五章　汉末魏晋的文学：西汉止有民歌、东汉中叶以后才有文人仿作乐府、建安时代文人旧曲作新词、曹操、曹丕、曹植、他们同时代的文人、白话诗人应璩、阮籍。

第六章　故事诗的起来：中国古民族没有故事诗、故事诗的背景、蔡琰的《悲愤诗》、左延年的《秦女休行》、傅玄的《秦女休行》、《孔雀东南飞》、《孔雀东南飞》的时代考。

第七章　南北新民族的文学：中国分裂了四百年、南方的儿女文学、北方的英雄文学。

第八章　唐以前三百年中的文学趋势（三〇〇~六〇〇）：一切文学的骈偶化、左思与程晓、说理诗、大诗人陶潜、元嘉文学无价值、天才的鲍照、惠休与宝月、用典的恶风气、当时的声律论、反对的声浪、仿作民歌的风气、律诗的起来。

第九章　佛教的翻译文学（上）：总论、第二世纪的译经、三世纪的译经——维祇难论译经方法、维祇难与竺将炎的《法句经》、法护——《修行道地经》里的"擎钵"故事、四世纪的译经——赵整、鸠摩罗什（传、论译经、《维摩诘经》、《法华经》里的"火宅"之喻、他的译经方法）、附陈寅恪论鸠摩罗什译经的艺术。

第十章　佛教的翻译文学（下）：五世纪长安的译经状况、昙元忏——他译的《佛行所赞》、宝云译的《佛本行经》、《普曜经》、五世纪南方的译经事业、《华严经》、论佛教在中国盛行之晚、译经在中国文学上的三大影响、"转读"与"梵呗"、"唱导"是什么、道宣《续僧传》记这三项、综论佛教文学此后的趋势。

第二编　唐朝（上）

第十一章　唐初的白话诗：白话诗的来源、唐初的白话诗从嘲讽和说理出来、和尚与谐诗、白话诗人王梵志、王绩、带着论"四杰"、寒山、附录《桂苑丛谈》记王梵志。

第十二章　八世纪的乐府新词：帝王贵公主的提倡文学、宫殿上的打油诗、唐明皇与乐府新词、"力追建安"制作乐府、额放的人生观与解放的诗体、高适、岑参、王昌龄、王维、李白（传、他的乐府歌词、李杜优劣论）。

第十三章　歌唱自然的诗人：歌唱自然是那个时代的人生观的一种

表现、孟浩然、王维裴迪储光羲、李白、元结、评论。

第十四章　杜甫：文学史上一个新时代、杜甫的传、杜甫的诗——第一时期的诗（他的滑稽风趣、他的爱国忧时、《丽人行》与《兵车行》、《自京赴奉先县咏怀》）、第二时期的诗（《哀江头》、《哀王孙》、《北征》与《羌村》、《新安吏》、《石壕吏》、《无家别》、仿作乐府与创作乐府、他对于政治的失望）、第三时期的诗（贫贱不能移的诙谐风趣、他的悲哀、他的"小诗"、他的律诗）。

第十五章　大历长庆间的诗人：天宝乱前与乱后、沈千运等不满意于当时的文学、元结的新乐府、杜甫赞叹元结、顾况的新乐府与诙谐诗、孟郊、乐府大家张籍、白话诗人卢仝（传、《月蚀诗》、"怪辞惊众"、与民间俗文学的关系、他的白话诗）、韩愈（传、作诗如作文、他何以走上魔道）。

第十六章　元稹、白居易：元稹的传、白居易的传、白居易的文学主张、元稹《叙诗》、元氏论李杜优劣、"文章合为时而著，歌诗合为事而作"、他们理想中的"民意政治"、文学应当写实、元白论诗的分类、他们的新乐府、做诗要老妪能解、元白的诗的风行、白居易评他们自己的诗、白居易学杜甫、元白的诗。

7月

钱南扬《谜史》

钱南扬（1899—1987），名绍箕，字南扬，以字行，浙江平湖人。《谜史》，1928年7月广州民俗学会出版，中山大学语言历史研究所印行，32开，120页，约5万字。

本书为"民俗学会丛书"之一，卷首有顾颉刚作的序。

目次：

一、春秋至汉代之隐语；二、汉魏六朝之离合；三、魏晋六朝之谜语；四、唐代之谜语；五、宋代之谜语；六、宋谜录存；七、元明之接武；八、清代之谜语；九、谜语书籍。

10 月

胡云翼《中国文学概论》

胡云翼《中国文学概论》，上海启智书局 1928 年 10 月印行，毛边纸，1934 年 5 月再版，32 开，146 页，约 6 万字。

本书是作者在武昌高等师范大学读书时编写，虽为一本中学生的课外读物，却是中国人撰写的较早的《中国文学概论》。陈玉堂在《中国文学史书目提要》中说："本书原分上、下两卷，上卷为'古代文学概论'（即本书），下卷为'近代文学概论'，但未见出版。本书出版时，封面上原有'上编'字样，再版时被出版者抹去。"①

全书共九章，始自文学的起源，迄至六朝，主要论述诗三百篇、楚辞、赋、诗等。

目次：

第一章　导言；第二章　中国文学的起源；第三章　诗三百篇；第四章　屈原与楚辞；第五章　两汉的古典赋；第六章　古代的五言诗论；第七章　建安文学；第八章　汉魏的叙事诗；第九章　六朝的抒情诗。

鹿原学人《昆曲皮簧盛衰变迁史》

鹿原学人《昆曲皮簧盛衰变迁史》，上海泰东书局总发行，太平洋印刷公司印刷，1928 年 10 月 10 日初版。24 开，49 页，约 19 万字。

本书为鹿原学人编译的《京剧二百年之历史》之"总论"。其版权页注明"编纂者及著作权所有者　鹿原学人"，其实是日本汉学家青木正儿 1926 年所作《自昆曲至皮黄调之推移》论文（后与《南北曲源流考》合编为《中国近世戏曲史》）中"花部之勃兴"一节的中译本。

---

①陈玉堂：《中国文学史书目提要》，合肥：黄山书社，1986 年版，第 38 页。

目次：

　　一、花部之诸腔（附有花部诸腔系统示意图）；二、蜀伶之跳梁；
三、徽班之勃兴。

李维《诗史》

李维《诗史》，北平石棱精舍发行，1928年10月初版，狭长形24开本，
258页，约11万字。沈尹默、梁启超分别题内外封签。

本书列为"国学丛书之一"、"石棱丛书之一"，系作者读过刘毓盘《词
史》一书并受刘鼓励后所编，故本书文学史观、著述体例等与刘毓盘《词史》
基本相同。作者自述本书主旨为"综吾国数前千年之诗学，明其传统、穷其
体变，识其流别，详其作者，而为一有统系之记述之作也"①。

全书分三卷，上卷十五章、中卷十三章、下卷十七章，各章分若干节，
叙述始自诗三百篇迄于文学革命时期新诗诞生。

目次：

　　卷上

　　第一章　中国诗之起源；第二章　三百篇为中国诗学之渊薮；第三、
四章　楚辞代兴与春秋战国诗学之中断（上、下）；第五、六章　两汉诗
体衍进及乐府之特盛（上、下）；第七章　魏诗为六朝诗学之先导；第
八、九章　两晋诗学极盛与中兴之后作者之玄思（上、下）；第十章　宋
诗再振为六朝诗学之极峰；第十一至十三章　齐梁陈诗风绮靡与六朝诗
体之蜕化（上、中、下）；第十四章　北魏北齐北周诗学之终局。

　　卷中

　　第一至三章　初唐诗体与沈宋（上、中、下）；第四至六章　盛唐诗
学鼎盛及诗体之大成（上、中、下）；第七至九章　中唐诗风一变与元和
长庆间诗人之体别（上、中、下）；第十至十二章　晚唐诗人之别致与诗
学衍变后流派之分传（上、中、下）；第十三章　五代小词代诗。

① 李维：《序》，《诗史》，北平：石棱精舍，1928年版。

卷下

第一至三章　诗势尽后北宋各派作者之天才（上、中、下）；第四至六章　南宋四大家与永嘉四灵（上、中、下）；第七章　诗学降落中辽金两代之朔角孤星；第八、九章　元四大家诗体与铁崖乐府（上、下）；第十至十三章　明诗再降与复古声中各派之起伏（上、中一、中二、下）；第十四至十七章　清诗极衰为旧诗之终局（上、中一、中二、下）。

本年

〔日〕儿岛献吉郎著、黄玉斋译《中国文学概论》

黄玉斋，中国台北市人，1923年考取厦门大学法科预科，1927年6月毕业于厦门大学法律系。[①]他所译的《中国文学概论》，1928年由厦门国际学术书社初版。

此书是目前所知最早的儿岛献吉郎《支那文学概论》中译本，之后有张铭慈译本（1930年出版）、胡行之译本（1930年出版）、隋树森译本（1931年出版）。

目次（待访）。

傅斯年《中国古代文学史讲义》

傅斯年《中国古代文学史讲义》，国立中山大学1928年铅印本，1册。本

---

①关于黄玉斋的生平事迹，目前资料比较匮乏。根据《厦大周刊》、《厦大通讯》中的零散记载，黄玉斋毕业后先是在上海贸易公司工作，后回厦门经商，赴台在台湾大学任教。另据黄新宪发表于2000年第1期《河北师范大学学报》（教育科学版）上的《日据时期的闽台教育关系》记载，黄玉斋毕业后赴美国留学。他在1925年曾以"汉人"为笔名写了一本《台湾革命史》，由上海泰东图书局出版。为写作此书，黄玉斋曾回台湾搜集资料，因而引起日本情报机关注意。黄玉斋后曾当选为台湾省参议员。黄玉斋后期主要从事台湾抗日史和明郑政权史研究，著述颇丰。（参见"厦门大学法学院校友网"http://law.xmu.edu.cn/xyw/TXIntro.asp?PID=129）

书另有：2008年12月上海书店出版社本、2009年1月北京大学出版社本、2017年1月吉林出版社本、2017年1月上海三联书店本、2018年3月四川人民出版社本、2018年7月时代文艺出版社本、2019年3月安徽人民出版社本等。

傅斯年（1896—1950），字孟真，山东聊城人。我国近代的历史学家、思想家、教育家和社会活动家，曾著《文学革新申义》，提倡白话文，鼓吹自由思想，支持文学革命，评论社会问题，十分引人注目。1918年组织创办新潮社，编辑《新潮》月刊，与《新青年》齐名。1919年五四运动期间，为学生领袖之一。1919年底赴欧洲留学，1926年冬应中山大学之聘回国，1927年任该校教授、文学院长，同年在中山大学创立语言历史研究所，任所长。1928年受蔡元培之聘，筹立中央研究院历史语言研究所。同年底历史语言研究所成立，任专职研究员兼所长。1929年兼任北京大学教授。其间，先后兼任社会科学研究所所长、中央博物院筹备主任、国民参政会参政员、中央研究院总干事、政治协商会议委员、北京大学代理校长等职。1948年当选为中央研究院院士。1949年任台湾大学校长。1950年12月20日病逝。傅斯年一生笔耕不辍，其主要著作有：《东北史纲》、《性命古训辨证》、《古代中国与民族》、《古代文学史》、《傅孟真先生集》等。

本书是傅斯年先生代表作之一，不仅对上古至近代的中国文学史作了断代研究，还就某些专题进行了深入探讨，并在宏观上涉及文学史研究之方法论，颇具启发之效。

目次：

拟目及说明

叙语

泛论

（思想和语言——一个文学界说；语言和文字——所谓文言；成文的文学和不成文的文学；文人的职业。）

史料论略

论伏生所传《书》二十八篇之成分

诗部类说

（风；雅；颂。）

最早的传疑文人——屈原、宋玉、景差

楚辞余音

贾谊

儒林

（《诗》；《书》；《礼》；《礼记》；《乐》；《易》；《春秋》；《隐公》；《论语》、《孝经》。）

五言诗之起源

（论五言不起于枚乘；论五言诗不起于李陵；论五言不起一人；我们宜注意下列几件事。）

1929年（民国十八年）

5月

刘麟生《中国文学ABC》

刘麟生（1894—1980），字宣阁，笔名春痕，安徽无为人。《中国文学ABC》，世界书局印行，1929年5月初版，32开，124页，有精、平装铅印两种，约4万字。多次重版，如1934年8月出至第五版。

本书为徐蔚南主编的世界书局"ABC丛书"之一。所谓"ABC丛书"，就是要使各种学术通俗化，以普及读物的方式出版一系列科学书籍。于是可知，本书是一部中国文学普及读物，适用于大中学生。

与其他已出版的文学史著作相比，本书在体例上有所创新，即以各种文体为经，以作家所处时代为纬，经纬交错，分别叙述明清及以前的散文与韵文、诗、词、戏曲和小说。因此，本书可谓一部"中国古代文体史"。这种"以文类为经、时代为纬"的著述体例，经罗根泽强调、发扬后，广泛运用于文体史写作。

本书共六章、十七节，书前有"序"和"例言"各一篇。

目次：

第一章　导言：一、文字与文学；二、如何研究中国文学。

第二章　散文与韵文：一、古文与非古文；二、辞赋；三、骈体文。

第三章　诗：一、诗经；二、汉魏六朝诗；三、唐诗；四、宋诗。

第四章　词：一、唐五代词；二、宋词。

第五章　戏曲：一、戏曲之渊源；二、元之北曲；三、明清之南曲。

第六章　小说：一、晋唐小说；二、宋元小说；三、明清小说。

6月

〔日〕盐谷温著、孙俍工译《中国文学概论讲话》

孙俍工译《中国文学概论》，上海开明书店印行，1929年6月初版，1930年9月第三版，1931年10月第四版。32开，分精装和普及本两种，共572页，约24万字。中国台湾开明书店1970年12月台一版，平装；1976年3月台二版。

1924年孙俍工赴日本留学，在上智大学专攻德国文学，课余致力于中国文学研究。感于盐谷温《支那文学概论讲话》的影响日增，孙俍工决定予以翻译，最终于1928年2月完成。正如他自己所说："我在一面自己煮饭、洗衣、扫地、工作，一面照常去上智上课的时境中，以积日累月的工夫译成日本盐谷温先生这部大著，自己看了，觉得很喜悦，对于这种有意义的收获。"①

译者在"自序"中指出本书有两个特色：

一是"这本书主张杂剧传奇为国民文学，戏曲宜以俗人为对象，可算把向来那种迂腐的见解完全打破了。只这一点已足为本书最重要的特色"。

二是"纵的文学史一类的书近年虽出版了好几部，但如盐谷先生这种系统的横的说明中国文学的性质和种类的著作实未见"②。

本书1929年6月初版，到1931年10月已出到第四版，可见在当时影响很大。事实上，本书是孙俍工对中国文学研究界乃至中日文化交流的一大贡献，直到今天我们对盐谷温的《支那文学概论讲话》的接受仍然以孙译本为基础。个中原因，与孙译本远胜1926年出版的陈彬龢译《中国文学概论》有关。

孙译本比陈译本要忠实于原著，内容也更丰富，具体如下：

---

①孙俍工：《译者自序》，〔日〕盐谷温：《中国文学概论讲话》，孙俍工译，上海：开明书店，1929年版，第9页。

②孙俍工：《译者自序》，〔日〕盐谷温：《中国文学概论讲话》，孙俍工译，上海：开明书店，1929年版，第10页。

（1）孙译本依照原著，"以周密的用意逐句翻译，虽片言只语，亦不忽略"①。陈译本无盐谷温"自序"，而孙译本予以翻译并列卷首；陈译本对最后两章的评议等内容予以删略，孙译本照原书全部翻译；孙译本有原著的附表。

（2）孙译本有日本汉学家、盐谷温的学生内田泉之助写的"内田新序"。内田述及盐谷温《支那文学概论讲话》在日本学界的影响："在当时的学界叙述文学底发达变迁的文学史出版的虽不少，然说明中国文学底种类与特质的这种述作还未见，因此举世推称，尤其是其论到戏曲小说，多前人未到之境，筚路蓝缕，负担着开拓之功不少。"②内田氏指出盐著在戏曲小说方面的"开拓之功"，后来常被中国学者引征。

（3）孙俍工翻译完成后曾面请盐谷温指正，同时得内田泉之助的帮助。

（4）按照盐谷温的意思，孙译本将盐氏的两篇重要论述《论明之小说三言及其他》与《宋明通俗小说流传表》附在书后，"以补成全书全璧"，不仅使该书内容有所扩展，而且弥补了原著的缺漏，较全面地反映了盐谷温在中国通俗文学研究领域的成就。

从目次来看，孙译本之不同于陈译本处有三：其一，分上、下两篇（第一至四章为"上篇"，第五至六章为"下篇"；陈译本不分篇）；其二，第四章作"乐府及填词"（陈译本作"乐府及词"），第六章第一节作"神话传说"（陈译本作"古代神话传说"），第四节作"诨词小说"（陈译本作"宋代小说"）；其三，书末有附录《论明之小说三言及其他》、《宋明通俗小说流传表》以及《二百六韵表第一》、《二百六韵表第二》、《元曲作者年代别表》、《元曲作者地方别表》、《红楼梦贾家系谱表》。其他与陈译本相同。

目次（略）。

---

① （日）内田泉之助：《内田新序》，〔日〕盐谷温：《中国文学概论讲话》，孙俍工译，上海：开明书店，1929年版，第8页。

② （日）内田泉之助：《内田新序》，〔日〕盐谷温：《中国文学概论讲话》，孙俍工译，上海：开明书店，1929年版，第8页。

7月

段凌辰《中国文学概论》

段凌辰《中国文学概论》，瑞安集古斋书社发行，上海中华书局印刷，1929年7月初版，上、下卷，16开，142页，约8万字。

陈玉堂《中国文学史书目提要》中记载："本书为'掇英楼丛书'之一，原是作者执教中洲大学时之教本。全书十二篇，每篇均列有纲目，卷首有黄侃序言。"①陈先生的这段著录，有几处需加以补正：一、"掇英楼丛书"应为"掇英楼文学丛书"；二、"中洲大学"应为"中州大学"。

本书实为上、下两卷。1926年至1928年段凌辰任教国立中山大学期间有油印本上、下卷，卷首无黄侃的"序言"；1929年7月出版的为卷上，卷下于1933年由北平著者书店出版，也是作为"掇英楼文学丛书"之一种，16开本，176页。

目次：

卷上

第一篇 文学之定义；第二篇 历代文学观念概述；第三篇 文学之范围；第四篇 文学之功效；第五篇 文学之特质；第六篇 文学之起源；第七篇 文学之进化；第八篇 文学与时代；第九篇 文学与地域；第十篇 文学家之个性；第十一篇 创造与摹仿；第十二篇 文学与道德。

卷下

第十三篇 中国文学之特点；第十四篇 文学之工具；第十五篇文学之实质；第十六篇 文学之分类；第十七篇 文学之源流派别；第十八篇 结论。

---

①陈玉堂：《中国文学史书目提要》，合肥：黄山书社，1986年版，第39页。

吴瞿安《元剧研究ABC》

吴瞿安（即吴梅）《元剧研究ABC》，上海世界书局印行，1929年7月初版，32开道林纸本，有平装、精装两种，上卷125页，约5万字。1934年世界书局编印《中国文学讲座》一书时，将《元剧研究ABC》改题为《元剧研究》辑入，署名"吴瞿安"。

本书为徐蔚南主编的"ABC丛书"之一，该丛书以给大中学生得到优良的教科书或参考书为宗旨，是适合大中学生的参考书。书的内容主要为，研究元剧来历、作者历史、曲文的格式、剧情的结构以及戏剧里的动作等。

仅见上卷（可能下卷并未出版）。据作者在"例言"中所言，全书分上、下两卷，共十章，上卷研究元剧的来历、元剧数目以及为187名元剧家作考略，下卷解剖元剧及元曲方言。

目次：

第一章　元剧的来历；第二章　元剧现存的数目；第三章　元剧作者考略（上）；第四章　元剧作者考略（下）。

9月

钱振东《中国文学史》

钱振东，生卒年不详，山东濮县人。《中国文学史》，无出版者，系其师友资助自印，刘半农题签，1929年9月初版，24开，382页，约15万字。

据作者在序中说，原本计划全书分上、中、下三编，上编一卷，中、下编各两卷，本书为中编上卷，其余各卷将会续印。但，后来其余各卷没有续印。

本书开始于西汉，迄于东汉灵帝末，约四百年。名为《中国文学史》，因未出齐，只能算是一部断代史——《两汉文学史》。全书共十四章，六十二节。前五章总论两汉文学背景、文艺思想等；接下来的四章，从贾谊至荀悦，分述两汉主要作家；后五章则从乐松等的文艺革新运动起，分述赋、诗、乐府文学、小说。

目次：

第一章　两汉文学之背景：一、朝廷方面；二、侯王方面；三、社会方面；四、思想及文字学方面。

第二章　两汉文艺思想。

第三章　两汉在文学史上之位置。

第四章　两汉文学南北之区别及混合。

第五章　两汉文学之分类及分期。

第六章　第一期：一、贾谊；二、晁错；三、贾山；四、枚乘；五、邹阳；六、淮南王刘安。

第七章　第二期：一、司马相如；二、董仲舒；三、东方朔；四、枚皋；五、司马迁；六、刘向；七、王褒；八、匡衡；九、谷永；十、刘歆；十一、扬雄。

第八章　第三期上：一、冯衍；二、班彪；三、班固；四、王充；五、傅毅；六、崔骃；七、李尤。

第九章　第三期下：八、张衡；九、马融；十、崔瑗；十一、崔实；十二、王逸；十三、王延寿；十四、赵壹；十五、蔡邕；十六、苟悦。

第十章　乐松等之文艺革新运动。

第十一章　赋之演变：一、赋之导源及分类；二、骚赋；三、辞赋；四、结论。

第十二章　诗：一、杂诗；二、四言；三、五言；四、七言。

第十三章　乐府文学：一、乐府诗之导源；二、实质分类；三、文学分类；四、声调分类；五、贵族的乐府文学；六、平民的乐府文学。

第十四章　小说文学：一、汉代小说流行之状况；二、汉人对于小说之观念；三、汉人小说之著作。

谭正璧《中国文学进化史》

谭正璧《中国文学进化史》，光明书局 1929 年 9 月初版，1930 年第二版，

24开，402页，约18万字；1931年第三版，改为25开，392页。

本书是作者在《中国文学史大纲》（1925年）一书基础上改写而成，适合于大学使用。以各文体发展为纲目，不叙"载道"的古文。尤须注意的，是本书辟了一节专门论述弹词，这在同时期各种文学史著中不多见，而且其中不乏作者对弹词的卓越见识。

全书十二章、六十九节，从中国文学开端的诗三百篇开始，依次至文学革命后的新文学及"整理国故"。于右任题封。

目次：

短篇五大宝库；七、讽刺小说；八、红楼梦与青楼梦；九、博学之作；十、狭义小说及公案小说；十一、弹词文学；十二、通俗文学的末路。

第十二章　新时代的文学：一、新时代的先驱者；二、小说杂志与翻译小说；三、文学革命运动；四、翻译文学；五、鸟瞰中的新文学；六、作家与作品；七、旧文学的整理；八、将来的趋势。

10月

陈钟凡《汉魏六朝文学》

陈钟凡《汉魏六朝文学》，上海商务印书馆1929年10月初版印行，32开，119页，5万余字。1964年9月，中国香港商务印书馆影印出版；1967年9月，中国台湾商务印书馆整理出版，改为48开。

本书居然有三种初版本，详列如下：

（1）1929年10月，作为王云五主编的"万有文库"第一集第一千种由商务印书馆出版；

（2）陈玉堂《中国文学史书目提要》载："《汉魏六朝文学》，陈钟凡著，商务印书馆印行，1931年8月出版。"[①]经核查，商务印书馆确实在1931年8月出版过此书，系王云五主编的"百科丛书"之一；

（3）九一八事变后，此书再次出版，故依照当时习惯称为"国难后出版"，也就是1932年9月版，这个"国难后出版"的版本，到1935年7月已出第三版。

全书分六章、十八节，讲述汉魏六朝文学在文学史上的地位、背景、派别、嬗变以及各体文学等，系通俗普及读物。

目次：

第一章　绪论；第二章　两汉文学；第三章　建安文学；第四章魏晋文学；第五章　南朝文学；第六章　北朝文学。

---

①陈玉堂：《中国文学史书目提要》，合肥：黄山书社，1986年版，第141页。

胡怀琛《中国小说研究》

胡怀琛《中国小说研究》，上海商务印书馆1929年10月初版，32开，144页，6万余字。2006年6月中国书籍出版社出版横排本，182页。

作者在书中表述的观点有些值得注意：

> 小说和非小说，没有确切的分别。
>
> ……
>
> 我们要研究中国小说，是要拿我们自己的眼光去看，什么是小说，什么不是小说。不管他经也好、史也好、子也好、集也好，只要我们认为是小说的，就拿他来当小说看……所以，作者以为第一步就是要从经、史、子、集中去找小说材料。第二步，再把来自晋、唐以后的小说，和宋、元以后的小说，清以来的小说，和那从经、史、子、集中取来的材料，并在一起研究。①

作者在书中致力于从经史子集中选取"小说的材料"，然后从中国小说的实质、形式和时代三个方面展开分类研究。就此来看，本书可谓最早出版的"中国小说类型史"。

本书初版时列为"万有文库"和"百科小丛书"之一，分为四章，共十五节。

目次：

第一章 绪论：第一节 何谓小说；第二节 中国小说二字来历及其解释；第三节 中国小说的分类法及研究法。

第二章 中国小说实质上之分类及研究：第一节 神话；第二节 寓言；第三节 稗史。

第三章 中国小说形式上之分类及研究：第一节 记载体；第二

---

① 胡怀琛：《中国小说研究》，上海：商务印书馆，1929年版，第7、10页。

节　演义体；第三节　描写体；第四节　诗歌体。

第四章　中国小说在时代上之分类及研究：第一节　周秦小说；第二节　晋唐小说；第三节　宋元小说；第四节　清小说；第五节　最近小说。

12月

许之衡《戏曲史》（合订本）[①]

许之衡（1877—1935），字守白，室号饮流斋，祖籍浙江仁和，即今杭州，出生于广东番禺。《戏曲史》（合订本），1929年12月北京大学出版组初版，油印本。现藏中国国家图书馆。

由于笔者未能寻见本书，只能根据李岩《许之衡生平及其音乐戏曲著述的研究》[②]及相关论著考订如下：

一、本书缘由及内容。1922年秋，任教北京大学的吴梅举家南迁，行前推荐许之衡继任北大教席。在1923年9月29日，北大注册部通告："吴梅教授因事一时不能到校，所有戏曲、戏曲史、中国古声律三种功课，由吴教授请许之衡先生代授上课，日期俟许先生到校再行通告。"[③]但是，此时许之衡并未开始授课。同年10月4日，该部又出通告："许之衡先生所授国文系功课，因讲义未齐，由下星期二起来校授课。"[④]则许氏为了讲授"戏曲史"课程而编讲义的时间，应该在1923年10月。1924年10月11日，北大注册部通告："许之衡先生本学年拟定讲授范围如下：……戏曲史（隋以前俟补讲）隋唐宋

---

①陈玉堂《中国文学史书目提要》著录："《曲史》（《戏曲史》），许之衡（字守白，广东番禺人）著，北平师大讲义，约于1935年6月以前印行。原书待访，存目备考。"（第278页）此语有两处不确：一、此书稿为许氏任教北京大学时的讲义，而非"北平师大"；二、许氏病逝于1935年2月25日（1935年2月26日《华北日报》曾报道许氏逝世的消息），既然如此，"约于1935年6月以前印行"不确。

②李岩：《许之衡生平及其音乐戏曲著述的研究》，《中国音乐》1999年第1期。

③《北京大学日刊》1302号，民国十二年九月二十九日。

④《北京大学日刊》1306号，民国十二年十月四日。

之戏曲及其曲词结构法、元明清曲家事略、戏曲作曲法及戏曲名著选。"①说明，许之衡此时编写的《戏曲史》讲义，由隋唐至明清。

二、初版时间。1929年11月至12月，许之衡陆续将其所著《戏曲史》、《曲选及作曲法》（后改为《曲学及曲选》）送北大讲义课付梓刊印，②合订本为一册，书名为《戏曲史、作曲法、曲选》。

三、版本流变。1930年许之衡应上海商务印书馆之邀，于同年4月在《戏曲史》等几部书的基础上，编成《中国音乐史》。1933年起，许之衡将戏曲史课程更名为曲史，讲义亦随之更名《曲史》刊印，中国国家图书馆收藏有此书。

目次（待访）。

许之衡《戏曲源流》

许之衡《戏曲源流》，北平中法大学服尔德学院于1929年12月内部印刷。线装本，道林纸石印，70余页，约4万字。

本书系中法大学服尔德学院为许之衡印刷，并未出版，许氏著录中不见此书。1922年至1933年间，许氏受聘于北京大学，同时在北京多所学校兼课，本书应为其在中法大学服尔德学院兼课时的讲义。中法大学服尔德学院成立于1924年秋；1926年1月22日，奉民国政府第112号指令，该学院正式被认可；1930年3月15日，奉国民政府教营部第651号指令，暂时准予其备案。同年，遵照教育部令，停办各学院的预科，改设中法大学附属高级中学，分甲、乙、丙三部。1931年，改服尔德学院为文学院。以许之衡当时的社会地位与威望，当国民政府下令停办中法大学及服尔德学院之际，他不可能在该校兼课，故断定他在服尔德学院兼课是在1926年至1929年间。也就是说，《戏曲源流》应在此期间由中法大学服尔德学院印刷。考虑到许氏其他著作都在1920年末期及之后印刷出版，因而将《戏曲源流》的印刷时间断

---

①《北京大学日刊》1540号,民国十三年十月十一日。
②详见李岩:《许之衡生平及其音乐戏曲著述的研究》,《中国音乐学》1999年第1期。

为1929年。

目次（待访）。

陈虞裳《中国文学史概论（上卷）》

陈虞裳，四川华阳人。《中国文学史概论（上卷）》，岷江大学1929年12月初版，230页，约9.5万字。

作者在"导言"中开篇先点明文学有四个要件，即文字、情、意、组织力。所谓组织力，指的是对抒情达意的思想观念上的组织能力。此论虽未必精准，但相对于当时的中国文学史作者大都对"文学"作字面的诠释或简单排比外国定义而言，陈虞裳从文学内部结构探讨"文学"概念，确有新意。接着，陈氏提出文学史研究的方法和步骤，分别是：取材（选取史料）、察变（察看文学史的变迁）、求因（把变的原因找出来）、贯通（使变迁及其原因贯串起来）、评判（即评估文学的价值，分为历史的价值和当代的价值两种）、创见（有两层含义，一是"创造我们现在适用的文学"，一是得出文学的普遍规律）。他还指出，"文学革命者"和"文学史研究者"对待文学史的态度不同，"文学史研究者"应该"用客观的方法平心静气的去讨论"。

本书在文学史分期上，"本着文学进化的痕迹，以区分他的时期"，仿照生物演进的秩序，分为胚胎时期、滋长时期、迈进时期。

原书分上、下卷，但仅见上卷，可能下卷未曾出版。上卷分为四编、十一章，叙述唐虞夏商至魏晋南北朝时期的文学。

目次：

原与楚辞，第四节　左传与诸子之文学，第五节　秦代文学）。

第三篇　中国文学之滋长时期：第一章　两汉之文学（第一节　两汉文学孕育的背景，第二节　汉之辞赋家及其作品，第三节　汉之诗歌及其作者，第四节　汉代的小说，第五节　汉代的散文，第六节　文学原理建设家之王充）。

第四篇　中国文学之迈进时期：第一章　魏晋南北朝文学产生的背景；第二章　魏晋南北朝的诗歌（第一节　曹氏父子，第二节　建安七子，第三节　正始诸人与竹林七贤，第四节　太康诗人，第五节　力挽永嘉诗坛颓废的刘郭，第六节　义熙诗人陶潜，第七节　刘宋朝的三诗人，第八节　竟陵八友，第九节　萧梁父子及诸臣，第十节　阴徐及陈后主，第十一节　庾信与王裹，第十二节　南北新民族的新歌词）；第三章　魏晋南北朝的辞赋；第四章　魏晋南北朝的小说；第五章　魏晋南北朝的散文；第六章　魏晋南北朝的骈文。

附言

本年

刘咸炘《文学述林》

刘咸炘（1896—1932），字鉴泉，别号宥斋，四川成都人。《文学述林》，1929年自费刻印，四卷。本书为作者"推十书"之一。1996年成都古籍书店影印，2007年广西师范大学出版社出版黄曙辉校理本。

目次：

卷一　文学正名；论文通旨；文变论；文选序说；文体演化论辨正；辞派图。卷二　宋元文派略说；明文派略说；传状论；曲论；四书文摘；语文平议。卷三　故事比观；弹词讲本考；寓言偶录；谜考；辛稼轩词说。卷四　陆士衡文论；袁中郎论文语钞；魏氏论文钞；文学史纲目；南雷学案。

罗根泽《中国诗歌史》

罗根泽（1900—1960），字雨亭，河北直隶深县人。《中国诗歌史》，河南大学1929年油印。

1929年秋罗根泽应河南中山大学之聘，讲授中国文学史及其他课程，并编纂"中国文学史"讲义，1931年出版《乐府文学史》一书。

罗氏在《乐府文学史》的"自序"中，详述编纂《中国文学史类编》的计划：

> 我拟分的类别：1.歌谣；2.乐府；3.词；4.戏曲；5.小说；6.诗；7.赋；8.骈体文……我的分类叙述法，固然以类为主，但是也不能不分时代。……我的《中国文学史类编》是"以类为经，以时为纬"；"以类为编，以时为章"。[1]

在他这个编纂《中国文学史类编》的宏大计划中，1949年前正式出版的只有《乐府文学史》，此外就是出了《中国诗歌史》油印本。[2]通过《乐府文学史》"自序"，可大体了解《中国诗歌史》的著述体例，其目次待访，但书中散篇如《中国诗歌之起源》、《〈古诗十九首〉之作者及年代》、《五言诗起源说评录》、《绝句三源》等，后来曾陆续发表。（详见《罗根泽古典文学论文集》，上海古籍出版社1985年版）

目次（待访）。

朱炳熙《唐代文学概论》

朱炳熙（1895—1952），字耀球，又名毓秀，浙江青田人。《唐代文学概论》，上海群众图书公司印行，1929年初版，32开，302页，约11万字。

本书版权页不标出版时间，当时印数为1500册。据卷首"庄序"（庄紫

---

①罗根泽：《〈乐府文学史〉自序》，北平：文化学社，1931年版。
②1954年罗根泽还编写了《魏晋南北朝文学史》，1957年由南京大学中文系作为内部交流本自印。

林作），作序的日期是1929年3月30日，而作者"自序"作于1929年4月8日"，故可推断初版于1929年。

陈玉堂《中国文学史书目提要》云："本书另有光华书局版（1929年、1931年），分作二卷出版，《唐代文学概论》上卷（290页）至'唐诗'止，下卷后来未见出书。"①

光华版《唐代文学概论》确实只出了上卷（288页），但出版时间并非"1929年、1931年"，而是1933年。与群众版《唐代文学概论》相比，光华版少了"庄序"和"自序"；正文至"唐诗"第一节"唐诗的演进"止，少了"唐诗的分类"这一节。下卷确实未见出版。

全书不分编章，先述唐代文学整体状况，随后按文类分述。

目次：

　　唐代文学发达的原因；唐代文学的特点；唐代文学的派别；唐代文学之后世的影响；唐代文学在历史上之地位及其价值；唐文（1.唐文的演进，2.唐文的分类）；唐诗（1.唐诗的演进，2.唐诗的分类）；唐词（1.唐词的演进，2.唐词举例）；唐代小说（1.唐代小说的概况，2.唐代小说的分类，3.唐代小说举例，4.沈既济的枕中记）。附录　唐代艺术（书、画、乐）。

①陈玉堂：《中国文学史书目提要》，合肥：黄山书社，1986年版，第146页。

1930年（民国十九年）

2月

陆晶清 《唐代女诗人》

陆晶清（1907—1993），原名陆秀珍，笔名小鹿、娜君、梅影，云南昆明人。《唐代女诗人》，1930年2月上海神州国光社印行，32开，144页，约4.3万字。王礼锡作序。1931年8月第二版，1933年3月第三版。

本书系作者在北平女子师范大学读书时编写。作者当时是许广平的同学、好友，即《鲁迅日记》中提到的"小鹿"。本书编于作者和王锡礼恋爱期间：

> 每天清早，晶清抱着一大包书来，做她写唐代诗人的参考，有时还为我带些写李长吉评传的参考书，每天写一个上午，对坐在破方桌的两旁，低着头一声不响地写，倦了时又来作上天下地的漫谈。①

王礼锡称这段日子为"愉快的光阴"。恋爱和做学问相得益彰，这确实是历来青年学人梦寐以求的。当时王礼锡决定编写出版"物观文学史丛书"，这套丛书后来出了四本，较早出版的是王礼锡的《李长吉评传》和陆晶清的《唐代女诗人》。作者以女性之思、感性之笔叙述唐代女诗人史事，虽书中有些观点有商榷余地，但不失为中国女性文学史中的精良之作。此书无疑是最早用唯物史观研究中国女性文学史的专史著作。

陆氏有感于"有唐一代，是文学的极盛时，尤其是诗的极盛时……（唐代女诗人）在中国文学史上自有其相当的地位，尤其是在颇形销沉的中国妇女文学史上，是值得传述的一页"，而"在中国我们很少看到真正女性的文

---

①王礼锡：《序》，陆晶清《唐代女诗人》，上海：神州国光社，1931年版，第3页。

学"，所以决定"把唐代女诗人，作一次比较详细，比较有条理的叙述"①。

本书是中国第一部断代妇女文学史，对唐代妇女创作以及女诗人事迹作了详细、系统的梳理，展现了唐诗的别样光彩。

作者在书中把唐代的女诗人分作四类分别论述：宫廷妇女、家庭妇女、女冠、娼妓。这个分类大致准确，但没有被之后的妇女文学史写作采用。

全书不分章节，按专题分述。

目次：

引言：唐代是诗的极盛时期、唐代女诗人在中国妇女文学史上的价值、唐代女诗人的几个阶级、真正的女性文学。

唐代女诗人与时代背景：怎样去描画时代背景、女诗人在各阶级的分布、阶级分布的两个阶段、初盛是宫廷女诗人的时代、中晚是家庭妇女娼妓女冠的时代、帝王的提倡、乐调的便利。

唐代女诗人的代表作家：一、宫廷代表作家上官婉儿；二、女冠代表作家鱼玄机；三、娼妓代表作家薛涛。

女诗人及其作品考略：一、宫廷妇女；二、家庭妇女；三、女冠；四、娼妓。

3月

胡小石《中国文学史讲稿（上编）》

胡小石（1888—1962），文字学家、文学家、史学家、艺术家，名光炜，字小石，号倩尹，又号夏庐，斋名愿夏庐，晚年别号子夏、沙公，出生于江苏南京，原籍浙江嘉兴。《中国文学史讲稿》是胡氏在北京女子高等师范学校任教时编写的讲义，直到1930年3月，才以其弟子苏拯的笔记，题名《中国文学史讲稿（上编）》，由上海人文社股份有限公司发行，32开，分精、平装两种，292页，约9万字。1962年胡氏逝世后，其任教的南京大学成立胡氏遗

---

①陆晶清：《唐代女诗人·引言》，上海：神州国光社，1931年版，第4、6页。

著整理委员会，其中一项就是重印此书，但未能实施；后来，金启华根据当年的讲义笔记，增补第十二章"宋代文学"，把本书收入《胡小石论文集续编》，由上海古籍出版社于1991年出版。

目次：

第一章　通论：引言、文学的意义之各种解释；什么是文学；文学史之研究。第二章　上古文学。第三章　周代文学：总论；一、北派代表作品诗经；二、南派代表作品楚辞；古代散文。第四章　秦代文学。第五章　汉代文学：总论；一、高帝至景帝；二、武帝至昭帝；三、成帝哀帝至桓灵；四、建安；两汉之散文。第六章　魏晋文学：总论；一、正始；二、太康；三、永嘉；四、义熙——陶诗；晋代之文学批评。第七章　南朝文学：一、宋代；二、齐梁——声律说；三、陈。第八章　北朝文学：总论；一、魏开国至孝文帝太和中；二、太和迁洛至北齐；三、西魏迁长安至北周。第九章　隋代文学。第十章　唐代文学：总论；一、唐代文学分期说；二、唐词；三、唐代文学批评。第十一章　五代文学：总论；一、南唐词人；二、南唐二主。第十二章　宋代文学（1930年版无此章，1991年版增补）。

穆济波《中国文学史（上卷）》

穆济波（1895—1978），语文教育家，号世清，晚年自号孟然，四川合江人。《中国文学史（上卷）》，上海乐群书店和北平分店发行，1930年3月初版，24开，精装，214页，约10万字。

据"凡例"："本书为著者教授大学预科所编辑之教本，同时适合文科高级中学之研究。"又说："本书现分上、下两册，共约二十五万言，全部十章。"但迄今未见下册。

与同时期多数中国文学史著作一样，本书遵循进化论文学史观，作者声称："本书著者以治民族文化史之眼光，于一般的社会进化现象之立场上，解释吾华文学进展之因果的关系，对于每一时代多比较论列，与过去治文学史但知搜罗史料者蹊径不同，编次自异。"与众不同的是，"本书著者认为诗歌为文学之脊柱，全书以诗歌文学之进展为进展之主题"，所以，"凡涉及学术范围之学派或著述，概从删削不加叙录，即非纯文艺之骈散文，历代争持为文学正宗者，亦只附带论列，不予偏袒以扫除门户之见"①。

全书（上卷）共五章，三十六节。

目次：

第一章　总论：第一节　文学史界说；第二节　中国文学史上之时代；第三节　中国文学迁变之大势。

第二章　上古文学：第一节　中国诗歌文学之起源；第二节　古史与散文学；第三节　上古文学之传说；第四节　夏商二代仅存之杂文学。

第三章　周秦文学：第一节　周秦文学总论；第二节　周初诗歌文学之始盛；第三节　史诗之发达；第四节　东迁前后之风诗；第五节诗之衰亡及其传述；第六节　孔子六艺之教及诸子学术之兴；第七节屈原与楚文学；第八节　周秦间之古史与文学；第九节　周秦间之杂文学；第十节　小说文学之始导。

第四章　两汉文学：第一节　两汉文学总论；第二节　汉代四言诗之绝响；第三节　辞赋之极盛；第四节　汉代歌谣；第五节　汉之新声乐府；第六节　五言诗之始创；第七节　司马迁与班固；第八节　两汉之诸子文学；第九节　两汉文章及骈体文之始导；第十节　汉代小说之传疑。

第五章　魏晋南北朝文学：第一节　魏晋南北朝文学总论；第二节　三国文学；第三节　两晋文学及文学家；第四节　陶渊明；第五节　南北朝民众文学之比较；第六节　南方文学与声律之肇兴；第七节　文集文选与文学论评之初创；第八节　北方文学及其复古运动；第九节　魏晋六朝之小说。

---

① 穆济波：《中国文学史·凡例》，上海：乐群书店，1930年版，第1页。

4月

蒋鉴璋《中国文学史纲（上编）》

蒋鉴璋（1899—1975），璋也写作章，字镜湖，河南唐河人。《中国文学史纲（上编）》，上海亚西亚书局1930年4月初版，1933年第三版（现藏于山东大学图书馆），32开，106页，约2万字，孙叔民题签封面。1936年4月中国文化服务社发行第十版。

本书系据作者任教开封第一女子师范时的讲义稿印行。作者原计划写上、下两编，本书为上编，从太古至清末，下编拟写民国时期文学，但后来始终未见下编出版。

本书共十章、六十四节，体例无特色，内容简略，且谬误甚多。

目次：

第一章　文学与文学史；第二章　太古至唐虞文学；第三章　夏商周秦文学；第四章　两汉文学；第五章　魏晋文学；第六章　南北朝文学；第七章　隋唐文学；第八章　两宋文学；第九章　辽金文学；第十章　明清文学。

张世禄《中国文艺变迁论》

张世禄（1902—1991），字福崇，浙江浦江人。《中国文艺变迁论》，上海商务印书馆印行，1930年4月作为王云五主编"万有文库"第一集一千种出版，32开，136页，约6万字。1933年3月，此书作为王云五主编"国学小丛书"之一印行，[①]亦为32开、136页；1934年1月再版。所以，张世禄此书实际上有1930年版和1933年版两个初版本。1960年4月，中国台湾商务印书馆以1930年版为底本重印出版，列入"万有书库"。

---

①据陈玉堂《中国文学史书目提要》，张世禄《中国文艺变迁论》初版于1933年3月（第65页），并未提及1930年版。可知，陈先生未见1930年版。

作者认为当时已有的文艺研究存在两个偏弊：一是"偏重于文艺体制形式……而于其内容之变迁如何，其受于时代思潮之影响者如何，其关于文艺本身外之事实如何，则罕有论及"。二是"诸述文艺史者，大都仅罗列文学家作品与身世，以实各代史料而已；至于其相互间递嬗交替之关系，与受于时代变化之原因等等，则略而不讲"。为了矫正此二弊，作者编纂本书，"供给读者以吾国文艺变迁之系统概念"。①

综合英美学者波斯涅特（Posnett）、韩德（Theodore W.Hunt）等对"文学"的界说，作者对"文艺"作出如此界定：

> 文艺乃一种以文字为工具之艺术；其作用由于感情想象与兴趣，而不由理智；其要素重于内容，而不重形式；其效力乃及于一般人，而非少数人所得据为私有者也。②

他这个"文艺"界说，注意到了文艺的思想性、虚构性特征，而且注意到了内容比形式重要，以及文艺功能的普遍性，这在当时是比较先进的认识。但偏重文艺的内容而轻视形式，导致《中国文艺变迁论》沦为一部中国文艺思潮史论。

全书分三十五章，第一、二章为总论，最后一章为结论。其余各章，大都依照文艺变迁的时代顺序。具体为：第三至五章论《诗经》以前的文学，第六至十一章论《诗经》，第十二至十五章论《楚辞》，第十六至十九章论汉赋，第二十至二十五章论汉魏隋唐间之诗与乐府，第二十六至二十八章论宋词，第二十九至三十二章论元曲，第三十三、三十四章论明清小说。据作者自述，之所以分章论述，而不分篇，是因为不分篇可以"明其相互间连续交接之关系"。显见他开始探索篇章体例与中国文学史的衔接问题，并认识到了设卷、设篇可能割裂章节之间的"连续交接之关系"。这在当时是不俗的

---

①张世禄：《中国文艺变迁论·自序》，上海：商务印书馆，1930年版。
②张世禄：《中国文艺变迁论》，上海：商务印书馆，1930年版，第2页。

见识。

此书叙述从上古到近代的各种文体变迁，其中对多种文体之间关系的阐述颇有见地。

目次：

一、国人对文艺旧观念之谬误；二、中国文艺变迁之痕迹与公例；三、上古传疑之诗篇；四、古代文艺发达之推测；五、中国古无史诗之原因；六、诗经作述之渊源；七、诗经文辞之由来；八、诗经之时代的地域；九、诗经声律与音乐之关系；十、诗经与周代社会之关系；十一、诗经对于后代文艺之影响；十二、战国时代与楚辞之关系；十三、诗乐之衰歇与楚辞之发生；十四、楚国地理民族语言与楚辞之关系；十五、诗骚赋三者之递嬗及其区别；十六、汉赋之渊源与派别；十七、汉代词赋发达之原因；十八、汉赋与文字学之关系；十九、汉赋与六朝骈文之关系；二十、骈文利弊对于中古诗歌之影响；二十一、中古诗歌写实与写景之二大潮流；二十二、印度文化之输入与中古文艺思潮；二十三、声律之发明与中古诗体之变迁；二十四、唐代政俗与其文艺之关系；二十五、音乐之变迁与乐府诗词之递嬗；二十六、宋词之渊源于派别；二十七、宋词之语体化与散文化；二十八、宋词与元曲之关系及其区别；二十九、元曲发达之由来；三十、南北曲之异同；三十一、元曲之派别；三十二、元曲与小说之关系；三十三、明清小说发达之由来及其派别；三十四、近代戏曲小说与古文八股文之关系；三十五、中国过去文艺界之得失及今后之趋势。

贺昌群《元曲概论》

贺昌群（1903—1973），字藏云，四川乐山人。《元曲概论》，上海商务印书馆1930年4月初版，32开，184页，约8.5万字。本书被列为王云五主编的"万有文库"第一集一千种之一；1933年3月列为王云五主编的"国学小丛书"之一出版。①

本书试图从外国乐舞的角度探讨宋元戏曲，以求另辟蹊径。第四、八章比较有新意。第一、九章曾先后在《小说月报》（第二十卷第一期）、《文学周报》（第四卷）上发表过。

全书九章，卷首有"引论"。

目次：

第一章　汉代乐舞与外国音乐的关系；第二章　隋唐间的乐舞；第三章　宋辽金的杂剧院本；第四章　元曲的渊源及其与蒙古语的关系；第五章　元曲的作法；第六章　元曲的艺术；第七章　元曲的作家（列入作家传略38人）；第八章　元曲对于明清小说戏剧的影响；第九章　元明杂剧传奇与京戏本事的比较。

〔日〕青木正儿《支那近世戏曲史》

青木正儿《支那近世戏曲史》，东京弘文堂1930年4月初版。本书后来有多种中译本（详后）。

本书奠定了青木正儿作为中国元明清戏曲专家的地位，其对中国古代戏曲研究的贡献约略有以下几点：

一是将戏曲研究的重点从曲辞转向了情节和剧场，从"读曲"转向了"观剧"。　在本书中，无论是杂剧作品，还是传奇作品，青木都详细考证了它们的情节，如介绍汤显祖的作品《还魂记》时，对《还魂记》情节的介绍占据了全部研究篇幅的七分之四有余。此外，他还关注剧场构造，详细考证了剧场的各个组成部分，如"报条"、"客座"、"桌子"、"散座"、"池心"、"钓鱼台"、"茶票"、"前台"、"鬼门道"、"后台"等的位置和作用，并以形象的图示法画出了剧场平面略图，使读者一目了然。

"把戏曲的情节作为研究对象，并以此建立学术规范，是青木正儿对昭和

---

①陈玉堂《中国文学史书目提要》将此书出版情况录为"商务印书馆印行，1930年4月初版"，并且列为"国学小丛书"之一（第261页），显然弄混淆了。

初年尚未摆脱旧汉学影响的中国古典戏曲研究的重要贡献。"①青木是狩野直喜教授的直系弟子兼得意门生。"狩野直喜作为近代日本中国古典戏曲研究的奠基人,为这一门学科定下了背景分析与曲词品鉴两大基调。"②狩野曾说过:"在剧当中最重要的部分是曲。"③显然,狩野直喜的戏剧研究路向,同王国维先生乃至继王国维之后另外一位曲学大师吴梅一样,他们都偏重"曲"而忽略了"戏"。青木正儿一改重曲轻戏的传统研究路径,既有纠正研究路向偏差的主观意图,也是受胡适影响的结果。④

二是依据戏曲形态的演变划分文学史分期。本书以不同时期戏剧形态的纵向演变为纲、横向发展为目,如此则打破了众多史著中常以"历史"替代、淹没甚至割裂文学史的分期法。"文学史的分期问题不仅仅是一个历史时间段落的切割问题,更重要的是,这种划分的依据体现了文学史家的文学观念。"⑤本书的分期体现了青木重视文学自身发展规律的观念。

三是填补了王国维《宋元戏曲史》留下的空白。王著面世后,国内许多学者受其影响,萌发了写作明清戏曲史乃至完整的中国戏曲史的念头。如顾颉刚"读王静安先生的《宋元戏曲史》时,便想继续他的工作,做成一部《明清戏曲史》"⑥。然而,直到1930年青木正儿《支那近世戏曲史》出版,才填补了王国维先生《宋元戏曲史》"止于今元代"的学术空白。

青木正儿此书对民国学者的影响很大。最早注意到此书并撰文评议的,是陈子展于1930年6月在《现代文学》杂志上发表的题为《青木正儿氏的〈支那近世戏曲史〉》一文,他说:"总之,他这部分虽还有好些缺点,但在目前,就不能不算叙述中国近代戏曲之变迁的第一部好书。"陈子展在这篇文

---

①孙歌:《国外中国古典戏曲研究》,南京:江苏教育出版社,2000年版,第332页。

②孙歌:《国外中国古典戏曲研究》,南京:江苏教育出版社,2000年版,第325页。

③(日)狩野直喜:《清朝的制度与文学》,东京:平民书房,1984年版,第123页。

④有论者认为,如果参阅青木与胡适之间的往来书信,"就可以知道对青木'俗文学'研究更有精神启发作用的,不是王国维,而是胡适"。(蔡毅:《日本汉诗论稿》,北京:中华书局,2007年版,第309页)

⑤(日)青木正儿:《中国近世戏曲史》,王古鲁译,北京:中华书局,1954年版,第528页。

⑥顾颉刚:《九十年前的北京戏剧》,朱肇洛编:《戏剧论集》,北平:文化学社,1932年版。

章中流露出一种受到刺激的情绪。有趣的是，当时抱有这种情绪的远不止他一人。1933年2月，岑家梧在杂志上看到盐谷温《中国文学概论讲话》和青木正儿《中国近世戏曲史》的片段译文后，发出了这样的感叹："像这样中国的东西，要赖人家来为我们作史，我们一班学者，在国家的意义上，宁无疚愧？——这层并不是借学问来争意气，而确是一件值得提及的大笑话。"①1933年9月，文学史家卢前也很感慨："我们就以局部来说，在中国一部专门论元杂剧，或明传奇，或皮黄戏，或这二十年话剧运动的书籍，都还没有，这是很可耻的事。譬如从昆腔到皮黄的这一节还要日本青木正儿先生来考证。当我在成都接到青木先生赠与这几篇论文的时候，我很感觉到惭愧和愤恨。"②当时的中国学者不但因为青木此书"感觉到惭愧和愤恨"，在痛定思痛之余，还越发意识到由国人自己编著戏剧史的必要性。1934年11月，程砚秋坚定地说："中国的问题需要中国人自己来解决，同样地，中国的戏剧史还非中国人自己来着手编著不可！"③此后，果然涌现了一批中国人自著的戏曲史。据说，这些史著或多或少受到了青木《支那近世戏曲史》的影响。④

目次：

---

①岑家梧：《元代的杂剧》，载《现代史学》第1卷第2期，1933年2月。

②卢前：《中国戏剧概论·序》，上海：世界书局，1934年版。

③程砚秋：《清代燕都梨园史料·序》，《程砚秋文集》，北京：中国戏剧出版社，1959年版。

④"三、四十年代，冯沅君作《古剧四考》、《古剧四考跋》，五十年代，胡忌著《宋金杂剧考》，六十年代，陈万鼐著《元明清剧曲史》、孟瑶著《中国戏曲史》，七十年代，钱南扬写《谈吴江派》，都受到《中国近世戏曲史》的影响。"（汪超宏：《一个日本人的中国戏曲史观——青木正儿的〈中国近世戏曲史〉及其影响》，载《戏剧艺术》2001年第3期，第108页）

曲（自明天启至清康熙初年）；第十一章 昆曲余势时代之戏曲（自康熙中叶至乾隆末叶）。

第四篇 花部崛起期：第十二章 花部的崛起和昆曲的衰退；第十三章 昆曲衰落时代的戏曲（附录）明清剧本作者地区分布表。

第五篇 余论：第十四章 南北曲的比较；第十五章 剧场的构造及南戏的夸大；第十六章 沈璟的南九宫十三调曲谱"和蒋孝的"九宫"，"十三调"二谱。

春

李劼人《中国文学史概要》

李劼人（1891—1962），生于四川成都，祖籍湖北黄陂，中国现代具有世界影响的作家之一，也是中国现代重要的法国文学翻译家，知名社会活动家、实业家。原名李家祥，常用笔名劼人、老懒、懒心、吐鲁、云云、抄公、菱乐等，中学时代大量阅读中外文学名著，擅长讲述故事。1912年发表处女作《游园会》，1919年赴法国留学。23岁任《四川群报》主笔、编辑，《川报》总编辑。中华人民共和国成立后曾任成都市副市长、四川文联副主席等职。代表作有《死水微澜》、《暴风雨前》和《大波》。另外，发表了几百万字的各种著译作品。

本书为作者1926年至1930年间任教成都大学国文系时编写的讲义。李劼人曾给在成都大学国文系任教的同事吴虞介绍盐谷温的《中国文学史概论讲话》。据吴虞在日记中记载："李劼人言盐谷温《中国文学概论讲话》，孙俍工译，一厚册，开明书店出版，二元五角。盐谷留学欧洲，与蔡子民同时，在法住十余年。又与叶德辉拜门，专研究中国学"（1929年12月5日）；"李劼人借与予《中国文学概论讲话》一册"（12月6日）。[1]是时李劼人自己编写的《中国文学史讲义》已在课堂上使用。由李劼人对盐谷温之书的推崇可断定，

---

[1]中国革命博物馆整理、荣孟源审校：《吴虞日记（下册）》，成都：四川人民出版社，1984年版，第484页。

他在编写此书时曾受到盐谷温之书的影响。1930年春，李劼人辞去成都大学教职，推荐郑宾于任教该校。郑宾于在《中国文学流变史》下册"序"中说，自己"继续他（李劼人——引者按）所编印的《文学史讲义》而讲授"①。

据作者民国三十七年（1948）五月二十七日填具的履历表载："十五年春至十九年夏任国立成都大学文科教授兼预文科主任。"本手稿中则云"上稿为十八年度之末讲授时所编撰预文科三年级中国文学史概要"。据此可知，本手稿系作者1929年至1930年任国立成都大学文科教授兼预文科主任、为预文科三年级学生讲授《中国文学史概要》时所撰，除作为讲义外，从未刊发。该手稿73页，每页9行，每行字数不拘，无标点，底为红格。自第74页起遗失。正文后有7页半补充文字。②

2011年，李劼人此书收入《李劼人全集》第9卷。

目次：

一、《诗经》以前之文学；二、诗主声与后世说诗；三、删诗及四诗；四、《诗经》内容及分类；五、诗赋之岐；六、古赋与楚骚；七、两汉辞赋；八、骈赋之前期；九、骈赋之成功；十、唐之试赋与赋体散文化；十一、俪语之始与抒情文；十二、骈文之前期与极盛时期；十三、骈文之后期与宋"四六"；十四、《诗经》以后之诗；十五、汉之五言诗；十六、五言之进展补充。

5月

郑振铎《中国文学史（词史）》

郑振铎《中国文学史（词史）》，上海商务印书馆印刷兼发行，1930年5月初版，32开道林纸本，339页，约21万字。卷首有彩色插图，正文中配有黑白插图。王伯祥、叶圣陶、徐调孚等人校勘。

---

① 郑宾于：《序》，《中国文学流变史（下册）》，上海：北新书局，1933年版。
② 李劼人：《李劼人全集（第9卷）》，四川文艺出版社，2011年版，第3页。

本书名为《中国文学史》，其实主要叙述的是唐至南宋期间词的历史，因而只能把它视为断代的专史。据作者自述，他原本打算编写一部显示中国文学史真实面目的文学史，每年出两册，五六年后完成，因故只出了这一册。

本书共分五章、若干节，述及的词人有二百多人。第三章是全书的亮点。作者在这一章中把"敦煌的俗文学"列为词史的重要阶段，介绍、评析了敦煌文库新发现的数种俗文学及其对中国文学的影响。

目次：

法》俗文；俗文的三体裁；变文的作者为民间文人；《舜子至孝》变文；《大目犍连冥间救母》变文；《列国传》；《明妃曲》；俗文与变文的影响。

第四章　北宋词人：歌词的流行；词的黄金时代；北宋词的三个时期（第一时期的词人徐昌图等，晏殊范仲淹、欧阳修、张先、晏几道、宋祁张升等，王安石、林逋、韩琦等；第二期的词人柳永、苏轼、苏门四学士、黄庭坚、秦观、晁补之、张耒、贺铸、李之仪、陈师道、毛滂、程垓、谢逸、周紫芝、晁冲之、陈克等，葛胜仲与张舜民、赵令畤、王诜、王安礼、安国及王雱、苏过、秦观、魏夫人、米芾等；第三期的词人周邦彦、三英集、晁端礼、万俟雅言、吕谓老、向子谭、曹组等，汪藻与李邴、向镐、朱敦儒、王灼、刘一止、陈与义、吴则礼、李吕、徐伸等、赵佶、李清照）。

第五章　南宋词人：南宋词人的三个时期（辛陆以前的作家赵鼎、岳飞、张元干、曾觌、康与之、张孝祥、辛弃疾、陆游、张抡、范成大、葛立方、杨万里、朱熹、陈同甫、岳珂、刘过、赵端彦、胡铨等，黄公度、吴儆、李光等、姜夔；第二期的词人卢祖皋、高观国、史达祖、吴文英、黄机等、吴潜等，杨冠卿、韩淲、张辑、王炎、程泌等，戴复古、赵以夫、魏了翁、姜特立、李好古、郭应祥、朱淑真、吴泳等；第三期的词人蒋捷、周密、张炎、王沂孙、陈允平、刘克庄、赵孟坚、赵崇嶓、何梦桂、卢烘、许棐、汪元量、柴望、陈著、刘学箕等，刘辰翁、李彭老、莱老、陈德武、汪梦斗、文天祥、邓剡、唐珏、石孝友等，赵必象等）。

〔日〕儿岛献吉郎著、胡行之译《中国文学概论》

儿岛献吉郎著、胡行之译《中国文学概论》，上海北新书局印行，1930年5月初版，道林纸毛边本，1933年4月三版，报纸本，32开，340页，14万余字。

本书据儿岛献吉郎《支那文学概论》译成，分四篇，共三十四章、若干小节。书后"附录"为译者所著，自贵族文学与平民文学起，至"整理国故"运动止，分十一节叙述。据译者言，原著偏重于古文、侧重于贵族文学，故而译者自己作了若干补述，刊作"附录"。

隋树森曾在《晨报副刊》发表书评，认为胡行之此书"译得最糟"。以隋、胡二人翻译的儿岛氏《支那文学概论》而言，隋著确实比胡著忠实于原著，而且语言更流畅。

全书第一至四篇属于文学概论；"附录"由十一篇论文组成，系胡行之所著，分别论述了1917年至1930年间的新文学史。倘若仅从文学史写作的角度而言，"附录"反倒比正文出色，其论述虽简要，却叙述新文学史大致无误。

目次：

第一篇　序论：一、文学底本质及实体；二、文学底价值及功用；三、文学与时代；四、文学与政治；五、文学与道德；六、文学与宗教；七、文学与气候风土。

第二篇　内容论：八~九、理智与感情；十、主观与客观；十一、悲观与乐观；十二~十三、理智文学；十四~十六、感情文学；十七、诗人底人格；十八、诗人底态度；十九、诗人与大自然；二十、诗人与雪月花；二十一、诗人与酒；二十二、诗人与美人。

第三篇　形式论：二十三、形式底区别；二十四、诗人同轨；二十五、诗人殊途；二十六~二十七、句法；二十八、篇法；二十九、诗底三体；三十、文底三体；三十一、赋与骚；三十二、词与曲。

第四篇　结论及余论：三十三、结论；三十四、余论。

附录：一、贵族文学与平民文学；二、死文学与活文学；三、文学革命与白话文学；四、新诗；五、短篇小说；六、散文与小品；七、政论文与宣传文；八、革命文学；九、介绍及翻译；十、"整理国故"运动；十一、结论。

8月

欧阳溥存《中国文学史纲》

欧阳溥存，字仲涛，江西丰城人。《中国文学史纲》，1930年8月商务印书馆印行初版，1938年11月第五版，32开平装本，236页，约8万字。1976年9月中国台湾学生书局据此版本重新印行，大32开，236页。

封面印有"中等以上学校用"字样，可见是供中等学校讲习用的教材。著述体例比较成熟，采用了完整的章节体，每章先总后分；纲目清晰，以朝代为经、文体为纬。

全书分上、下两卷，上古、中古、近古、近世共四编，起唐虞，迄清代，共十九章、七十五节；卷首为"绪论"，所述范围，上自诸子百家，下至小说词曲，中国古代文学中各种主要的文体都有述及。

目次：

节 史志及小说，第四节 抱朴子，第五节 陆潘张左，第六节 陶潜，第七节 苏蕙）；第十一章 南北朝文学（第一节 宋文学，第二节 南齐文学，第三节 梁文学，第四节 陈文学，第五节 北魏文学，第六节 北齐文学，第七节 北周文学）；第十二章 隋文学（第一节 隋初文风，第二节 作家及唐文之肇端；第三节 隋世重大著作）。

卷下

第三编 近古文学史

第十三章 唐文学（第一节 诗文体格之变迁及各种学术之发达，第二节 注疏之文，第三节 史籍类书小说，第四节 骈文古文，第五节 诗家，第六节 佛教文）；第十四章 五代文学；第十五章 两宋文学（第一节 道学与文学之关系，第二节 宋人征实之学，第三节 古文六大家，第四节 诗三大家，第五节 词家，第六节 宋人于文学上之创作）；第十六章 辽金文学；第十七章 元文学（第一节 元人诗文总集及史部名著，第二节 元代作家，第三节 南北曲章回小说）；第十八章 明文学（第一节 总论，第二节 古文家，第三节 诗家，第四节 戏曲，第五节 八股文）。

第四编 近世文学史

第十九章 清文学（第一节 清代文学昌盛之由，第二节 古文家，第三节 诗家，第四节 骈体文家，第五节 词曲小说，第六节 考证及翻译）。

10月

张宗祥《清代文学》

张宗祥（1882—1965），名思曾，后改名宗祥，字阆声，别号冷僧，别署支那志士、铁如意馆主，浙江海宁人。《清代文学》，上海商务印书馆1930年10月初版，32开道林纸本，65页，约3万字。1989年，上海书店将之收入"民国丛书"第五编影印出版；2001年，将之收入《中国大文学史（下册）》

出版。

本书为"万有文库"之一，叙述自清初至宣统，以朝代为纲、文类为纬。第一章"绪论"论历代文学变迁大势及规律，认为文学发展变化既与时俱进，又受文学内部自身规律制约，还与"特立不受拘束者"的创作密切相关。此外，作者还指出了历代文学发展过程中存在的一些普遍规律，如"文章之士必以学问为根据"，"自唐以下，文始有派"。①第二章"清初文学概述"，先述明末清初士风与文风，指出明代遗民实为"清代文学开国之元勋也"②，接下来分别介绍顾炎武、黄宗羲、王夫之、侯方域、魏禧、钱谦益等代表作家之简要生平与文学实绩。作者表彰顾炎武、黄宗羲"眷念故国"的遗民精神，却对钱谦益有褒有贬："牧斋天才卓越，学力充实。诗文雄深哀艳，无奇不备；侪辈又居国初诸士之先，奉为一代正宗，当之实无愧色。徒以晚节猖披，贻讥士林；且乾隆帝列之《贰臣传》中。"③作者在评价钱谦益时，如此褒其诗文而贬其行为，既实事求是，也体现了辩证眼光，确实难得。第三章"乾隆文学概述"认为，乾隆帝"专尚华辞，独喜赋颂，且去清初渐远，文习渐以华丽"④。由于乾隆的提倡，上行下效，乾隆朝的文学以华丽为特色，如袁枚"惊才侧艳"、胡天游"尤擅骈丽"、洪亮吉"亦尚骈丽"⑤。除了崇尚华丽骈偶的一派，还有"薄之而不为"的戴震、段玉裁、王念孙，"正之思复古"的桐城派方苞、刘大櫆、姚鼐等。难得的是，作者还介绍了独立于这些派别之外、具有文学个性的一些作家，如"贯穿事理，成一家之言"的唐大陶、"以良史之才，擅文章之能事"的全祖望等。尤须提及，作者认为"文字鼓吹之力，亦足以左右世变，而光绪之季实乃文体解放之发动期"⑥。以光绪后期作为"晚近文体解放之发动期"，这显然受到了陈子展以戊戌维新作为近代文

①张宗祥：《清代文学》，上海：上海书店，1989年影印本，第1页。
②张宗祥：《清代文学》，上海：上海书店，1989年影印本，第3页。
③张宗祥：《清代文学》，上海：上海书店，1989年影印本，第12页。
④张宗祥：《清代文学》，上海：上海书店，1989年影印本，第16页。
⑤张宗祥：《清代文学》，上海：上海书店，1989年，影印本，第16、17页。
⑥张宗祥：《清代文学》，上海：上海书店，1989年，影印本，第45页。

学开端的影响。但，与胡适、陈子展等对晚近文学评价较低不同，张宗祥推许梁启超"行文充裕畅达，略无遗义"，"为清代文学改革之功臣"[1]，而林纾的翻译"精彩奕亦，自标风味"[2]，其人"能为古文辟一种新境界，非特可为介绍西洋近世文学之第一人，实足以开中国古文学应用之新纪录"[3]。这些评价，在今天看来，仍是妥切的。

本书虽论及骈文、古文、诗、词，却以大量篇幅叙述文章，戏曲仅在清词部分附带述及，故实际等同于一部清代散文简史。全书以作家生平介绍和创作风格概括为主，作为文学史，既缺少对作品的深入分析评价，更缺乏对各时期文学发展渊源的探讨及其过程的梳理。尽管如此，本书却是民国时期出版的唯一一部比较全面的清代文学史。[4]

目次：

第一章　绪论；第二章　清初文学概述；第三章　乾隆文学概述；第四章　嘉庆文学概述；第五章　道光文学概述；第六章　咸同文学概述；第七章　光宣文学概述；第八章　清诗概述；第九章　清词概述（附戏曲）；第十章　结论。

郑宾于《中国文学流变史》

郑宾于，字孝观，四川酉阳人。《中国文学流变史》，北新书局印行，分上、中、下三册。上册1930年10月初版，次年再版，1936年8月第三版；中册1931年2月出版，1936年8月再版；下册1933年11月初版，1938年8月再版（卷前增加经过修改的原载于上册的"前论"）。三册均为24开，三册之正文共1295页（上册322页、中册484页、下册489页），总计67万字。每册卷

---

[1] 张宗祥：《清代文学》，上海：上海书店，1989年，影印本，第48页。
[2] 张宗祥：《清代文学》，上海：上海书店，1989年，影印本，第50页。
[3] 张宗祥：《清代文学》，上海：上海书店，1989年，影印本，第51页。
[4] 民国时期共出版过两种通论性质的清代文学史论著，即张宗祥《清代文学》、钱基博《清代文学纲要》。其中，钱著叙述极其简略，仅5000字。另有清代诗、词等分体史和专题史数种。

首都有作者的"序"和写于1926年2月的"前论"。

本书系北新书局"文学史丛书"之一，上册"前论"末注"一九二六年二月于国立中俄大学"，"序"末标注"十七年四月七日郑宾于于上海"，说明上册的编纂开始于1926年2月，完成于1928年4月上旬；中册的"第一页"末注"一九二九，五，七。宾于在上海善钟路"，说明中册完成于1929年5月；下册的"序"中说："民国十五年的夏天，初在福建写成了第七章中的第一节"，说明下册动笔于1926年夏天，又说："直到昨天，此项工程始完全告竣"，而此"序"作于"一九三二年二月十六日"，说明下册完成于1932年2月15日。编者曾先后以此讲义在北平中俄大学、福建协和大学、成都大学讲课。上、中两册偏重于战国两汉之间的秦、六朝及五代，下册着重于词。作者原来打算全书分四册，但仅见前三册，第四册未见出版。

本书在编写过程中具有明显的问题意识，作者带着对中国古代文学史流变的若干问题进入写作，因而本书在体例上"重在文学本身的系统之流变，而不以朝代的更替划分"（《题语》）。书中颇有新奇乃至骇人之语，比如"题语"中指出，当时流通于坊间的多数文学史是"国学史"或"国故史"；又，第一章中认为"孔子不曾删诗"、"风雅颂是声乐部分之名，或者竟是汉初众人自以己意分别之名目"、"《周南》、《召南》都是'楚风'"，第二章提出"春秋战国时代的文学有南北二派：北派的代表是荀卿李斯，南派的代表之屈原宋玉之徒"，所以"书中特地标出'荀卿的赋'和'荀卿的诗'两个题目来一新文学史上的耳目，这是前人从未见到过的"，第三章致力于解决"汉代的三四五六七言诗究竟是怎样的产出"、"古诗十九首的作者到底是谁"等问题。在第六章（中册），作者为唐代蜀中女诗人薛涛翻案，不仅纠正了历来认为薛涛是"妓女"的错误，还对她的诗歌给予很高的评价。

当然，书中也存在不少认识上的错误，比如，论辞赋只及北赋即荀赋、南赋即屈宋赋，论汉代文学只论诗而不论赋，显示了作者对赋及其作家的轻视。而更严重的错误，是作者片面依循进化论文学史观，由"文学的源流派别是有变迁和因革的"，把中国文学的流变，简单地视为"诗之流为赋，演为唐律，再变而为宋词元曲；散文之演为各家各派的古文以及杂文小说之类"的过程，因而书中"叙诗止于唐，词止于宋，曲止于明而流于清"，甚至得出"文学本是时代的产物，当前的便是活的，以往的便是死的"的结论。① 此外，书中还有不少排印错误，详见第三册即卷三附录"中国文学流变史前两册之'正误'"。

目次：

---

① 郑宾于：《中国文学流变史·题语（上册）》，上海：北新书局，1930年版。

B、论楚辞之渊源）；二、屈原及其作品（A、屈原到底有无其人：a.屈原的身世，b.对于怀疑屈原说的判决；B、屈原的讨论：a.屈赋的篇数问题，b.招魂的作者问题，c.篇数的先后问题和真伪问题；C、论天问；D、论离骚；E、九歌九章与远游：a.九歌，b.九章，c.远游）；三、宋玉景差唐勒（A、宋玉：a.假托的宋玉赋；B、九辩与招魂：a.九辩，b.招魂，c.余说；C、景差的大招与唐勒：a.景差与大招，b.唐勒与其作品；D、楚辞的文艺，E、本章的综结）。

附录：一、论三百篇的风诗问题；二、读诗辨说——写在《论三百篇的风诗问题》之后。

诗的原委（第三章、第四章、第五章、第六章）。

第三章 诗的再造时期

第一节 两汉的徒歌：一、论三言四言五言六言七言诗之产生出底先后（A、自然产生出的徒歌；B、形式整齐的徒歌：a.唐山夫人的三言四言及三七杂言，b.韦孟的四言，c.柏梁台和乌孙公主的七言，d.苏李和卓文君的五言，e.赵飞燕的六言）；二、论三言四言五言六言七言诗的继起〔A、三言（苏伯玉妻的盘中诗）；B、四言（王昭君怨诗及傅毅迪志诗等）；C、五言（班婕妤的团扇、赵壹的疾邪、张衡的同声、蔡邕的翠鸟等）；D、六言（孔融的"汉家中叶道微"等）；E、七言（王逸的琴思楚歌等）〕；三、古诗十九首（附《兰若生春阳》一首）〔A、十九首的作者问题；B、十九首产生的时代；C、西门行与生年不满百的关系（采诗入乐的又一证）；D、十九首自身的文学价值〕；四、其他的古诗（A、古诗与汉代社会；B、玉台新咏的古绝；C、孔雀东南飞：a.诗的评价与本事，b.孔雀东南飞底时代，c.孔雀东南飞的字句问题，d.前人对于孔雀东南飞的评价）；五、西汉的歌谣与时俗。

第二节 西汉的乐歌：一、乐府之成立；二、乐府之类别（A、郊庙歌辞；B、鼓吹曲辞；C、相和歌辞：a.相和曲，b.叹吟曲，c.平调曲，d.清调曲，e.瑟调曲，f.楚调曲，g.大曲；D、舞曲歌辞；E、杂曲歌辞；F、杂说：a.什么是歌谣，b.乐府中亡失曲调的四调，c.司马相如的琴歌）。

中册

第四章　诗的拓展期——南北朝迄隋

约当西历纪元四二〇至六一七年，即宋武帝永初元年至隋恭帝义宁元年也。

第一节　建安黄初和正始——曹操与曹丕：一、建安体与黄初体（1.曹植，2.王璨，3.陈琳，4.徐干，5.刘桢，6.阮瑀，7.应场）；二、正始体（A、应璩何晏：a.应璩，b.何晏；B、竹林七贤：a.嵇康，b阮籍，c.刘伶）；三、吴蜀的诗人和三国的谣词（A、蜀诗人：1.诸葛亮，2.秦宓；B、吴诗人；C、谣辞：1.曹魏的谣辞，2.吴的谣辞；D、曹魏诗坛的总结）。

第二节　两晋的诗坛：一、两晋的太康体——三张二陆两潘一左（A、张陆潘左：1.张载，2.张协，3.张亢，4.陆机，5.陆云，6.潘岳，7.潘尼，8.左思；B、张华傅玄：1.张华，2.傅玄）；二、刘琨郭璞与陶潜（东晋）〔1.刘琨（卢谌附），2.郭璞，3.陶潜〕；三、魏晋的女诗人和谣曲（A、女诗人；B、谣辞）。

第三节　魏晋的乐歌：一、演奏的乐府（1.郊庙的歌辞，2.燕射的歌辞，3.鼓吹曲辞，4.横吹曲辞，5.相和歌辞，6.清商曲辞，7.舞曲歌辞，8.琴曲歌辞，9.杂曲歌辞）；二、形式的乐府（1.曹家父子，2.陈琳，3.傅玄与陆机）。

第五章　诗的迭变与翻新

第一节　北朝的诗系：一、北魏宗室的诗商（A、孝文联句和诸宗室篇章；B、北魏的新旧两诗派：1.旧派的扬固，2.新派的萧统温子升；C、北魏的对偶与律绝）；二、北齐的邢魏及其他诗人（1.邢子才，2.魏收，3.其他诗人）；三、北周的诗人王褒庾信（1.王褒，2.庾信）。

第二节　南朝的诗系：一、宋代的元嘉体（1.颜延之，2.谢灵运，3.谢宪运，4.汤惠休，5.鲍照，6.鲍令晖）；二、齐梁的永明体与宫体（A、萧梁父子：1.梁武帝，2.梁简文帝，3.湘东王；B、永明体：1.谢朓，2.王融，3.沈约，4.范云，5.江淹，6.周颙，7.何逊，8.刘孝绰，9.张率，

10.王筠，11.吴筠；C、宫体诗：1.徐摛，2.庾肩吾）；三、陈隋宫体之变本加厉与起伏之状态（A、齐梁宫体的余势：1.徐陵，2.阴铿，3.张居见，4.周弘正；B、陈后主与江总：1.陈后主，2.江总，3.其余的作家；C、宫体诗的繁演：a.杨素的复古，b.统一文学的反动，c.宫体诗的作家）。

第三节　南北朝及隋的乐府：一、郊庙歌辞；二、燕射歌辞；三、鼓吹曲辞；四、横吹曲辞；五、相和歌辞；六、清商曲辞（A、吴声歌曲；B、西曲歌；C、齐梁的共戏乐和杨叛儿；D、梁武帝的改制与创作——《江南弄》与《襄阳踏铜归》；E、陈后主的新声——《玉树后庭花》；F、隋炀帝的新声——《泛龙舟》和《春江花月夜》）；七、舞曲歌辞（1.宋的，2.齐的，3.梁的，4.北齐的，5.隋的）；八、杂歌谣辞（A、南北歌谣的特质；B、总结——南北朝及隋）。

第六章　诗之隆替时期

一、唐诗兴盛的原因；二、四唐与三唐。

第一节　唐的初期诗派：一、六朝的余势（A、李百乐、长孙无忌、李义府、王绩、唐太宗、武则天；B、魏征与十八学士）；二、四杰的"当时体"；三、上官宫体与沈宋的诗律（A、唐律是怎样起的？B、上官主孙的试卷诗；C、成就律诗的沈宋）；四、所谓珠英学士与陈子昂。

第二节　盛唐诗业的郁茂：一、三个古董诗人——张说苏颋张九龄；二、集大成的李白杜甫；三、盛唐的北方诗人（A、所谓田园诗人？B、岑参高适及其流辈）。

第三节　大历元和的诗人：一、矫古的诗人——论沈千运等；二、后期的田园诗人；三、大历十才子的台阁体（A、十才子的台阁体；B、台阁体的例外）；四、诗的白话化。

第四节　晚唐诗的终了——小论　诗到晚唐所以终了的原因：一、浅近作家的诗风；二、香奁体的作者和格律诗人（A、香奁集与香奁体；B、格律诗人）；三、温李与许郑（A、温庭筠与李商隐；B、许混与郑谷）。

第五节　乐府歌与木兰诗：一、古诗与乐府；二、唐诗与乐府；三、木兰诗——木兰是否果有其人？和木兰诗的时代底决定。

下册

词（新体诗）的历史——约当于西历纪元九〇七年至一二七六年，即梁太祖开平元年至宋恭帝德祐二年。

第七章　词的创始时期

第一节　词的胚胎：一、什么是词；二、"词"与"诗"的区别（甲、关于格式方面的区别；乙、关于原理方面的区别）；三、词的起源；四、六朝时的长短句；五、唐词的演化及其长大。

第二节　词的酝酿与进展：一、晚唐五代之词观（A、词的评价；B、时势与环境；C、题词调名缘起的讨论）；二、北方的中原（总五代言之）；三、西方的西蜀（前蜀后蜀）；四、东南的闽越；五、中部的荆南；六、南方的淮南（吴暨南唐，此为南方之一）；七、南方的楚与南汉（此为南方之二）。

第八章　词的光大及衰歇

第一节　总论：一、宋词大成的原因；二、宋词发达的普遍现象；三、两宋词与唐末五代词的区别；四、宋词时代区分的讨论。

第二节　宋北派词之豪放及其流行——引论　北派豪放词的价值：一、北宋时期（A、绪说；B、北派词之始大：a.苏东坡之开山，b.调启东坡之王安石，c.苏门词人之接武；C、时人之倡诱；D、北派词之中兴）；二、南宋时期（A、南渡后北派词之继兴；B、南渡后北派词之极盛；C、南渡后北派词之回光返照：a.晚宋称霸之刘后村，b.日落西山之余势）；D、宋亡以后的呼声。

第三节　宋南派词之婉约及其流衍——引论　南派婉约词之评价：一、北宋时期　北宋南派词之蓬勃代表作　初期承渐之概略……钱维演等（A、晏氏父子之继往开来；B、欧阳修之雅览；C、张先词之承启；D、慢词大倡之柳永；E、步武柳七之秦观；F、抗衡秦观之贺铸；G、提举大晟乐府之周美成；H、其他的词人）；二、南宋时期　引论　论到赵鼎与向镐（A、功盖清真之姜夔——南宋词坛之宗匠；B、规模周姜之高史；C、词的厄运；D、词运衰歇以后突起之宗师——张炎；E、其他的词人）。

第四节　论宋词之所以亡：一、由于"寿词"之流行；二、由于歌法之失传；三、由于音律之牵拘；四、由于词调之"有题"；五、由于铸就型范之弊；六、由于曲调之代兴。

11月

谭正璧《中国女性的文学生活》

谭正璧《中国女性的文学生活》，上海光明书局1930年11月初版，1931年8月补正再版，32开道林纸本，分纸面和布面两种，554页（补正64页），约24万字（补正的内容约3万字）。

作者在"自序"中说，写作本书缘于"女性地位之窳弱"，"为男性者，当本'同为人类，悲乐与共'之旨而扶掖之，赞勉之"。又说"女性文学史者，女性生活史之一部分也。但历来人人均知女性生活之殊异于男性，独对于文学乃歧视之"，故作者希望本书能引起人们对女性文学生活的注意。

在本书之前，已有谢无量《中国妇女文学史》和梁乙真《清代妇女文学史》，但二者的文学观念未能脱旧有藩篱，主要叙述辞赋和诗词，不以小说戏曲弹词为文学，故其所述，褊狭、遗漏较多。本书持20世纪30年代初期的"纯文学"观，除了诗赋、乐府、词，还用比较大的篇幅叙述宋代以后的戏曲和小说弹词。

全书分七章，从汉晋诗赋迄于明清，共五十一节。1931年8月，以出版纸型重印，补正十七节，是为"补正再版本"；1935年7月，作者增删若干篇幅，改书名为《中国女性文学史》由光明书局印行（详后）。

目次：

第一章　叙论：一、女性生活；二、女性与文学；三、中国的女性文学。

第二章　汉晋诗赋：一、诗赋的来源；二、卓文君；三、塞外哀鸿；

四、班门两圣人；五、蔡琰；六、徐淑；七、左芬。

第三章　六朝乐府：一、乐府的来源；二、子夜；三、华山畿；四、包明月与王金珠。

第四章　隋唐五代诗人：一、律诗的来源；二、侯夫人；三、宫闱诗人；四、武曌；五、红叶与纴衣；六、李冶；七、鱼玄机；八、杨容华与步非烟；九、薛涛；十、刘采春；十一、花蕊夫人。

第五章　两宋词人：一、词的来源；二、萧皇后；三、李清照；四、魏夫人与孙夫人；五、吴淑姬；六、朱淑真；七、严蕊；八、张玉娘；九、管道升。

第六章　明清曲家：一、曲的来源；二、黄夫人；三、叶小纨；四、梁夷素；五、阮丽珍；六、林以宁；七、王筠；八、吴藻；九、姜玉洁与吴逸香。

第七章　通俗小说与弹词：一、通俗文学的来源；二、汪端；三、陶真怀；四、陈端生与梁德绳；五、侯芝；六、邱心如；七、程蕙英。

〔日〕儿岛献吉郎著、张铭慈译《中国文学概论》

〔日〕儿岛献吉郎著、张铭慈译《中国文学概论》，上海商务印书馆1930年11月初版。

目次（详见儿岛献吉郎《支那文学概论》或其他中译本）。

12月

胡云翼《唐诗研究》

胡云翼《唐诗研究》，上海商务印书馆1930年12月印行，1933年1月"国难后"第一版，32开，203页，约9万字。

本书为王云五主编"国学小丛书"之一。严格地说，本书不是文学史著，但其中部分章节可视为文学史。第八章附录的"诗人小传"，据《全唐诗》收入600多名诗人，篇幅占全书三分之一强。

目次：

第一章　导言；第二章　唐诗的来源及其背境^①；第三章　唐诗的第一时期；第四章　唐诗的第二时期；第五章　唐诗的第三时期；第六章　唐诗的第四时期；第七章　唐代妇女的诗；第八章　附录。

胡云翼《宋诗研究》

胡云翼《宋诗研究》，上海商务印书馆1930年12月印行，32开，240页，10万余字。1933年4月"国难后"第一版，1935年5月"国难后"第二版。书末有跋。

本书是作者继《唐诗研究》之后，应商务印书馆王云五之约而编写的又一本专著，也是"国学小丛书"之一。书稿已成一半后毁于战火，本书系作者重写而成。关于本书写作目的，据作者说，是因为："摆在历史上七百年了的宋诗，除了诗话家照例加以一些支离破碎的所谓批评，和文学史家照例在他们的大著里面搁这么一章人云亦云的宋诗外，关于宋诗的系统的整个的研究著作，据我所知，似乎还没有。"^②

全书按两宋时期分成上、下篇，共二十章。上篇十二章，论宋诗特色及北宋诗，下篇八章，总论南宋诗及宋诗之弊。全书述及两宋三百多年的重要诗人、诗派及其地位、作用，可谓中国第一部宋诗发展简史，与钱钟书《谈艺录》、梁昆《宋诗派别论》并为民国时期学术价值和影响最大的三部宋诗研究著作。

上篇对宋诗特色与成就的评价，总体上客观公允。如第一章"唐诗与宋诗"，比较唐宋诗歌优劣，这是宋诗研究无法绕过去的一道坎。作者认为，宋诗消失了唐诗的许多特色，如"宋诗消失了唐代那种悲壮底边塞派的作风了"，"宋诗消失了唐代那种感伤底社会派的作风了"，"宋诗消失了唐代那种哀艳底闺怨诗的作风了"，"宋诗消失了唐代那种缠绵活泼底情诗的作风

---

①原书目录和正文均写为"背境"，今作"背景"。
②胡云翼：《宋诗研究·跋》，上海：商务印书馆，1930年版。

了"。①这种把握令人耳目一新，也与事实大致不差，但宋诗并未绝对"消失
了唐代那种……的作风了"。如北宋使辽诗、南宋使金诗都可视为边塞诗，并
不像作者说的宋代没有了"边塞派的作风"。

作者述评宋代诗人时，既突出名家、重点介绍，也不忽视中小诗人及其
流派。上篇以四章篇幅论述"北宋诗坛的四大权威"，下篇以三章篇幅分别介
绍"爱国诗人陆游"、"田园诗人范成大"、"白话诗人杨万里"，同时辟专章介
绍"苏门诗人"、"反江西派诗人"，其中不乏精准的归纳。如第十九章"宋诗
之弊"将宋诗的缺陷和不足归因于模拟、诗话与诗派三个方面，这是很有见
地的。

由于成书时间仓促，作者对宋诗的研究尚不成熟，书中有一些立论比较
轻率武断。如作者认为，"宋人诗话十之八九是零碎无章地胡说"，"完全束缚
了诗人创作的自由，不让他们的才气充分发展"。②又说，"诗派在中国文学史
上实在是一个很坏的现象"，"这实在是诗坛最堕落的表现，宋诗不幸发生这
么多分歧的诗派，实在是宋诗发展的大障碍，也实在是宋诗的大厄运"。③对
江西诗派的评价比较主观偏激，如"所谓江西诗派也者，完全是个虚名，并
不足以名世"，"江西诗派好的特点实在是没有，坏的特点倒有了一个，就是
学着'黄山谷生涩瘦硬，奇僻拗拙'而变本加厉"。④

目次：

上编

第一章　唐诗与宋诗；第二章　宋诗的背境及其特色；第三章　宋
诗的发达及其派别；第四章　宋诗的西昆时期；第五章　宋诗的革新运
动；第六章　北宋诗坛的四大权威（一）欧阳修；第七章　北宋诗坛的
四大权威（二）王安石；第八章　北宋诗坛的四大权威（三）苏轼；第九
章　苏门的诗人（秦观、张耒、晁补之、文同）；第十章　北宋诗坛的四

①胡云翼：《宋诗研究》，上海：商务印书馆，1930年版，第7~9页。
②胡云翼：《宋诗研究》，上海：商务印书馆，1930年版，第198页。
③胡云翼：《宋诗研究》，上海：商务印书馆，1930年版，第199~120页。
④胡云翼：《宋诗研究》，上海：商务印书馆，1930年版，第98页。

大权威（四）黄庭坚；第十一章　江西诗派；第十二章　北宋诗人补志。

下编

第十三章　南渡的诗坛；第十四章　爱国诗人陆游；第十五章　田园诗人范成大；第十六章　白话诗人杨万里；第十七章　反江西派诗人；第十八章　晚宋诗坛；第十九章　宋诗之弊；第二十章　南宋诗人补志。

本年

沈从文、孙俍工《中国小说史讲义》

沈从文（1902—1988），原名沈岳焕，笔名休芸芸、甲辰、上官碧、璇若等，乳名茂林，字崇文，湖南湘西凤凰人。孙俍工（1894—1962），原名孙光策，又号孙僚光，湖南隆回人。两人合著之《中国小说史讲义》，上海暨南大学1930年初版，16开。

陈玉堂《中国文学史书目提要》把沈、孙二人所著之书分开录入："沈从文《中国小说史讲义》，暨南大学出版，16开本，其他情况尚不详。本目据上海书店内部记录。""《中国小说史纲》，孙俍工著。原书未见，此据胡怀琛《中国小说的起源及其演变》一书的书目附录录存。"[1]事实上，两人所著之书为同一本。20世纪30年代初期，沈、孙都受聘于上海暨南大学，故校方将其文学史讲义合并刊印。沈从文所著部分，先后收入1981年3月至1984年11月由广州花城出版社和三联书店香港分店联合出版的《沈从文文集》（12卷本）及北岳文艺出版社2002年出版的《沈从文全集》（32卷本）。

目次：

绪论（沈从文）、神话传说（沈从文）、汉代的小说（孙俍工）、魏晋南北朝的小说（孙俍工）、唐代的小说（孙俍工）、宋代的小说（孙俍工）、元代的小说（孙俍工）、明代的小说（孙俍工）、清代的小说（孙俍工）。

---

[1]陈玉堂：《中国文学史书目提要》，合肥：黄山书社，1986年版，第241、237页。

李浚之《清画家诗史》

李浚之（1868—1953），号响泉，山东宁津田家乡人。《清画家诗史》，来熏阁印行，1930年初版，木刻线装本，共10册，1000页，30余万字。书内每册卷首附珂罗版插页。1983年中国书店再版，启功题序；1985年台北文成书局分三册影印出版；1990年7月，中国书店整理后作为"海王村古籍丛刊"之一重版，大32开精装本，550页。

李浚之是近代著名书画家，也是著名的美术史学家。李浚之历经25年心血，寻师访友，广事搜集，四易其稿，于1930年辑成《清画家诗史》20卷（正续两集，30万字），广泛辑录清代2000多名画家小传及题画诗4000余首。并自己出资由来熏阁雕刻成木板10行版711块，付诸印刷成本书，花费300两黄金。本书以天干编次，由甲至癸，共20卷，所辑清代画家，既有成名者也包括妇女、释道等为他书所不录者。1983年启功先生为本书再版题序说："响泉先生特立独行，表率近世艺林数十年。昔曾求教，诲示拳拳。所著画家诗史，以人存诗，以诗存画，权衡精密，寄托乃弥。于张浦山、秦谊芬著述之外，别开蹊径，自树风标。论六德于三百年间者。不读此书，不足为知人，又何有于论世、论艺乎？"

目次（略）。

1931年（民国二十年）

1月

陈彬龢《中国文学论略》

陈彬龢（1897—1945），曾用名乐素素、昌蔚，号松轩，江苏吴县人。《中国文学论略》，上海商务印书馆1931年1月印行，1933年10月第二版，32开平装本，122页，约4.6万字。

本书为"国学小丛书"之一，由王五云任编辑主任。主要论述中国文章、诗、楚辞、赋、骈文、辞、曲以及小说等各种文体的起源、特点、分类、派别和修辞手法，因而本书实际上是一部"中国文体史"。用文言文写作，言简意赅，内容简要。

目次：

第一章 绪论：第一节 文章之分类；第二节 文章之体裁；第三节 文学之界说；第四节 文章之运用。

第二章 诗：第一节 诗之起源；第二节 诗之分类；第三节 诗之格律；第四节 诗之修辞；第五节 诗之宗派；第六节 诗之流变；第七节 古体诗；第八节 四言古诗；第九节 五言古诗；第十节 七言古诗；第十一节 乐府；第十二节 近体诗；第十三节 律诗；第十四节 绝句。

第三章 楚辞：第一节 楚辞之来历；第二节 楚辞之篇第；第三节 楚辞之流变；第四节 楚辞之修辞。

第四章 赋：第一节 赋之定义；第二节 赋之起源；第三节 赋之分类；第四节 赋之流变；第五节 赋之派别；第六节 赋之修辞。

第五章 骈文：第一节 骈文之起源；第二节 骈文之沿革；第三

节　骈文之分类；第四节　骈文之修辞。

　　第六章　词：第一节　词之起源；第二节　词之体裁；第三节　词之声调；第四节　词之流别；第五节　词之修辞。

　　第七章　曲：第一节　曲之起源；第二节　词与曲之别；第三节戏曲之沿革与派别；第四节　南北曲之体例；第五节　曲之修辞。

　　第八章　小说：第一节　小说之起源；第二节　小说之沿革；第三节　小说之分类；第四节　小说之修辞。

陆侃如、冯沅君《中国诗史》

　　陆侃如（1903—1978），原名侃，字衍庐，笔名小璧，祖籍江苏太仓，出生于江苏海门。冯沅君（1900—1974），河南唐河人。《中国诗史》分上、中、下三册，大江书铺印行，1931年1月出版上册，同年7月出版中册，12月出版下册，32开道林纸本，共1429页，约50万字。1956年，经两位作者修改校阅，由作家出版社出版了《中国诗史》修订本；1983年人民文学出版社重版；1996年山东大学出版社印制了精装本；1999年百花文艺出版社将其列为20世纪经典学术史之一出版。

　　本书最显著的特点在于取材方面，作者采取人取我弃、人弃我取的方针，这一点多为后世所非议。其实，作者所谓"人取我弃"的材料有两种，一种是常被其他文学史家选取的后人伪作，比如《诗经》以前的"古逸"材料，另一种是每一时代的"劣作"，例如汉以后的"骚"、近百年来的部分诗词；"人弃我取"，指的是"取"那些被一般文学史家认为不重要或非诗的材料，比如作者认为，古往今来的韵文都可视为诗，这也就把一般史家认为非诗的材料（如词和曲）也收入本书。当然，作者扩大了"诗"的范围，并不意味着把有韵的散文（如赋、赞等）、有韵的小说（如佛曲、弹词等）也包括在内。

　　全书分三卷，上卷为古代诗史，由中国诗的起源迄于汉代；中卷为中代诗史，由汉末至唐代，以五七言古近体为主；下卷为近代诗史，由唐末迄清代，以词及散曲为主。卷首"导论"略述本书的材料及分期等问题，卷末有

"附论"，略述现代白话诗及无产诗运动。"导论"、上卷和中卷为陆侃如编写，下卷为冯沅君编写；原稿均为两人在大学任教时的讲义。

目次：

篇四　散曲及其他：章一　导论；章二　马致远、冯惟敏及其他；
章三　张可久、王磐及其他；章四　梁辰鱼、沈璟及其他；章五　附论
小曲、歌谣等。

附论　现代的中国诗

罗根泽《乐府文学史》

罗根泽《乐府文学史》，北平文化学社1931年1月印行，24开，290页，
约11万字，黎锦熙题签。1991年12月上海书店影印出版，与刘经庵《中国纯
文学史纲》合为一册，作为"民国丛书"第三编第54种出版，32开，精装；
1996年东方出版社重版。

本书为罗根泽计划编纂的《中国文学史类编》第二编，因要印单行本，
故题名《乐府文学史》。1929年秋，罗根泽在河南中山大学讲授中国文学史
时，曾打算以外国文学史的编著体例编纂一部《中国文学史类编》，分为歌
谣、乐府、词、戏曲、小说、诗、赋、骈散文共八种类别。之所以这样按类
别分开叙述，是因为罗根泽相信，"一种文学的变迁的原因，和并时的其他文
学的影响，终不及和前代的同类文学的影响大"①。同样因为这个缘故，《乐
府文学史》一书仅考察乐府文学的历史本身，不考虑其他文类与乐府的关系。

作者声称本书"以类为经，以时为纬"、"以类为编，以时为章"。这种著
述体例相对于当时流行的"朝代为经、作家为纬"，可更清晰地呈现文类的发
展脉络，也避免了对文学史作"录鬼簿"式的简单介绍。"以类为经，以时为
纬"、"以类为编，以时为章"是中国文学史写作体例的一个重要创新。不过，
罗根泽的《乐府文学史》并未很好地贯彻这一体例，而且他也不是这种体例
的创始人。盐谷温1919年出版的《支那文学概论讲话》很可能最早运用这种
体例，1929年5月出版的刘麟生《中国文学ABC》也是用此体例编写。据此
推断，罗根泽在1931年提出"以类为经，以时为纬"、"以类为编，以时为
章"，应该受到了前面两本书的影响。

---

①罗根泽：《乐府文学史·自序》，北平：文化学社，1931年版，第2页。

全书分六章、十三节，语言简洁，材料丰富，其中不少今已稀见。

目次：

第一章　绪论：一、乐府之义界；二、乐府之类别。

第二章　两汉之乐府：一、三大乐府（房中歌、郊祀歌、铙歌）；二、乐府古辞及其他（非五言者、五言者、疑非汉歌者）；三、汉代乐府源流变迁表。

第三章　魏晋乐府：一、魏——附吴蜀；二、晋；三、魏晋乐府源流变迁表。

第四章　南北朝乐府：一、南朝（平民创作乐府、文人仿古乐府、附木兰诗作于唐代考）；二、北朝（平民创作乐府、文人仿古乐府）；三、南北朝乐府之异同及其在文学史上之地位（异同、地位）。

第五章　隋唐乐府：一、隋；二、唐（唐代君王之提倡乐府、唐代乐府概论、唐代乐府词人及其乐府词）。

第六章　结论。

2月

刘毓盘《词史》

刘毓盘（1867—1928），字子庚，号掀禽、刘履芬子，浙江江山人。《词史》，上海群众图书公司发行，1931年2月初版，32开，216页，约9万字。1944年11月中国联合出版公司以本书原纸型重版，1985年5月上海书店影印出版。

据书末曹聚仁所作之"跋"，本书原为刘毓盘在北京大学执教时的讲学手稿，曾先后刊印数次，随刊随有更改，至作者晚年才定稿。1928年作者去世后，其门人查猛济、曹聚仁合校付梓（1944年版无序跋）。卷首有查猛济所作"叙"和刘毓盘"自序"。

1919年，刘氏应蔡元培之邀，任北京大学国文系教师，主讲词史课程，开词史研究之先河，据讲义编成本书，虽未正式出版，其抄本在20世纪20年代颇有影响，据曹聚仁说："时人论起中国文学史，必定把先师之《词史》与鲁迅先生之《中国小说史略》相提并论。"①

目次：

江山刘先生遗著目录叙、自序

第一章　论词之初起②由诗与乐府之分；第二章　论隋唐人词以温庭筠为宗；第三章　论五代人词以西蜀南唐为盛；第四章　论慢词兴于北宋③；第五章　论南宋词人之多；第六章　论宋七大家词；第七章　论辽金人词以汉人为多；第八章　论元人词至张翥而衰；第九章　论明人词之不振；第十章　论清人词至嘉道而复盛；第十一章　结论。

〔日〕儿岛献吉郎著、隋树森译《中国文学概说》

隋树森（1906—？），字育楠，山东招远人。他所译之《中国文学概说》，世界书局印行，1931年2月初版，次年12月三版，32开精装，274页，10万余字。1938年11月由开明书店另外印行，32开，199页。1943年11月以"中国文学概论"为书名印行新一版。

本书系日本儿岛献吉郎《支那文学概论》的中译本。全书分序论、内容论、形式论、结论和余论四篇，共三十四章。1933年出版的《浙江省立图书馆馆刊》曾有过评介，认为本书译笔较严谨。

目次（略）。

5月

夏敬观《词调溯源》

夏敬观（1875—1953），字剑丞，号映庵，江西新建人。《词调溯源》，上

---

①曹聚仁：《跋》，刘毓盘《词史》，上海：群众图书公司发行，1931年版。
②陈玉堂《中国文学史书目提要》此处录为"初期"（第220页），应为"初起"。
③陈玉堂《中国文学史书目提要》此处录为"论慢词于北宋"（第220页），应为"论慢词兴于北宋"。

海商务印书馆 1931 年 5 月印行，1933 年 1 月"国难后"第一版，32 开，232 页，约 7 万字。20 世纪 90 年代，收入上海书店"民国丛书"第五类第 54 种影印出版。

本书所录唐宋词牌名，以见于旧籍者为限。作者认为，金元以后的词，大多与曲子夹杂，而明代《九宫谱》，"多不可据，均不采录"。而对于像《唐羯鼓录》、《宋史·乐志》等珍稀古籍中的词牌名，"尽数录取"①。

本书为王云五主编"国学小丛书"之一，共十七章。严格地说，本书并非文学史，但可作为词史的参考材料。

目次：

一、词体得名之始；二、词与音乐密切的历史；三、词所配的音乐始于隋代；四、腔调与律调；五、律之名称；六、七音八十四调；七、郑译演龟兹乐的真相；八、郑译的图；九、事林广记所载的律谱即南宋谱；十、古今谱字表；十一、沈朴笔谈的二十八调谱字与事林广记谱字的比较；十二、图与谱的作用；十三、凌廷堪燕乐考原所论谱字十声只是七声；十四、谱字配律唐宋不同；十五、令慢引近等等的分别；十六、凡词言犯有一定的规则；十七、二十八调的词牌名（宫商角羽各七调）。

8 月

胡怀琛《中国文学史概要》

胡怀琛《中国文学史概要》，上海商务印书馆 1931 年 8 月印行，1933 年 3 月"国难后"第一版，1934 年 9 月第二版，1935 年 4 月第三版，32 开道林纸本，分上、下册，共 319 页，约 18 万字。

本书浅显易懂，是一本文学史普及读物。全书按朝代叙述从先秦至清代的中国文学变迁的大势和特点，概括还算准确。最后两章讲述文学家的故事。共 12 章，32 节。卷首有屈原、司马子长等作家绣像、故居的附图，以及自序。

---

①夏敬观：《词调溯源·叙例》，上海：商务印书馆，1931 年版，第 2、3 页。

目次：

第一章　总论：（一）何谓文学；（二）何谓文学史；（三）何谓中国文学史。

第二章　周以前的文学：（一）中国文学产生的时代；（二）周以前的诗歌；（三）周以前的谣谚；（四）周以前的箴铭；（五）周以前文学界的寂寞。

第三章　周秦的文学：（一）周秦文学变迁的大势；（二）周秦文学的特点。

第四章　汉魏的文学：（一）汉魏文学变迁的大势；（二）汉魏文学的特点。

第五章　晋南北朝的文学：（一）晋南北朝文学变迁的大势；（二）晋南北朝文学的特点。

第六章　唐代的文学：（一）唐代文学变迁的大势；（二）唐代文学的特点。

第七章　宋代的文学：（一）宋代文学变迁的大势；（二）宋代文学的特点。

第八章　辽金元的文学：（一）辽金元文学变迁的大势；（二）辽金元文学的特点。

第九章　明代的文学：（一）明代文学变迁的大势；（二）明代文学的特点。

第十章　清代的文学：（一）清代文学变迁的大势；（二）清代文学的特点。

第十一章　文学作者的故事（上）：（一）绪言；（二）汉魏文学作者的故事；（三）晋南北朝文学作者的故事；（四）唐代文学作者的故事。

第十二章　文学作者的故事（下）：（五）宋代文学作者的故事；（六）辽金元文学作者的故事；（七）明代文学作者的故事；（八）清代文学作者的故事。

胡朴安、胡怀琛《唐代文学》

胡朴安（1878—1947），名韫玉，字仲明，号朴安，胡怀琛之兄，安徽泾县人。胡朴安、胡怀琛之《唐代文学》，上海商务印书馆1931年8月初版，1933年3月"国难后"第一版，32开，70页，约3万字。

本书为王云五主编"百科小丛书"之一。作者自称本书"是供给初步研究文学的人"，"是给读者知道唐代文学全体的大概情形"，"一方面是矫正沿袭的错误，一方面也不故意的创立新说，动人听闻"。①

关于唐代文学的分期，作者认为"四唐说"（初唐、中唐、盛唐、晚唐）只针对诗歌而言，不包括散文，不妥。故提出"三唐说"（初唐、盛唐、晚唐），"把诗与散文及小说等一切文学作品，都包括在内"。②而唐代文学的文体，作者也认为不是三种（诗歌、小说、戏曲），而应该包括五种，即诗歌、小说、戏曲、抒情散文、杂文。本书便按照这五种文体分别叙述。对于那些不能归入这五种文体的唐人文章，作者予以剔除在"文学"之外。如韩柳集中的论说、序、跋、传记，刘知几的《史通》，陆羽的《茶经》，李商隐的《杂纂》，科举应试的诗赋，等等，都"不能说是文学"。③作者显然是根据20世纪30年代的"纯文学"观来遴选唐代文学作品。

全书十章，不分节。

目次：

> 第一章　绪论；第二章　唐代文学一览；第三章　唐代的诗歌；第四章　唐代的小说；第五章　唐代的戏曲；第六章　唐代的抒情散文；第七章　唐代的杂文；第八章　唐代文学与外国文学的关系；第九章唐代文人的轶事；第十章　研究唐代文学的书目。

吕思勉《宋代文学》

吕思勉（1884—1957），字诚之，江苏常州人。本书由上海商务印书馆

---

① 胡朴安、胡怀琛：《第一章　绪论》，《唐代文学》，上海：商务印书馆，1931年版，第2页。
② 胡朴安、胡怀琛：《唐代文学》，上海：商务印书馆，1931年版，第8页。
③ 胡朴安、胡怀琛：《唐代文学》，上海：商务印书馆，1931年版，第10~11页。

1931年8月初版，1933年3月"国难后"第一版，32开，120页，约5.7万字。

吕思勉是著名的历史学家，早年学术视野兼及文学和美学。历史学家编写文学史，势必与文学专业科班出身者有所不同。吕思勉把中国文学史分作四个时期："第一期断自西周以前，第二期自东周至西汉，第三期自东汉至南北朝，第四期自隋唐至清。"①本书虽主要叙述宋代文学，吕思勉却并非就事论事，而是将宋代文学置于中国文学发展脉络上予以观照，这种学术视野致使全书具有强烈的"历史"感。例如，论宋代小说，作者将之与唐代小说相比较，并探究二者各具特征的原因：

> 笔记文言体小说，在古代实用以志琐事，至唐乃有寓意之作，而仍与前二者相杂，宋代因之……然宋小说亦有与唐异者。大抵唐小说崇尚词采，而不甚借以说理；其记事，亦不如宋小说之质。此由唐为骈文盛行之时，宋为散文盛行之时也。②

本书为"百科小丛书"之一，也是王云五主编"万有文库第一集一千种"之一，是一本普及性读物。全书共六章，按文体叙述。

目次：

第一章　概述；第二章　宋代之古文；第三章　宋代之骈文；第四章　宋代之诗；第五章　宋代之词曲；第六章　宋代之小说。

10月

周毓英《文学常识（上）》

周毓英《文学常识（上）》，上海神州国光社印行，1931年10月初版，出版者曾献声。24开，71页，约1.7万字。

---

① 吕思勉：《宋代文学》，上海：商务印书馆，1931年版，第1页。
② 吕思勉：《宋代文学》，上海：商务印书馆，1931年版，第118~119页。

周毓英（1900—1945），作家，笔名菊华等，江苏宜兴人。1928年在上海和张资平合办乐群书店，出版《乐群月刊》。出版有《苦囚杂记》、《新兴文艺论集》等。

本书系供初中生课外阅读之参考书，目的在于使读者了解中西文学之概要，培植国学及新文学之根基。

全书分上、下两册，"上册专门讨论中国文学之特质、内容、变迁及研究方法，下册叙述西洋文学常识"（《例言》）。因而，上册大半部分内容属于"中国文学史"。

目次：

第一章　绪言：第一节　文学与国学；第二节　文字学（小学）；第三节　怎样研究中国文学。

第二章　经与散文：第四节　经；第五节　散文；第六节　辞赋及骈体文。

第三章　史学与子学：第七节　史学；第八节　子学。

第四章　诗词：第九节　诗的起源；第十节　汉魏六朝诗；第十一节　唐诗及宋诗；第十二节　词。

第五章　小说及戏曲：第十三节　小说；第十四节　戏曲。

本年

许啸天《中国文学史讲座》

许啸天（1886—1946），名家恩，字泽斋，号啸天，浙江上虞人。《中国文学史讲座》，上海红叶书店1931年初版。此为许氏"中国文史哲学讲座"系列之一。

目次大体为：概论；先秦文学；两汉辞赋；魏晋文学；唐文学；宋文学；元文学；明清文学；近世文学；结论。

任讷《散曲概论》

任讷《散曲概论》，中华书局1931年印行，上、下两卷。本书系任氏编著"散曲丛刊"（中华书局1931年刊行，共15种）之一。

任讷即任中敏（1897—1991），中国著名词曲学家、戏曲理论家、敦煌学家，曾用笔名二北、半塘，江苏扬州人。任讷毕生从事戏曲史、戏曲理论和唐代音乐文艺的研究，主要撰著有《敦煌曲初探》、《敦煌歌曲校录》、《唐戏弄》、《教坊记笺订》、《优语集》、《唐声诗》、《敦煌歌辞总编》、《隋唐五代燕乐杂言歌辞集》等。

作者自谓本书"乃于全部散曲，求得一概观也……可以作简要之散曲史观"。其中，下卷"派别"部分论及小曲颇有新意，为他书所罕见，兹录如下：

> 此外当时有所谓才士之曲者，如王世贞、汪道昆、屠隆等之散曲皆在内，则全非当行，王骥德已辟之，无足论矣。惟尚有小曲一派，为不可不述者。小曲之音调兼源于南北曲，而文字则得于北曲者独多，其声所及，昆腔以后之各家小令，无一不受其影响者，即康冯辈之小令中，亦每存小曲面目也。陈宏绪《寒夜录》纪卓珂月之言，曰我明诗让唐，词让宋，曲让元，庶几吴歌、《桂枝儿》、《罗江怨》、《打枣竿》、《银绞丝》之类，为我明一绝耳。此言大有识见。就散曲言，梁沈之所谓南词，固绝不足以与元人北曲对峙，即冯施之业，亦承元人余绪，未足以云分庭抗礼也。若明人独创之艺，为前人所无者，只此小曲耳。王骥德《曲律》云：小曲《桂枝儿》即《打枣竿》，是北人长技，南人每不能及。昨毛允遂贻我吴中新刻一帙，中如《喷嚏》、《枕头》等曲，皆吴人所拟，即韵稍出入，然措意俊妙，虽北人无以加之，故知人情原不相远也。可见小曲精神，虽因缘北地而来，而南人固亦优为之。甚至所以优为之者，不仅在小曲本身，且侵入南北小令之中矣。此前人所未言及者。

全书分上、下卷，共十节，述散曲之历史颇精简。

目次：

上卷　序说、书录、名称、体段、用调、作家。

下卷　作法、内容、派别、余论。

万曼《中国文学史》

万曼（1903—1971），原名万礼黄，笔名万曼、匡术、徐蒙，天津人。《中国文学史》，无出版者，石印线装，大32开，222页。

本书是万曼20世纪30年代初期供职于山东省立第一师范学校时编写的讲义，书末附录有1930年5月初版的胡行之译儿岛献吉郎《中国文学概论》中叙述新文学的部分篇章。另有中国现代文学作品目录。故而，初步断定本书出版时间在1931年。

书中的中国文学史分期比较特别。作者按照社会经济发展水平，把中国文学史划分为"原始经济时代"、"自然经济时代"、"殖民经济时代"等。强调社会经济和政治对文学的影响，是本书的重要特点。

目次（仅录部分）：

原始经济时代：史前的冥索——卜辞时代；术数迷信——巫辞中的文学胚胎。

自然经济时代：封建制度下的神官诗歌、周民族的史诗、没落了的贵族诗歌、封建制度分解期间的诗歌、南国的民歌和周颂的模拟。

1932年（民国二十一年）

1月

沈达材《建安文学概论》

沈达材《建安文学概论》，北平朴社出版发行，北京书局印刷，1932年1月初版，32开，199页，约7.3万字。沈炳华作序。

本书为"栖霞丛书著第一种"。作者以进化论文学史观叙述建安文学，认为建安文学在文学史上"是完全独立的，不属于任何方面的"①。

全书共十部分，不分编次章节。

目次：

引言、建安文学与东汉诗人、建安文学与时代背景、建安文学与乐府、建安文学之趋势及其影响、建安文学的中心人物、曹操、曹丕、曹植、前人认识中之建安七子、建安七子之诗歌。

周明泰《都门纪略中之戏曲史料》

周明泰（1896—1994），字志辅，别号几礼居主人，安徽至德（今安徽东至）人。《都门纪略中之戏曲史料》，1932年1月初版，光明印刷局代印，北平商务印书馆、直隶书局代售，32开，170页，5万余字。刘半农题签。

本书为"几礼居丛书第一种"，并非文学史专著，而是从各种版本的《都门纪略》中辑出戏曲史料，按各种版本分戏班、角色等编辑成书。多数篇幅为表格。

目次：

一、引子；二、都门纪略之缘起；三、都门纪略之版本；四、都门

---

① 沈达材：《建安文学概论·引言》，北平：朴社，1932年版，第3页。

纪略之戏班；五、都门纪略之角色；六、都门纪略之戏剧；七、都门纪略之戏园；八、尾文。

5月

王易《词曲史》

王易（1889—1956），原名朝综，字晓湘，号简庵，江西南昌人。《词曲史》，上海神州国光社发行，1932年5月再版，出版者曾献声，24开本，有精装、平装两种，530页，29万余字。朱孝臧、叶恭绰分别题签，书内署名"南昌王易晓湘述"，周岸登作"序"。1944年12月，上海中国联合出版公司以32开本重印；1948年11月，由中国文化服务社出版沪版；20世纪90年代，由上海书店收入"民国丛书"第一编第62种（与薛砺若《宋词通论》合为一册）影印出版；1996年，东方出版社将本书收入"民国学术经典文库"，出版简体横排本，2012年6月再版；2005年由江苏教育出版社出版；2008年由凤凰出版社传媒集团、江苏文艺出版社出版（"北斗丛书"之一）。

本书原为作者1926年在心远大学任教时所编写的教材，1930年6月在南京中央大学撰写本书"后序"。初版时间不详，估计在1930年秋至1932年春之间。

作者开篇先明"词""曲"之概念，然后指出二者区别有三："一、结构之不同也，二、音律之互歧也，三、命意之各别也"。所谓"命意之各别"指"词意宜雅；曲则宜通俗"[①]。作者既已指出词与曲之区别，却将二者合为一书讲述，主要因为它们最初源自汉魏乐府，而此后虽有区别，却关系极其密切，以致宋人曾视二者为一体。这种见识不凡。从体例上看，其把词曲合二为一讲述，兼顾其区别与联系，由此开辟了一种新的文学史类型——词曲专史。

书中对词家及其作品的遴选、排序和评议，可谓用心良苦。作者王易在

[①]王易：《词曲史》，上海：神州国光社，1932年版，第19、20页。以下王易之言均出自此书，故仅在文中标出页码。

书中仔细地控制每位词家微妙的等次，使他们的作品选录、评述褒贬程度与之相应。词人中首推辛弃疾，所谓"南宋词人大声独发，高格首标者，厥推辛弃疾"（第195页）。王易给了辛词至高的评价："东坡有其胸襟，无其才学；清真有其情韵，无其风骨。效之者或得其粗豪，而遗其精密；步其潇洒，而忘其胎息焉。"（第195页）向来多被人推为词人大家的苏东坡与周邦彦在王易看来都不足以与辛弃疾相比。对于苏东坡，王易指出"东坡词，实兼具豪放、婉约二格者"（第173页），其婉约词"得诗中渊明之清，太白之逸，老杜之浑"（第174页），比起柳永、周邦彦之婉约派代表作家，更胜在"俊爽之气"上。所以在苏词的选录与评述上，王易一改历来词史作者只注重苏词的"豪放"，转而强调苏轼婉约词的成就。全书选录苏词9首，只有2首属于豪放风格，还放在最后。入选的苏词可能并不是为苏东坡带来盛誉、世人耳熟能详的那几首，却是王易认为最能全面展示苏轼词作风格的作品。仅这一点，即可见王易的词史没有流于俗套，而是融合了自家阅读体会和研究心得。

与苏轼并列第二大词人的是吴文英，他的词也选录了9首。王易对吴文英的评价很高："宗姜夔而能自开一境……集诸家之长，而无诸家之弊。"（第208～209页）文中列举了前人对吴文英的评述。针对后人关于吴文英"专重隶事修辞，而不注意词之脉络"，"词至梦窗（吴文英号梦窗——引者注）为一大厄运"的指摘，王易批评道："真武断皮相之论矣！"嘲讽说："浅人不能为，不能识，夫何害哉？"（第208~209页）在王易的眼中，"比事属辞，为辞赋家正当本领。惟梦窗善于隶事，故其词蕴藉而不刻露；惟其工于修辞，故其词隽洁而不粗率。且梦窗固长于行气者，特其潜气内转，不似苏辛之显，安得遂谓其无脉络邪？"（第209页）一般人眼中吴词的缺点，在王易眼中反而是吴词的优点。如此一反前人所论，除了王易对吴词的品读别具一格，还与民国时期学术界对吴文英的研究效仿和作品整理成为一时热点有关。王易显然吸纳了当时学术界对吴文英的最新研究成果。若是因此认定他是个追逐潮流的新派人物，却是错了。在向来被学者看重的《测运第十》里，王易将新文化运动视为词曲衰落的不利环境：

重以好怪之士，稗贩异邦，苟为新说。斥优美为贵族，则揭举平凡；目声韵为羁靮，则破除律格。贱其所无有，而屏其所不知；讳其所自经，而张其所臆造。使浮薄者歆动而景附，后进者临歧而狐疑，屏荼者惮势而嗫声，深知者洞观而悯笑。于是或耗心思于无当，或避繁难而弗为，词曲前途，安望有多？（第516～517页）

如此辛辣地批评和讽刺新文学，可见他没有对中国文学的这一次变革持公允与历史唯物主义的态度。在当时的文人中，王易算得上保守派。他指出占据统治地位的新文学对词曲的生存空间造成挤压，表示对词曲的前途命运担忧，这使得他的这部《词曲史》"是抱着忧患意识发愤而作的"[1]。

本书体例与一般史书有所不同。"是篇叙述往迹，时参目论；篇首引端，义同序赞。""篇章之区，各以时代篇题浑括，用摄其纲；章题显明，以张其目。"鉴于"词盛于宋；曲盛于元"，在篇幅安排上，"叙词详宋；叙曲详元。明曲胜词，曲详词略。清词胜曲，曲略词详"（《例言》）。

使用的语言也与一般史书不同。全书用雅致的文言文写成，绝大部分为骈体文，对仗工整，合辙押韵，阅读时颇有美感。在白话文广为推广的五四之后，如此文言文已很少见。

王易还设置了很多具有新意的小专题来概括词曲作家群体的特征，如"宗室能词者"、"显达能词者"、"勋戚能词者"、"将帅能词者"、"理学能词者"、"佞幸能词者"、"布衣能词者"、"方外能词者"、"女子能词者"。这也是他不同于一般文学史家之处，即对作家的叙述大多依照群体的形式，同一时期且风格相近的作家被类聚在一起记述，只有像辛弃疾、姜夔那样出众的作家才单独列出。这种做法，实际上是对历史进行横向角度的切分，在叙述历史的连续性的同时，展现各个时期内部的差异性。

综上，人们很可能会得出结论，以为本书是一部标榜个性的史著。关于这一点，似乎还可以在本书"析派第五"中找到佐证。作者提出："不姝姝于

---

[1] 胡迎建：《王易的诗学观与词曲史研究》，《江西社会科学》2004年第9期，第210页。

陈言，不斤斤于琐事，不震于世誉而致美，不惑于时论而为言，庶条贯朗于列眉，定论同乎立鹄。"即主张述史要独立于世事，坚持个性，不追逐一个时期的"风潮"。应该承认，他这种观念对于文学史写作风格的形成，是极其有利的，在今天仍有借鉴意义。但必须指出，本书并非一部标榜个性的史著，自我标榜也不符合王易的性格。他是一个埋头做学问的学者，这使得他和他的《词曲史》几乎完全独立于时代风潮。我们从王易对新文学的态度的批评和讽刺，可以看出这点。《词曲史》之所以在20世纪30年代初期的文学史写作语境中显得特立独行，根本原因在于王易编写本书的动机，他是要在西学成为强势话语的背景下，发扬国学。周岸登在为本书所作的"序"中明确指出了这一点："盖感于废学新潮，群言淆乱，深悯晚学无所折中，将以祈向国学之光大，牖启来者，导之优美高尚纯洁要眇之域焉。"（"序"第4页）即便王易的另一部史书《乐府通论》（1946年）也是如此。

　　《词曲史》共分"明义"、"溯源"、"具体"、"衍流"、"析派"、"构律"、"启变"、"入病"、"振衰"、"测运"十个部分。其中"明义"一章较为详细地论述了词曲之别，"启变"一章则主要介绍词体渐变为曲体的过程。这两章可谓全书精华。可惜书中大多综述大要，对于雅俗词、南北曲、散剧曲、乐府曲与俗曲之间未曾分辨，对词曲体的具体特征的概括也有不准确之处。

　　尽管本书实际上只为后人研究词曲体之变提供了基本框架，叙述上也存在一些缺漏，却是我国第一部通史性质的词曲史。在王易编写本书的20世纪初，用现代学术方法研究词曲史，诚如王易所言有三难："一、昔人言词曲者，率重家数而鲜明其体制之源流也；二、词曲宫调律格，至为复杂，言之不能详尽也；三、词曲之界混，后人不能通古乐，无以直捣其奥窔。"（第5页）王易的贡献在于从词曲的起源与体制的变化上作研究与评述，关于这一点，诚如周岸登在"序"中评说："能以科学之成规，本史家之观察，具系统，明分数，整齐而剖解之，牢笼万有，兼师众长，为精密之研究，忠实之讨论，平正之判断，俾学者读此一编，靡不宣究，为谈艺家别开生面者。"此书出版十年后才有蒋伯潜、蒋祖怡《词曲》（1941年）。但不知何故，《词曲史》并没有获得应有的重视。

目次：

导言

明义第一：一、词之意义；二、曲之意义；三、词曲之界。

溯源第二：一、汉魏乐府；二、南北朝乐府；三、隋唐乐府。

具体第三：一、唐代词体之成立；二、唐五代词诸家。

衍流第四：一、宋初乐曲之概况；二、北宋慢词之渐兴；三、南宋词之极盛；四、两宋词流类纪。

析派第五：一、北宋诸词家；二、南宋词家；三、金诸词家。

构律第六：一、调谱；二、韵协；三、四声；四、五言。

启变第七：一、由词入曲之初期；二、宋金戏曲之蕃衍；三、元代戏剧之完成；四、元曲本及其作家；五、元诸词家。

入病第八：一、明代词学及其作家；二、明代曲学；三、明曲本及其作家。

振衰第九：一、清代词学之振兴；二、清诸词家；三、清代戏曲之盛衰。

测运第十：一、词曲之现状；二、词曲之前途。

后序

6月

刘麟生《中国文学史》

刘麟生的《中国文学史》，上海世界书局1932年6月初版，次年2月再版，1934年11月第三版，1935年10月第四版，32开道林纸精装本，444页（正文440页），约18万字。

本书的主要观点，酝酿于作者在金陵女子文理学院任教时，而第一章写成于1929年冬天，此后作者辗转流离于北平、杭州、广州等地，编写工作断断续续，直到1932年4月，才完成全书。书中提出的"研究文学应取之态度"值得注意，它们分别是"时代精神"、"客观的欣赏"、"忠实的批评"、"科学的整理"。①

全书由上古迄清代，共十编，四十一章。"以时代为经，以文学的种类为纬"，侧重于"每一时代之重要作品"，"其他文学，便叙述从简了"。②

目次：

第一编　概说：第一章　研究文学的途径；第二章　文体概观；第三章　中国文字的特质；第四章　文学书简目。

第二编　上古文学：第一章　诗经；第二章　楚辞；第三章　古代散文。

第三编　两汉文学：第一章　汉赋；第二章　汉代散文；第三章五古诗与乐府诗。

第四编　魏晋文学：第一章　魏诗；第二章　晋诗；第三章　魏晋文；第四章　小说及文学批评。

第五编　南北朝文学：第一章　古诗的嬗变；第二章　乐府诗；第三章　文与笔；第四章　总集与文学批评。

第六编　唐五代文学：第一章　初唐诗；第二章　盛唐诗；第三章　中唐诗；第四章　晚唐诗；第五章　韩柳的古文运动；第六章　唐人小说；第七章　唐五代词。

第七编　宋代文学：第一章　北宋词；第二章　南宋词；第三章散文与四六文；第四章　宋诗之派别；第五章　笔记与诨词小说。

第八编　元代文学：第一章　杂剧；第二章　传奇；第三章　长篇小说之演进；第四章　诗词及散文。

第九编　明代文学：第一章　戏曲；第二章　小说；第三章　复古派之诗文。

第十编　清代文学：第一章　小说；第二章　戏曲；第三章　散文与骈文；第四章　诗与词。

---

①刘麟生：《中国文学史·概说》，上海：世界书局，1932年版，第5、6页。
②刘麟生：《中国文学史·叙言》，上海：世界书局，1932年版。

7月

许啸天《中国文学史解题》

许啸天（1886—1946），名家恩，字泽端，浙江上虞人。《中国文学史解题》，上海群学社1932年7月初版，24开精装本，582页，约20万字。

本书是作者在他创办的"啸天讲学社"讲学时的题解，因而并非文学史书，而是一本侧重于文学史的文学概论。它不按文学史的编年或纪传体例编写，只是讲述了47个基本上互不关联的文学议题。所议范围很广，既有文学理论方面的阐述，如文学的地域、时代、流派，也有文学史，古代、近代、现代的都有，大致从第26个议题开始，所议内容都是文学史方面的。

目次：

文学是情感的产物、文学的公律、文学与哲学科学的比较、文学在学术界与艺术界之地位、几个条件、几个方式、几种范围、怎样分类、文学是时代的反映、地域关系、时代关系、个性关系、文学的五期、古典派、浪漫派、自然派、写实派、颓废派、象征派、新浪漫派、无产阶级派、文学上的小派别、文学上的国民性、为艺术为人生的一个先决问题、为艺术同时也可以为人生、谈中国文学史的三种标准、中国的国民性、中国地理历史的大观、旧式的中国文学史观、中国文人地理的分配、我对于中国文学史的见解、中国从来的文学界说、文以载道的话是不对的、中国人对于文学史界说的错误、文学是不能讲形式的、中国文学史上的两条路、古代文学、文艺复兴时期、唐诗时代、宋词、元曲、小说、十九世纪中国的散文与韵文、近代的诗人、近代的词曲家、文学革命时代、中国文学的前途。

9月

孙俍工《唐代底劳动文艺》

孙俍工之《唐代底劳动文艺》，上海亚东图书馆1932年9月初版，32开，241页，约7万字。

本书是作者在劳动大学讲课时的讲义。作者认为，诗歌既具有艺术性也有革命性，艺术性的变革中隐含着革命性。本书叙述的就是唐代劳动诗歌中的革命性与艺术性。

目次：

第一章　唐代劳动文艺底背景（唐代社会变乱年表——五代附）；第二章　唐代劳动文艺底分期；第三章　唐代劳动文艺底第一期；第四章　唐代劳动文艺底第二期；第五章　唐代劳动文艺底第三期。

梁乙真《中国妇女文学史纲》

梁乙真《中国妇女文学史纲》，上海开明书店1932年9月初版，大32开，430页，约18万字。1990年12月，上海书店将本书收入"民国丛书"第二编文学类第63种影印出版。

本书为"妇女问题研究会丛书"之一。在叙述时，先叙述各时代社会背景，再叙述作家历史与作品。所述侧重于平民作家和无名作家，而对于贵族及宫廷文学，则从简略。编次方面，基本按照时代先后叙述。

全书分七章，自上古起，止于清末，共四十余节，是一部具有通史意义的妇女文学史。每章后附有参考书目。

目次：

第一章　古代妇女文学之渊源

第一节　邃古妇女文学之传说：一、皇娥清歌之依托，二、北音南音之起；第二节　西王母之传说：一、所传西王母之诗文，二、西王母故事之转变；第三节　诗经与妇女文学：一、二南中之妇女文学，二、

12月

郑振铎《插图本中国文学史》

郑振铎《插图本中国文学史》，北平朴社1932年12月初版，32开，道林纸本，四册，共1248页，约70万字。①此书出版前，郑振铎曾在《小说月报》上发表过中世卷的五篇及近代卷中的一篇半。1949年以后，经郑氏适当修改了个别字句，续撰了第六十一章至第六十四章，删去了附录"新文坛的鸟瞰"，又更换、增加了一些插图（174幅），于1957年12月由作家出版社重印出版，②仍分四册。1969年台北明伦出版社影印出版。2005年，上海人民出版社将1957年版改为两册出版，16开平装本，1190页。

作者早在成书的十年前，就"发愿要写一部比较的足以表现出中国文学整个真实的面目与进展的历史"，因此本书比同时代其他同类文学史著作要完整。中国古代诗歌、辞赋、词曲、散文、小说，乃至重要文学流派等，都有述及。

全书分为古代、中世、近代三卷，自古代文学鸟瞰至近代阮大铖与李玉，共六十四章，每章分若干小节。书中所收材料有三分之一以上是同时期其他书所未论及的，如变文、戏文、诸宫调、散曲、民歌以及宝卷、弹词、鼓词等。另外，本书还首次在中国文学史著作中附加插图，不仅精美，能在一定程度上与正文构成互文，还有不少图片采自宋代孤本或国外，是难得一见的珍品，有较高的史料价值。本书在论述中，既能着重于第一个文学运动或某一种文体以及能代表那一时代的重要作家，又对各时代文体状况有鸟瞰。

---

①据《翕居读书录》（北京：石油工业出版社，2009年版）的作者白撞雨先生称他收藏有北平朴社出版的《插图本中国文学史》上、下两册精装本，可惜笔者无缘相见。

②陈玉堂在《中国文学史书目提要》中说，郑氏此书，1957年"由作家出版社重印出版"（第62页），而吉平平、黄晓静在其编著之《中国文学史著版本概览》中认为，1957年郑氏此书"由作家出版社和人民文学出版社重印出版"。经笔者核查1957年版本的版权页，应为作家出版社出版。1982年3月，人民文学出版社曾发行1957年版本的第5次印刷本。

朱星元对本书推崇有加，认为"它确是目前文学史中最好的一部"。并且，总结出本书的四个特点：一是定义确定，范围确定；二是态度忠实；三是有系统；四是多所发现。朱星元认为，本书在编法（即著述体例）方面也有四个其他史书没有的体制：参考书目、年表、索引、插图。①这四个"体制"，尽管并非全是郑振铎在本书中首创，但在此后的中国文学史写作中逐渐常见，对于文学史写作的规范化所起到的作用，是显而易见的。

　　当然，即便在20世纪30年代也有人对本书提出严厉指责。1932年8月15日鲁迅对郑振铎以及本书的评议，1949年后一直受到人们注意②：

　　　　郑君治学，盖用胡适之法，往往恃孤本秘笈，为惊人之具，此实足以炫耀人目，其为学子所珍赏，宜也。我法稍不同，儿所泛览，皆通行之本，易得之书，故遂了然于学林之外……郑君所作《中国文学史》，顷已在上海豫约出版，我曾于《小说月报》上见其关于小说者数草，诚哉滔滔不已，然此乃文学史资料长编，非"史"也。但倘有具史识者，咨以为中，亦可用耳。③

鲁迅这段话，并非对郑振铎《插图本中国文学史》的书评，而只是出现在鲁迅写给台静农的一封信中。已有论者证实："用胡适之法"仅指"往往恃孤本秘笈"一点，鲁迅的意思不是指郑振铎的整个治学方法都和胡适相同。事实上，郑振铎在治学中也没有"往往恃孤本秘笈，为惊人之具"。相反，鲁迅对郑氏搜集"孤本秘笈"是十分赞赏与支持的。④退一步说，当时郑著尚未出版入市，鲁迅见到的只是郑氏发表在杂志上的几篇资料性质的文章，而不是鲁

①朱星元：《中国文学史通论》，天津：利华书局，1939年版，第71~74页。
②鲁迅这个评议出现在写给台静农的一封信中，所以1949年以前没有产生什么影响。1958年郑振铎受到批判时，鲁迅的这个评议被引以为据，此后经常被人们引用。
③《鲁迅致台静农信（1932年8月15日）》，《鲁迅书信集（上册）》，北京：人民文学出版社，1976年版，第319页。
④参见载思：《谈鲁迅对插图本中国文学史的看法》，《鲁迅研究动态》1987年第9期，第19~20页。

迅自己说的"数章"。鲁迅仅凭几篇郑氏的文章，就断言"此乃文学史资料长编，非'史'也"，确实轻率、武断了。

目次：

本年

味农园主《中国文学史述要》

味农园主《中国文学史述要》，民国年间线装油印本。本书述迄于民国二十一年（1932），卷端又题"湖北省立女子师范学校国文讲义"。其他不详。

游国恩《中国文学史讲义》

游国恩（1899—1978），字泽承，江西临川人。《中国文学史讲义》，1932年基本成书，天津古籍出版社2005年整理出版。

据游国恩之子游宝琼说：

> 天津古籍出版社准备出版先父游国恩公生前授课的讲稿。先父在大学任教凡50年，所开设的中国古典文学课程不下二十多门，撰写了大量的讲稿，但很多都已丢失。特别是中国文学史，是先父在大学自始至终开设的一门课程，但新中国成立之前的文学史讲稿现存的仅有在武汉大学时期（1929—1931）编写的《中国文学史纲要》卷一、卷二（先秦至两汉，铅印本），以及在青岛大学时期（1931—1932）续写的卷三、卷四（三国文学、两晋文学、宋文学，前二者为油印本，后者为手写稿）。在西南联合大学时讲授的《中国文学史概要》只剩提纲，复员后在北大讲授的文学史讲稿也只字无存，所以这里出版的只是先父在大学任教时最早的一部文学史讲稿。①

天津古籍出版社2005年整理出版的游氏《中国文学史讲义》，有助于整体呈现其文学史观，尤其书中部分章节属于首次出版。

目次：

---

①游宝琼：《游国恩的中国文学史讲义》，《中华读书报》2006年11月15日。

卷一

第一篇 导言；第一章 文学之界说；第二章 文学之起源；第三章 文学之流变；第四章 周以前之文学。

第二篇 周文学：第一章 《诗经》史略；第二章 《诗经》之时代背景；第三章 论周南召南；第四章 论十三国风上；第五章 论十三国风下；第六章 论小雅大雅上；第七章 论小雅大雅下；第八章 论三颂；第九章 《诗经》之文艺。

第三篇 晚周文学：第一章 《楚辞》之起源；第二章 屈原；第三章 宋玉及其他；第四章 论《楚辞》之文艺；第五章 荀卿。

第四篇 秦文学。

卷二

第五篇 西汉文学：第一章 楚声与汉初文学；第二章 贾谊与辞赋之渐变；第三章 文景间诸王宾客之文学；第四章 武帝及诸臣之文学；第五章 司马相如；第六章 新声乐府及五言诗之成立；第七章 武宣以来民歌之发达；第八章 宣成间之作者；第九章 扬雄。

第六篇 东汉文学：第一章 东汉初期之文学；第二章 明章间之赋家；第三章 和顺间之辞赋及其诗；第四章 桓灵以来之作者；第五章 建安七子；第六章 七子以外诸家之文学；第七章 东汉之乐府歌辞。

卷三

第七篇 三国文学：第一章 魏武帝及魏文帝之文学；第二章 陈思王；第三章 明帝及其他乐府；第四章 正始玄风与嵇阮。

第八篇 两晋文学：第一章 武帝时之文学；第二章 太康永嘉之际文学之极盛；第三章 左思及其他；第四章 东渡以后之作家；第五章 陶潜；第六章 回文诗及乐府歌辞。

卷四

第九篇 宋文学：第一章 宋初文学与南朝风尚之转捩；第二章 颜延与谢灵运。

黄穆如《乐府源流》

黄穆如（1891—1965），字少岩，谱名增荣，湖南吉首人，土家族。《乐府源流》，1932年河北省立一师刊印。

仅见本书第一、二章。

目次：

第一章　总论：一、乐府渊源；二、乐府产生之历史背景；三、何谓乐府；四、乐府之成分；五、乐府分类；六、乐府为诸体之源。

第二章　两汉乐府：一、两汉乐府概论；二、雅乐；三、俗乐；四、外乐；五、古辞辨伪；六、古辞歌法。

苏雪林《中国文学史》

苏雪林（1897—1999），乳名瑞奴、小妹，学名小梅，字雪林，早期笔名瑞奴、瑞庐、小妹、绿漪、灵芬、老梅等，后因升入北京高等女子师范，改为苏梅；由法国回国后，又以字为名，即苏雪林，笔名有绿漪、灵芬、老梅、天婴等，原籍安徽太平，出生于浙江瑞安。《中国文学史》，笔者所见之书，版权页已失，也无目录，首页右上角印着黑体大字"中国文学史"，右下角以小字印着"苏雪林述"，1932年排印，32开毛边铅印本，455页，约22万字。另见此书于1934年由成都的天地出版社出版，共457页。

首先须考订本书排印时间。从本书章节分布、语言等情况，可辨认出，这是苏雪林为教学编写的讲义。苏雪林讲授中国文学史课程，主要在国立武汉大学，1931年夏至1949年一直任教于武大中文系。[①]据苏雪林《我的教书生活》载：

> 时为民国二十年。学校叫我承担的功课，是中国文学史。每周三小时，一年级基本国文每周五小时。文学史我从来没有教过，现在不但教，

---

①石楠：《苏雪林年表》，《安庆师范学院学报》，2006年第5期。

还须编讲义发给学生。发讲义比口授笔记难得多，只好常跑图书馆，搜寻参考材料，一章一章撰写下去。开始一年，讲义只编到六朝，第二年，编到唐宋。一直教到第六年止，我才将已编成的讲义，加以浓缩，每章限六七千字左右，自商代至五四，一共三十章，成为一部《中国文学史略》。①

按照苏雪林的自述，她编写《中国文学史》讲义开始于1931年，至年底编到六朝，1932年编到唐宋，1937年编到五四时期，经"加以浓缩"后，共得二十章，命名为"中国文学史略"（1938年国立武汉大学出版所编印，1970年中国台湾光启出版社以"中国文学史"为书名出版）。这部浓缩版的《中国文学史略》为世人所知，但显然此书并非《中国文学史》，理由有二：一、《中国文学史》始自先秦迄于南宋，而《中国文学史略》"自商代至五四"；二、《中国文学史》共二十章（原书章次有误，实际为二十一章），而《中国文学史略》"一共三十章"。经核对两书内容，《中国文学史》大致是《中国文学史略》的商至宋代部分。据此种种，可判断，《中国文学史》即为苏雪林1932年编成的那部分讲义，稿成后，由国立武汉大学排印，排印时间在1932年。

目次：

导论　一、文学的定义；二、文学的界限（A、学术与文学，B、史学与文学）；三、文学与时代环境之关系（A、文学与时代，B、文学与环境）；四、文学与进化。

第一编　先秦文学

第一章　文学的起源（一、关于情感者，以中国古人提倡最力；二、关于本能冲动者，这也有几种不同的说法；三、关于实际需要）。

第二章　中国古代难以凭信的文学（一、黄帝前作品；二、黄帝作

---

① 苏雪林：《我的教书生活》，《苏雪林文集（第二卷）》，合肥：安徽文艺出版社，1996年版，第88页。

品；三、尧时作品；四、舜时作品；五、夏禹时作品；六、商代作品；七、周代作品）。

第三章　商代甲骨文及金文。

第四章　周民族前期文学（一、前期韵文：A、周颂，B、小大雅；二、前期散文：A、周书，B、易卦卜辞）。

第五章　周民族后期文学（一、后期韵文：A、十国风，B、二南，C、鲁颂；二、后期散文：A、春秋，B、左传，C、国语，D、论语，E、孟子，F、墨子，G、韩非子）。

第八章　楚民族前期文学（A、楚人歌谣；B、九歌）。

第九章　楚民族后期文学（A、屈原；B、宋玉及其同时词人）。

第十章①　秦民族文学。

第二编　汉魏六朝文学

第十一章　两汉的乐府（一、郊庙乐府；二、外国乐府）。

第十二章　南北朝之乐府（一、舞曲；二、清商曲；三、杂曲）。

第十三章　汉代之五言诗（A、曹氏父子；B、建安七子）。

第十四章　两汉的辞赋。

第十五章　魏晋六朝的辞赋。

第十六章　两汉的散文。

第十七章　魏晋六朝的散文。

第三编　唐宋文学

总论

第十八章　初唐及开天时代的诗歌。

第十九章　天宝后至唐末的诗歌。

第二十章　两宋的诗歌。

第二十一章　两宋的词（一、宋词在文学上的价值；二、宋词发达之原因）。

---

①原书作"第八章"，实际应为"第十章"。此后各章因此比实际的章次少一章，笔者录用时都予以更正。

1933年（民国二十二年）

1月

刘大白《中国文学史》

刘大白（1880—1932），原名金庆棪，字伯桢，辛亥后改名刘靖裔，字清斋，号大白，别号白屋，浙江绍兴人。《中国文学史》，1933年1月由大江书铺初版，1934年10月开明书店再版。32开，500页，约17万字。

本书的叙述由上古至唐，共六篇，分为四个时期。但据作者在"引论"中自述，全书划分为七个时期，尚有第五期"五代至元"、第六期"明至清"和第七期"民国纪元以后"，这三期述语体文之演变颇详。直到本书出版后，此三期始终未见问世。

刘大白是五四时期重要的新诗人，出版过新诗集《旧梦》、《邮吻》等，并著有《旧诗新话》、《白屋诗话》，对新旧诗歌既有创作体会也有研究心得，因而在本书"引论"部分，对诗歌尤其是诗的音韵、节奏有独到见解。

目次：

第一篇　引论；第二篇　第一期　上古至商；第三篇　第二期　周至秦；第四篇　第三期上　两汉；第五篇　第三期下　三国至隋；第六篇　第四期　唐。

3月

陈子展《中国文学史讲话》

陈子展《中国文学史讲话》，北新书局印行，上、中、下三册，上册1933年3月初版，中册1933年9月初版，下册1937年6月初版。24开平装本，共

1014页（上册368页、中册224页、下册422页），约40万字。

全书（上、中、下三册）叙述每一时期成就最高的文体及其发展，即春秋时期讲述"诗三百"，汉代讲述辞赋，魏晋讲述乐府，如此类推，由《诗经》至五四文学革命前夜。这种述史方式突出了每一时期文学发展的主要特征，因而相对于按照王朝分期的方法，有其优越性，但缺陷也比较明显：（1）人为地把各种文体的发生发展置于不同时期，以致文体流变的脉络不清晰，比如全书仅第六讲介绍杂剧，对元以前及以后的戏剧不予提及；（2）容易导致对中国文学史的理解简单化、片面化，忽略非主流文学，如唐文学在书中仅见唐诗及其重要诗人，而没有一字提到韩愈、柳宗元及其散文。

目次：

上册

第一讲　从诗人时代到哲人时代：一、从三百篇说起；二、三百篇与孔子；三、三百篇析论；四、诸子文学。

第二讲　楚辞与汉赋：一、楚辞溯源；二、楚辞篇目及其作者；三、汉赋继楚辞而起；四、汉之赋家；五、赋与散文。

第三讲　乐府与诗：一、汉代乐府与五言诗；二、魏晋诗人与乐府；三、南北朝诗人与乐府（上）；四、南北朝诗人与乐府（下）；五、文笔之辨。

第四讲　第二诗人时代：一、第二诗人时代鸟瞰——唐诗鸟瞰；二、初唐诗人；三、李杜及其同时诗人；四、韩白及其同时诗人；五、晚唐诗人。

中册

第五讲　诗人与词人：一、由诗到词发展的径路；二、五代词人；三、北宋诗人与词人；四、南宋诗人与词人；五、古文运动之复兴；六、宋人平话。

第六讲　杂剧：一、诸宫调大曲官本杂剧院本质类；二、蒙古民族与杂剧；三、金元之际杂剧家；四、元明之际杂剧家；五、散曲及其他。

下册

第七讲　传奇与章回小说：一、南戏传奇之起源及其发展；二、元明之际传奇家；三、盛明传奇家；四、明清之际传奇家；五、章回小说；六、诗古文之不振。

第八讲　从旧文学到新文学：一、所谓中国文艺复兴；二、第三次古文运动；三、诗人之竞讲宗派；四、词曲余响；五、小说之继续发展；六、文学革命之前夜。

〔日〕青木正儿著、郑震编译《中国近代戏曲史》

青木正儿著、郑震编译《中国近代戏曲史》，北新书局印行，1933年3月初版，24开，458页，近23万字。

本书系节译青木正儿的《支那近世戏曲史》一书，并参以译者郑震本人的意见，故与原著大有出入。原著中颇多考据及文辞评语，译者大都予以删略，而偏重于内容。原著本来为四篇：一、南戏北剧的由来；二、南戏复兴期；三、昆曲昌盛期；四、花部勃兴期。郑震将之改作"元明之间的南北曲"等三篇，分十一章、十七节，末为"余论"及"附录"。卷首有陈子展所作序言。

青木正儿的《支那近世戏曲史》，后来有王古鲁的全译本，名为《中国近世戏曲史》（详后）。此外，1943年10月，北京伪华北商工社的《华北商工》第一卷第四期上，载有景孤血的《正〈中国近代戏曲史〉中的花部戏曲之误》一文，可供参考。

目次：

第一篇　元明之间的南北曲

第一章　古代戏曲发展的鸟瞰；第二章　南北曲的起源；第三章　南北曲的分派：一、改进的元代杂剧，二、南曲发达的径路，三、杂剧和戏文的体例，四、元代北剧的盛行和南曲的消沉；第四章　南北曲的消长：一、南曲后兴的始末，二、保有元曲余势的杂剧。

第二篇　明清之间的昆曲

第一章　昆曲的勃兴和北曲的衰亡：一、昆曲的勃兴，二、北曲之衰微及其没落；第二章 初期的昆曲；第三章 极盛时期的昆曲：一、先进诸作家，二、吴江一派，三、汤显祖，四、其他戏曲作家；第四章 后期的昆曲：一、吴江派的余流，二、玉茗堂派，三、无派别的诸作家；第五章 衰落期的昆曲。

第三篇 清之花部——皮黄

第一章 花部诸腔的初兴和昆曲的没落；第二章 昆曲没落时期的戏曲：一、雅部之末世的微音，二、花部诸腔的戏曲。

余论：南北曲的异同。

附录：明清戏曲作者地方分布表、曲学书目举要。

张世禄《中国文艺变迁论》

张世禄（1902—1991），字福崇，浙江浦江人。《中国文艺变迁论》，商务印书馆印行，1933年3月初版，1934年1月第二版，32开，136页，约6万字。1960年4月，中国台湾商务印书馆重印出版，列入"万有书库"。

本书为"国学小丛书"之一。全书三十五章，主要叙述从上古到近代的各种文体变迁。值得注意的，是本书叙述了多种文体之间的关系。

目次：

一、国人对文艺旧观念之谬误；二、中国文艺变迁之痕迹与公例；三、上古传疑之诗篇；四、古代文艺发达之推测；五、中国古无史诗之原因；六、诗经作述之渊源；七、诗经文辞之由来；八、诗经之时代的地域；九、诗经声律与音乐之关系；十、诗经与周代社会之关系；十一、诗经对于后代文艺之影响；十二、战国时代与楚辞之关系；十三、诗乐之衰歌与楚辞之发生；十四、楚国地理民族语言与楚辞之关系；十五、诗骚赋三者之递嬗及其区别；十六、汉赋之渊源与派别；十七、汉代词赋发达之原因；十八、汉赋与文字学之关系；十九、汉赋与六朝骈文之关系；二十、骈文利弊对于中古诗歌之影响；二十一、中古诗歌写实与写景之二大潮流；二十二、印度文化之输入与中古文艺思潮；二十三、声律之发明与中古诗体之变迁；二十四、唐代政俗与其文艺之关系；二

十五、音乐之变迁与乐府诗词之递嬗；二十六、宋词之渊源与派别；二十七、宋词之语体化与散文化；二十八、宋词与元曲之关系及其区别；二十九、元曲发达之由来；三十、南北曲之异同；三十一、元曲之派别；三十二、元曲与小说之关系；三十三、明清小说发达之由来及其派别；三十四、近代戏曲小说与古文八股文之关系；三十五、中国过去文艺界之得失及今后之趋势。

4月

童行白《中国文学史纲》

童行白（1898—？），上海崇明人。《中国文学史纲》，上海大东书局1933年4月初版，1935年第9版，24开，308页，约10万字。另有大东书局1948年2月版，32开本，258页。

作者在"自序"中表示，本书是参照笹川种郎《支那历朝文学史》而成的教学讲义，原稿有14万字，嫌太繁杂，删为本书所存的10万字。"自序"末附注"十九年八月一日江都童行白记于吴门寄芜"，可见本书完成时间是1930年8月。

书中"凡例"云：

二、本书……务在提纲挈领，于中国各时代之文学，作概括之叙述，要以明源流，辨派别，俾初学之士，得其门而入焉巳尔。三、本书采用浅明文言文，其目的在使读者循此而养成文言文阅读上之习惯，而获得鉴赏中国古代文学名著之能力，非故意违时复古也。四、文学为社会上精神产物之一，不知各时代社会上政治之背景，则不能明晓各时代文学之底蕴；本书有鉴于此，于各时代政治之兴替略叙述焉。五、中国文学，向混于学术之中，纵有文笔之辨，诗文之分，而其迹暗昧难寻；故讲中国文学史必兼述各时代之学术思想，方为得体，本书以此为编纂主旨。六、中国之学术、思想、风尚、习俗，有南北之异殊；文学为社会之产物，自亦不能例外。而足以代表南北两思潮之典型者，即儒教（孔子）与道教（老子），本书寻根究底，依此而求文学之源流，亦且明地域与文学之关系也。①

自胡适《白话文学史》之后，白话文写作、"纯文学"观已成为中国文学史写作的流行范式。童行白此书却"采用浅明文言文"，不但把早已剔除出文学史的"儒教（孔子）与道教（老子）"重新写进文学史，还另辟专章。如此举措，"非故意违时复古也"，而是童氏对中国古代文学作深入研究后得出的学术判决。

正因为对中国古代文学有精深的研究，童行白在文学史分期问题上，也有与众不同的见解。他认为："以上古、中古、近代、近世之分划，则不能显各时代之特征；故以此为文学史之分期，殊属含混。"因此，"本书之分期，乃斟酌各时代之政教思潮学术之可为段落者段落之"②。这种对文学史分期方法的探讨，是中国文学史写作进入自创阶段的表现。

从本书来看，童行白能够深入中国古代文学，获得与众不同的见解，很大程度上得益于他常用比较研究方法。事实上，多用、擅用比较研究方法，是本书的一大特色。如"绪论"中的"南北两思潮异殊"、第四章的"两汉文学之比较"等。论述各时期重要作家时，童氏把多位处于同一时期、文学史地位相当的作家并置，如"贾谊与扬雄"、"李白与杜甫"、"韩与柳"等。如此，可方便对二者作比较。

作者的学术视野也是很开阔的。书中触及或揭示了不少中国文学研究难题，有时还吸纳了学术界的新成果。比如，"中国所以不能产生叙事诗之故"，其实就是至今困扰学界的"史诗问题"。梁启超、王国维、胡适、茅盾、钟敬文乃至当代学者饶宗颐、张松如等，都就"史诗问题"作过探讨。③童行白虽

①童行白：《中国文学史纲·凡例》，上海：大东书局，1933年版。
②童行白：《中国文学史纲》，上海：大东书局，1933年版，第6~7页。
③百年来中国学术界对"史诗问题"的探讨，详见林岗《口述与案头》（北京大学出版社2011年版，第2~11页）。

未能解决这个问题，但即便如此也可见本书有一定的学术深度。

全书共十章三十八节，由春秋以前至清代止。由于既重视梳理中国文学与政治、思想、风尚、习俗等之间的关系，又致力于"求文学之源流"，本书学术味较浓，是一部自觉创新的学术型文学史（尽管脱胎于大学讲义）。

目次：

凡例、自序

第一章　绪论：中国文学之界义、中国文学与功利主义、中国文学与南北两思潮、南北两思潮之异殊、中国文字之特征、中国文学史之分期问题、本书之分期。

第二章　春秋以前文学：一、总论（三皇五帝之传说、古代文化之序幕、三部最古之文献）；二、书（书之由来、今文尚书、古文尚书、尚书之历史意义、尚书之文辞、夏殷周文辞之异同）；三、诗（中国诗之起源、三百篇之变迁、何谓六义、孔子删诗之说、三百篇中之功利与道德、中国所以不能产生伟大叙事诗之故、三百篇中字句之研究、评语）；四、易（易之时代、何谓连山归藏周易、易之性质及其文辞）。

第三章　春秋战国时代之文学：一、总说（周之衰微、春秋战国时代竞争之剧烈、南北思潮之冲突、文学之反映）；二、孔子与老子（孔子传略、其思想、其事业、论语，老子传略、其思想、其著作、其文辞）；三、孟子与庄子（孟子传略、其思想、其著述、其文辞，庄子传略、其思想、其著述、其文辞）；四、屈原（赋之起源、赋为南方人种之产物、屈原传略、屈原之赋、太史公之评语、绍其统者、景差宋玉之徒）；五、韩非子（荀卿、韩非李斯同事荀卿、韩非传略、其思想、其遭遇、其著述、其文辞）。

第四章　两汉之文学：一、总论（秦始皇之武力统一与文化统一、秦文学之特点、西汉文学、东汉文学、两汉文学之比较、东汉末年至文运）；二、贾谊与扬雄（贾谊传略、其遭遇、其思想、其文章，扬雄传略、其思想、其著书、其文章）；三、司马迁与班固（中国历史之起源于变迁、儒家史观之谬误、司马迁传略、其为人、其思想、其遭遇、其著述、其史观、史记、史记在历史上之价值、在文学上之价值，班固传略、迁固之比较、固不如迁、史记和汉书）；四、司马相如（汉代辞赋之概况、相如传略、其佚事、其文辞、屈原与相如之比较、方孝孺对于相如之评语、汉代至其他作赋家）；五、诗与乐府（汉诗为南北文学之混合、韦孟四言诗、苏李赠答诗、古诗十九首、柏梁体、乐府与诗之异同、武帝时乐府之盛、古乐府、中国第一长篇叙事诗"为焦仲卿作"）。

第五章　魏晋南北朝之文学：一、总论（何谓六朝、魏晋六朝文运之概观、常时影响于思想界之三种现象、南方文学之胜利）；二、建安时代之文学（魏武帝之诗、文帝之诗、陈思王之诗、曹氏父子之比较、邺下七子之诗、建安之风骨）；三、陶渊明（阮籍嵇康、太康体、三张二陆两潘一左，陶渊明传略、其境遇、其性格、其诗、其文、昭明之评语）；四、南北朝（谢灵运、颜延之、鲍照、谢朓、宋之文学、齐之文学、梁之文学、陈之文学、北朝之文学、当时之乐府、隋之文学）。

第六章　唐代文学：一、总论（唐代学术之盛、文学之概观、唐代文学于诗独盛之原因）；二、初唐之诗（魏征之诗、初唐四杰之优劣、陈子昂、沈宋体、吴中四士、张若虚之诗）；三、李白与杜甫（李白传略、其境遇、其思想、其诗章、其才器，杜甫传略、其流浪生活之悲惨、其诗之沉郁，李杜之优劣，环绕诗坛双星之诸小星宿，所谓盛唐）；四、韩与柳（韩愈传略、其遭遇、其思想、其文章、其诗，韩诗与杜诗，柳宗元传略、其颠沛忧郁，韩柳之比较，柳之文，柳之诗，孟郊之诗）；五、白乐天（乐天传略、乐天之诗以通俗称、长恨歌与琵琶行、元微之、中唐诸诗人）；六、晚唐之诗（晚唐诗之风、晚唐诸诗人）。

第七章　宋代文学：一、总论（学术界之新气象、性理学之盛况、文学之概观）；二、苏东坡与其前后（欧阳修之诗文，苏老泉，苏东坡传略、其遭遇、其思想、其诗文，苏辙，三苏之盛名，曾王二家，所谓唐宋八大家，黄庭坚）；三、陆放翁（南宋文学之概观，放翁之传略、其际遇、其诗章，其他作家）；四、两宋之词（词非诗余、词之源流、词之发达、柳耆乡、苏东坡、李易安、辛弃疾、南北之别、词之诸作家）。

第八章　金元时代之文学：一、总论（辽金元之兴替、辽金元之文学概观）；二、元遗山（金代之文士、遗山传略、遗山以后之元诗人）；三、小说与戏曲之发达（中国小说戏曲之发达迟迟之原因、前代小说戏曲之特质、水浒传、三国志、杂剧、西厢记、琵琶记）。

第九章　明代文学：一、总论（八股文之束缚、明儒皆宗宋而无新创、明代诗文之复古倾向）；二、高青邱（刘伯温之诗，青邱之传略、青邱之性格、薄命诗人、青邱之诗评，其他诸诗家）；三、李何七子与李王七子（永乐以后之文运，李东阳之诗，李何七子之诗、其风骨，李王七子之诗、其风骨，其他诸诗人，明末之文运）；四、小说与戏曲（西游记、金瓶梅、汤显祖与戏曲、显祖传略、所谓玉茗堂四梦、牡丹亭）。

第十章　清代之文学：一、总论（清代学风之丕变、考证学之盛况、文学之影响、开海禁以后中国文化之瞠乎列国之后）；二、诗人与文学家（清初三大家、侯方域、魏禧、汪琬、廖柴丹、钱牧斋、吴梅村、南施北宋、王渔洋、其他诸士）；三、小说与戏曲及批语（红楼梦、李渔十种曲、孔云亭桃花扇、洪昉思长生殿、蒋藏园九种曲、批语家金圣叹）。

古层冰《汉诗研究》

古层冰，广东梅县人。《汉诗研究》，上海启智书局印行，1933年4月再版，1934年4月第三版，[①]32开，155页，约4万字。

本书系汉代诗文辨证专集，共分四卷，无章节，仅以辨证分次。全书不加标点，仅有断句，采用古雅的文言文。

目次：

卷之一　古诗十九首辨证

文选古诗十九首原文；辨证一　古诗十九首前之五言诗；辨证二古诗十九首为两汉之作；辨证三　魏晋以前只称古诗；辨证四　晋宋之

[①]陈玉堂《中国文学史书目提要》录为"1933年10月三版"（第196页），实误。（参见古层冰《汉诗研究》第三版之版权页）

际仍称古诗；辨证五 齐梁之际古诗之外始有或说；辨证六 选楼诸子未尝改窃古诗；辨证七 触讳说。

古诗十九首评林。

卷之二 苏李辨证

文选苏子卿古诗四首原文。

文选李少卿与苏武诗三首原文：辨证一 苏李能诗乎？辨证二 苏李之诗不能伪；辨证三 本传布载艺文志不录；辨证四 奉使不得言行役在战场；辨证五 长安赠利不当有江汉语；辨证六 苏武诗解题；辨证七 李陵众作总杂不类；辨证八 触犯汉讳；辨证九 不切当日情事；辨证十 不合本传岁月；辨证十一 汉初五言靡闻；辨证十二 李陵之歌初非五言；辨证十三 六朝人苏李诗评及引用；辨证十四 文选外之苏李诗。

隋后苏李诗评辑。

卷之三 焦仲卿妻诗辨证

辨证一 证以用韵知此诗必为建安黄初间作；辨证二 证以风格知此诗必为建安黄初间作；辨证三 交广之名不足以破序说；辨证四 徐陵写定说之无据；辨证五 扎（应为"孔"字——引者注）雀东南飞出自曹丞临高台；辨证六 青崖不始六朝龙子幡亦为汉制；辨证七 下官名词之起源；辨证八 足下蹑丝履为汉时装束。

卷之四 古诗十九首辨证余录 苏李诗辨证余录 附录李陵苏武传。

陶秋英《中国妇女与文学》

陶秋英，原籍江苏苏州，出生于上海。《中国妇女与文学》，上海北新书局1933年4月初版，32开，308页，约13万字。姜亮夫题签、校勘、作序。

作者相信，妇女文学能够真实地反映妇女的生活。基于此，贯穿全书的不是对中国妇女文学的演进规律的勾画和历史的叙述，而是中国文学所反映的妇女生活。为此，"在讨论中国妇女的文学之前，我们先要知道中国妇女是究竟怎样的情形，她们所受的社会影响是什么？因着那种社会影响而受的教训——教育——是什么？以及她们对于文学的兴趣怎样？然后我们看她们的作品怎样？然后我们怎样希望今后的妇女文学？"①本书便依循这些问题，依次展开。

作者先以一章的篇幅论中国宗法社会及儒家伦理思想对中国妇女的影响，然后又以一章的篇幅论中国妇女教育。如此谋篇布局，乍看似乎喧宾夺主、主次不分；其实，如此安排，体现了作者确实如姜亮夫在序中所称赞的："秋英这部书的写法，她不仅了解中国妇女生活的整个，并且了解它的基质，并且了解它的前因后果，并且了解文学的真价值！"②因为，只有了解中国妇女在宗法社会和儒家伦理思想下的真实的地位，了解她们受到的教育及受教育的过程，才能真正了解中国妇女文学、深入中国妇女文学。

第四章引录、简析《诗经》和其他书籍以及传说当中的妇女文学作品。第五章按文体分类叙述代表作家及其作品，这是全书主体部分。尽管只是极其简略地介绍作家生平和代表作，却也用只言片语对作品作了点评。这些点评，大多体现了女性的敏锐、感性，相对于泛滥的男性视角而言，倒是别有一番风味。作者有时也会有一些令人惊奇的发现，比如她指出唐代女冠诗人薛涛的诗作存在风格不一致的问题，认为"她的诗，或经过当时人士的修改是很可能的"③。

目次：

---

①陶秋英：《中国妇女与文学》，上海：北新书局，1933年版，第3页。

②姜亮夫：《序》，陶秋英：《中国妇女与文学》，上海：北新书局，1933年版，第4页。

③陶秋英：《中国妇女与文学》，上海：北新书局，1933年版，第164页。

第三章　中国妇女教育及妇女在文学上的兴趣

第一节　可怜的中国妇女教育：一、闺中的教育，二、将嫁的教育，三、嫁后的教育，四、其他，五、几个女教育家及其关于女教的著作；第二节　因种种影响的中国妇女在文学上的兴趣。

第四章　中国妇女与文学关系的启始

第五章　各种文体的几个代表作家

第一节　赋；第二节　书牍；第三节　诗词；第四节　散文：一、弹词小说，二、现存的光荣。

第六章　结论

5月

康璧城《中国文学史大纲》

康璧城《中国文学史大纲》，上海广益书局1933年5月初版，24开，190页，约10万字。

本书卷首有"编者例言"，声称："本书叙述至清代止，盖近代自五四运动以后，文学上开拓了一条新途径，与前代的文学面目显然各异，没有详密细致的检讨不容易得出一个结论。"又说："此书所用参考书实不少……惟以日人笹川种郎的《中国文学史》给我借材的地方最多。"作者认为其他文学史著只是自己所著《中国文学史大纲》的"参考书"，他只不过比较多地"借材"笹川种郎的《中国文学史》而已。实际上，本书抄录其他文学史书颇多，很少有自己的见解。

目次：

第一章　概论；第二章　古代文学；第三章　春秋战国时代文学；第四章　两汉文学；第五章　魏晋及南北朝文学；第六章　唐代文学；第七章　宋代文学；第八章　金元文学；第九章　明代文学；第十章　清代文学。

6月

刘宇光《中国文学史表解》

刘宇光《中国文学史表解》，上海光华书局1933年6月初版，1935年9月第二版，32开，164页（正文114页，附录50页），约6万字。1936年6月，大光书局印行第五版，增补了书末附录的表解，页码增至176页。谢无量校阅。

本书很可能是最早的表解体中国文学史。表解体以图表的形式把中国文学史的基本框架勾勒出来，形象生动，易懂易记。刘宇光这部"文学史表解"，分上、下编，上编为"通论"，下编为"分论"。虽然当时已有的中国文学史书，多数采用了先总后分的叙述体例，但大都是每一章先总论后分论，而刘宇光在这部书中，先通论从上古至民国十八年（1929）的文学史，然后下编按朝代分别表解各时期文学的发展趋势、代表和特点。尽管这种先通论后分论的体例没有被后来的表解体文学史继承，却在客观上拓展了中国文学史写作的叙述体例，并且至今仍有沿用。

目次：

上编　通论：一、上古文学——自黄帝至秦；二、中古文学——自西汉至隋；三、近古文学——自唐至明；四、近世文学——自清初至清末；五、现代文学——自民国开创至十八年。

下编　分论：一、上古文学；二、周秦文学——（甲）周秦文学变迁之大势，（乙）周秦文学之特点，（丙）周秦文学之代表；三、两汉文学——（甲）两汉文学变迁之大势，（乙）两汉文学之特点，（丙）两汉文学之代表；四、魏晋文学：（甲）魏晋文学变迁之大势，（乙）魏晋文学之特点，（丙）魏晋文学之代表；五、南北朝及隋文学：（甲）南北朝隋文学变迁之大势，（乙）南北朝隋文学之特点，（丙）南北朝隋文学之代表；六、唐及五代文学：（甲）唐五代文学变迁之大势，（乙）唐五代文学之特点，（丙）唐五代文学之代表；七、宋代文学：（甲）宋代文学变迁之大势，（乙）宋代文学之特点，（丙）宋代文学之代表；八、辽金元文学：（甲）辽金元文学变迁之大势，（乙）辽金元文学之特点，（丙）辽金元文学之代表；九、明代文学：（甲）明代文学变迁之大势，（乙）明代文学之特点，（丙）明代文学之代表；十、清代文学：（甲）清代文学变迁之大势，（乙）清代文学之特点，（丙）清代文学之代表。

附录：中国文学史表解参考

胡云翼《中国词史略》

胡云翼《中国词史略》，上海大陆书局1933年6月初版，32开，238页，约10万字。

全书共六章、二十节，著述体例与作者《中国词史大纲》相同。

目次：

第一章　词的起源。

第二章　晚唐五代词：一、晚唐；二、西蜀；三、南唐词；四、五代词人补志。

第三章　宋词（上）：一、北宋词的第一期；二、北宋词的第二期；三、北宋词的第三期；四、北宋词的第四期。

第四章　宋词（下）：一、南渡词坛；二、南宋的白话词；三、南宋的乐府词；四、晚宋词坛；五、宋代词人补志。

第五章　金元明词：一、金词；二、元词；三、明词。

第六章　清词：一、清初；二、浙派；三、常州派；四、清末词。

8月

杨荫深《先秦文学大纲》

杨荫深（1908—1989），原名杨德恩，字泽夫，浙江鄞县人。《先秦文学大纲》，上海华通书局发行，中行印刷所印刷，1933年8月初版，24开，285页，约17万字。

作者在卷首"编辑大意"中声称，本书是一部"用史的叙述，但不用史的方法"编写的著作,在著述体例方面,"不怕宰割似的用朝代来分卷","用各归各的派别来叙述"。此外,作者还强调说,本书注重作品,并且注意介绍与作品直接相关的背景,尤为注重社会环境,"这一步工作我们是最不敢忽略的"。

据本书末"出版预告",杨荫深原计划出"中国文学史大纲"共八卷,本书为第一卷《叙述唐虞至秦代文学》,其余七卷分别为:《汉魏文学大纲》、《六朝文学大纲》、《唐代文学大纲》、《两宋文学大纲》、《金元文学大纲》、《明代文学大纲》、《清代文学大纲》。其中,第四卷即《唐代文学大纲》已编成,即将出版,第一卷书末附有第四卷"出版预告":

> 本书……与先秦文学大纲为姊妹篇。全书编排格式,与先秦文学大纲相同,分三编十八章,对于唐代诗人、小说家、散文家,均有详细介绍;并附名贵插图百余幅,年表索引甚详……现已编辑完竣,即可付印出版。

后来未见《唐代文学大纲》及其余六卷出版,但1938年6月杨荫深另外出版有《中国文学史大纲》一书(详后)。

本书分三编、十一章、若干节,内附插图六十三幅,书末附有年表、索引、参考书目。

目次:

导言 中国文学的开端

第一编 传说中的古代文学:第一章 古代文学的怀疑;第二章所谓古代文学(一、唐虞以前文学;二、陶唐文学;三、有虞文学;四、夏后文学);第三章 商代文学。

第二编 周代文学:第一章 周代文学总论;第二章 诗(一、诗不是经;二、诗的编定者;三、诗的篇什;四、诗的由来;五、诗的四始与六义;六、诗的分类;七、诗的抒情;八、诗的叙事诗;九、诗的陈说是;十、诗外的逸诗;十一、诗外的谣歌);第三章 群经文学

（一、周易；二、尚书；三、礼记；四、左传；五、论语；六、孟子）；第四章 杂史文学（一、国语；二、战国策；三、逸周书；四、山海经；五、穆天子传）；第五章 诸子文学（一、老子；二、庄子；三、列子；四、墨子；五、荀子；六、晏子春秋；七、管子；八、韩非子；九、吕氏春秋）；第六章 楚辞（一、楚辞的由来；二、楚辞的篇目；三、屈原及其作品；四、宋玉及其作品；五、景差唐勒与大招）。

第三编 秦代文学：第一章 秦代文学的厄运；第二章 李斯。

附录 一、年表；二、索引；三、参考书目。

插图目次（略）

刘麟生《中国诗词概论》

刘麟生《中国诗词概论》，上海世界书局1933年8月初版，32开，196页，约9万字。另有1936年版；1944年10月，经排印后出版新一版，90页；1981年9月中国台湾庄严出版社版，32开，194页。

本书为刘麟生编辑的"中国文学丛书"之五，据其在"中国文学丛书编辑旨趣"中所言："关于文学的分类，我们注重体裁、渊源和演变各方面。至于作家和作品的批评，我们注重整个的作风和个别的作风。一切批评都采用客观的态度，不涉成见。"

全书共二十章、五十节，实为诗史与词史的合集，分述由《诗经》至清末白话诗之诗史、由温庭筠至清代词人之词史，颇简略。1944年10月新一版目录仅列章，不列节题。

目次：

第一章 中国诗的鸟瞰：一、中国诗的地位；二、诗体；三、诗韵及词韵；四、诗词的选本。

第二章 论诗经：一、诗经的起源；二、诗经的史地；三、诗经的组织；四、说诗的派别；五、作家与作风；六、诗经的影响。

第三章 五古诗的演进：一、西汉诗的辨伪；二、建安文学与五古诗的告成；三、陶渊明及其影响；四、南北朝的五言诗与近体诗胚胎。

第四章　乐府诗的盛时：一、名称与体裁；二、作风的嬗变；三、代表的作品。

第五章　七古诗与近体诗的完成：一、四杰沈宋与陈子昂；二、王维及其派别；三、李白；四、杜甫；五、高岑边塞诗与王昌龄；六、奇险派韩愈；七、元白与平易派的诗；八、温李与典丽派。

第六章　诗的散文化时代：一、西昆体及其反动；二、东坡体与荆公体；三、江西诗派；四、放翁体石湖体与诚斋体。

第七章　诗的模仿时代：一、元好问和虞集；二、前后七子。

第八章　诗的变化时代：一、江左三大家；二、主张神韵派之王士祯；三、主张性灵派之袁枚；四、清末宋诗运动；五、黄遵宪与诗界革命；六、白话诗。

第九章　词的萌芽时代：一、词的起源与温庭筠；二、韦庄与冯延巳；三、李煜。

第十章　词的极盛时代：一、宋词的鸟瞰；二、北宋婉约派词；三、南宋婉约派词；四、苏辛与豪放派；五、朱陆与闲适派词。

第十一章　词的衰落与复兴：一、金元人词；二、明人词；三、清人词。

第十二章　诗话与词话：一、诗话；二、词话。

张长弓《中国僧伽之诗生活》

张长弓（1905—1954），原名聪致，字英才，文学笔名常工，学术笔名长弓，河南新野人。《中国僧伽之诗生活》，出版者为作者本人，发行者北平著者书店，1933年8月初版，32开，224页，约10万字。

作者在"弁言"中自称，"我作这部稿子的动机，是僧伽诗的特质，在中国诗史上显然为一大流派，研究前代文学的人都有标扬出来的必要"。在编著方面，共选取中国历代僧伽中能诗者160人，考察其诗作并阐明僧诗的特质，材料大多来自诗总集、别集以及高僧传、地方志、笔记、诗话评语等，每人取诗三四首或一首。

鉴于僧诗几乎被所有人忽略，本书的特别价值显而易见，即填补了中国文学史写作的一处空白。全书述多议少，摘录诗作的篇幅约占二分之一，故其主要价值在于整理、保存了历代僧诗。

全书六章，由南北朝至晚清止，共四十余节。

目次：

第一章　绪论：第一节　诗与禅；第二节　僧诗之特质；第三节　诗僧与隐士；第四节　诗僧与词客；第五节　僧诗总集之考察。

第二章　南北朝时代：第一节　晋支道林为中国最早的一个诗僧；第二节　慧远；第三节　僧度、史宗与帛道猷；第四节　汤惠休与宝月；第五节　梁陈诸诗僧与北周二法师。

第三章　隋唐时代：第一节　王梵志；第二节　隋唐之间的诸诗僧；第三节　唐代僧诗小论；第四节　寒山子；第五节　皎然；第六节　灵澈与灵一；第七节　盛唐以后诸僧。

第四章　五代宋时代：第一节　贯休；第二节　齐己；第三节　五代诸诗僧；第四节　圣宋九僧诗（一）；第五节　圣宋九僧诗（二）；第六节　惠洪；第七节　道潜；第八节　仲殊；第九节　北宋末季诸诗僧；第十节　入江西派之三僧诗；第十一节　南宋诸诗僧。

第五章　元明时代：第一节　三隐之诗僧；第二节　释英与明本；第三节　元代之诗僧；第四节　明初三大诗僧；第五节　道衍与德祥；第六节　明初诗僧五位；第七节　成化、嘉靖间诸诗僧；第八节　长干三诗僧；第九节　晚明诸诗僧。

第六章　清代：第一节　正喦；第二节　顺治康雍间诗僧；第三节　明中与野蚕；第四节　乾隆朝诗僧（一）；第五节　乾隆朝诗僧（二）；第六节　嘉庆咸丰间诗僧（一）；第七节　嘉庆咸丰间诗僧（二）；第八节　晚清诸诗僧；第九节　一个殿后的诗僧曼殊。

胡云翼《中国词史大纲》

胡云翼《中国词史大纲》，上海北新书局发行，1933年9月初版，24开，

212页，约10万字。

本书与作者《中国词史略》一书有颇多相同之处，但比后者要详细。全书分两编专述"唐五代词"（九章）和"北宋词"（十四章），依次讲述词的起源、从晚唐词到五代词、北宋词的发展等内容。因元、明、清三代的词成就不高，作者不予述及。

目次：

第一编　唐五代词

第一章　词的起源；第二章　最初的词人温庭筠；第三章　从晚唐词到五代词；第四章　西蜀词（上）韦庄；第五章　西蜀词（下）；第六章　南唐词人冯延巳；第七章　词圣李煜；第八章　五代末年三词人；第九章　唐五代词人补志。

第二编　北宋词

第十章　北宋词的发展；第十一章　北宋初期的词坛；第十二章　晏殊；第十三章　欧阳修；第十四章　张先；第十五章　晏几道等；第十六章　慢词的起来与柳永；第十七章　秦观；第十八章　歌词的革命者苏轼；第十九章　黄庭坚；第二十章　元祐前后的词人；第二十一章　乐府词的复兴与周邦彦；第二十二章　女词人李清照；第二十三章　北宋词人补志。

11月

马仲殊《中国文学体系》

马仲殊（1900—1958），江苏灌云人。《中国文学体系》，上海乐华图书公司印行，1933年11月初版，32开平装本，277页，约11万字。

本书分"古诗一瞥"、"乐府"、"入乐绝句"、"绝妙好词"、"南北曲"五章，论述多过考镜诗词乐曲的源流及发展演变情况，可视为一部简要的诗词曲专史。

目次：

第一章　古诗一瞥：一、现存的古诗；二、离别情绪；三、恋歌；四、两汉五言诗；五、节引诗品。

第二章　乐府：一、乐府的名义；二、相和歌辞；三、鼓吹曲；四、横吹曲；五、清商曲。

第三章　入乐绝句：一、故事的证明；二、竹枝及其他。

第四章　绝妙好辞：一、词的起源；二、亡国之音；三、女作家。

第五章　南北曲：一、曲的起源；二、元曲作家。

王念中《古代词学史》

王念中，湖北黄冈人。《古代词学史》，武昌益善书局印行，1933年11月初版，32开，270页，约10万字。

本书系益善书局出版的"古斋丛书之五"。作者以"数十年之所得，穷寒暑之力"而成本书。意在"叙论古之圣贤君子豪杰之士，能文者厘为祖宗支派。俾学者知其源流正变与夫得失优劣"①。作者这样解释本书得名："近世分述历朝之诗文小说词曲杂剧者共名之曰文学史，今专叙论历朝之古文词学，故别名之曰古文词学史。"又叙述古文词学之流派："古文词学之倡始于韩愈，绍而光明之者欧阳修，翼而增大之者曾巩，遥接之而具备其体者归有光，承接之而义法益严者方苞姚鼐六子者，皆能传三祖之学为古词之正统，故敬之曰宗。"而"自荀卿至曾国藩十六子者……皆原于三祖而多分其体于六宗，亦可谓法于后世，故曰小宗"②。

全书分六卷，概述自春秋至清代的古文、词学之发生、发展状况。以古拙的文言文写成，不标点断句，也不采用当时已流行的章节体例，而是按照自己的理解，把古代词学史分为若干分支流派，依次叙述。正文中时常以"念中按"的方式穿插作者的注解，这显然是把古今注的方式移植到了文学史写作中。

---

①王念中：《自叙》，《古文词学史》，武昌：益善书局，1933年版，第2页。引文中的标点系引者所加，下同。

②王念中：《凡例》，《古文词学史》，武昌：益善书局，1933年版，第1页。

目次：

自叙、凡例

卷一　三祖；卷二　六宗；卷三　小宗；卷四　支子；卷五　别派；
卷六　余论。附古文词学门类沿革表。

12月

苏雪林《唐诗概论》

苏雪林《唐诗概论》，上海商务印书馆印行，1933年12月初版，32开，
190页，约9万字。本书另有几种版本：1934年2月作为"国学小丛书"之一
由商务印书馆印行，同年6月再版；1947年2月列入"新中学文库"之一出版
第三版；1992年，上海书店将本书收入"民国丛书"第三编第55种（与胡云
翼《唐诗研究》、杨启高《唐代诗学》合为一册）影印出版；1997年3月辽宁
教育出版社出版简体横排本。

作者运用现代文艺理论与历史进化观念，首次系统、全面地勾勒出唐代
诗歌发展演变的历史进程。[1]这种新鲜的研究视角和文学观念，使本书呈现出
若干特色。比如，本书冲破传统观念束缚，提出了不少有价值的观点。第十
八章论李商隐及其诗歌，作者一反历代学者在李商隐爱情诗、无题诗中穿凿
索隐、寻找政治寄托的敝习，"取李商隐诗集细加研究，始将千余年来百十人
探索不可得之秘密一朝发现，盖其《无题》、《艳情》诸作篇篇都是恋爱的本
事诗，真真实实的纪录，并无寄托的踪影。他作品之隐僻难解，则为恋史在
事实上不能直陈，故用各种典故制成巧妙诗谜，并安上线索，使后人自去猜
索"[2]。苏雪林引李商隐爱情诗、无题诗，考证出李商隐的恋情。她这些考
证，似嫌证据不足。但这种研究视域的转换、审美心理的变化，无疑对以后

---

①此前出版的费有容的《唐诗研究》（大东书局1926年版）、许文玉的《唐诗综论》（北京
大学出版部1929年版）、胡云翼的《唐诗研究》（商务印书馆1930年版）乃至此后出版的杨启
高《唐代诗学》（中正书局1935年版），都不及苏雪林《唐诗概论》全面系统。

②苏雪林：《唐诗概论》，上海：商务印书馆，1933年版。下引之言，均出自此书。

的读者与研究者有启发，从诗学解释学与接受美学的角度来看，其创新意义是不容忽视的。①

注重唐诗流派，是本书的重要特色。作者把唐代诗人划分为"浪漫派"、"写实派"、"险怪派"、"韩派"、"白派"、"功利派"、"唯美文学启示者"、"诗谜专家"，颇有新意，有的名称至今沿用。尤为难得的，是对某一流派或诗人的概括、分析时有精到之笔。如第三章"初唐四杰"，指出四杰作品喜用隔句押韵，多用钩句、骈句，且字句秀媚，并进一步指出其钩句又分作单钩、双钩、单钩变例、双钩变例四种体式，这种概括是十分准确的，且发前人所未发。对某些诗人的分析也时有己见。如第十三章指出韩愈的诗歌险怪，具体表现在四个方面，即以散文的方法作诗、以字数入诗、以作赋的方法作诗、以丑为美。

作者以作家的才情、女性的敏锐审读唐诗，语言活泼、流畅，因此全书文辞俱佳、清新可读。如论李白在唐代诗史中的地位时说："他与开、天那群诗人相比，好像是突出万山间的高峰，容纳百川的大海，灿烂列宿间的一片寒光皎洁的明月，云蒸霞蔚东方的一轮金芒四射的太阳。"

在研究方法上，作者对西方文艺学概念既有借用，又能清醒意识到其与中国古代文学之间的裂缝。比如，书中曾以西洋文学论李商隐，认为"大约李商隐一派的作品，表面则声调铿锵，颜色华美，结构精密，对偶工切，近于西洋1860年间继浪漫而起之高蹈派"。但苏雪林并没有生搬硬套西方文艺学概念，她说："如古典、浪漫、写实、唯美等名目，虽取之西洋而与原来意义亦未必尽合，不过为分别便利起见，借用而已。"

作者还擅长运用比较研究的方法，既作同类比较，也作中外作品比较。如，将杜甫的时事诗与元、白的诗作比较，认为杜甫那些诗"是客观的描写"，而元、白的"是主观的讽喻"，结论是"杜甫仅是个写实艺术家，元、白则为功利主义的艺术家"。又将李贺的诗与李商隐、温庭筠相比较，指出："李贺多用矿物性质的形容词，如'金'、'银'、'玉'、'瑶'。"李商隐"大部

---

① 参见刘学锴：《李商隐诗歌接受史》，合肥：安徽大学出版社，2004年版，第191~193页。

分作品多用工艺品性质的形容词，如'锦'、'绣'、'雕'、'镂'"，"温庭筠好用植物性质及自然界性质的形容词，如'花'、'草'、'风'、'月'"。这些，确实是作者苏雪林的慧见，可惜未曾深究。

本书最初作为王云五主编"万有文库"第一集一千种之一出版。全书共二十章。

目次：

第一章　唐诗隆盛之原因；第二章　唐诗变迁之概况；第三章　初唐四杰；第四章　沈宋与律诗；第五章　初唐几个白话诗人；第六章　开天文学之先驱；第七章　开天间诗人与乐府新词；第八章　战争与边塞诗人；第九章　隐逸风气与自然的歌唱；第十章　浪漫文学主力作家李白；第十一章　写实主义开山大师杜甫；第十二章　大历间的诗人；第十三章　险怪派领袖诗人韩愈；第十四章　韩派诗人；第十五章　功利派首倡者白居易；第十六章　白派诗人；第十七章　唯美文学启示者李贺；第十八章　诗谜专家李商隐；第十九章　李商隐同时诗人；第二十章　唐末诗坛。

〔日〕青木正儿著、王俊瑜译《中国古代文艺思潮论》

王俊瑜译《中国古代文艺思潮论》，北平人文书店初版，1933年12月初版，32开，160页，约6万字。

本书系日本青木正儿《支那文艺思潮论》的中译本，因其所述只及于唐代以前，故译者王俊瑜加上"古代"二字，译成现名。

全书分四章、十三节。周作人为本书校阅并作序。

目次：

第一章　文艺思潮的概观：一、地方式；二、时代色。

第二章　原始的文艺思潮：一、在古代文字的构成上表出的文艺观；二、通观诗经书中的文艺思潮（文学、音乐、美术思想）。

第三章　儒家的文艺思潮：一、诗教；二、乐教（音乐的起原、效用、大乐与侈乐、音乐与政治、古乐与新乐、乐律与阴阳家的思想、五代及八音说）。

第四章　道家的文艺思想：一、虚无的文艺思想；二、神仙思想与文艺；三、道家对于儒家文艺思想的排击；四、出世主义与自然爱。

金秬香《骈文概论》

金秬香《骈文概论》，上海商务印书馆印行，1933年12月初版，32开，141页，约6.5万字。此书另有一个初版本，即1934年1月初版，也是32开、141页，作为王云五主编"万有文库"第一集第一千种出版；1948年4月第四版。

本书为王云五主编"国学小丛书"之一。采用"以时代为经、作家为纬"的体例，对作家的介绍以其骈文代表作为主，故本书并非"录鬼簿"，尚可辨别骈文发展的历史脉络。

目次：

叙言

第一章　上古至周骈体之起源（一、唐虞之骈文；二、夏后氏之骈文；三、夏小正之骈文；四、山海经之骈文；五、殷商氏之骈文归藏遗书之骈文；七、周初之骈文；八、逸周书之骈文；九、周髀之骈文；十、鬻子子牙子之骈文；十一、左传之骈文；十二、国语之骈文；十三、战国策之骈文；十四、孔子之骈文；十五、孟子荀子之骈文；十六、老庄列诸子之骈文；十七、管子晏子之骈文；十八、孙子吴子之骈文；十九、杨子墨子之骈文；二十、韩非子之骈文；二十一、屈宋骚赋之骈文；二十二、吕氏春秋之骈文；二十三、李斯之骈文）。

第二章　两汉曹魏之骈文（一、陆贾之骈文；二、贾谊之骈文；三、孔藏之骈文；四、枚乘之骈文；五、董仲舒之骈文；六、淮南子之骈文；七、东方曼倩之骈文；八、焦氏易林之骈文；九、司马相如之骈文；十、扬雄之骈文；十一、班固之骈文；十二、张衡之骈文；十三、杜笃之骈文；十四、王延寿马融之骈文；十五、黄香边让之骈文；十六、蔡邕之骈文；十七、曹魏父子建安七子之骈文；十八、潘助册魏公九锡之骈文；十九、魏曹植之骈文；二十、诸葛亮之骈文；二十一、孙吴之骈文）。

第三章　晋至陈之骈文（一、陆机陆云之骈文；二、潘岳之骈文；三、向秀成公绥之骈文；四、晋陶潜之骈文；五、南朝宋室颜延年之骈文；六、谢氏之骈文；七、鲍明远之骈文；八、南齐永明之骈文；九、萧梁诸帝之骈文；十、萧梁诸文士之骈文；十一、徐陵庾信之骈文；十二、北魏之骈文；十三、北齐之骈文；十四、北周之骈文；十五、昭明文选之骈文；十六、文心雕龙之骈文；十七、抱朴子之骈文；十八、三国志注之骈文；十九、山经图赞与江赋之骈文；二十、水经注之骈文）。

第四章　隋唐五季之骈文（一、李萼之骈文；二、李播萧吉之骈文；三、唐诸帝之骈文；四、唐初四杰之骈文；五、燕许大手笔之骈文；六、元结及诸家之骈文；七、姚宋之骈文；八、韩昌黎之骈文；九、柳子厚之骈文；十、李青莲之骈文；十一、杜子美之骈文；十二、刘知几之骈文；十三、陆宣公之骈文；十四、裴晋公之骈文；十五、李程王起之骈文；十六、元白之骈文；十七、温李之骈文；十八、五代之骈文；十九、钱武萧王之骈文；二十、杜光庭黄滔之骈文；二十一、王朴之骈文）。

第五章　宋辽金元之骈文（一、杨亿等之骈文；二、二宋之骈文；三、梁氏之骈文；四、二郑之骈文；五、欧苏之骈文；六、南宋汪洪及李刘之骈文；七、宗岳之骈文；八、朱吕之骈文；九、真文之骈文；十、元好问之骈文；十一、郝经之骈文；十二、柳贯之骈文）。

第六章　明清之骈文（一、宋濂之骈文；二、李梦阳等之骈文；三、王世贞之骈文；四、袁枚之骈文；五、吴锡麟之骈文；六、洪亮吉之骈文；七、孔广森之骈文；八、曾燠之骈文；九、刘星炜之骈文；十、邵齐焘之骈文；十一、孙星衍之骈文）。

结论

本年

许啸天《文学小史》

许啸天《文学小史》，上海新华书局印行，1933年初版，1935年6月再版。32开，59页，4万余字。

本书封面题"文学小史"，内页为"中国文学发源史"，其实全书由作者《中国文学发源史》、《文学介绍及批评》两篇长文组成，不分章节。版权页标注"中学适用"，系作者所编"红皮文选"之一。2018年，作为"民国小史丛书"之一、以《文学小史》为书名由知识产权出版社出版，32开平装，97页，约4万字。

其中，《中国文学发源史》主要介绍了诗经、楚辞、书经、易经、公羊传、左传、战国策、老子、墨子、论语、韩非子、庄子、孟子、荀子、列子等传统经学和先秦诸子百家代表著作。《文学介绍及批评》主要对先秦两大代表性文学《诗经》和《楚辞》进行了深入剖析。

目次（略）。

叶鋆生《中国历代文学变迁的鸟瞰》

叶鋆生《中国历代文学变迁的鸟瞰》，上海大夏大学1933年油印本。

本书为作者《中国人文小史》（上海华通书局1934年1月出版）之一章。《中国人文小史》分文字、书籍、书道、绘画、文学、小说与戏曲、史学、经学的变迁等章节。

目次：

一、文学创始的时代；二、词藻流行的时代；三、理论文流行的时代；四、词藻与理论文并行的时代。

朱东润《中国文学批评史讲义》

朱东润（1896—1988），江苏泰兴人。《中国文学批评史讲义》，1933年国立武汉大学排印，现收藏于上海图书馆。

朱氏在开明书店版《中国文学批评史大纲》（1944年）"自序"中说："1931年，我在国立武汉大学授中国文学批评史，此年夏间写成《中国文学批评史讲义》初稿。1932年秋间，重加以订补，1933年完成第二稿。1936年再行删正，经过一年的时间完成第三稿。1937年的秋天开始排印。"可见，《中国文学批评史讲义》即为"第二稿"。后来，经叶圣陶资助，朱氏把"第三稿的上半部和第二稿的下半部合并"，于1944年出版，这就是《中国文学批评史大纲》。

本讲义"目录"下有一段题记：

> 二十年度，授中国文学批评史，编次讲稿，上起先秦，下迄明代。次年续编至清末止。略举诸家，率以时次，或有派别相属、论题独殊者，亦间加排比，不尽亦时代限也。凡七十五篇。

从这段题记可以看出，最初编撰的讲稿"上起先秦，下迄明代"，这就是《中国文学批评史讲义》的初稿，第二年又继续编撰至清末为止。上海图书馆收藏的这部《讲义》是第二稿，虽然没有出版时间，但据"自序"所言，可断定是1933年出版的。①

目次〔详见本书"1944年（民国三十三年）1月　朱东润《中国文学批评史大纲》"〕

陈君宪《中国古代文艺思想史略》

陈君宪《中国古代文艺思想史略》，1933年完稿。出版情况不详。

作者说："文艺史的研究，并不同于历史的或社会史的文艺部门的研究，因为文艺史是以文艺为主体，除了历史或社会史所给予的关系外，仍有它'自我'的一个史的过程……文艺的史的过程，根据是文艺史上的各种文艺形态。"

与同时期其他文学史比较，本书有三点值得注意：一、专述古代文艺思想流变；二、当时章节编次的著述体例已流行，但本书仍采用传统体例；三、按朝代叙述文学史，这是20世纪30年代文学史编写的时髦，但本书按照中国古代文艺思想历史演进情况，将之划为三个时代（"歌谣时代"、"文艺时

---

①周兴陆：《从〈讲义〉到〈大纲〉——朱东润早年研究文学批评史的一段经历》，《古典文学知识》2006年第6期，第3~4页。

代"、"新文艺时代"）依次叙述。

目次：

歌谣时代（农业时期）（约西元前十八世纪—前二世纪）

导论　文字的产生（甲骨的研究）；

第一阶段：最初的歌谣（？—前十二世纪?）《周易》及其他歌谣；

第二阶段：周民族的社会诗歌（西元前十一世纪—前六世纪）《诗经》时代；

第三阶段：楚民族的神话研究（？—前二世纪）《楚辞》时代。

文艺时代（商业时期）（西元前一世纪—后十九世纪）

第一阶段：语言文艺（一世纪—九世纪）赋及诗的时代；

附：九世纪以后的语言文艺、小说；

第二阶段：音乐文艺（十世纪—十二世纪）词的时代；

第三阶段：戏曲文艺（十三世纪—十九世纪）戏曲时代。

新文艺时代（二十世纪）

现代文艺。

王易《乐府通论》

王易（1889—1956），原名朝综，字晓湘，号简庵，江西南昌人。《乐府通论》[①]，上海神州国光社印行，1933年初版，24开，216页，约9万字，陈散原（陈三立）题写封签。此后，本书多次重版：1944年12月，上海中国联合出版公司重版，改为32开；1946年10月，由上海中国文化服务社印行；1979年中国台北广文书局影印版；1992年上海书店影印版。

五四以前，乐府不受研究者重视。20世纪20年代出版的胡适《白话文学史》等史著开始关注乐府，到20世纪30年代，陆续出现了论述乐府的专著。这些专著，述乐府之流变，阐其意义，可以据其主张之不同，分成两派：一是乐府主声论，认为乐府随音乐演进，应以音乐演进叙乐府流变，旨在阐述

---

①陈玉堂《中国文学史书目提要》将此书名录为"乐府通史"，实误。

乐府在乐教美育上的意义；二是舍声求义论，认为乐府的音乐早已亡佚，留传下来的歌辞可作为民歌看待，因而应考镜乐府作为歌辞的背景和本事，以便"观一时代乐府之得失，而知其有以关乎一时代政教之隆污，民族之兴替"。前一派主张由王易的《乐府通论》倡导，后一派则为萧涤非的《汉魏六朝乐府文学史》论说最详。由此可见，本书实为民国时期研究乐府史的重要著作。

王易在本书中把乐府史划分为四期：自汉迄西晋，国乐为主，夷乐为辅，一期也；自东晋迄陈，国乐夷乐，相长并行，二期也；自隋迄唐，夷乐为主，国乐为辅，三期也；五代以下，夷夏混流，习久不辨，四期也。[①]但他并未按照四期分述乐府历史，而是以乐府自身特征，分五部分论述（详见目次）。

目次：

序、述原第一、明流第二、辨体第三、征辞第四、斠律第五、余论。

高丕基《中国文学史》

高丕基，生平不详，曾任北洋政府教育部官员。所著《中国文学史》，1933年初版，24开，179页，约10万字。无版权页，封面无出版和发行机构名称，疑为自费刊印。

此书叙述从太古至清末的中国文学史，采用文言文写作，不标点，仅断句。书中几乎每章都叙述各代之史学、文字学，与20世纪二、三十年代普遍认可的"纯文学"有差别，但高丕基并不像谢无量、曾毅等早期文学史写作者那样让文学包罗万象，可见他的"文学"观，介于"大文学"与"纯文学"之间。又，第四编第六节"新闻学之创作"，简述康有为、梁启超和章炳麟于清末时期写作政论文章，而没有提及民国时期。综合这些情况，初步断定成书时间在20世纪20年代初期。

书中将中国文学史分作四个时期，即"上古"、"中古"、"近古"、"近世"，名称虽非首创，这四个时期的断限却有借鉴意义。

---

① 王易：《乐府通论·明流第二》，上海：神州国光社，1933年版，第19页。

目次：

节　唐之小说。

第二章　五代文学

第三章　两宋文学：第一节　总述；第二节　北宋各家之文学；第三节　南宋各家之文学；第四节　宋之史学；第五节　宋之诗学及词学。

第四章　元代文学：第一节　总述；第二节　元代各家之文学；第三节　元之诗学；第四节　曲之兴起；第五节　小说之改进。

第五章　明代文学：第一节　总述；第二节　明代各家之文学；第三节　明之史学；第四节　明之诗学及词学；第五节　曲之兴盛；第六节　小说及游记。

第四编　近世期

第一章　清代文学：第一节　总述；第二节　清代各家之文学；第三节　清之史学；第四节　清之诗学及词学；第五节　曲及小说；第六节　新闻学之轫作。

1934年（民国二十二年）

1月

游国恩《先秦文学》

游国恩（1899—1978），字泽承，江西临川人。《先秦文学》，上海商务印书馆印行，1934年1月初版，32开，187页，约8万字。

本书系作者应商务印书馆征稿而写，从动笔到完稿仅40天，列为王云五主编"百科小丛书"之一。全书18章，不分节。

目次：

一、文学之范围及文学史；二、文学导源之两大要素；三、未有文学时之初民文学；四、种族战胜与文学之开幕；五、唐虞时代之文学；六、夏禹之功烈及夏代文学；七、商之文明渐进及其文学；八、周初文治之宏谋及其文学；九、诗之来源及南风雅颂；十、诗之时代背景及其文艺；十一、春秋战国时之杂歌诗；十二、周之历史文学及晚周诸子；十三、楚辞之起源；十四、屈原；十五、宋玉及其他作者；十六、糅合南北之赋家荀卿；十七、先秦之小说；十八、秦之变古及其文学。

苏雪林《辽金元文学史》

苏雪林《辽金元文学史》，上海商务印书馆印行，1934年1月初版，32开，56页，约2万字。

本书原为作者在国立武汉大学任教时的讲义，编入"国学小丛书"之一出版，言词简洁，内容通俗易懂。全书分七章。

目次：

第一章　辽文学；第二章　金之初中叶作家；第三章　金之末叶作家；第四章　元曲之种类与构造；第五章　北曲作家与作品；第六章

南曲作家与作品；第七章　元人小说。

钱基博《明代文学》

钱基博《明代文学》，上海商务印书馆印行，1934年1月初版，次年4月再版，32开，123页，约6万字。1973年中国台湾商务印书馆重版。

本书为王云五主编的"百科小丛书"之一。作者认为"中国文学之有明，其如欧洲中世纪之有文艺复兴"①，明代作家在文、诗、词曲和八股文等方面都有复古和超越之处，故作者以文、诗（附词）、曲和八股文为纲，作家为纬，叙述自杨维桢、宋濂至陈际泰、艾南等止的明代文学，述及作家近90人。

目次：

第一章　文：第一节　总论；第二节　杨维桢、宋濂（附张孟兼）、刘基（附王袆、徐一夔、胡翰、苏平仲等）；第三节　方孝孺（附解缙）；第四节　杨士奇（附杨荣、黄淮、金幼孜）、杨溥；第五节　李东阳（附邵宝）；第六节　李梦阳、何景明（附康海、王九思、王廷相等）；第七节　王守仁、杨慎；第八节　王世贞（附李攀龙）、宗臣（附吴国伦等）；第九节　王慎中、茅坤、唐顺之、归有光；第十节　袁宏道（附徐渭、袁宗道）、钟惺、谭元春；第十一节　钱谦益、艾南英（附罗玘）；第十二节　张溥、陈子龙。

第二章　诗（附词）：第一节　总论；第二节　杨维桢（附贝琼）、刘基、高启（附杨基、张羽等）；第三节　李东阳、李梦阳、何景明、徐祯卿（附祝允明、唐寅、文征明、边贡等）、杨慎（附高叔嗣、华察、皇甫冲等）；第四节　李攀龙、王世贞、宗臣、谢榛（附徐中行、吴国伦等）；第五节　袁宏道（附袁中道）、高攀龙；第六节　钟惺、谭元春（附程嘉燧、陈继儒）、陈子龙（附词）。

第三章　曲。

第四章　八股文：第一节　总论；第二节　黄子澄、姚广孝（附于

---

①钱基博：《明代文学·自序》，上海：商务印书馆，1934年版，第1页。

谦）；第三节　唐顺之（附王鏊）、归有光（附胡友信）；第四节　陈际泰、艾南英（附章世纯、罗万藻、丘义等）。

3月

吴梅《辽金元文学史》

吴梅《辽金元文学史》，上海商务印书馆印行，1934年3月初版，32开，168页，约8万字。

本书原为作者在北京大学等高校任教时的讲义，编入"国学小丛书"之一出版，叙述辽金元三代诸家文、诗、词、曲，脉络清晰。

本书体例采用传统的作家评传方式，按朝代和作家主要活动的时间先后顺序，依次评介。无明显章节体例特征，仅以相同的数字标注目和子目。由此可见，直到20世纪30年代初期，从西方传入的章节体例仍然不被吴梅等传统学者接受。

目次：

一、辽：一 文家；二 诗家。

二、金：一 文家；二 诗家；三 词家；四 曲家。

三、元：一 文家；二 诗家；三 词家；四 曲家。

丘琼荪《诗赋词曲概论》

丘琼荪（1897—1964），又名琪，别号疆斋，上海嘉定人。《诗赋词曲概论》，上海中华书局印行，1934年3月初版，24开，361页，20余万字。1985年中国书店影印出版，24开，362页。

作者认为，中国文学中的韵文，以诗赋词曲为最重要，故本书按照这四种文类分四编叙述。每编四章，若干节；每编的体例相同，先述起源，再述体制、体裁及其声律音韵等，接着是演进情况，最后附录若干名篇。其中，对诗的叙述，上自皇古及三代歌谣，下迄唐代古近体诗；词的叙述，上自南朝杂言乐府，下迄两宋之词；曲的叙述，上自宋代大曲，下迄明清传奇及小令散套等。

全书脉络清晰、讲述清楚、内容简略，是一部优良的普及型文学史读物。

目次：

绪论

第一编　诗之部

第一章　诗的起源：第一节　古歌谣；第二节　诗经；第三节　楚辞。

第二章　诗的体制。

第三章　诗的声律：第一节　诗的声韵；第二节　诗的格律；第三节　五律诗式；第四节　七律诗式；第五节　五绝诗式；第六节　七绝诗式；第七节　五七言古诗平仄论；第八节　五七言古诗式。

第四章　诗的演进：第一节　两汉的诗；第二节　魏晋南北朝的诗；第三节　汉魏晋南北朝的乐府；第四节　唐代的诗。

第二编　赋之部

第一章　赋的起源。

第二章　赋的体制。

第三章　赋的声律。

第四章　赋的演进：第一节　战国两汉的赋（古赋时期）；第二节　魏晋南北朝的赋（俳赋时期）。

第三编　词之部

第一章　词的起源。

第二章　词的体制：第一节　均拍上的分类；第二节　字数上的分类；第三节　风格上的分类。

第三章　词的声律：第一节　四声；第二节　音律；第三节　词调；第四节　词韵；第五节　句法。

第四章　词的演进：第一节　词的发生期；第二节　词的分期与演进。

第四编　曲之部

第一章　曲的起源。

第二章　曲的体制：第一节　曲的类别；第二节　曲的搬演；第三节　曲的结构。

第三章　曲的声律：第一节　曲的声韵；第二节　曲的牌调；第三节　曲的宫调。

第四章　曲的演进：第一节　元代概述（杂剧为主）；第二节　明清概述（传奇为主）。

卢翼野《中国戏剧概论》

卢翼野（即卢前）《中国戏剧概论》，上海世界书局印行，1934年3月初版，32开，300页，约13万字，列为刘麟生主编的"中国文学丛书"之六。1944年4月新一版，另行排印，160页。20世纪90年代初期，由上海书店列为"民国丛书"第三类第64种影印出版。

据作者所作之"序"，本书是他根据在金陵大学、河南大学讲授戏剧史课程编写的《中国戏剧史大纲》讲义整理而成。

全书共十二章、若干节，叙述由戏曲起源至西洋话剧输入期间的戏剧史。目次：

第一章　戏曲之起源；第二章　戏曲之萌芽；第三章　宋戏之繁盛；第四章　金代的院本；第五章　元代的杂剧；第六章　元代的传奇；第七章　明代的杂剧；第八章　明代的传奇；第九章　清代的杂剧；第十章　清代的传奇；第十一章　乱弹之纷起；第十二章　话剧之输入。

4月

柯敦伯《宋文学史》

柯敦伯《宋文学史》，上海商务印书馆印行，1934年4月初版，次年2月再版，32开，256页，约12万字。20世纪80年代上海书店将之影印，收入"民国丛书"第五编第49种出版。

作者在"绪论"中对"文学"作如此定义："文学者，人类抒情适性之具。"本此"文学"观，作者认为，"赵宋三百年间之文学，语其大别，无问新旧"，可分作六种，即"散体文"、"四六文"、"诗"、"词"、"戏曲"、"小说"，故本书"以文学之体裁举其纲，以作者之承袭繁之目"，依次铺章展述。①

本书的主要学术创获有两点：

第一，在民国时期多种宋代文学史中，内容最丰富、全面，初步勾画了宋代文学的基本框架与历史轮廓。民国间出版的宋代文学史共有四部，即吕思勉的《宋代文学》（商务印书馆1931年版）、柯敦伯的《宋文学史》（商务印书馆1934年版）、陈安仁的《宋代的抗战文学》（长沙商务印书馆1939年版）、陈子展的《宋代文学史》（作家书屋1945年版）。四种书都述及宋代古文、诗、词、曲及小说，但各书详尽不同。从字数看，吕思勉《宋代文学》约6万字，陈安仁《宋代的抗战文学》仅1.5万字，陈子展《宋代文学史》约7万字，柯敦伯《宋文学史》最多，12万字。柯著不仅涉及宋代各种文体，而且每一种文体的重要流派、代表作家都有简要论述。如散文中的"道学派与功利派"，四六文中的"因袭派"、"改革派"，诗中的"西昆派"、"江西派"、"永嘉四灵"、"江湖派与遗民诗"，词中的"辛派词人"、"姜派词人"，等等。尤其是，作者不但把历来被忽视的四六文与宋代诗词戏曲并列，而且简要地论述了宋代四六文的源流、应用与修辞、流派及其代表作家。这一做法，直接影响了后世学者的宋代文学史写作。如直到20世纪90年代，程千帆、吴新雷在合著的《两宋文学史》中，设置专章介绍和论述宋四六文的渊源、体式、艺术特色等。②

第二，既勾画每一文体的发展演变线索、概括每一文体的流派特征，也注意各相近派别之间的关系。如，散体文"上承唐旧，而发挥光大，渐入道学派文以载道之囿者也"，四六文"上承唐旧，而渐脱恒蹊，大抵适用于告语者也"，词"上承唐旧，而体制加繁，附庸蔚为大国，独占一代文坛，允为一

---

① 柯敦伯：《宋文学史》，上海：商务印书馆，1934年版，第2~4、13页。
② 详见程千帆、吴新雷：《两宋文学史》，上海：上海古籍出版社，1991年版。

代之文学，后世莫能继者也"，戏曲"协于音律之文学，由词进而为曲"，"北宋东都之盛，渐已具其端倪，下逮元明，乃大备耳"，小说"李唐以前，大都以纪怪述事为宗，入宋而杂取史实，行以诨词，于是平话兴焉；盖不以组绘为尚，惟计描写之工，遂于近代文学史上别树一帜，而赵宋一代，实肇其端"。①这些概括，纵横捭阖，在今天看来仍是基本正确的。

本书比较明显的缺憾，在于述两宋文学，竟然未涉及两宋与辽金元西夏的关系，遑论辽金元西夏的文学。受"汉族中心"观影响，中国文学研究长期忽略少数民族文学，以致已有的众多文学史几乎都是"汉民族文学史"，极少提及辽金元文学。这种情况在20世纪30年代开始改观，1932年出版的郑振铎《插图本中国文学史》有"辽金文学"一章，1934年甚至出版了两种专史，即吴梅《辽金元文学史》、苏雪林《辽金文学》。柯著未及辽金元及其文学，透露出作者的学术视域比较狭窄。

目次：

———————————

①柯敦伯：《宋文学史》，上海：商务印书馆，1934年版，第3~4页。

第五章　宋之词（第一节　词之由来；第二节　宋词之概观；第三节　宋初词人；第四节　苏轼及其门下词人；第五节　周邦彦与宋徽宗；第六节　女词人李清照；第七节　辛弃疾及辛派词人；第八节　姜夔及姜派词人；第九节　吴文英、王沂孙、张炎；第十节　南宋词人补遗）。

第六章　宋之戏曲（第一节　词与曲之递嬗；第二节　乐曲之种类；第三节　滑稽戏及其他；第四节　曲本；第五节　脚色）。

第七章　宋之小说（第一节　译词小说之由来；第二节　说话人之家数；第三节　传世之话本四种；第四节　话本作者之时代；第五节　各种话本之艺术观）。

第八章　宋文学作者小传（第一节　宋散体文作者；第二节　宋四六文作者；第三节　宋诗作者；第四节　宋词作者）。

谭正璧《女性词话》

谭正璧《女性词话》，1934年4月上海中央书店印行，32开，120页，约6万字。时希圣校订。1935年2月再版。1978年中国台北河洛图书出版社影印出版。

本书系"文学指导"丛书之一。全书采用传统的"文苑传"式体例，以女词人为单位，讲述了李清照、朱淑真、吴藻、沈善宝等59位自宋至清的女性词人的生平、创作情况。书中对女词人的介绍极其简略，对其作品不作深入分析讨论，更不曾对不同时期作家作品作出"史"的梳理，因此不是严格意义上的文学史著作。但本书注重从女词人的身世、婚姻、社会经历等来分析她们的创作风格，不失为20世纪第一部介绍女词人的著作。

目次：

一、李清照；二、王娇娘；三、吴淑姬；四、紫竺；五、唐夫人；六、严蕊；七、朱淑真；八、胡与可；九、范仲胤妻；一〇、马琼琼；一一、张淑芳；一二、王清惠；一三、张玉娘；一四、管道升；一五、罗爱爱；一六、张红桥；一七、徐灿；一八、周琼；一九、吴皖临；二〇、左锡璇；二一、左锡嘉；二二、寇湄；二三、钱念生；二四、柳绛子；二五、吴榴阁；二六、冯弦；二七、黄媛介；二八、董琬贞；二九、胡慎容；三〇、吴山；三一、王韵梅；三二、纪映淮；三三、关锳；三四、范贞仪；三五、张学雅；三六、张学典与张学象；三七、浦映绿；三八、江珠；三九、张令仪；四〇、顾贞立与王朗；四一、吴藻；四二、张襄；四三、沈善宝；四四、查慧；四五、查清与曹鉴冰；四六、浦梦珠；四七、陈敬；四八、何桂珍；四九、赵我佩；五〇、宗婉；五一、熊琏；五二、孙荪莴；五三、陈嘉；五四、俞庆曾；五五、陆惠；五六、沈鹊应。

郑作民《中国文学史纲要》

郑作民，生平不详。《中国文学史纲要》，上海合众书店1934年4月初版、1935年3月再版，251页。

本书采用的是时代为经、作家作品为纬的编纂体例，内容简洁。第十二章"当代文学"，论及文学革命、创造社、革命文学等。

目次：

第一章　绪言

一、开端；二、什么叫做文学；三、中国文字与中国文学；四、划分中国文学史的几个时期。

第二章　诗经及楚辞

一、上古文学的追溯；二、诗经的内容；三、诗经的评价；四、楚辞的内容；五、楚辞的评价。

第三章　二汉的文学

一、司马迁与司马相如；二、贾谊；三、汉诗及古诗十九首；四、两汉的歌谣与乐府。

第四章　建安文学及太康文学

一、曹氏父子；二、建安七子；三、竹林七贤；四、太康文学。

第五章　东晋及六朝文学

一、诗人陶潜；二、元嘉文学；三、永明文学之兴起；四、萧氏父子与刘勰钟嵘；五、徐庾与浪漫文学。

第六章　初唐的文学

一、唐代文学兴盛的主因；二、魏征及初唐四杰；三、沈宋二家与珠英学士；四、陈子昂及吴中四士。

第七章　唐代文学（上）

一、诗仙李白；二、诗圣杜甫；三、自然诗人王孟；四、几个边塞诗人。

第八章　唐代文学（下）

一、韩柳的散文及其他；二、大历十子；三、元白及其他；四、晚唐诗人；五、唐人小说。

第九章　宋代文学

一、宋词源流；二、北宋词人；三、南宁词人；四、宋代散文；五、宋代诗作。

第十章　辽金元文学

一、辽金元文学之梗概；二、曲学梗概；三、曲之作品及作家；四、元人讲史。

第十一章　明清文学

一、明代之诗文变迁；二、明代小说及戏曲；三、清代的诗文；四、清代的小说及传奇。

第十二章　当代文学

一、从文学革命说起；二、创造社及革命文学；三、新兴文学及其他；四、结论。

5月

郭绍虞《中国文学批评史》

郭绍虞（1893—1984），原名希汾，字绍虞，江苏苏州人。《中国文学批评史》上卷，上海商务印书馆印行，1934年5月初版，1935年7月再版，1947

年第四版，同年2月下卷分一、二两册出版。全书分三册，24开，共1082页（上卷430页，下卷652页），总计约68万字。1949年以后，经作者改写，全书由新文艺出版社于1955年8月出版，1979年上海古籍出版社重印此版本，1999年百花文艺出版社予以修订出版，分上、下卷；1994年中国台北五南图书公司据初版本重印。

本书（上、下卷，下同）是胡适等学界名流担任编委的"大学丛书"之一，胡适曾审阅并提出修改意见。作者在"自序"中说，他之所以编写这部《中国文学批评史》，是因为其"只想从文学批评史以印证文学史，以解决文学史上的许多问题"。"在书中，固然重在材料的论述，然亦时多加以论断的地方。""对于古人的文学理论，重在说明而不重在批评。"[①]

1934年，朱自清感于当时中国文学批评史写作状况，指出："现在写中国文学批评史有两大困难。第一，这完全是件新工作，差不多要白手起家，得自己向那浩如烟海的书籍里披沙拣金去。第二，得让大家相信文学批评是一门独立的学问，并非无根的游谈。换句话说，得建立起一个新的系统来。这比第一件实在还困难。"[②]郭绍虞《中国文学批评史》上卷，正是围绕着这"两大困难"展开。首先，资料方面，郭绍虞广罗史书中的"文苑传"、"艺文志"、选集别集中的序跋评注、诗话词话、书牍传志等，甚至笔记、评点、论诗诗也尽力网罗。以至后来朱自清在《诗文评的发展》中说："第一个大规模搜集材料来写中国文学批评史的，得推郭绍虞先生。"其次，是"得建立起一个新的系统来"，具体说，就是必须确立自己的文学观。郭氏以一编的篇幅（"第一编 总论"）讲述文学观念的演进，由此辨析"纯文学"与"杂文学"，确立起"纯文学"的合理性。

本书编写体例与众不同，有的以流派分，有的以单个文论家分，有的以时代分，有的以文体分，还有的综合两种以上分类，这种编写体例看似凌乱，

---

①郭绍虞：《中国文学批评史·自序》，上海：商务印书馆，1934年版，第2、3页。
②朱自清：《郭绍虞〈中国文学批评史〉（上卷）》，《清华学报》第九卷第四期（1934年10月），第1011页。

其实"可以看出当时各种派别各种主张之异同"①。此外，某些小节之下，还进一步细分为目，有小标题，并且在目录中显示出来，查阅比较方便。

本书并非我国第一部文学批评史，但许多方面有开创性，被视为20世纪最重要的中国文学批评史之一。书中令人印象深刻之处有三点：一是始终紧扣文学观念的演变，并以之作为各编分期的标准。这是从文学本质出发追溯中国文学批评发展历程。二是内容十分周详，材料丰富。郭氏编写本书时，广泛搜罗材料，其追求全面的意识很明确。各时期的文论思想、代表作家及其主张等都有写到。三是比例失调。南宋到清代有那么长时间，在下卷中只有三编，而清代几乎占去下卷的三分之一，即使就全书来看，对清代的叙述也是最详细的。

全书分上、下两卷。上卷六编、二十章、三十九节，由周秦至宋代；下卷分为一、二册，共五编、二十一章、四十节，由南宋至清代。

目次：

上卷

第一编　总论：第一章　中国文学批评演变概述；第二章　文学观念之演进与复古；第三章　文学观念演进与复古之文学的原因；第四章　文学观念演进与复古之思想的原因；第五章　文学观念演变所及与文学批评之影响。

第二编　周秦——文学观念演进期之一：第一章　儒家（第一节孔门之文学观念：第一目　关于"文学"诸名之意义，第二目　尚文与尚用，第三目　孔门文学观之影响；第二节　孟子之知言养气说：第一目　知言说，第二目　养气说；第三节　荀子之传统的文学观）；第二章　墨家之文学观；第三章　道家思想及于文学批评之影响。

第三编　两汉——文学观念演进期之二：第一章　由史籍中窥见汉人对于文学之认识（第一节　"文学"与"文章""文辞"之区别；第二节　艺文志中之诗赋略）；第二章　经学家之论诗见解；第三章　扬雄

---

① 郭绍虞：《中国文学批评史·自序》，上海：商务印书馆，1934年版，第3页。

（第一节　扬雄之论赋：第一目　扬雄以前之赋论与其早年见解，第二目　晚年见解与其以后之赋论；第二节　扬雄之论文）；第四章　王充之文学观。

第四编　魏晋南北朝——文学观念演进期之三：第一章　魏晋之文学批评（第一节　曹丕与曹植；第二节　陆机文赋；第三节　左思与皇甫谧；第四节　总集之结撰者：第一目　挚虞文章流别论，第二目　李充翰林论；第五节　反时代潮流的批评家：第一目　虞溥诸人，第二目　葛洪）；第二章　南朝之文学批评（第一节　南朝在文学批评史上的地位；第二节　关于文评之论著：第一目　佚书及未成指书，第二目　诗品与文心雕龙；第三节　时人对于文学之认识：第一目　形文与声文，第二目　情文，第三目　风格，第四目　体制，第五目　文笔之区分，第四节　沈约与音律说：第一目　人工的音律之制定，第二目　所谓四声八病，第三目　音律说之反响；第五节　钟嵘与历史的批评；第六节　刘勰与复古思想之萌芽）；第三章　北朝之文学批评（第一节　北朝文学批评之风景；第二节　颜之推）。

第五编　隋唐五代——文学观念复古期之一：第一章　复古运动的酝酿时期（第一节　李鄂与王通；第二节　唐初史家；第三节　刘知几之史通）；第二章　复古运动的高潮时期（第一节　诗国的复古说：第一目　陈子昂与李白，第二目　杜甫，第三目　就于皎然之所著，第四目　白居易与元稹；第二节　文坛的复古说：第一目　文与文化，第二目　柳冕，第三目　韩愈，第四目　柳宗元，第五目　韩门二派，第六目　韩柳以外之文论；第三节　批评风气之流行：第一目　标榜的批评，第二目　象征的批评）；第三章　复古运动的销沉时期（第一节　批评风气之转移：第一目　论格论例之著；第二目　论诗本事之著，第三目　摘句品选之著；第二节　古文运动之尾声：第一目　皮日休，第二目　孙樵；第三节　司空图之诗品；第四节　刘昫）。

第六编　北宋——文学观念复古期之二：第一章　北宋之文论（第一节　宋初之文与道德运动：第一目　总的观念，第二目　柳开与赵湘，

第三目　石介与孙复，第四目　宋祈；第二节　文与道之偏胜与三派之分歧；第三节　古文家之文论：第一目　欧阳修，第二目　曾巩与刘弇，第三目　三苏；第四节　道学家之文论：第一目　道学家文论之衡价，第二目　周敦颐，第三目　二程，第四目　程门弟子；第五节　政治家之文论；第六节　释子之文论）；第二章　北宋之诗论（第一节　诗坛批评之风气：第一目　论诗风气之流行，第二目　诗话，第三目　笔记与语录，第四目　诗话之丛书类书与辑本，第五目　其他论诗之著，第六目　论诗诗；第二节　诗人之诗论：第一目　欧阳修与梅尧臣，第二目　苏轼，第三目　黄庭坚，第四目　魏泰与叶梦得，第五目　韩驹与吴可，第六目　江西诗人；第三节　道学家之论诗：第一目　张载，第二目　邵雍，第三目　二程及其门人）。

下卷

第一编　总论：第一章　文学批评完成与发展之三阶段；第二章　南宋金元文学批评概述；第三章　明代文学批评概述（第一节　与文学之关系；第二节　与学术之关系）；第四章　清代文学批评概述。

第二编　宋金元：第一章　南宋之文论〔第一节　道的问题：第一目　胡铨（楼钥附），第二目　朱熹，第三目　真德秀与魏了翁；第二节　法的问题：第一目　古文之法，第二目　四六之法〕；第二章　南宋之诗论〔第一节　道学家：第一目　张栻（家铉翁附），第二目　朱熹，第三目　包恢；第二节　诗人：第一目　张戒，第二目　杨万里（朱弁附），第三目　陆游（戴复古附），第四目　姜夔，第五目　四灵派，第六目　严羽，第七目　刘克庄〕；第三章　金代文学批评〔第一节　赵秉文与李之纯（雷希颜附）；第二节　王若虚；第三节　元好问〕；第四章　元代文学批评〔第一节　郝经；第二节　方回；第三节　戴表元与袁桷；第四节　刘将孙（欧阳守道刘辰翁赵文附）：第一目　文论，第二目　诗论；第五节　杨维桢〕。

第三编　明代：第一章　明初之文论（第一节　宋濂；第二节　方孝孺）；第二章　明初之诗论（第一节　学者之论诗：第一目　宋濂与方

孝孺，第二目　薛瑄与陈献章；第二节　诗人之诗论）；第三章　前后七子与其流派〔第一节　七子先声之茶陵派：第一目　李东阳，第二目邵宝与何孟春（崔铣附）；第二节　前七子之诗论：第一目　李梦阳，第二目　何景明（王廷相附）；第三节　后七子派之诗论：第一目　王世贞，第二目　谢榛与屠隆，第三目　王世懋与胡应麟，第四目　李维桢；第四节　七子派之文论〕；第四章　与前后七子不同之诸家（第一节　唐宋派之论文：第一目　唐顺治，第二目　王慎中与归有光；第二节　公安派：第一目　公安之前驱，第二目　袁宏道；第三节　竟陵派）；第五章　明末之文学批评〔第一节　孙矿评经（茅坤附）；第二节　艾南英伦时文：第一目　时文化的古文法，第二目　古文家的时文论；第三节鹿善继黄淳耀论学〕。

第四编　清代（上）——文论：第一章　清初之风气（第一节　钱谦益；第二节　顾炎武与黄宗羲：第一目　时代的刺激，第二目　三位一体之文学观）；第二章　古文学家之文论〔第一节　桐城派之前驱：第一目　侯方域，第二目　魏禧与魏际瑞；第二节　桐城文派：第一目桐城派成立之因素，第二目　桐城文论之建立，第三目　方苞古文义法，第四目　刘大魁义法说之具体化，第五目　姚鼐义法说之抽象化，第六目　姚门诸人之阐说桐城之学，第七目　各家对于桐城文之批评；第三节　桐城派之羽翼：第一目　袁枚（程廷祚附），第二目　朱仕琇（鲁九皋附），第三目　尚镕，第四目　张士元与吴敏树；第四节　桐城派之旁支：第一目　恽敬与阳湖派；第二目　曾国藩与湖乡派〕；第三章　学者之文论〔第一节　经学家：第一目　戴震段玉裁之考据义理词章合一说，第二目　钱大昕焦循之义法说（孙星衍罗汝怀附），第三目　蒋湘南论古文；第二节　史学家：第一目　万斯同，第二目　章学诚，第三目　崔述〕。

第五编　清代（下）——诗论：第一章　庐山诗派〔第一节　钱谦益：第一目　对于批评态度的攻击，第二目　牧斋的态度，第三目　对于诗之性质之分析，第四目　牧斋之杜诗学；第二节　冯班（冯舒附）：

第一目　所谓庐山诗派，第二目　温柔敦厚与文体论〕；第二章　神韵说（第一节　王夫之：第一目　兴观群怨，第二目　法与格，第三目　意与势，第四目　情与景；第二节　王士祯：第一目　渔洋诗与神韵说，第二目　从格调派的转变，第三目　对宋诗的态度，第四目　所谓神韵）；第三章　格调说〔第一节　申涵光与毛先舒：第一目　性情与风教，第二目　性灵与格调；第二节　叶燮：第一目　诗的演变，第二目　不变之质，第三目　所谓本，第四目　论诗境，第五目　论诗质；第三节　沈德潜（宋大樽咸熙与潘德兴附）：第一目　温柔敦厚与格调，第二目　温柔敦厚与神韵，第三目　言志无邪与质实〕；第四章　性灵说〔第一节　性灵说之前驱：第一目　黄宗羲，第二目　赵执信（吴乔附），第三目　尤侗；第二节　袁枚：第一目　与当时诗坛之关系，第二目　性灵与神韵，第三目　怎样建立他的性灵说，第四目　性灵说的意义，第五目　修正的性灵说〕；第五章　肌理说（第一节　翁方纲；第二节　肌理说之余波：第一目　方东树与文人之诗论，第二目　何绍基与同光体诗人，第三目　常州派之词论）。

方孝岳《中国文学批评》

方孝岳（1897—1973），名时乔，别名乘，安徽桐城人。《中国文学批评》，上海世界书局印行，1934年5月初版，32开，301页，约14万字。1944年4月由世界书局出版新一版，24开，160页。1986年，作为中国书店"中国文学八大论"之一出版；2007年北京三联书店将之与作者《中国散文概论》结为一册出版。

本书为刘麟生主编的"中国文学丛书"之一，系中国文学批评类通史著作，分为三卷四十五篇，论及历代文学批评家凡六十余家。作者自称本书著述体例，是"以史的线索为经，以横推各家的义蕴为纬"，实际也如此，全书以时代为序勾勒批评原理的历史发展，探讨从先秦到清代的中国文学思想。

方孝岳在出版本书后，几乎停止了中国文学批评方面的研究，转向经学和音韵学等研究。近年有论者认为，"方孝岳在中国文学批评史方面的建树，在二十世纪中国文学批评学术史上并没有得到足够的重视",而"这本看上去薄薄而似乎并不起眼的著作,带上了厚实而凝重的色彩,并透示出独特的才胆识力的气息"。[①]

目次:

导言

卷上

一、《尚书》中最早的诗的欣赏谈;二、《周礼》分别诗的品类;三、吴季札的诗史观;四、《左传》的诗本事;五、古时对于理论文和"行人"辞令的批评;六、孔门的诗教。

卷中

七、"三百篇"后骚赋代兴的时候的批评;八、司马相如论赋家之心;九、扬雄与文章法度;十、扬雄、桓谭的文章不朽观;十一、王充论创作的文学;十二、魏文帝《典论》里的文气说;十三、陆机《文赋》注重文心的修养;十四、挚虞的流别论;十五、昭明《文选》发挥文学的"时义";十六、沈约的声律和文章三易;十七、发挥"文德"之伟大是刘勰的大功;十八、单刀直入开唐宋以后论诗的风气的《诗品》。

卷下

十九、从治世之音说到王通删诗;二十、别裁伪体的杜甫;二十一、蓄道德而后能文章是韩愈眼中的根本标准;二十二、白居易的讽谕观和张为的《诗人主客图》;二十三、可以略见晚唐人的才调观的《本事诗》和《才调集》。二十四、标举味外之味的司空图;二十五、西昆家所欣赏的是"寓意深妙清峭感怆";二十六、晏殊对于富贵风趣的批评;二十七、欧阳修文外求文的论调;二十八、欧阳修和梅圣俞同心爱赏"深远闲淡"的作风;二十九、邵康节的忘情论;三十、宋人眼中老杜的诗律和《江西宗派图》;三十一、宋朝几部代表古文家的文学论的总集;三十二、针对江西派的《沧浪诗话》;三十三、《瀛奎律髓》里所说的"高

---

①彭玉平:《方孝岳的中国文学批评研究》,《文艺理论研究》2008年第6期。

格";三十四、元遗山以北人悲歌慷慨之风救南人之失;三十五、宋濂论"摹仿"和高棅的"别体制审音律";三十六、李东阳所谈的"格调"和前后七子所醉心的"才";三十七、唐顺之的"本色"论和归有光的《史记评点》;三十八、竟陵派所求的"幽情单绪"和陈眉公的"品外"观;三十九、钱谦益宗奉杜甫的"排比铺陈";四十、船山推求"兴观群怨"的名理;四十一、王渔洋"取性情归之神韵";四十二、清初"清真雅正"的标准和方望溪的"义法论";四十三、金圣叹论"才子"、李笠翁说明小说、戏曲家的"赋家之心";四十四、随园风月中的"性灵";四十五、眼力和眼界的相对论。

7月

梁乙真《中国文学史话》

梁乙真《中国文学史话》,上海元新书局1934年7月初版,32开道林纸本,二册,分布面精装、纸面平装两种;1936年、1937年、1938年均有重版,分四册装订。初版本由钱玄同题封面、隋育楠(树森)作序,共763页,约30万字。

本书是普及性读物,以讲述中国文学故事为主,侧重作家的生活和文学成就,同时也摘录部分作家作品;在叙述中,略依时代的先后,同时也顾及文学运动、文体演进情形;取材仅限于作者认为的"纯文学",即歌谣、辞赋、乐府、五七言古近体诗和词、曲、小说、散文。书中每章之末,对于所提到的重要作家及其作品,都标注材料的来源及其书的版本,并附有参考书目,以供参考。

本书的叙述由《诗经》至清代,对于《诗经》以前的文学不曾涉及。隋育楠所作长篇序文,叙述《诗经》以前文学较详,可补本书之缺。

目次:

隋序、自序、例言

第一章 诗经;第二章 楚辞;第三章 汉代的辞赋;第四章 汉

代的乐府；第五章　魏晋诗人；第六章　南北朝的诗歌；第七章　唐诗的第一期；第八章　唐诗的第二期；第九章　唐诗的第三期；第十章晚唐的诗人与词人；第十一章　唐代古文运动；第十二章　唐人小说；第十三章　五代的歌词；第十四章　北宋的词人；第十五章　南宋的词人；第十六章　北宋的诗；第十七章　南宋的诗；第十八章　两宋的散文；第十九章　宋人话本；第二十章　元代杂剧；第二十一章　明代传奇；第二十二章　元明散曲；第二十三章　元明的诗歌；第二十四章明散文家；第二十五章　明代的平话集；第二十六章　元明章回小说；第二十七章　清代的小说；第二十八章　清代的传奇；第二十九章　清代的诗词；第三十章　清代的散文。

跋

8月

罗根泽《中国文学批评史（第一分册）》

罗根泽（1900—1960），字雨亭，河北深县人。《中国文学批评史》，北平人文书店印行，1934年8月初版，32开，349页，约14万字。钱玄同题封面，黎锦熙为书名注音。

此书有多个版本，而这个1934年版，鲜为人知，就连作者本人也误以为这个版本早已"付之一炬"。

1932年春，经郭绍虞推荐，罗根泽到清华大学代替郭氏讲授中国文学批评史课程。为满足教学需要，罗氏编写了这部讲义。他后来自述："始以讲授清华大学，策蹇疾书，草成一至三篇；秋间增删复讲，翌年笔削付印（北平人文书店出版，事变后书店停业，印出之书，付之一炬）。"[1]其实，1934年版尚有少量幸免于战火。

罗根泽以为1934年版已全毁于战火，因而修订原稿，以《周秦两汉文学

---

①罗根泽：《周秦两汉文学批评史·自序》，重庆：商务印书馆，1944年版，第3页。

批评史》为书名，于1944年1月由商务印书馆（重庆）出版（详后），1947年2月又在上海出版。1949年以后，作为《中国文学批评史》第一册多次重版：古典文学出版社1957年版；中华书局1962年版；上海古籍出版社1984年版；等等。

将1944年版与1934年版对校，可发现二者目次有所不同，其中第一篇"周秦的文学批评"差异最大，20世纪40年代的版本几乎完全重写。例如，1934年版的"绪论"在篇章之前（卷首），第一篇第一章为"周秦诸子的诗"，而1944年版把"绪论"（"文学界说""文学批评界说"等）放在第一篇第一章。这种差异，体现了中国文学史体例在十年间发生了微妙变化。

由于此前作者早有编写"中国文学史类编"的计划，并收集了一些资料，尽管本书为大学讲义，却并非普及读物，而是学术著作，"侧重批评，不侧重批评家"①。

据作者说，全书拟分四册，第一分册仅叙至六朝，第二分册是唐宋，第三分册是元明，第四分册是清至现代，并且打算在第一册出版后，其余各分册在一年内相继出版。但是，直到20世纪40年代才写至隋唐（作为"中央大学文学丛书"之一由商务印书馆出版，详后）。

目次：

绪言

第一篇　　周秦的文学批评

第一章　周秦诸子的诗：一、诗人的自述；二、古诗的编辑；三、春秋士大夫的赋诗；四、孔子的诗说；五、孟子所谓"以意逆志"与"知人论世"；六、荀子所谓"诗言志"；七、墨子的用诗；八、诗与乐。

第二章　先秦诸子的所谓"文"与"文学"：一、最广义的文学；二、孔子及孔门诸子所谓"文"与"文学"及"文章"；三、孟子所谓"养气"与"知言"；四、荀子的立言论准；五、易传对于文学的点点滴滴；六、墨子的"三表法"及其重质的文学观；七、老子的反对"美言"

---

①罗根泽：《中国文学批评史·自序》，重庆：商务印书馆，1944年版，第2页。

与提倡"正言若反";八、庄子及晚出道家的妙造自然的艺术观;九、韩非的反对文学及老篇的重质轻文。

第二篇　两汉的文学批评

第一章　诗之崇高与汩落:一、诗之崇高;二、诗之汩落;三、诗序;四、郑康成的诗谱。

第二章　"文"与"文学"及其批评:一、文学的兴起;二、所谓"文";三、所谓"文章;四、扬雄的批评;五、王符及荀悦的批评。

第三章　对于词赋及词赋作家的批评:一、词赋的起来;二、辞人的自述;三、刘安及司马迁的批评;四、司马相如的"赋心"与扬雄的"赋神";五、"载道"说与"言情"说的冲突。

第四章　王充的文学批评:一、王充在中国文学批评史上的地位;二、王充的精神及背景;三、王充所崇拜的桓谭;四、"尚用"与"尚文";五、"作"与"述";六、"实诚"与"虚妄";七、"言文一致"与"文无古今"。

第三篇　魏晋六朝的文学批评

第一章　文体论:一、曹丕所谓"四科";二、桓范各体文学方法;三、陆机的十分法;四、挚虞的文章流别之论;五、李充的翰林论;六、左思及皇甫谧的两"三都赋序";七、萧统文学的分类;八、旧题任昉的文章缘起。

第二章　文气与音律:一、曹丕的文气说与刘桢的气势说;二、音律与文气的关系;三、范晔的自然音律说;四、四声的起来及文学与音律的关系;五、甄琛沈约的讨论四声;六、陆厥沈约的讨论音律;七、一班的声韵研究;八、刘善经的四声指归;九、沈约八病说蠡测;十、文镜秘府所列文二十八病及文笔十病;十一、沈约的病犯说;十二、刘滔的病犯说;十三、王斌的病犯说;十四、刘氏的病犯说;十五、王氏王元竞的病犯说;十六、崔氏的病犯说。

第三章　文笔之辨:一、文笔分别的历史;二、文笔分别的三说;三、辞笔之分;四、诗笔之分。

第四章　何谓文学及文学的价值：一、文学含义的确定；二、曹丕之提出的文学价值；三、曹植与杨德祖之讨论辞赋之价值；四、葛洪之对于道德的抗议；五、萧纲之文学高于一切说。

第五章　文学观的变迁：一、魏晋六朝文学观与周秦两汉文学观的差别；二、曹丕陆机的过渡学说；三、葛洪之反古典提倡富丽艰深的文学；四、徐陵之提倡缘情的文学；五、萧统与刘孝绰之修正当时的文学观；六、萧子显之"雕虫论"与梁元帝之提倡礼仪道德的文学；七、苏绰魏收及邢邵之提倡质实的文学；八、杨遵彦与颜之推之排斥文人无行与提倡宗经载道的文学。

第六章　创作论：一、自庄子以至曹丕的天才说；二、陆机的文学方法与文学应感说；三、葛洪的天才与方法并重说；四、颜延年及其他雕章琢句的学说；五、萧子显的变化说。

第七章　鉴赏论：一、魏晋以前的鉴赏论；二、曹丕所言鉴赏之蔽与曹植所言之难；三、葛洪鉴赏论。

第八章　论文专家之刘勰：一、刘勰以前的一般之批评家；二、刘勰及其作文心雕龙的原因；三、几个主要的文学观；四、文体论；五、创作论；六、文学与时代；七、批评的宥蔽行批评的标准。

第九章　论诗专家之钟嵘：一、钟嵘及其诗品；二、文学上的自然主义；三、诗之理论的起源与历史的起源；四、诗的滋味；五、诗人的品第及流派。

金琇莹《唯物史观中国文学史（部分）》

金琇莹《唯物史观中国文学史》，未出版。近年有人在网络上拍卖，两本（1~7卷），于1934年7月至8月编著，未编完。稿本用毛笔小楷誊写，字体俊秀。从拍卖者提供的几张书稿照片来看，"绪论"共五章，以及第一章"什么是文学"。其他不详。

龙沐勋《中国韵文史》

龙沐勋（1902—1966），字榆生，别号忍寒居士，江西万载人。《中国韵文史》，上海商务印书馆印行，1934年8月初版，1935年5月再版，32开道林纸精装本，初版本封面为橙黄色，255页，约11万字。目录署"风雨龙吟室丛稿之一"。

本书为"国立音乐专科学校丛书"之一，分上、下篇，以《诗经》、《楚辞》、乐府诗、五七言古近体诗为一系，宋元以来的词曲为一系；全书仅录那些发生之初与音乐相关者，而对于其他史著已详细叙述的诗歌、杂剧、传奇等从略，但详于词曲；侧重词曲等体裁之发展与流变，略及作家事迹、作品述评。

全书共四十九章，书末所附《中国韵文简要书目》，有较高史料价值。

目次：

上篇 诗歌

第一章 四言诗之发展与《三百篇》之结集；第二章 《楚辞》之兴起；第三章 伟大诗人之出现；第四章 乐府诗之发展；第五章 五七言诗之发展；第六章 五言诗之极盛；第七章 律诗之进展；第八章 唐诗之复古运动；第九章 诗歌之黄金时代；第十章 诗圣杜甫；第十一章 唐音之剧变；第十二章 新乐府之发展；第十三章 新乐府之极盛；第十四章 律诗之极盛；第十五章 晚唐诗；第十六章 西昆体及其反动；第十七章 元祐体与江西宗派；第十八章 宋诗之转变；第十九章 金元诗；第二十章 明诗之衰敝；第二十一章 清诗之复盛；第二十二章 清诗之转变。

下篇 词曲

第一章 词曲与音乐之关系；第二章 燕乐杂曲词之兴起；第三章 杂曲子词在民间之发展；第四章 唐诗人对于令词之尝试；第五章 令词在西蜀之发展；第六章 令词在南唐之发展；第七章 令词之极盛；第八章 慢词之发展；第九章 词体之解放；第十章 正宗词派

之建立；第十一章　民族词人之兴起；第十二章　南宋词之典雅化；第十三章　南宋咏物词之特盛；第十四章　豪放词派在金朝之发展；第十五章　南北小令套曲之兴起；第十六章　元人散曲之豪放派；第十七章　元人散曲之清丽派；第十八章　元代散曲作家之盛；第十九章　元明词之就衰；第二十章　明散曲之北调作家；第二十一章　明散曲之南调之作家；第二十二章　昆腔盛行后之散曲；第二十三章　清词之复盛；第二十四章　浙西词派之构成及其流变；第二十五章　散曲之衰敝；第二十六章　常州派之兴起与道咸以来词风；第二十七章　清词之结局。

附录：中国韵文简要书目（分诗歌、词曲两部分）

胡怀琛《中国小说的起源及其演变》

胡怀琛《中国小说的起源及其演变》，南京正中书局印行，1934年8月初版，32开，132页，约4.4万字。

作者在第一章指出"本书所说的范围"只有两个：一是小说的起源和"小说"二字涵义的变迁，二是中国小说的演变和现代小说的标准。全书共六章，书末附录"今人搜辑民间故事的专书目录"，列有68种书目，其中有些今已稀见。

目次：

第一章　本书所说到的范围。

第二章　小说的起源及小说二字在中国文学上涵义之变迁。

第三章　中国小说"形"的方面的演变。

第四章　中国小说"质"的方面的演变。

第五章　现代小说。

第六章　研究中国小说参考的书目：一、研究中国小说的专书（共18种）；二、散见报纸或杂志上的论文（共80余种）。

陈仁安《中国文学史略》

陈仁安《中国文学史略》，上海仁安书局印行，1934年8月初版，大32开平装本。其他待访。

9月

谭正璧《文学概论讲话》

谭正璧《文学概论讲话》，上海光明书局印行，1934年9月1日初版。蔡元培题签。32开，213页，约6万字。

本书供高中或大学作教材及参考书之用，按照中国文学的体制分别作横向叙述，这与多数史书作纵向叙述不同。作者声称："凡属中国文学的基本知识，均已搜辑靡遗本书"，且"专从文学本体作客观的研究，不杂丝毫主观的成见"。①

全书以述中国文学为主，分八讲：第一讲为总论，其余为诗论、赋论、乐府论、词论、曲论、小说论、弹词论。除总论叙述"文学"之定义、起源等问题外，其余各讲分述每种文体之起源、定义、分类、体制、演变。

目次（略）。

林之棠《新著中国文学史》

林之棠（1896—1964），字召伯，又字乐民，福建福安人。《新著中国文学史》，北平华盛书局发行、中华印书局印刷，1934年9月初版，分上、中、下三卷，24开平装本，758页（另有28页附录），约55万字。

据卷首《叙例》："本篇大纲，草于民国十四年，在国立北京大学读书时，补充材料，始于民国二十年任国立北平大学讲席时，总纂则始于民国二十二年……民国二十二年八月二十九日。"落款为"福安林之棠识于旧都"。

---

① 谭正璧：《文学概论讲话·编辑凡例》，上海：光明书局，1934年版，第1~3页。

本书经作者校对修改后，排字工人未曾照改就付印，致使错误甚多，故作者在书末附录《中国文学史刊误表》。虽然如此，书中印刷错误仍然很多。

本书体例值得注意。（1）由于章节体不足以进一步细分目次，书中由粗到细，依次设立卷、编、章、节共四级目录；（2）每时代之文学，先述其背景，再总述，接着论述重要作家，最后分文体叙述，这样，既能知历代文学发展之背景，又能了解其整体概况，同时还兼采作家专体史、文体史之长。因而，本书著述体例，可谓对以往文学史著作体例的集大成，表明中国文学史写作在体例方面已经成熟。

全书分上、中、下三卷，八编，共五十三章，若干节。始自先秦，迄于清代，按时代分编叙述。

目次：

如；第七节　王褒；第八节　扬雄；第九节　班固；第十节　张衡；第十一节　王逸；第十二节　马融；第十三节　祢衡；第十四节　王粲及其他）；第十三章　乐之意义与乐府名称；第十四章　乐府产生之原因；第十五章　乐府分类；第十六章①　乐府诗内容；第十七章　汉诗；第十八章　汉代散文及其他。

第四编　建安三国文学

第十九章　建安三国文学之背景；第二十章　建安三国志文艺作家（第一节　王粲；第二节　曹植）；第二十一章　建安三国诗歌——魏武帝、魏文帝、曹植、孔融、王粲；第二十二章　建安三国之散文——孔融、曹丕、诸葛亮。

卷中

第五编　两晋南北朝文学

第二十三章　两晋南北朝之文学背景；第二十四章　两晋南北朝之思潮与文学总述；第二十五章　两晋南北朝之文艺作家（第一节　晋阮籍；第二节　陆机；第三节　潘岳；第四节　左思；第五节　嵇康；第六节　张华；第七节　郭璞；第八节　潘尼；第九节　陆云；第十节　张协；第十一节　张载及其他；第十二节　宋颜延之；第十三节　陶渊明；第十四节　谢灵运；第十五节　鲍照及其他；第十六节②　南齐谢朓及其他；第十七节　梁江淹；第十八节　任昉；第十九节　沈约；第二十节　萧统；第二十一节　钟嵘；第二十二节　刘勰及其他；第二十三节　陈徐陵；第二十四节　后魏郦道元及其他；第二十五节　北齐邢邵魏收；第二十六节　后周王褒；第二十七节　庾信）；第二十六章　两晋南北朝之乐府；第二十七章③　两晋南北朝文学总述。

---

①原书目录中误印为"第十四章"（实应为"第十六章"），导致从此章开始，之后的目录编次错误。此处按照实际编次。

②原书目录印作"第十五节"，故此后节次都比实际的少一节。此处按照实际情况编次。

③原书印成"第二十四章"，导致此后章次比实际的又少一章。

第六编　唐代文学

第二十八章　唐代文学之背景；第二十九章　唐代文学之总述；第三十章　唐代文艺作家（第一节　王绩；第二节　卢照邻；第三节　王勃；第四节　杨炯；第五节　骆宾王；第六节　沈佺期；第七节　宋子问；第八节　陈子昂；第九节　刘希夷；第十节　李白；第十一节　杜甫；第十二节　王维；第十三节　孟浩然；第十四节　高适；第十五节　王昌龄；第十六节　韦应物；第十七节　韩愈；第十八节　柳宗元；第十九节　张籍；第二十节　元稹；第二十一节　白居易；第二十二节　温庭筠；第二十三节　杜牧；第二十四节　韦庄及其他）；第三十一章　唐诗发达之原因。

第七编　五代文学

第三十二章　五代文学背景；第三十三章　五代词学发达之原因；第三十四章　五代词家（第一节　冯延巳；第二节　李后主）。

卷下

第八编　宋文学

第三十五章　宋代文学之背景；第三十六章　宋代词学家（第一节　晏殊；第二节　欧阳修；第三节　晏几道；第四节　柳永；第五节　秦观；第六节　苏轼；第七节　周邦彦；第八节　辛弃疾；第九节　李清照；第十节　姜夔）；第三十七章　宋词总述；第三十八章　宋代散文作家（第一节　欧阳修；第二节　苏洵；第三节　苏轼；第四节　苏辙；第五节　曾巩；第六节　王安石）；第三十九章　宋诗（第一节　苏轼；第二节　陆游）；第四十章　元代文学背景（与戏曲发达之原因）；第四十一章　戏曲之原流；第四十二章　元曲之分类；第四十三章　元曲之结构与内容名目；第四十四章　元曲之作家（第一节　关汉卿；第二节　王实甫；第三节　白仁甫；第四节　马致远）；第四十五章　元代之诗、小说、话本、散文；第四十六章　明代文学背景；第四十七章　明代文学总述；第四十八章　明代散文作家（第一节　宋濂；第二节　王祎；第三节　方孝孺；第四节　高启；第五节　杨基；第六

节　张羽；第七节　徐愤；第八节　刘基；第九节　李东阳；第十节唐顺之；第十一节　王世贞；第十二节　归有光；第十三节　艾南英；第十四节　张浦）；第四十九章　明代之传奇；第五十章　清代文学之背景；第五十一章　清代文学之总述；第五十二章　清代文艺作家（第一节　侯方域；第二节　魏禧；第三节　汪琬；第四节　姜宸英；第五节　邵长衡；第六节　方苞；第七节① 刘大魁；第八节　姚鼐；第九节　曾国藩）；第五十三章　清诗（第一节　钱谦益；第二节　吴伟杰；第三节　宋琬施闰章；第四节　王世桢；第五节　朱彝尊；第六节　沈德潜；第七节　袁枚；第八节　蒋士铨；第九节　赵翼及其他）；第五十四章　清代之词曲小说。

宋佩韦《明文学史》

宋佩韦（1897—1979），原名宋云彬，笔名无我，浙江海宁人。《明文学史》，上海商务印书馆印行，1934年9月初版，32开，244页，11万余字。

本书为王云五主编"国学小丛书"之一，虽名"明文学史"，所叙述的却只是明代散文、韵文，以及诗家之诗体和八股文，至于明代传奇、小说和戏曲，作者特别声明说："本书把在中国文学史上占极重要地位的传奇和小说，置之不理，是因为本丛书中另有郑振铎先生的专篇叙述，为避免重复，就将这一部分删去了。"②

全书可分为三个相对独立的部分：

第一部分为"引言"，在勾勒明代文学发展的五个历史阶段基础上，深刻揭示八股文对明代文学广泛而深入的影响，并提示这是明代文学最重要的特征，也是作者设置专章讨论八股文的缘由。

第二部分包括第二至五章，是全书的核心与主体部分。作者采用传统的"朝代为纲，作家为目"的体例，依时序分章介绍、论述"永乐以后的文学"、

---

①原书印成"第六节"，导致后面两节的节次比实际的少一节。
②宋佩韦：《明文学史·引言》，上海：商务印书馆，1934年版，第6页。

"嘉靖、万历间的文学"和"明末文学",主要描述明代诗文发展衍变的历史过程。作者重视阐析诗文派别之间的因革传承。但他不是像一般学者那样辨析派别之间文风特征的沿承与革新,而是从代表作家的交游入手。以受到作者极其推崇的高启为例。"作者不仅重点分析了高启的艺术特征与诗坛地位,还以其为中心,考察高启同乡诗人的创作状况及所处的诗坛面貌。""作者由点到线再到面,思路清晰,充分展现了明初诗坛的概貌,又彰显了高启的诗坛盟主地位。"①

第三部分即第六章,是作者针对明代文学总体特征而设置的专论,也是本书重要特色之所在。八股文在晚清受到相当激烈的批判,直到清末民初仍被排除在文学之外。此后,仅胡适《五十年来之中国文学》(1922年)等几部史书提及八股文。宋佩韦不但在《明文学史》中对八股文作出相对客观的评价,更为它设置专章,阐述其起源及演变、作用及影响以及明代重要的八股文作家。毫无疑问,这在中国文学史写作史中是第一次,其开创之功不可没。当然,宋氏能做到这点,除了自身旨趣,也是20世纪30年代中国文学研究气氛使然。与宋氏《明文学史》同年出版的瞿兑之的《中国骈文概论》有"律赋与八股"、"八股与骈文"两节、稍后出版的刘麟生《中国骈文史》有"律赋与八股"一节、钱基博《中国文学史》有"明八股文"一章。这其中,可见八股文入文学史俨然已成为一时风气。

此外,书中凡引用之语,都在每章之后注明文献出处。关于这一点,对促进现代学术规范的意义是显而易见的。

目次:

引言

第一章 明初文学:第一节 明初的散文作家;第二节 明初的韵文作家。

第二章 永乐以后的文学:第一节 台阁体;第二节 台阁体以外

---

①王友胜、李鸿渊、林彬晖、李跃忠:《民国间古代文学研究名著导读》,长沙:岳麓书社,2010年版,第117页。

的诗人。

第三章　弘治、正德间的文学：第一节　茶陵诗派；第二节　文学的复古；第三节　这一时期的独立作家。

第四章　嘉靖、万历间的文学：第一节　嘉靖间的诗人；第二节　变秦汉为欧、曾；第三节　复古派的再兴；第四节　复古派的反对者；第五节　公安体与竟陵体；第六节　万历间的诗人。

第五章　明末文学：第一节　明末的散文作家；第二节　明末诗人；第三节　明清之交的文学家。

第六章　明代的八股文：第一节　八股文的起源及其演变；第二节　八股文的作用及其影响；第三节　明代的八股文作家。

金秬香《汉代词赋之发达》

金秬香《汉代词赋之发达》，上海商务印书馆印行，1934年9月初版，1935年2月再版，32开，111页，4万余字。

本书为王云五主编"国学小丛书"之一，共十章，以文言文叙述词赋之定义、起源、作用及汉代词赋流变等。

目次：

第一章　辞字之解释；第二章　赋字之定义；第三章　词赋之源流；第四章　词赋之作用；第五章　词赋之分析；第六章　汉代词赋之所繇盛；第七章　汉代词赋之所繇衰；第八章　汉代词赋发达之原因；第九章　汉代词赋之种类；第十章　汉代词赋之变迁。

12月

世界书局《中国文学讲座》

此书为世界书局编印，于1934年12月初版，32开精装本，550页，约23万字。1935年6月再版。

本书系选辑几位专家研究中国文学的成果，加以编次而成，收入《中国文学泛论》（刘麟生）、《中国诗论》（胡怀琛）、《诗经学新论》（金公亮）、《词学概论》（胡云翼）、《元剧研究》（吴瞿安）、《文体论》（顾荩丞）等六部专论以及《中国历代文选》（周候于编）。这些著作，从标题看，似乎与文学史没有多大关系，其实不然。譬如，《中国文学泛论》一书，即兼有文学史与文学概论的内容，侧重史的发展，而《中国诗论》着眼于中国诗歌的一般的演化进程，《词学概论》也阐明了词在文学史上留下的痕迹。以下概述其大体情况：

《中国文学泛论》，以文学类别为经，以作家时代为纬，可作文学史的补充材料。共六章，十八节，约3.5万字。

《中国诗论》，涉及诗、词、散曲、民歌、新诗剧曲等各种诗歌类别，不单是注意到诗歌形式的演变，还关注不同时代诗歌实质的变化。共三编，六章，约3.5万字。

《诗经学新论》，以新的理解和综合的方法研究《诗经》，观点近似朱熹、郑樵、崔述，大胆疑古，虽其观点多数可商榷，但也有独到之处。共十二章，4.8万字。本书为作者在天津任教时的讲稿。

《词学概论》，对词的出现和演变作历史的考察，说明从诗到词嬗变的原因及其过程，共十章，约3.5万字。

《元剧研究》，主要说明元剧的来历、作者的历史、曲文的格式、剧情的结构等，共四章，约5万字。书中考证了《正音谱》中187名元剧家生平，并作了小传。本书与1929年世界书局出版的吴梅《元剧研究ABC》实为同一书。

《文体论》，详论各种文章的体例，推溯其来源，论述其体要，辨别其异同，主要取材于姚姬传的《古文藻类纂》，其次是陈师曾编的《京师优级师范国文讲义》等。共十四章，约4.5万字。

《中国历代文选》，以时代为经，以文学种类为纬，历代各种文体作品代表作都有选入，并且每一时期选文之前，先叙述其概况，每选一篇作品前，先叙述其梗概，以明中国历代文学变迁的原因和过程。共十三章，每章分两节，约8万字。书末附录"中国历代文学概况一览表"。

目次：（原书无总目次，每部书单独编目次和页码）

《中国文学泛论》

第一章　导言：一、文字与文学；二、如何研究中国文学。

第二章　散文与韵文：一、古文与非古文；二、辞赋；三、骈体文。

第三章　诗：一、诗经；二、汉魏六朝诗；三、唐诗；四、宋诗。

第四章　词：一、唐五代词；二、宋词。

第五章　戏曲：一、戏曲之渊源；二、元之北曲；三、明清之南曲。

第六章　小说：一、晋唐小说；二、宋元小说；三、明清小说。

《中国诗论》

第一编　何谓诗歌：全一章　从诗歌产生的年代及产生的原因说明何谓诗歌。

第二编　中国诗歌形式上的变化：第一章　从口诀到诗词散曲新诗；第二章　诗歌的旁枝（戏曲）。

第三编　中国诗歌实质上的变化：第一章　因民族关系而发生的变化；第二章　因哲学关系而发生的变化；第三章　因政治关系而发生的变化。

《诗经学新论》

第一章　诗经的来历；第二章　诗经的年代；第三章　孔子与诗经；第四章　诗与乐；第五章　诗经内容的分析和其作者；第六章　六义；第七章　诗经的正变与大小雅；第八章　四始；第九章　诗序；第十章　篇目次第；第十一章　诗经的流派；第十二章　诗经的价值与读法。

附录　参考书举要。

《词学概论》

本书的主旨

第一章　从诗的时代到词的时代；第二章　词的起源；第三章　何谓词；第四章　晚唐五代词的发展；第五章　北宋词的四期；第六章

南宋的白话词；第七章　一群珍贵的女词人；第八章　南宋的乐府词；第九章　五百年来词的末运；第十章　论词体之弊。

附录　词的参考书举要。

《元剧研究》

绪论；第一章　元剧的来历；第二章　元剧现存数目；第三章　元剧作者考略（上）；第四章　元剧作者考略（下）。

《文体论》

第一章　绪论；第二章　类辨类；第三章　序跋类；第四章　奏议类；第五章　书说类；第六章　诏令类；第七章　传状类；第八章　碑志类；第九章　杂记类；第十章　箴名类；第十一章　颂赞类；第十二章　哀祭类；第十三章　辞赋类；第十四章　结论。

《中国历代文选》（选入从唐虞到现代之文学作品，因与文学史关系不大，不录其目次。）

卢翼野《词曲研究》

卢翼野（1905—1951），名卢前，字翼野，号饮虹，江苏南京人。《词曲研究》，上海中华书局印行，1934年12月初版，1940年5月再版，32开，207页（正文164页，附录43页），约8万字（书末"名词索引"占1.3万字）。

本书为舒新城主编的"中华百科丛书"之一，这套丛书"原为供中等学生课外阅读，或失学青年自修研究之用"，故为普及读物。书中虽用"史"的进展叙述词曲并比较二者异同，但以散曲为主。

全书共八章，书末附录"一个最低度研究词曲的书目（列举200余种书目）、名词索引"。卷首有舒新城的"总序"和卢翼野的"自序"。

目次：

第一章　词的启源和创始；第二章　词各方面的观察；第三章　几个重要的词家（上）；第四章　几个重要的词家（下）；第五章　从词到曲底转变；第六章　曲各方面的观察；第七章　几个重要的曲家（上）；第八章　几个重要的曲家（下）。附录：一个最低度研究词曲的书目、名词索引。

崔兑之《中国骈文概论》

崔兑之（1894—?），字宣颖，别号蜕园，湖南长沙人。《中国骈文概论》，上海世界书局印行，1934年12月初版，32开，128页，约6万字。1944年4月新一版，24开，56页。

本书为刘麟生主编的"中国文学丛书"之三，刘麟生作序。

目次：

一、总论；二、从三百篇到楚辞；三、赋；四、魏晋文与陆机；五、骈文之论；六、写景文与齐梁文；七、书札文与徐陵；八、哀江南赋；九、滕王阁序；十、文心雕龙与史通；十一、唐代之骈文与古文；十二、陆贽；十三、李商隐；十四、宋四六；十五、清骈文；十六、律赋与八股；十七、八股与骈文。

梁乙真《元明散曲小史》

梁乙真《元明散曲小史》，上海商务印书馆印行，1934年12月初版，32开精装本，470页，约20万字，吴梅题签；1935年6月再版，布面精装；1998年10月，北京商务印书馆影印出版（删去了吴梅的题签）。

如本书"序例"所言，全书共分十章。前四章叙述元代，分作两个时期，第一、二章，从散曲的开场到大德年间，以关汉卿、马致远为主；第二期从大德年间到元末，以张可久、杨朝英为主。后六章叙述明代，分作三期，第一期从洪武年间到成化，以汪元亨、朱有燉为主；第二期从弘正道嘉靖年间，以康海、冯惟敏及王磐、沈仕为主；第三期从嘉靖隆庆到明朝灭亡，以梁辰鱼、沈璟和施绍莘为主。卷首有"导论"，详述散曲的起源、体制和本书的分期等问题。书末附论《散曲的支流——小曲作家》，以及《研究散曲重要参考书目》。

全书述及元明四百余年散曲史，列入作家80余人。

目次：

导论；第一章 散曲的开场及清丽派第一期；第二章 豪放派的第

一期；第三章　清丽派的黄金时代；第四章　后期的豪放派；第五章　过渡时期的几位曲家；第六章　昆曲未流行前的豪放派；第七章　昆曲未流行前的清丽派；第八章　昆腔起来后的白学；第九章　嘉靖后的吴江派；第十章　梁沈以外的曲派；附录　研究散曲重要参考书。

本年

高鸣剑《中国文学史表解附说》

高鸣剑，山东济南人。《中国文学史表解附说》，广州私立后觉国文预备学校1934年初版（油印本）。

目次：

> 上编　三代迄两汉；中编　魏晋迄唐代；下编　宋代迄近世。

林分《中国文学丛谭》

林分《中国文学谭丛》，1934年刊本，版权页佚失；由几篇讨论文学及文学史的论文组成，不分章节。

目次：

> 引论；文学的界说；文学批评上"神"、"气"之探讨；文学史上的一个通律；文学作家与作品。

孙德谦《中国文学通志》

孙德谦（1896—1935），字受之，一字寿芝，晚号隘堪居士，江苏苏州吴县人。《中国文学通志》，1934年刊印。

目次：

> 总论；体制之变迁；撰著之方法；作家之派别；闻人之传略；汇评。

苏雪林《中国文学史略》

苏雪林于1931年夏受聘于国立武汉大学，讲授中国文学史，直到1949年

3月才离开武汉大学；1956年，苏氏复于台南大学中文系讲授中国文学史。[①]
苏雪林这部《中国文学史略》讲义，从1931年开始编写，陆续编了好几年。
保留在武汉大学的《苏雪林日记》（1934年，详前），记录下了苏雪林编写中
国文学史讲义的进程与心理状态。[②]

苏雪林的《中国文学史略》目前有三个版本：讲义版《中国文学史》（该
版本至第二十章止，大约完成于1934年）、1938年国立武汉大学出版所编印
的《中国文学史略》、1970年台湾光启版《中国文学史》。讲义版《中国文学
史》前设导论，分四节："文学的定义"、"文学的界限"、"文学与时代环境之
关系"、"文学与进化"；全书共三编："先秦文学"、"汉魏六朝文学"、"唐宋
文学"，共计章。1938年版，有光纸竖排，共四编三十章，160页。该版以讲
义版为蓝本，删除"导论"，将全书分为"古代文学"、"汉魏六朝文学"、"唐
宋文学"、"元明清及近代文学"四编，共计三十章。1970年版《中国文学史》
章节总数未变，只是具体章节的内容与次序有部分改动。

苏雪林此书的前面几章，对陆侃如《中国文学史简编》的借鉴处颇多，
这透露了前期资料准备不足，仓促之下较多借鉴相关史著。从第十一章开始，
摆脱了陆侃如《中国文学史简编》一书框架和叙述的借鉴，不乏创见。

目次（略）。

石人《中国民族文艺之史的研究》

石人《中国民族文艺之史的研究》，星光出版社1934年初版，25开平装，
68页。

本书首先概论文艺与民族文艺问题，然后分别论述中国民族文学史、民
族诗歌史和民族词曲史，以及民族建筑、雕塑、绘画和大众文艺史。

目次：

引言

---

① 石楠：《苏雪林年表》，《安庆师范学院学报》（社会科学版）2006年第5期，第62、63页。
② 参见王娜：《苏雪林一九三四年日记研究》，《长江学术》2009年第1期。

第一章　文艺之产生及其原理

一、文艺的种类；二、文艺的意义；三、文艺的产生。

第二章　民族文艺论

一、文艺之本质；二、文艺与民族性；三、文艺与民族之兴亡；四、民族文艺之使命；五、民族文艺之本质；六、建立起新时代的民族文艺。

第三章　中国民族文学之史的述要

一、民族文学之形成；二、民族文学之作品。

第四章　中国民族诗歌之史的述要

一、民族诗歌之形成；二、民族诗歌之作品。

第五章　中国民族词曲之史的述要

一、民族词曲之形成；二、民族词曲之作品。

第六章　中国民族建筑、雕塑、绘画，大众文艺之史的述要

一、民族建筑；二、民族雕塑；三、民族绘画；四、民族大众文艺
1.文学；2.绘画；3.建筑与雕塑；4.戏剧。

1935年（民国二十四年）

1月

刘经庵《中国纯文学史纲》

刘经庵，河南人。《中国纯文学史纲》，北平著者书店1935年1月初版，24开，484页，约20万字。陈介白作序。上海书店据初版本影印，列为"民国丛书"第三编第54种（与罗根则《乐府文学史》合为一辑）。

作者鉴于当时的文学史"不是失于驳杂，便是失于简略"而作本书，"注重的是中国的纯文学，除诗歌、词、曲及小说外，其他概付阙如"。至于辞赋，"除了汉朝和六朝的几篇，有文学价值者很少"；而散文"有传统的载道的思想，多失去文学的真面目"，所以都略而不谈。[①]之所以如此，是因为作者认为"一般治文学的人，当舍广义的（文学定义——引者注）而取狭义的"，主张"纯文学"观，即认定"文学是人生的写照，是思想和艺术的结晶"[②]。

本书是一部分别叙述诗歌、词、戏曲、小说的文学专史，由先秦至清代，分为四编，共二十五章，每种文类一编，均由始至终而述。这使得叙述体例比较特别，即"每编都用纵的叙述法，如诗歌，自先秦的诗歌起，一直叙到有清末季"。作者相信，这种体例"能帮助一般读者得到系统的概念，可将各时代的诗歌，分别比较之，不致散漫无头绪"[③]。此外，书中的章节体已非常成熟、完备。开卷有序、编者例言，正文有绪论、编、章、节、结论，书末有附录。这在20世纪二、三十年代的文学史写作中不多见。

[①] 刘经庵：《中国纯文学史纲·编者例言》，北平：著者书店，1935年版。

[②] 刘经庵：《中国纯文学史纲·绪论》，北平：著者书店，1935年版，第2页。

[③] 刘经庵：《中国纯文学史纲·编者例言》，北平：著者书店，1935年版。

作者注重历代文学家生平及其代表作，全书述及诗人150余名，代表作品280余首；词人60余名，作品100多首；戏曲家和小说家，各有30名，作品各有20余篇。"结论"中附有"中国文学家的地理分布表"，书后附录"中国历代文学家籍贯生卒年表"和"中国纯文学书目举要"，可供参考。

目次：

绪论　一般文学与中国文学的概说

第一编　诗歌：第一章　先秦的诗歌——诗经与楚辞；第二章　两汉的诗歌；第三章　魏晋的诗歌；第四章　南北朝的诗歌；第五章　隋唐的诗歌；第六章　两宋的诗歌；第七章　元明的诗歌；第八章　清代的诗歌。

第二编　词：第一章　词的来源；第二章　唐代的词；第三章　五代的词；第四章　北宋的词；第五章　南宋的词；第六章　元明的词；第七章　清代的词。

第三编　戏曲：第一章　戏曲的演变；第二章　元代的戏曲；第三章　明代的戏曲；第四章　清代的戏曲。

第四编　小说：第一章　小说的发达；第二章　六朝的小说；第三章　唐代的小说；第四章　宋代的小说；第五章　元代的小说；第六章　明代的小说；第七章　清代的小说。

结论　中国文学之南北观及文化中心之迁移（附中国文学家的地理分布表）

附录一　中国历代文学家籍贯生卒年表；附录二　中国纯文学书目举要。

2月

曾遒敦《中国女词人》

曾遒敦《中国女词人》，1935年2月上海女子书店印行，32开，314页，约12万字。

本书系"文艺指导丛书"之一，收入"女子文库"①。据作者"自序"，"女子文库"主编姚名达邀请作者编写《中国女诗人及其代表作》、《中国女词人及其代表作》二书，故作者"当即着手编著，伏案数月，本书遂先告成"。从"本书之草著，正当'闽变'事起"以及作者作序的时间推断，本书编写于1933年下半年，除夕前完稿。

本书取材范围自唐至清，探讨词的起源、本质以及女词的发展脉络及其代表作家作品，对女词人心理的把握较为细腻。

本书采用现代学术著作的基本框架。书前有"导言"，详述该书体例、选材范围等，书末为"结论"并附有参考书目。就编著体例而言，堪称完整的学术著作。

目次：

第一章　导言——词的起源。

第二章　唐女词的胚胎。

第三章　五代宋辽女词的繁荣：第一节　五代的两贵族词人；第二节　两宋的伟大词人；第三节　两宋的贵族词人；第四节　两宋的娼妓词人；第五节　两宋的无名词人；第六节　辽的贵族词人。

第四章　元明女词人的衰落：第一节　宋亡国宫人之词；第二节　元管道升及其他；第三节　明闺秀的词；第四节　明娼妓之词。

第五章　清代女词人的极盛：第一节　小序；第二节　亡国之音；第三节　血泪交流；第四节　蕉园诸子；第五节　王派女词人；第六节　袁派女词人；第七节　陈派女词人；第八节　何周左俞；第九节　毗邻四女；第十节　鉴湖女侠；第十一节　姊妹词人；第十二节　珍贵词人；第十三节　其他词人。

第六章　结论——中国妇女与词。

---

① "女子文库"是姚名达主编、上海女子书店印行的大型丛书，内容涉及女子健康教育、家庭教育、文化教育等若干方面，由胡适题"女子文库"四字。

3月

邓作民《中国文学史纲要》

邓作民《中国文学史纲要》，上海合众书店发行，1935年3月再版，32开平装，240页。

笔者仅从孔夫子旧书网上见到该书最后一页（第240页）和版权页。没有查阅到邓作民生平事迹和这部文学史的相关资料。从所见第240页标注的"脱稿于一九三三，十二，二十六，午夜"，可断定成书于1933年12月。

目次（待访）。

春

陈子展《中国文学批评讲义》

陈子展《中国文学批评讲义》，为编者在复旦大学讲授中国文学批评史时的讲义，油印本，署年为"廿四年春季"（1935年春）[①]。现收藏于复旦大学图书馆。

此讲义内容非常简略，以辑录资料并加案语的方式，对隋以前的文学批评发展作了系统梳理，简明扼要地概括了所论文学批评家的文论要旨，其中，特别突出了东汉批评家王充，这与当时以及此后的其他文学批评史有很大不同。虽然这份讲义从上古有诗之始讲起，至隋代《李谔上隋文帝革文华书》即止，但从中我们大致可以看出当时刚刚发轫的中国文学批评史的学科状况，以及陈子展先生对于这一阶段中国文学批评史的理解。

目次：

一、有诗之始；二、诗经之来源；三、诗人自述作诗本意；四、孔

---

① 徐志啸在《陈子展先生及其治学》一文中首次介绍该油印稿（参见张世林主编：《学术往事》，北京：朝华出版社2003年版）。

孟诗说；五、司马迁之创作动机论；六、扬雄之文学批评；七、班固之文学批评；八、伟大之批评家王充；九、曹丕论文；十、陆机文赋；十一、皇甫谧与左思之赋论；十二、挚虞诗赋；十三、葛洪之文论；十四、沈约陆厥之论声律；十五、裴子野雕虫论；十六、萧统萧纲萧绎之文学观；十七、钟嵘诗品；十八、刘勰文心雕龙；十九、颜之推文章论；二十、李谔上隋文帝革文华书。

5月

朱子陵《中国历朝文学史纲要》

朱子陵《中国历朝文学史纲要》，北平炳林印书馆印行，1935年5月初版，24开，188页，约9万字。

本书成书于1935年4月，无出版者，系北平炳林印书馆印刷，发行者张伯英，总发售处为北平中华中学，分售处为文化学社、师大号房、佩文斋、立达书局等处。国立北平师范大学国文系主任钱玄同为本书题签，文学院院长黎锦熙为书名注法国语读音。

作者认为："中国的文学，与政治有密切的关系；各种文体的盛衰变迁，政治为其主要背景。……所以，中国文学史的分期，则以政治时代的分期法，较为妥当。"[1]故本书以各政治朝代为单位，分别叙述由西周至清代的诗赋、词曲、小说，共13篇、46章，末尾有"附录"，列《文学大纲》等参考书目18种。

全书脉络清晰、语言流畅、通俗易懂，但内容简略，很少有作者自己的创见。

目次：

第一篇 绪论：一、文学的范围；二、文学史的分期。

第二篇 周朝的文学：一、诗经；二、楚辞。

---

①朱子陵：《中国历朝文学史纲要》，北平：炳林印书馆，1935年版，第4页。

第三篇　秦朝的文学：一、统一文学；二、焚书坑儒。

第四篇　汉朝：一、汉朝文学的特色——辞赋最盛；二、乐府与诗歌；三、司马相如与贾谊；四、扬雄与张衡；五、王充与许慎；六、汉武帝尊儒与王莽复古；七、曹氏父子与建安七子。

第五篇　魏朝的文学：一、竹林七贤；二、出师表文情并茂。

第六篇　晋朝的文学：一、太康文学——三张二陆二潘一左；二、郭璞与刘琨；三、超然诗人陶潜；四、搜神记及子夜歌。

第七篇　南北朝及隋朝的文学：一、元嘉文学——谢、颜、鲍；二、竟陵八友；三、文选与文心雕龙；四、玉台新咏及北朝三才子；五、隋炀帝创新声；六、南北朝的民歌及小说；七、六朝文学总说。

第八篇　唐朝的文学：一、唐朝的文学特色——诗、古文；二、初唐四杰与沈宋；三、诗仙李白与诗圣杜甫；四、"文起八代之衰"的两大健将——韩、柳；五、白居易与元稹；六、孟浩然与王维——自然派诗人；七、温庭筠与李商隐；八、唐朝的小说。

第九篇　五代的文学：一、五代以前的作词者；二、韦庄——西蜀的重要词人；三、李煜与冯延巳——南唐的重要词人。

第十篇　宋朝的文学：一、宋朝文学的特色——词最盛、文近通俗；二、北宋的词人；三、南宋的词人；四、宋朝的诗人；五、宋朝的小说。

第十一篇　元朝的文学：元朝的戏曲。

第十二篇　明朝的文学：一、明朝的古文；二、传奇；三、小说。

第十三篇　清朝的文学：一、清朝的骈文及散文；二、诗及词；三、戏曲；四、小说。

李华卿《中国文学发展史大纲引论》

李华卿《中国文学发展史大纲引论》，上海神州国光社印行，1935年5月初版，24开，80页，约4万字。

本书由两篇论文构成。这两篇论文，是作者计划编写的《中国文学发展史大纲》的"引论"部分，几年前，作者已将其发表于杂志。这两篇论文不是文学史，但可作为资料参考。其目录为：《中国文学发展史大纲引论——对中国文学之唯物史观的尝试》，《为朴列寒诺夫而辩护——驳宋阳论佛理契之谬误》。

目次（略）。

朱星元《中国文学史外论》

朱星元（1911—1982），名星，星元其字，江苏宜兴人。《中国文学史外论》，上海东方学术社发行，1935年5月初版。

本书系作者在江苏海门锡类中学讲授文学史时，为方便学生学习该课程，把有关文学史常识编成讲义，以供参考。因为书中许多内容不是文学史内部的，所以取名为"中国文学史外论"。无论从编目还是正文内容看，作者1939年5月出版的《中国文学史通论》，显然是在本书基础上删改、补充而成（两书编目基本相同，书中多数行文一字不差）。

本书基本上涉及了文学史研究的各个方面，既有总结归纳，也有个人独到的看法，对于初学者，确实是一部难得的教材。如，该书将文学界定为："文学是本乎社会时代的意识，通过作者的想象感情趣味的思想之文字的表现；而使读者的心的深处，起了一阵共鸣的感觉和欣赏的快感。"[1]更应引起注意的，是本书很可能是中国第一部专章讨论中国文学史编写方法的著作，可视本书为"中国文学史研究概论"。

目次：

1.文学定义：（1）中国往古之说；（2）西人之说。

2.文学史界说：（1）文学史与文学；（2）文学史与历史；（3）文学与哲学史学术史。

3.文学史目的：（1）文学史目的；（2）中国文学史目的。

4.文学史范围：（1）一般人差误；（2）应有之确定。

5.文学史方法论：（1）文学史的任务和一般历史学一样；（2）文学

---

①朱星元：《中国文学史外论》，上海：东方学术社，1935年版，第18页。

史方法。

6.文学史写法：（1）叙述的写法；（2）研究的写法；（3）评论的写法；（4）考证的写法；（5）引录的写法。

7.写文学史所用的文字：（1）骈文的；（2）古文的；（3）普通文言的；（4）语体的。

8.中国文学史分类：（1）正史；（2）杂史。

9.中国文学史编法：（1）外部的；（2）内部的。

10.中国文学史的起源与其进展：（1）起源；（2）进展；（3）郑振铎《中国文学史》。

11.中国文学史论读法：（1）读文学史之益；（2）读法。

12.中国文学史上的几个普通概念：（1）文学史上的四个关系；（2）文学史上的四个区别；（3）中国文学进化的两大特点；（4）中国文学的弊病与其原因；（5）中国文学变迁之大势。

13.中国文学史的特采。

杨启高《唐代诗学》

杨启高《唐代诗学》，南京正中书局印行，1935年5月初版，24开，418页，约15万字；1947年1月沪一版，416页。1992年上海书店据初版本影印出版，列为"民国丛书"第三编第55种（与胡云翼《唐诗研究》、苏雪林《唐诗概论》合为一册）。2011年由岳麓书社出版简体排印本，列入"民国学术文化名著"丛书。

书中第六部分论述唐诗对宋、金元、明、清和现代的影响，可谓本书特色，其中不乏精彩之论，尽管有的稍嫌牵强。

本书按初唐、盛唐、中唐、晚唐四个时期分述。卷首有叶楚伧、黄季刚、王晓湘的署端，陈之佛绘眉，胡筱石、谢无量、汪辟疆的题辞，唐宋清书画共六幅。

目次：

壹　纲领：唐诗背影（总叙、经济背影、政治背影、文化背影）、唐诗渊薮（总叙、正始派、太康派）、唐诗流派（总叙）、唐诗特质（作家甚多、诗体完备、风格显著、思想丰富）、唐诗体例（古体、律体、杂体）。

贰　初唐：贞观诗学（太宗提倡风雅、上官仪六对说）、武后诗学（保守派、革新派）。

叁　盛唐：盛唐特色（律体大盛、各极所长、体裁繁富、学古途广）、开元诗人（明皇帝诗、燕许二公、吴中四士、开元宫人、开元道士）、李杜比较（总叙、李白、杜甫）、天宝诗人（岑参、高适、二包、张谓、沈千运、陶翰、天宝宫人、天宝名媛、仙家诗、释子诗）。

肆　中唐：大历诗风（韦刘、十子）、元和诗学（孟郊、韩愈、柳宗元、卢仝与刘义、张籍与贾岛、李贺与李枣强、王建、释无可）、长庆诗学（白居易、元稹、刘禹锡、鱼玄机）、韩白综述（渊源、个性、思想、艺术、文体、影响）。

伍　晚唐：大中诗风（格律派、词华派）、咸通后诗（元白派、王建派）。

陆　影响：影响宋代（北宋、南宋、元代）、影响金元（金代、元代）、影响明代（杜甫拗体诗与李梦阳空同子集、李攀龙、王世贞）、影响清代（钱牧斋与李杜韩白、吴伟业与元白、李白与赵秋谷、白香山与袁枚、王建宫词之影响、白居易诗之影响）、影响现代（唐诗影响现代个人诗派、唐诗影响现代民族诗派）。

6月

卢前《明清戏曲史》

卢前，即卢翼野。本书由上海商务印书馆印行，1935年6月初版，32开，108页，约5万字。本书1933年曾由钟山书局出版。1961年，中国香港商务印书馆重印1935年版。

本书系作者1930年在四川讲授曲史课程时所撰。

全书七章，按每时期重要的戏曲门类、代表作家依次叙述。

目次：

第一章　明清剧作之时代（此章共分四个时期，分籍贯叙述，分别是：第一时期　由徐臣至汪道昆，共44人；第二时期　由张凤翼至叶小纨，共57人；第三时期　由冯梦龙至丁耀亢，共36人；第四时期　由洪升至俞樾，共35人。分籍贯叙述：江苏105人，浙江81人，安徽15人，江西5人，湖南4人，湖北1人，四川1人，福建2人，广东2人，贵州1人，陕西3人，河南1人，山西1人，河北6人，山东6人）。

第二章　传奇之结构。

第三章　杂剧之余绪。

第四章　沈璟与汤显祖。

第五章　短剧之流行。

第六章　南洪北孔。

第七章　花部之纷起。

许之衡《曲史（戏曲史）》

许之衡（1877—1935），字守白，室号饮流斋，浙江仁和（今浙江杭州）人，生于广东番禺。《曲史（戏曲史）》，北平师大讲义，约于1935年6月印行。原书待访。

〔日〕儿岛献吉郎著、孙俍工译《中国文学通论（上、中卷）》

孙俍工译《中国文学通论（上、中卷）》，上海商务印书馆1935年6月初版，24开，两册，上卷297页、中卷265页，40余万字。

儿岛献吉郎所著原名《支那文学考》，包括《散文考》、《韵文考》和《支那诸子百家考》共三卷。1935年2月，孙俍工译成前两卷，交商务印书馆出版。译者希望中国学术界能把儿岛献吉郎此书"这种分析综合的方法应用到中国文学上去，使中国文学因此而得到一番大大的整理"①。

---

①孙俍工：《序》，《中国文学通论（上卷）》，上海：商务印书馆，1935年版，第2页。

目次：

上卷 第一至二章 序论；第三章 体制；第四章 流别；第五章 达意与修辞；第六章 学古与拟古；第七章 文底品致；第八章 文之法度；第九章 文之病癖；第十至十一章 篇法；第十二至十三章 章法；第十四至十七章 句法；第十八至二十章 字法；第二十一章 虚字与实字；第二十二至二十三章 品词底分类；第二十四章 我与汝；第二十五章 无不未非；第二十六章 於于乎；第二十七章 前置词；第二十八章 后置词；第二十九章 也与矣；第三十章 "乎"与"邪"；第三十一章 歇尾词；第三十二至三十三章 结论。

中卷 第一至三章 概说；第四至五章 谣谚；第六章 箴铭；第七章 颂赞；第八章 哀吊；第九章 祝祭；第十章 诗歌；第十一章 诗底体制；第十二章 诗底法度；第十三章 古体；第十四至十五章 乐；第十六章 四声五音；第十七章 八病；第十八章 双声叠韵；第十九至二十章 近体；第二十一章 对偶法；第二十二章 联句集句；第二十三章 赋骚；第二十四章 骚底体式；第二十五章 赋底体式；第二十六章 连珠；第二十七至三十章 诗余；第三十一至三十三章 结论。

7月

谭正璧《中国女性文学史》

谭正璧《中国女性文学史》，上海光明书局 1935 年 7 月初版，32 开，二册，598 页（其中补编 82 页），约 20 万字。

作者在"序"中说，本书是其《中国女性的文学生活》（1930 年 11 月出版）一书的重编本，并认为"名曰重编，不啻新作"。其实，本书只不过是作者以《中国女性的文学生活》一书稍加增删而成。由于本书是在前书基础上增删、修改而成，故比前书精致、详细，影响也大过前书。

目次（略）。

8月

张希之《中国文学流变史论》

张希之《中国文学流变史论》，北平文化学社1935年8月初版，24开，396页，约21万字。

据作者自述，本书是以新兴科学方法编写的一部文学史。所谓"新兴科学方法"，指社会史观，也就是重视社会背景对文学的影响。因此，作者在书中叙述每个时代的文学之前，先要交代社会背景。

本书正式出版前，已有讲义本印行，当时作者在国立北平大学附属高级中学任教。

目次：

第一章　文学史方法论：一、"科学"与"历史科学"的基本任务；二、文学史的人物及方法。

第二章　文学史范围论：一、"文字"与"文章"的诠释；二、"文学"一词在中国的史的演进；三、究竟什么是文学；四、中国文字与文学的特质。

第三章　中国文学的史的关系：一、社会的发展与历史的演进；二、历史的连续与阶段的划分；三、中国经济发展的阶段；四、中国文学演变的历程。

第四章　史前社会及文学：一、商代以前社会的臆测；二、商代社会及文学的推断。

第五章　诗经：一、诗经的社会背景；二、诗经的历史来源；三、从毛诗六义说诗经；四、诗经的评价。

第六章　楚辞：一、楚辞的社会背景；二、楚辞的汇集与命名；三、楚辞篇目的考订；四、从诗经说到楚辞；五、楚辞的重要作家——屈原与宋玉；六、楚辞的文学价值。

第七章　汉代文学的发生及发展：一、汉代文学的社会背景；二、汉代文学的主流——赋；三、汉代的诗歌。

柳村任《中国文学史发凡》

柳村任《中国文学史发凡》，苏州文怡书局发行，1935年8月初版，32开，468页，16万字。书前有吴经熊题签，陈致道和魏金枝题词，予且和范烟桥所作"序一"、"序二"及作者"自序"。

据"自序"，作者编写本书是感于当时还没有"一部中国文学史是能够正确地指示出中国数千年文学的主潮和作品的流变"。而本书至迟完成于1934年9月（作"自序"之日），是时作者还在光华大学任教。

作者在"例言"中说："本书的体例希望能最适合中学教本和大学不是专科的参考书。故说明解释力求浅显而容易明白，举例和介绍却想特别多一点。"这种对读者对象的定位，似乎有一些作用，因为本书出版后，被苏州的东吴大学附中等多家学校采为教材。①作者又说："本书各篇所叙述的只限于纯粹底文学范围以内的作品（参看本书《引言》），像诗歌、戏曲、小说等是。其他的文学作品，只在讲各时代的文学思潮时稍微谈及一点，并不占重要的地位。"之所以如此，是因为柳村任主张"纯文学"观，他在"引言"中辨析"文学"定义时强调："诉诸情感的美妙的作品，是近代最正确最进化的文学观念"，"我们主张的文学，便是这种狭义的、纯粹的文学。"②

本书专述诗歌、词曲、小说等文学，按朝代分为八编，自《诗经》开始，迄于清末小说，共二十章，书末附录"中国文学名人生卒考"。

目次：

引言

第一编　汉以前：第一章　诗经；第二章　楚辞。

第二编　汉代文学：第三章　汉赋；第四章　汉代民歌；第五章建安文学。

---

① 参见《〈中国文学史发凡〉业已出版》，《申报》1936年7月26日，第14版。

② 柳村任：《中国文学史发凡》，苏州：文怡书局，1935年版，第8、9页。

第三编　魏、两晋、南北朝：第六章　诗歌；第七章　继续发展的民歌；第八章　小说的起源和发达。

第四编　唐代文学：第九章　唐代文学的时期及社会；第十章　初唐的诗；第十一章　盛唐的诗；第十二章　中晚唐的诗；第十三章　唐代的小说；第十四章　词的起源及晚唐的词。

第五编　五代的文学：第十五章　五代词的光辉。

第六编：宋代的文学：第十六章　宋的诗和词；第十七章　小说。

第七编：元明文学：第十八章　元代戏曲的特别发展；第十九章明代的戏曲和小说。

第八编　近世文学——清代：第二十章　清代的戏曲和小说。

附录　中国文学名人生卒考。

谭正璧《中国小说发达史》

谭正璧《中国小说发达史》，上海光明书局印行，1935年8月初版，32开，472页，约20万字。另有台北启业书局1937年版，香港波文书局影印本，上海古籍出版社2012年简体本（"谭正璧学术著作集"之三）。

本书系作者"将十年来浏览所获，尽加网罗，参之周氏原作（鲁迅《中国小说史略》——引者按）"①而成。书中尤为注意社会环境对每一时代小说的影响。书稿成于1934年10月。

全书共七章、四十二节，所引材料丰富，语言简洁。

目次：

绪论

第一章　古代神话：一、神话是怎样起来的；二、古代神话的大宝藏——山海经；三、许多可爱的神话断片；四、先秦子史中有寓言而无神话；五、遗留在后世典籍中的古代神话；六、历史家所录先秦小说。

第二章　汉代神仙故事：一、历史所载秦皇汉武的求仙故事；二、

---

①谭正璧：《中国小说发达史·自序》，上海：光明书局，1935年版，第2页。

汉武故事的起来；三、东方朔；四、西王母故事的演化与东王公；五、几部著名神仙故事书的作者；六、汉书所录汉人小说及其他。

第三章 六朝鬼神志怪小说：一、产生鬼神志怪书的时代背景；二、鬼神志怪书的作者（一）；三、鬼神志怪书的作者（二）；四、佛教徒怎样利用鬼神志怪书；五、笑话集与清言集的起来；六、由语林到三说——世说俗说与小说。

第四章 唐代传奇：一、一个新环境的产生；二、传奇小说三大派（一）；三、传奇小说三大派（二）；四、传奇小说三大派（三）；五、几部著名的传奇集；六、变文的起来与俗文的遗留。

第五章 宋元话本：一、由太平广记到夷坚志；二、宋人所作传奇；三、说话发达的社会背景及其家数；四、说话的话本——小说（一）；五、说话的话本——小说（二）；六、所谓讲史书。

第六章 明清通俗小说（一）：一、正统文学没落时代的社会状况；二、四大传奇书（一）；三、四大传奇书（二）；四、四大传奇书（三）；五、四大传奇书（四）；六、通俗短篇小说五大宝库①。

第七章 明清通俗小说（二）：一、异族统治下的文学环境；二、醒世姻缘传红楼梦及冶游之作；三、野叟曝言与镜花缘；四、由讽刺小说到谴责小说；五、狭义小说的起来；六、传奇与志怪书的复兴。

结论

10月

杨荫深《五代文学》

杨荫深《五代文学》，上海商务印书馆印行，1935年10月初版，32开，123页，约5.4万字。

本书为王云五主编的"百科小丛书"之一，通俗易懂，采用口语化的白

---

① 陈玉堂《中国文学史书目提要》漏录此节（第241页）。

话写成，按五代十国分述，共十七章。

目次：

第一章　绪言；第二章　后梁文学（从第二章到第十六章，按照五代十国分述各国文学）；第十七章　民间词曲。

朱谦之《中国音乐文学史》

朱谦之（1899—1972），字情牵，福建福州人。《中国音乐文学史》，上海商务印书馆印行，1935年10月初版，24开道林纸本，有精、平装两种，238页，约12万字。1936年由日本学者横利一川译成日文在日本出版。后又有1989年北京大学出版社铅排本；同年上海书店"民国丛书"（第一编）影印本；2002年福建教育出版社收入《朱谦之文集》出版；2006年上海世纪出版集团将之收入世纪人文系列丛书"世纪文库"出版；2006年8月上海人民出版社以《朱谦之文集》本为底本，并参照其他版本，勘正了部分文字后出版。

陈钟凡为本书作序时说，本书脱稿于1931年，这年冬天，陈氏应邀校读并为本书作序。陈钟凡在长达万言的序中，将中国音乐文学史分作三个时期，叙述颇详：第一期为古乐时期，包括周代的三言四言诗、战国的《楚辞》等；第二期为变乐时期，包括汉代古诗乐府、六代隋唐的律绝诗、宋代的歌词；第三期为今乐时期，包括元代北曲、明代昆曲、清代花部诸腔等。此序可视为一部简要的中国音乐文学史。

本书是朱谦之《音乐的文学小史》（1925年8月出版）的深化之作。前书由作者在长沙第一师范、长沙平民大学的演讲稿构成，不具备文学史书的基本框架，而后书是一部体例成熟的文学史。更大的区别，在于后书对中国音乐文学的论述要深刻、周密，也更有理论性。比如说，两部书的第一章都是讲音乐与文学的关系，前书仅从古诗中挑出一些，以证实"诗者乐章也"，后书依次从文学与音乐在情感表达、心理刻画、思想意蕴等方面共通来分析二者关系，还时常引用西方学者言论作支撑。

中国自古就有"乐教"的传统，历来研究者对音乐与文学的关系多有关注，但大都以"乐"为本；将音乐文学视为文学史主流，并加以系统论述，始自朱谦之。陈钟凡在序中评价说："谦之兄穷源溯委，著成这部有系统的著作，其有功于中国学术界。"近年有论者评述说："本书是近代中国音乐文学史研究的开山之作，出入古今，引证中西，理论与史实并重。首论音乐与文学的关系，次论中国音乐与文学的关系，继而分论中国历代音乐与文学相结合之具体形态。"①平心而论，在史书中注意到音乐与文学之关系者，民国时期绝非朱谦之一人。1924年出版的徐嘉瑞《中古文学概论》，曾论及音乐与文学之关系、中国音乐与西域文化之关系、平民文学之舞曲等，但该书以平民文学为主，毕竟不是音乐文学史专著。因此，朱谦之《中国音乐文学史》填补该领域研究空白的学术价值，是毋庸置疑的。

由于本书从音乐与文学之关系切入文学史，所持研究视角与众不同，常有不凡的见识。譬如，关于中国文学的主流是什么，民国学者从不同侧面给出了不同的回答。比较有代表性的，如胡适在《文学改良刍议》中以不容置疑的语气认定"白话文学之为中国文学之正宗"，并撰《白话文学史》来证明"白话文学史就是中国文学史的中心部分"；郑振铎在《中国俗文学史》中理直气壮地说："'俗文学'不仅成了中国文学史主要的成分，且也成了中国文学史的中心。"朱谦之则在本书中肯定地说"中国文学是以'音乐文学'为正宗"，并指出"中国从故以来的诗，音乐的含有性是很大的，差不多中国文学的定义，就成了中国音乐的定义，因此中国的文学的特征，就是所谓'音乐文学'"②。关于中国文学的起源，作者也发现，"诗歌"、"音乐"、"舞蹈"合而为一，这"实在是中国文学的特别美质，实在是中国文学上的三位一体"③。也就是说，中国文学起源于这种"三位一体"的混合艺术。关于中国文学的进化观念，作者不同意胡适在《文学进化观念与戏剧改良》中提出"废曲用白"的主张，因为"中国文学的进化，彻始彻终都是和音乐不相离的，所以有一种新音乐发生，即有一种新文学发生"④。再如，关于唐宋音乐

①《编辑推荐》，http://baike.baidu.com/view/5736881.htm，2011年5月14日。
②朱谦之：《中国音乐文学史》，上海：上海人民出版社，2006年版，第32页。
③朱谦之：《中国音乐文学史》，上海：上海人民出版社，2006年版，第45~46页。
④朱谦之：《中国音乐文学史》，上海：上海人民出版社，2006年版，第54页。

的差别，朱谦之认为，唐起乐以丝声为主，而宋代以管声起乐。"词之变曲，正当'词'体渐不入歌的时候"，"'音乐文学'古今递传，宋词到了金元时代，也不得不变而为曲"。①这些观点，初步解决了中国古代音乐文学发展过程中诸多重要问题，不仅在民国学术界可谓自成一家，在后世也不断有回响，常被论者引用。

作者的研究方法也是本书的一个亮点。比如，第七章"将历代文学作品放诸音乐背景下加以考察，详细阐述了古乐、变乐以至今乐的嬗替，以及这种嬗替中文体学的相应变迁。这种文学发展史的重构，可谓导夫先路，开启了崭新的研究视域，具有方法论意义"②。

当然，本书也有一些不足。主要的不足，是作者过分强调、人为拔高音乐的作用。他在对艺术各门类作分类分析之后，说："我索性大胆地说罢，现在无论哪一种艺术，都和音乐有契合之处。"③像这样轻率武断、人为拔高音乐的言论，在书中很常见。

长期以来，朱谦之及其《中国音乐文学史》没有引起文学界重视，直到近年才有论者注意到"朱谦之戏曲研究的音乐文学方法及学术史意义"，指出：

> 综括《中国音乐文学史》在戏曲研究史上的意义，最主要的乃是作者在考究音乐与文学共生关系的同时，着意在民族音乐形态的嬗变中找寻古代戏曲潜伏于历史表象之下"草蛇灰线"般的发展印辙与演进规律。这一革新思路，在一定程度上还原了戏曲的音乐属性，具有特定的认识价值。

并指出此书的创新处有三："其一，从实证的角度阐释文学的起源、进化与音

---

① 朱谦之：《中国音乐文学史》，上海：上海人民出版社，2006年版，第205页。

② 赵兴勤、赵韡：《朱谦之戏曲研究的音乐文学方法及学术史意义——民国时期戏曲研究学谱之八》，《社会科学论坛》2001年第10期，第188页。

③ 朱谦之：《中国音乐文学史》，上海：上海人民出版社，2006年版，第21页。

乐的关系。""其二，梳理戏曲的发生与中外音乐交流背景之关系。""其三，考察戏曲的进化与音乐史变迁之关系。"①

书中附录的《凌廷堪燕乐考源跋》，首发于《民铎杂志》第8卷第4号（1925年出版），后载于《现代史学》第1卷第2期（1933年2月）。此文重新估定了清代学者凌廷堪在音乐文学史上的位置，将凌定位为中国近代音乐文学史第三期的代表人物，中肯评价了其观点的得失，更指出燕乐唐宋之不同（琵琶为唐乐之首，管为宋乐之首）。

全书共八章、若干节，由文学起源至宋代止。

目次：

---

① 赵兴勤、赵韡：《朱谦之戏曲研究的音乐文学方法及学术史意义——民国时期戏曲研究学谱之八》，《社会科学论坛》2001年第10期，第189~193页。

12月

〔日〕儿岛献吉郎著、孙俍工译《中国文学通论（下卷）》

孙俍工译《中国文学通论（下卷）》，上海商务印书馆1935年12月初版，24开，共297页，约20万字。与上卷、中卷整合，有1972年台湾商务印书馆繁体竖排版、2015年12月山西人民出版社影印版。

本书主要据日本儿岛献吉郎《支那文学考》译成。原著分三篇："散文考"一卷，"韵文考"一卷，"支那诸子百家考"一卷。孙俍工起先以这三篇作为上、中、下三卷，上、中两卷印行后，发现原著下卷的"诸子百家考"已被陈清泉译出，书名同原题，也由商务印书馆印行。于是，孙俍工另译儿岛献吉郎的《支那文学杂考》以替代"诸子百家考"。书中注释系原著所有。约译成于1935年7月上旬。

下卷分作毛诗等八编，凡八十余节，原作《支那文学杂考》尚有"伦理观"和"文章观"，孙俍工翻译时予以节删。

目次：

第一编　毛诗：毛诗与鲁齐韩诗、大序小序、诗底六义、诗底删定、诗底功用、三百篇底修辞法、三百篇底构成法、三百篇底押韵法。

第二篇　楚辞考：楚辞底真价、屈原底性格、离骚特质与真价、段落与脉络、造句与押韵法、九歌、九章。

第三篇　诗仙李白：他底乡里、他底天才、他底任侠、他底仙风道骨、酒中之仙、诗中之仙、他底交友、他底家庭、他底诗集。

第四篇　诗圣杜甫：李杜之比较、杜诗底特长、杜甫诗底性格、他底游历、他底儒教思想、他底非战主义、他底人生观、他底诗集。

第五篇　诗佛王维：王维底传记、他底诗之特征、他底佛教趣味。

第六篇　唐宋文学概观：唐之文化制度、初唐文学、十八学士、上官体、初唐四杰、北门学士与珠英学士、律诗底发生、陈子昂底感遇三十八章、盛唐文学、李白、杜甫、中唐文学、韩愈与白居易、韩愈与柳宗元、缁徒文学、晚唐文学、五代文学、宋底文学政治、宋初底诗体、宋初底文体、庆历文学、欧阳修与古文复兴、熙宁元丰底文学、王安石与司马光、元祐文学与苏轼、元祐文学与程颐、苏门四学士六君子、程门四先生、江西诗派、绍兴文学、词之发达、道学底提倡、朱陆鹅湖之会、佛教文学、辽金文学、宋末文学。

第七篇　乐府中所表现的军事思想：序说、武德与文学、征战文学、非战主义底宣传。

第八篇　乐府中所表现的恋爱思想：文学与恋爱、儒教与女性、以女性为诗题的人物、以恋爱为诗底内容的作品、恋爱文学、失恋文学、闺怨文学、追慕文学。

1936年（民国二十五年）

1月

赵景深《中国文学史新编》

赵景深《中国文学史新编》，北新书局印行，1936年1月初版，分布面精装本、纸面精装本，24开，352页，约15万字。同年8月再版，1947年8月重新出版（无删改）。

本书是作者于1933年秋至1934年冬编成，体例上与作者的《文学概论讲话》一样，都分十六讲，但内容却是在1928年出版的《中国文学小史》基础上扩充而成。

全书分古代、宋元、明清三编，每编十六讲，每讲约3000字，按文类分别叙述。第一编由《诗经》开始，迄于唐代小说与散文；第二编自词的起源至元代小说；第三编由明代杂剧至现代小说。每编末附有"参考近人著作要目"，以及便于理解、记忆的相应图表。

目次：

第一编　诗经、楚辞、汉代乐府、汉代诗赋、魏代文学、晋代文学、南朝文学（一）、南朝文学（二）、北朝文学、汉魏六朝小说、隋与初唐文学、盛唐诗（一）、盛唐诗（二）、中唐诗、晚唐诗、唐代小说与散文。

第二编　词的起源、晚唐五代、十国词（一）、十国词（二）、宋初词、苏派词与周派词、辛派词、姜派词、宋代诗文小说、戏剧的起源、诸宫调、元杂剧（一）、元杂剧（二）、元散曲、宋元戏文、元代小说。

第三编　明代杂剧、明代传奇（一）、明代传奇（二）、明代传奇（三）、明代散曲、明代小说、明代散文、明代诗词、清代杂剧、清代传奇、清代散曲、清代小说、清代词、清代诗文、清代花部戏、现代文学。

朱右白《中国诗的新途径》

朱右白《中国诗的新途径》，上海商务印书馆印行，1936年1月初版，32开，131页，6万余字。

朱右白（1896—1961），名广福，又名光溥，字右白，江苏泰兴人。1926年考入清华国学研究院，师从梁启超，攻读儒家哲学。毕业后，先后在上海商务印书馆、南京图书馆、福建省图书馆等处任编纂工作。1956年调往水利部水利科学研究院，负责水史研究工作。其学术成就在古代思想、诗文理论、水史等方面，成果集中于《朱右白文存》（2016年）。

作者在序中声称，鉴于"一派新文艺家牢持过去数千百年的旧风格，一成不变"，或者"新文学家之以整个别样的东西来代替固有的一切"，因此提出要以"明因"、"明变"为本书宗旨。"把定固有文化，向前建设去；在这建设中，无论经过多少变更损益，总不能离开它的本题，此之谓因也"；"一时代的礼乐政制，必求适应那时代人民的生活"，此即"变"。"变"与"因"是长相踪随的，它们一个把握"时间"，一个把握"空间"，互相为用。作者试图通过"明因"、"明变"，"找着新文学的途径来"。

目次：

一、过去诗界的一斑：唐宋元明清。

二、现在的诗坛：江西派、白话诗派。

三、诗词曲的连锁。

四、唐诗复兴的理由：直觉主义、通俗主义、民族主义、文学的美妙。

五、唐诗的改革：（一）形式的修正；（二）思想的补充。

六、修词学的讨论。

七、结论：（一）新诗的标准；（二）复兴后的两个派别；（三）论国乐复兴；（四）余论。

2月

陈汝衡《说书小史》

陈汝衡（1900—1989），江苏扬州人。《说书小史》，上海中华书局印行，1936年2月初版，32开，112页，约4万字。1958年更名为《说书史话》由作家出版社出版。另有台北环宇出版社版。20世纪90年代初，上海书店据初版本影印，列为"民国丛书"第三编第56种出版。

本书叙述说书的源流与发展，是当时唯一的此类专著。更为难得的，是书中所收材料不少今已佚失，故本书还具有曲艺史料方面的价值。

目次：

第一章　说书源流；第二章　宋代说书概况；第三章　话本；第四章　大说书家柳敬亭；第五章　说书两大派别；第六章　评话；第七章　弹词；第八章　苏州说书；第九章　上海说书；第十章　扬州说书；第十一章　开篇；第十二章　说书之艺术。

〔日〕青木正儿著、王古鲁译《中国近世戏曲史》

王古鲁（1901—1958），名钟麟，字咏仁、仲廉，江苏常熟人。青木正儿著、王古鲁译之《中国近世戏曲史》，商务印书馆印行，1936年2月初版，24开精装本，正文738页，序目22页，索引24页，约51万字。卷首有"原序"、"吴序"（吴梅序）、"译者叙言"、"专门用语略说"。1954年9月中华书局增订出版，1956年1月上海文艺联合出版社新一版，1958年1月作家出版社利用1936年初版本纸型重印，2010年1月中华书局出版简体本。

本书据青木正儿《南北戏曲源流考》、《自昆曲至皮黄调之推移》这两篇论文扩大而成（第一篇论文后来被江侠庵译成单行本，1938年10月长沙商务印书馆出版，详后）。据书中"原序"，青木正儿仰慕王国维，曾先后在东京、上海和北京面谒王氏。青木氏先后于大正十五年、昭和二年写成《自昆曲至皮黄调之推移》、《南北戏曲源流考》二文，"言王先生（王国维——引者注）

所未言者"。事后，其师狩野直喜"频劝完成《明清戏曲史》"，于是从昭和二年二月开始动笔，至昭和三年正月完稿付印。《南北曲源流考》、《自昆曲至皮黄调之推移》经删改、分拆后，插入书中各章。原想取书名为"明清戏曲史"以表示续王国维《宋元戏曲史》之意，为了醒目，改为"中国近世戏曲史"。

又据译者王古鲁说，原著只有二十七八万言，在翻译时，译者又将自己所觅得的资料，增补了原著的不足之处，并订正了原著所引用之文误解处。所增补的资料，曾得到吴瞿安（吴梅）慨借秘籍，并由吴撰序。北平图书馆副馆长袁守和，及图书馆学家李小缘也提供了有关资料。章太炎则为题签。

本书所称之"近世"，据青木氏本人解释："称之为近世者，以戏曲在唐以前，殆无足论，至宋稍见发达，至元勃兴，至明清益盛。而元明之间，显然可划为一期之差异存在。即元代以北曲杂剧为盛；明以后则南曲传奇，极形全盛。且王先生（王国维——引者注）编戏曲史也，划宋以前为古剧，以与元剧区别，余从而欲以元代当戏曲史上之中世，而以明以后当近世也。"（《原序》）由此可见，本书侧重点在明清。

全书分"南戏北剧之由来"等五编，共十六章、若干小节，叙述甚详。卷前列有"专门用语略说"，书末附有"索引"，分为"作者"、"戏曲"、"事项"三类。

本书原著出版后，另有郑震的《中国近代戏曲史》节译本（1933年北新书局），可对照查阅。

目次：

第一篇　南戏北剧之由来

第一章　宋以前戏剧发达之概略：一、先秦时代；二、汉代；三、六朝及唐代；四、宋代。

第二章　南北曲之起源：一、用于宋代杂剧中之乐曲；二、南宋杂剧与金院本。

第三章　南北曲之分歧：一、元代杂剧之改进；二、南戏发达之径路；三、杂剧及戏文之体例；四、元代北剧之盛行与南戏之下沉。

无名氏作）。

第四篇　花部勃兴起（自乾隆末至清末）

第十二章　花部之勃兴与昆曲之衰颓：一、花部诸腔；二、蜀伶之跳梁；三、徽班之勃兴。

第十三章　昆曲衰落时代之戏曲：一、雅部之戏曲（自嘉庆至清末）（舒位之瓶笙馆修箫谱、红楼梦传奇三种、周乐清之补天石传奇、黄燮清之倚晴楼七种、其他诸家）；二、花部之戏曲（自乾隆至清末）（附录明清戏曲作者地方分布表）。

第五篇　余论

第十四章　南北曲之比较。

第十五章　剧场之构造及南戏之脚色：一、剧场之构造；二、南戏之脚色。

第十六章　沈璟之南九宫十三调曲谱与蒋孝之九宫十三调二谱。

附录一　国立北平图书馆所藏之蒋孝旧南九宫谱（古鲁）。

附录二　蒋孝旧编南九宫谱与沈璟九宫十三调曲谱。

附录三　曲学书目举要。

（包括"丛刊"、"戏曲翻译及解题"、"曲谱及曲韵"、"曲目及解题"、"评论及研究"、"演剧及俳优"等六大类，所举近二百种，甚详备。）

索引

郝建梁《中国文学史略》

郝建梁（1907—?），山西定襄人，原名郝建樑，笔名远树。1925年入山西省立国民师范学校，1942年后任教于山西大学，著有《本国史纲》、《元好问诗选》等，与班书阁合编之《中国历史要籍介绍及选读》一书颇有影响。《中国文学史略》，手写本，1936年2月油印，线装，16开。

此书仅见某旧书网站拍卖一册，实为罕见，以下据拍卖者披露的一页"序例"，照抄如下：

我国论文学者有广狭二义，广可兼括学术，狭则仅及纯文艺，以故编著文学史者，亦自成体裁，各行其是。惟数千年来，文士文学与民间文学，若翩翩之鸟，颉颃艺坛，而不容偏废，爰列骈散文、诗词、小说、戏剧于文学史范围之内，以成中国文学史之全。

坊间文学史，或侧重作家之叙述，或从事作品之迻录，前者与文苑列传无殊，后者又与文选、诗选近似，本编力矫斯失，注意文学之变。对文学兴衰之背景，期阐微以索隐，文体嬗变之迹象，必溯源而析流；至于作家，但取一代之冠冕，选录作品，亦只限于示例。纵不免简略之讥，然其重心固别有在也。

史家撰述有编年、纪传纪事、本末三体。本编以时代为经、文体为纬，复以作家殿后，意欲熔史学三体为一炉，殊未知其当否也。

古人精心结构之作品，岂容一人之好恶而恣笔抑扬，是以每涉议论，必融合众说，绝不妄矜己见。

据作者自述，"时阅三载，稿亦屡易"，可见成书并不仓促，再读上述编纂"序例"，作者对于中国文学史编纂自有见解。

目次（部分）：

绪论

第一章　先秦

第一节　诗歌之起源与诗经；第二节　韵文之由来与楚辞；第三节　散文之发达与周秦诸子；第四节　小说之发生。

第二章　两汉

第一节　两汉文学发达之背景；第二节　辞赋；第三节　散文；第四节　古诗；第五节　乐府诗。

第三章　魏晋

第一节　魏晋文学演变之背景；第二节　骈文；第三节　诗。

3月

徐嘉瑞《近古文学概论》

徐嘉瑞（1895—1977），字梦麟，云南邓川人。《近古文学概论》，上海北新书局发行，1936年3月初版，24开，388页，约20万字。胡适题写书名，姜亮夫作序，赵景深亦作序。

本书偏重于音乐与文学的关系，实际上是一部乐曲舞蹈史。书中所谓"近古"即南北朝至金代。

全书共分五编，十八章，若干节。其中"音乐史"编较详细地介绍了印度、西域、蒙古高丽、云南的"新乐"；"队舞"编介绍了队舞（相当于集体舞）的分类、组织等，这些内容都是其他史书很少述及的。姜亮夫认为，此书"为自来的人所不及者，可得三点：一、认清了文学的'史'的演进方法。二、认清了演进方法中的最重要的动力条件。三、出之以坚决自信的毅力"[1]。

目次：

---

[1] 姜亮夫：《序》，徐嘉瑞：《近古文学概论》，上海：北新书局，1936年版，第7页。

第十节　唐之旧乐；第十一节　唐代音乐总表；第十二节　唐代外国音乐输入中国的导管。

第二章　外国新乐：第一节　印度系统；第二节　西域系统；第三节　蒙古高丽系统；第四节　云南系统。

第三章　印度系统：第一节　佛乐；第二节　唐乐署供奉之印度；第三节　羯鼓录所载之印度；第四节　文叙子；第五节　霓裳羽衣曲；第六节　天竺乐；第七节　骠国乐。

第四章　西域系统：第一节　龟兹乐；第二节　安国乐；第三节　疏勒乐；第四节　康国乐；第五节　高昌乐；第六节　西凉乐；第七节　波斯乐；第八节　拂菻乐。

第五章　蒙古高丽系统：第一节　吐谷浑部落乐；第二节　高丽乐百济乐。

第六章　云南系统：第一节　南诏乐；第二节　爨乐；第三节　牂牁乐。

第七章　敦煌佛曲。

第八章　唐代民间七字唱本：第一节　文殊问疾；第二节　佛曲之起源；第三节　佛曲和中国民间文学的关系；第四节　季布歌；第五节　季布歌之文章；第六节　董永传；第七节　孝子董永传之文章；第八节　印度佛曲输入中国以后的变化；第九节　印度文学大要。

第三编　词史

第一章　大曲：第一节　大曲和词和戏剧之关系；第二节　大曲之特点；第三节　大曲之乐器；第四节　原始大曲；第五节　大曲与慢词；第六节　大曲为独立音乐；第七节　杂剧与大曲之起源的分析；第八节　杂剧大曲脚色之分别；第九节　大曲与队舞及杂剧之分别；第十节　大曲遍数；第十一节　大曲之文章；第十二节　最初之大曲；第十三节　大曲一变而为词；第十四节　大曲一变而为杂剧。

第二章　词：第一节　词之分类；第二节　七绝体民谣的起源；第三节　民众之词与文人之词；第四节　平民化之词；第五节　词之衰老；

第六节　词调之来源；第七节　慢词；第八节　调笑转踏；第九节　宋代歌法。

第四编　戏曲史

第一章　概论：第一节　民众戏曲之特质；第二节　民众戏曲与文人戏曲；第三节　平民化之戏曲与古典戏曲；第四节　唐代的散乐；第五节　唐代的滑稽剧。

第二章　南北曲起源总论：第一节　南北曲起源于宋；第二节　汴京陷落与南北曲；第三节　文学起源之注意点；第四节　北曲起源及北宋社会文化；第五节　北曲中心之汴京风俗概说；第六节　汴京的一般技艺；第七节　汴京时代杂剧之推测；第八节　歌舞表演剧化合之由来；第九节　南曲起源；第十节　南宋歌舞之时代背景；第十一节　杂剧院本与元曲之关系；第十二节　杂剧院本北曲源流表；第十三节　南宋的一般技艺。

第三章　宋代杂剧总论：第一节　南北曲未产生以前之民间杂剧；第二节　宋代杂剧之起源及性质；第三节　宋代杂剧之组织；第四节　宋代杂剧之内容。

第四章　宋代杂剧各论：第一节　以脚色命名者；第二节　以音调命名者；第三节　以历史故事命名不知其宫调脚色者；第四节　近于说书者。

第五章　金院本总论：第一节　概论；第二节　院本分论。

第六章　金院本各论：第一节　以脚色命名者；第二节　以音调命名者；第三节　以历史故事命名不知其宫调脚色者；第四节　近于说书者。

第七章　结论：第一节　致语口号起源；第二节　脚色考（附表）；第三节　都城纪胜梦梁录校读表；第四节　丁仙现。

第五编　队舞

全一章　队舞之分类及组织：第一节　概论；第二节　队曲指乐曲；第三节　宋代宫调队舞概况；第四节　队舞之性质；第五节　队舞之组

织；第六节　队舞之文章。

梁启超《中国之美文及其历史》

梁启超（1873—1929），字卓如，号任公，又号饮冰室主人、饮冰子、哀时客、中国之新民、自由斋主人等，广东新会人。《中国之美文及其历史》，上海中华书局印行，1936年3月初版，32开，181页，约12万字。1936年3月，收入中华书局出版的《饮冰室合集》（林志钧整理）之专集七十四，1941年1月再版；1996年3月，东方出版社据中华书局1936年初版本编校再版，24开，203页。

本书为梁启超生前的未完之作，初稿写于1924年，梁启超逝世后整理出版。由于是未完稿，主要述古代歌谣和乐府史，共分五编若干章。卷首有作者撰写的"序论"，指明："本卷所叙录，以汉乐府为中坚，而上溯古歌谣以穷其源，下附南北朝短调杂曲以竟其委，魏晋后用乐府调名标题诸作，则各以归诸时代之诗，不复在此论列。"

书末附梁启超门人葛天民所辑"全汉诗种类篇数及其作者年代真伪表"一文。

目次：

序论

古歌谣及乐府

第一章　秦以前歌谣及其真伪；第二章　两汉歌谣；第三章　汉魏乐府（一、郊庙乐章，二、郊庙乐章以外之汉乐府在魏晋间辞谱流传，三、建安黄初间有作者主名之乐府）。

周秦时代之美文

第一章　《诗经》的篇数及其结集（附：释"四诗"名义）；第二章　《诗经》的时代。

汉魏时代之美文

第一章　建安以前汉诗（附：全汉诗种类篇数及其作者年代真伪表）

第二章　汉魏乐府及其类似之作品：乐府之先驱

唐宋时代之美文

第一章　词之起源

近年有学者发现，1936 年初版本及后各种版本，均存在章节编排矛盾之处，并考证还原了梁氏原稿的结构。兹录还原后的卷章结构[1]如下，以供参考：

第一卷　周秦时代之美文

第一章　诗经的篇数及其结集（附：释"四诗"名义）；第二章　诗经的时代。

第二卷　赋（辞赋）及其历史（按：缺）

第三卷　古歌谣及乐府

序论

第一章　秦以前歌谣及其真伪；第二章　两汉歌谣（附：汉魏乐府及其类似之作品）、乐府之先驱；第三章　汉魏乐府（一、郊庙乐章；二、郊庙乐章以外之汉乐府在魏晋间辞谱流传；三、建安黄初间由作者主名之乐府）。

第四卷　汉魏时代之美文

第一章　建安以前汉诗（附：全汉诗种类篇数及其作者年代真伪表）

第五卷　唐宋时代之美文

第一章　词之起源。

4月

郭伯恭《魏晋诗歌概论》

郭伯恭《魏晋诗歌概论》，上海商务印书馆印行，1936 年 4 月初版，[2]32

---

[1]转引自彭树欣：《梁启超〈中国之美文及其历史〉的整理问题》，《古籍整理》2008 年第 4 期。

[2]陈玉堂《中国文学史书目提要》录为"1948 年 8 月出版"（第 201 页），笔者未见此 1948 年 8 月版，倘若陈先生所记属实，则应为重版本。

开，190页，约9万字。

本书为王云五主编"国学小丛书"之一。全书分六章、若干节，内容简略，叙述清楚，此外无特色。

目次：

> 第一章 总论；第二章 建安时代之诗坛；第三章 正始时代之诗坛；第四章 太康时代之诗坛；第五章 永嘉以后之诗坛；第六章 结论。

7月

唐兰《卜辞时代的文学和卜辞文学》

唐兰（1901—1979），字立庵，浙江嘉兴人。《卜辞时代的文学和卜辞文学》，国立清华大学1936年7月初版，16开，46页，约2.7万字。

本书原载《清华学报》，此为单行本。

目次：

> 一、卜辞时代的社会和文化；二、卜辞时代的一般文学（甲、商代有没有文学的问题；乙、商代文学和文学的起源）；三、铭识的起源和卜辞时代的铭识；四、卜辞文学（甲、卜辞的起源；乙、卜辞的组成；丙、卜辞文学的研究）；五、结论。

9月

周贻白《中国剧场史》

周贻白（1900—1977），曾名一介，又名周慕颐，笔名六郎、剑庐、云谷等，湖南长沙人。《中国剧场史》，上海商务印书馆1936年9月初版，32开，120页，约10万字。2007年，湖湘文库编辑委员会将本书与作者的《中国戏剧史》合刊，编入《湖湘文库》甲编，由湖南教育出版社出版。

本书为向培良、徐公美主编"戏剧小丛书"之一种。周贻白"少年流浪，文化程度只有初中一年。他以戏子作为生涯的开端，翻过跟斗，唱过湘剧、京剧，演过文明戏、话剧……写过小说、诗词、曲艺、京剧、话剧、电影和各种考证文章"①，是著名戏曲史家、戏剧理论家、戏剧和电影作家。

全书共三章、十四节，是作者《中国戏剧史略》一书的补充。书中附有插图32幅，其中剧场平面图9幅、立体图7幅、朱人鹤绘制的脸谱彩图16幅。书中的叙述从汉代至现代皮黄剧止，基本上不包括话剧。这是因为，"本书所述，纯就中国戏剧固有的事物立言。故截至今代的皮黄剧而止，话剧虽为后起之秀，但因别具渊源，自当另文详述，不涉本书范围"②。

《中国剧场史》史论结合，图文并茂，既简练勾画中国演剧艺术的轮廓，又清晰地呈现了中国剧场演进的路线，是我国剧场史研究方面的第一部专著，③其开拓之功主要有④：

一、首次简略而清晰地勾画了中国剧场演进的线索。他从汉代平乐馆讲起，至三国广望观、隋朝东都洛阳端午门到建国门内横亘八里的大戏剧场，认为剧场由最初专门为皇帝、贵戚专设的"观"（台），演变为隋朝大戏场里"起棚夹座"的客座，"后世的剧场，实亦于此具有端倪了"⑤。唐代因歌舞的故事情节比较明显，"剧场或已初具轮廓"。宋元时杂剧流行，适应于此而出现了勾栏式剧场和神庙式剧场；明清茶楼戏园，发展为戏馆，剧场设施日益完善。而民国时期的上海一带，"今则参合欧美剧场建筑，电影场与剧场已无

---

①周华斌：《周贻白传略》，周贻白：《中国戏剧史长编》，上海：上海书店，2007年版，第680页。周华斌系周贻白之子。

②周贻白：《中国剧场史·凡例》，上海：商务印书馆，1936年版，第1页。

③参见周华斌：《中国剧场史论·序》，周华斌、朱联群主编：《中国剧场史论》，北京：北京广播学院出版社，2003年版，第3页。冯俊杰亦认为："在广大农村和城镇剧场资料尚未健全之时，作为中国第一部剧场史著作，它（《中国剧场史》）的体制和规模已经相当可观，首创之功是四方认同、不可磨灭的。"〔冯俊杰：《读周贻白先生的〈中国剧场史〉——纪念先生华诞一百周年》，《山西师范大学学报（社会科学版）》2007年第3期，第44页〕

④此处对《中国剧场史》开拓之功的概括，参考了冯俊杰《读周贻白先生的〈中国剧场史〉——纪念先生华诞一百周年》，《山西师范大学学报（社会科学版）》2007年第3期。

⑤周贻白：《中国剧场史》，上海：商务印书馆，1936年版，第4页。

明显的分别了"①。

二、提出并强调"场上戏剧"观念。周贻白早年演过湘剧、京剧、话剧等，这种对戏剧的亲身实践和体验，使他易于接受西方的戏剧观念。在《中国剧场史》中，周贻白开宗明义地说道：

> 剧场，原文为Theatre。其语源出于希腊的Theathai，原意是"看"。沿用至今日，便成为一个含义颇为广泛的名词，所包括者有戏剧、剧团、舞台、客座，以及关于戏剧的其他方面。换言之，便是戏剧的全部。②

后来，他把这一观念概括为："戏剧本为上演而设，非奏之场上不为功。"③这种"非奏之场上不为功"的观念，有利于纠正自王国维以来中国戏剧研究重文视艺、忽视戏剧的演剧性的学术路向。自周贻白之后，董每戡将重视演剧性的戏剧观作了进一步发扬。

三、对宋元神庙剧场、明清茶楼戏园剧场、现代剧场作了深入的考述和分析，既填补了这方面的空白，也为后人的持续研究奠定了基础。尤其是，《中国剧场史》借助舞台平面图、立体图归纳分析剧场特点及其演进轨迹，这对于后人的研究具有方法论意义。

四、重视上下场门。周贻白认为上下场门是戏曲研究者所必须钻研的一项技巧。从编剧工作开始，上下场的安排便操纵着剧本中的时空交替、排场更动、脚色劳逸以及关目疏密等。到了舞台上，还要使音乐、对白、开场散场等与之配合。因此，周贻白肯定地说："中国戏剧舞台上的上下场门，在戏剧的演出上，所具的作用很大。"④后来，戏剧理论家阿甲曾著专文对周贻白提出的上下场问题作过细致的剖析。阿甲在周贻白的基础上，肯定了"上下

---

①周贻白：《中国剧场史》，上海：商务印书馆，1936年版，第11页。
②周贻白：《中国剧场史》，上海：商务印书馆，1936年版，第1页。
③周贻白：《中国戏剧史·自序》，北京：中华书局，1953年版，第1页。
④周贻白：《中国剧场史》，上海：商务印书馆，1936年版，第25页。

场的分场方法，是戏曲舞台表现方法的重要环节"①。

五、重视后台。以往的戏剧研究一般忽视后台，周贻白却专门设一节谈"后台"。他指出："后台在戏剧的意义上，虽不能和戏剧演出的舞台相提并论，但因为其仍属舞台的一部，事实上却是分不开的。而且，后台的准备，便是舞台面的演出，在戏剧里往往用一种极简略的方式，表示一两个所谓'暗场'，在剧情的进展上，实具有莫大的帮助。"②他不但看到了后台为演出作准备方面的作用，还指出，即便正面的舞台上有时也需要设置"暗场"以便推进剧情发展。周贻白对后台的重视，事实上对他认为中国剧场由"舞台和客座两部分"组成的观点构成修补。

当然，作为中国第一部剧场史著，本书只不过对中国剧场的演进历史作了粗线条的勾画，而且不少观点也尚需商榷。比如，作者把神庙剧场及其戏房（后台）的形式，分之为四式，第一式左右开上下场门。而实际上，资料显示，第一式的上下场门有多种变式（如前后开口戏台、三面开口戏台）。作者很可能没见过北方的山门舞楼，因此也不知神庙剧场里的客座还有漂亮的献殿与看楼。

目次：

第一章　剧场的形式：一、剧场；二、舞台；三、上下场门；四、后台。

第二章　剧团的组织：五、剧团；六、脚色；七、装扮；八、砌末；九、音乐。

第三章　戏剧的出演：十、唱词；十一、说白；十二、表情；十三、武技；十四、开场与散场。

---

①阿甲：《生活的真实和戏曲表演艺术的真实——谈舞台程式中关于分场、时间空间的特殊处理等问题》，《戏曲美学论文集》，北京：中国戏剧出版社，1984年版，第47页。

②周贻白：《中国剧场史》，上海：商务印书馆，1936年版，第31~32页。

10月

〔日〕青木正儿著、郭虚中译《中国文学发凡》

郭虚中（1912—1971），字展怀，号砚池、剑池，福建福安人。青木正儿著、郭虚中译之《中国文学发凡》，1936年10月上海商务印书馆印行，32开，192页，近9万字。本书为王云五主编的"国学小丛书"之一。

1935年秋日本汉学家青木正儿出版《支那文学概说》，后以《支那文学思想史》、《支那文学概说》两书赠给赵景深。赵景深之友汪馥泉的学生郭虚中从赵景深处见到这两本书，遂决定将《支那文学概说》译为中文。1936年1月，郭虚中译完此书后，请青木正儿作"序"一篇。

青木氏《支那文学概说》另有隋树森译本（《中国文学概说》，1938年11月开明书店出版）。

全书分七章叙述，凡十七节。

目次：

第一章　语学大要：一、六书；二、训诂（训诂学的兴起—义训—形训—音训—清代训诂学的进步—俗语（附）文法研究沿革——实用的文法书）；三、音韵（字音的组织—音韵研究的起原—唐宋元明音韵的变迁—古音—词韵—韵的分类—切韵—注音字母）。

第二章　文学序说：一、文学思想的发展（文之字义—儒家的文学观—文学思想的觉醒—所谓文为贯道之器—文章的经世底习气—小说的轻蔑—戏曲的尊重—道家系的文学思想—古拙趣味—高蹈生活与文学—对于文学的儒家思想的善导）；二、文学诸体的发达（诗文的渊源—楚辞与汉之诗赋—六朝的骈体文—唐之律诗—宋词—戏曲—说唱—小说—诸体沿革）。

第三章　诗学：一、诗经（诗之字义及分类—国风—小雅—大雅—颂—诗的年代—诗形—赋与兴）；二、古体诗（前汉楚辞系的诗与乐府—五言七言及长短句诗形的发达—鼓吹铙歌与相和歌及其他—六朝及唐的乐府—古诗的押韵法及作例）；三、今体诗（沈约八病之说与律诗的平仄—律诗的诗形—唐宋诗风的差异）；四、词曲（词的源流—长短句形的发展—词体—词趣—散曲—北曲—南曲—词曲作例）。

第四章　文章学：一、文章流别（文体分类法的沿革概要—古文辞类纂与文选之分类对照—文体渊源与六经之说）；二、辞赋（辞赋的别—辞赋是读式诗—楚辞的诗形—屈原—汉赋之四派—赋底性质—赋底形体—从赋派生出的文体）；三、骈文（名称及发达的途径—对偶法—四六句调—典故的繁用—骈文的流弊）；四、古文（唐宋的古文家—明代古文辞派与唐宋八家派的抗争—清之桐城派）。

第五章　戏曲学：一、杂剧（宋之杂剧与金之院本—元代杂剧的改进—杂剧的组织—杂剧隆盛的原因—杂剧家的派别—本色文采二派曲文的比较—杂剧十二科—现存的曲本—曲文读法指南）；二、戏文（戏文的源流—元之戏文—戏文的组织—明清戏文的概况—乐曲的消长）。

第六章　小说学：一、文言小说（汉魏六朝的神怪小说—唐之传奇小说—余波）；二、白话小说（宋之说话四家—话本及评话的体例—话本系的短篇小说—话本系的演义小说—章回体的神怪小说—人情小说—社会小说及其他）。（隋译本将原著第五、六章合并为第五章）

第七章　评论学（评论之种类及其发达的途径—六朝的评论书—唐的评论书—北宋的诗论—南宋的诗论—元明清的诗论—宋以后的文章论—词论—曲论—小说批评）。（隋译本为第六章）

11 月

〔日〕林谦三著、郭沫若译《隋唐燕乐调研究》

林谦三（1899—1976），原姓长屋，日本大阪人。郭沫若（1892—1978），原名开贞，号尚武，别号鼎堂，笔名有麦克昂、易坎人等，四川乐山人。林谦三著、郭沫若译之《隋唐燕乐调研究》，中法文化出版委员会编辑，商务印书馆发行，1936 年 11 月初版，24 开道林纸精装本，208 页，约 9 万字。1955

年再版。

本书是郭沫若在日本时所译，出版时书上未署译者名，只在序中说明。作者林谦三对日本音乐和中国音乐素有研究，著有《敦煌琵琶谱的解读研究》（1957年）、《明乐八调研究》（1957年）《东亚乐器考》（1962年、1973年）以及《正仓院乐器研究》（1967年）、《雅乐（古乐谱的解读）》（1969年）等。1928年郭沫若东渡日本时已与之相识，且成至交。

全书共九章，若干节。卷首刊图五帧：隋唐前后诸律尺黄钟表、辽东陵壁画之一部分、唐制螺钿紫檀阮咸、正仓院藏紫檀琵琶、正仓院藏木画紫檀琵琶头部。

目次：

前言

第一章　隋代前后的调的意义之变迁。

第二章　隋代之龟兹之乐调：一、隋代之胡俗乐调；二、苏祗婆七调；三、苏祗婆七调之原调；四、苏祗婆五旦之新释；五、苏祗婆七调名之原语；六、苏祗婆调即龟兹调乃唐代燕乐调之源；七、苏祗婆调与伊兰乐调的关系之有无。

第三章　龟兹乐调的影响之片影：一、中国乐调观念之变更；二、郑译琵琶八十四调；三、应声与勾字。

第四章　唐代之燕乐：侠义的燕乐、法曲、清商、道调、立座部伎、散乐。

第五章　燕乐二十八调。

第六章　燕乐调之律：一、唐之五律；二、骠国乐调之律；三、古律；四、俗律（燕律）；五、黄钟宫与正宫；六、正律（小尺律）；七、清商律；八、燕乐与五律之关系；九、唐燕乐二十八调图。

第七章　唐乐调之后继者：一、燕乐二十八调之流转；二、日本所传的唐乐调。

第八章　燕乐调与琵琶之关系。

第九章　结论。

附论　一、唐燕乐调之调式；二、唐代律尺质疑；三、龟兹部之乐器乐曲；四、骠国乐器之律；五、述唐会要天宝乐曲；六、日本十二律；七、正仓院藏阮咸及近代中国琵琶之柱制比较；八、日本所传琵琶调弦法；九、乐调起毕之律；十、日本乐调之实例。

附录　印度古乐用谱（梵语）解。

12月

刘麟生《中国骈文史》

刘麟生《中国骈文史》，上海商务印书馆1936年12月初版，1937年5月第五版，32开道林纸精装本，165页，约7.5万字。1984年1月，上海书店影印出版；1996年3月，收入"民国学术丛书"由东方出版社出版，32开，228页；1998年4月，商务印书馆影印出版，32开，165页。

本书列为王云五、傅纬平主编的"中国文学史丛书"（第一辑）之一，崔兑之作序。全书用文言文写成，提纲挈领，为我国骈文的发展脉络勾勒出一个简明的轮廓。

目次：

第一章　别裁文学史与骈文[①]；第二章　古代文学中所表现之骈行语气；第三章　赋家奏疏家论说家暨碑板文字[②]；第四章　所谓六朝文；第五章　庾信与徐陵；第六章　唐代骈文概观；第七章　陆贽；第八章　宋四六及其影响；第九章　骈文之中衰——律赋与八股文；第十章　清代骈文之复兴；第十一章　骈文之支流余裔——联语；第十二章　今后骈文之展望。

---

① 陈玉堂《中国文学史书目提要》此处录为"别裁文学与骈文"（第232页），漏"史"字。
② 陈玉堂《中国文学史书目提要》此处录为"暨板文字"（第232页），漏"碑"字。

〔日〕青木正儿著、汪馥泉译《中国文学思想史纲》

汪馥泉（1898—1959），曾化名汪正禾，浙江余杭人。青木正儿著、汪馥泉译之《中国文学思想史纲》，1936年12月商务印书馆初版，32开平装本，150页，近6万字。

本书为"百科小丛书"之一，系日本青木正儿著之《支那文艺思潮》（又译为《中国思想——文学思想》）的中译本。汪译本比原著少了第一章第一节"文学之地方色彩"、第二章第一节"原始的审美意识及古代文学观"。

青木正儿此书有另一种中译本，即郑梁生、张仁青译《中国文学思想史》（台湾开明书店1977年10月初版）。

全书七章、二十七节，起周代，迄清代，叙述以文风和派别为主。

目次：

第一章　绪论：一、儒道两大思潮与文学思想；二、创造主义与仿古主义；三、达意主义及气格主义与修辞主义；四、"文学"这名称及其观念。

第二章　周汉底文学思想：一、表现在诗经中的诗歌的观念；二、孔门底诗教；三、汉儒底道义的文学思想；四、赋家底贵族的游戏的风气；五、王充论衡底儒学文学调和说。

第三章　魏晋南北朝底文学思想：一、魏晋时代纯文学评论底兴起；二、南北朝底修辞主义。

第四章　唐代底文学思想：一、初唐时代修辞主义底余波；二、盛唐中唐底复古思想；三、晚唐时代底回到修辞主义去。

第五章　宋代底文学思想：一、仁宗朝达意主义气格主义底确立；二、南渡前后元祐绍述党争底反映；三、南宋底诗论；四、文论；五、词论。

第六章　元明底文学思想：一、到拟古主义去的过程；二、拟古派的兴盛；三、创造派底抗争；四、白话文学底尊重。

第七章　清代底文学思想：一、明诗底攻击与神韵，宋元两派底兴起；二、格调说与性灵说底复燃；三、古文与骈文底并行；四、欧化文学思想底兴起。

1937年（民国二十六年）

4月

陆树枏《昆曲简史》

陆树枏，生卒年不详，字曼炎，浙江人。《昆曲简史》，江苏研究社发行，1937年4月初版，32开，264页，5.6万字。

本书为陆树枏所编"吴越文献丛书"之一，封面署名陆曼炎，问世于抗战前，收有《近代江浙人文论》、《道咸以来江浙的词风》等9篇文章，《昆曲简史》是其中之一。

作者认为："昆曲的兴起，在中国戏曲史、音乐史上是应该大书特笔的一件事。"

《昆曲简史》虽非单行本，但材料丰富，在曲史研究中颇有参考价值。

目次：

一、绪言；二、昆曲的创始者及发展的过程；三、昆曲初期的戏曲；四、昆曲黄金时代的戏曲（上）；五、昆曲黄金时代的戏曲（下）；六、昆曲衰微时期的戏曲；七、皮黄与昆曲的推移。

〔日〕泽田总清著、王鹤仪编译《中国韵文史》

泽田总清著、王鹤仪编译《中国韵文史》（上、下），上海商务印书馆1937年4月初版，精装刷红，32开，555页。1984年3月，上海书店影印出版。1998年商务印书馆重排出版，平装，544页。

本书为王云五、傅纬平主编的"中国文化史丛书"第二辑之一。全书共分九部分。第一部分序论，论韵文的韵律、韵文的种类和派别，以及时代区划。以下分期论述韵文的发展历程，共八部分：第一期，先秦的韵文；第二期，两汉的韵文；第三期，六朝的韵文；第四期，唐代的韵文；第五期，宋朝的韵文；第六期，金元的韵文；第七期，明代的韵文；第八期，清及现代的韵文。所述韵文包括骈文、赋、诗、词曲等所有有韵的文体。本书从比较文学角度，论述中国的韵文特征及发展沿革，颇有新意。作者将中国的韵文与日本和西洋的韵文相比较，揭示了中国韵文必须要依韵律和格式来和散文相区别的这一重要特征；提出"诗又被称为'言语的经济'和'记忆的经济'"这一文学观点；提出"诗的本质是感情的表白"，"动的感情的表现就是韵律"，"韵律的言语，大约可分为抑扬、音数、韵语三种"等对中国韵文内在本质与表现形式的概括揭示。每一部分均涉及典型韵文的介绍与分析，涉及有影响的韵文作者的性行、作品与影响，涉及韵文创作的风格与流派。

目次：

序论

第一章　韵文和韵律；第二章　韵文的种类和派别；第三章　时代区划。

第一期　先秦的韵文

第一章　中国韵文的起源；第二章　诗经；第三章　周末的韵文；第四章　屈原；第五章　屈原的遗流；第六章　秦代的韵文。

第二期　两汉的韵文

第一章　概说；第二章　乐府和赋；第三章　景帝前后的词赋；第四章　汉诗；第五章　武帝以后的诗；第六章　汉的女流诗人；第七章　后汉的词赋；第八章　后汉的闺秀诗人。

第三期　六朝的韵文

第一章　概说；第二章　魏的韵文；第三章　晋的韵文；第四章　陶潜；第五章　宋齐的韵文；第六章　梁陈的韵文；第七章　北朝及隋的韵文；第八章　六朝的乐府。

第四期　唐代的韵文

第一章　概说；第二章　初唐的诗；第三章　盛唐的诗；第四章　李白；第五章　杜甫；第六章　中唐初的诗；第七章　韩愈及其门下的韵

文；第八章　元白和中唐之季的诗；第九章　晚唐的诗；第十章　释道闺秀诗人与唐赋。

第五期　宋朝的韵文

第一章　概说；第二章　北宋的诗；第三章　苏轼与黄庭坚；第四章　北宋季的诗；第五章　南宋初的诗；第六章　陆游与朱熹；第七章　晚宋的诗；第八章　宋的闺秀诗人与诗论的勃兴；第九章　宋的词曲。

第六期　金元的韵元

第一章　概说；第二章　金的诗；第三章　元的诗；第四章　金元的词曲。

第七期　明的韵文

第一章　概说；第二章　明初的诗；第三章　盛明的诗；第四章　明末的诗；第五章　闺秀诗人和明的词曲。

第八期　清及现代的韵文

第一章　概说；第二章　康熙前后的诗；第三章　乾隆嘉庆的诗；第四章　道光以后的诗；第五章　清末及现代的诗；第六章　清代闺秀韵文家；第七章　清及现代的词曲；第八章　白话诗。

5月

陈柱《中国散文史》

陈柱（1890—1944），字柱尊，号守玄，广西北流人。《中国散文史》，上海商务印书馆1937年5月初版，32开道林纸精装本，315页，约15万字。1991年台湾商务印书馆印行至第八版；上海书店1994年、商务印书馆1998年4月影印出版；1996年东方出版社将其列为"民国学术经典文库"重刊；2008年9月，凤凰出版传媒集团、江苏文艺出版社将本书收入"北斗丛书"出版。

本书为王云五、傅纬平主编的"中国文化史丛书"（第二辑）之一。成书时作者陈柱为无锡国学专修学校教授。此书脱胎于他在该校的讲义。除了顾及讲义的特殊需要之外，作者还注重"阐明源流"，他的具体方法，既有"因源以及流者"，也有"因流而溯源者"。

本书被视为中国散文史开山之作，影响很大，直到近年仍有重版。有论者指出，本书具有以下几个方面的特点：一是从散文发展的实际出发，涵盖面广泛，体现了史家求实、求真的科学精神；二是以骈散分合为主线来结构全书，章节设置眉目清晰，论次井然；三是注重梳理散文发展的源流，不失史家本色；四是征引文献、作品丰富；五是时见真知灼见，显示出史家的见识和眼光。[1]笔者认为，这几点评价有些过誉。作者陈柱只是以骈散文分合为主线，串连全书，并没有多少独到的见解。而且书中第一编倚重林传甲的《中国文学史》，主体部分大量引述"吾师陈石遗先生"之作，[2]最后一编多处借用钱基博的《中国文学史》。

全书分五编，始自夏商，迄于清末，共十一章，每章分若干节。

目次：

---

①李鸿渊：《陈柱〈中国散文史〉的学术特点与局限性》，《文学界》2008年第8期。

②陈石遗即陈衍（1856—1937），字叔伊，号石遗，近代诗人，福建侯官人。著有《石遗室丛书》，收书18种、116卷，其中包括《史汉文学研究法》、《石遗室论文》等。陈柱《中国散文史》一书的观点，大多采自陈衍《石遗室论文》，有时甚至大段摘抄。

第十节　钟鼎文学家之散文。

　　第五章　反文化时代之散文——秦：第一节　总论；第二节　反文学者李斯散文。

　　第二编　骈文渐成时代之散文——两汉三国

　　第一章　总论。

　　第二章　由学术时代而渐变为文学时代之散文——两汉：第一节总论；第二节　辞赋家之散文；第三节　经世家之散文；第四节　史学家之散文；第五节　经学家之散文；第六节　训诂派之散文；第七节碑文家之散文。

　　第三章　为文学而文学时代之散文——汉魏之际：第一节　总论；第二节　三曹之散文；第三节　建安七子之散文；第四节　吴蜀之散文。

　　第三编　骈文极盛时代之散文——晋及南北朝

　　第一章　总论：第一节　藻丽派之散文；第二节　帖学家之散文；第三节　自然派之散文；第四节　论难派之散文；第五节　写景派之散文。

　　第四编　古文极盛时代之散文——唐宋

　　第一章　总论：第一节　古文家先锋元结之散文；第二节　古文大家韩柳之散文；第三节　韩门难易两派之散文（附孙樵）；第四节　矫枉派之散文；第五节　艰涩派之散文；第六节　浅易派之散文；第七节晚唐五代之散文；第八节　宋古文六家之散文；第九节　道学家之散文；第十节　民族主义派之散文。

　　第五编　以八股为文化时代之散文——明清

　　第一章　总论：第一节　明清复古派前后七子之散文；第二节　反七子派之散文；第三节　明独立派之散文；第四节　清代桐城派之散文；第五节　清维新以后之散文。

卢前《八股文小史》

卢前（即卢翼野）的《八股文小史》，上海商务印书馆1937年5月初版，

32开，106页，约5万字。1996年东方出版社将本书附在《中国骈文史》后，收入《民国学术经典文库》印行。

本书原为作者1932年在暨南大学讲授明清文学时的讲题之一，自1937年5月印行后，是民国时期唯一研究八股文的专题著作。作者在"弁言"中指出八股文的文学史地位："八股文有五百余年之历史，在文学史上自应占有相当之地位；治文学史者，固不能以一时之好恶而抹杀之也。"[①]在第一章中，又进一步指出八股文的学术史价值："是以治八股文者，不独须谙其体制；因其内容，且可知当时之学术，非特为文学史料已也。"[②]这在20世纪前期的学者中，可谓独具慧眼的发现。

自1905年清廷废除科举，八股文屡遭抨击，作为一种在中国文学史上存在了五百多年的文类，所受之鄙弃实为罕见。但卢前并非民国时期最早从历史的角度研究八股文者。1932年4月，周作人在《中国新文学的源流》第三讲，较为系统地阐述了八股文的来源、做法等。然而，周作人的阐述，介绍多过论述，而且也不是像卢前这样以专著形式，全面系统叙述八股的来源、结构、演进、衰落以及研究文献等。

目次：

第一章　帖括经义之变体；第二章　八股文章之结构；第三章　正嘉以前之演进；第四章　隆万以后之作风；第五章　清初八股名作家；第六章　八股文体之就衰；第七章　关于八股之文献。

春夏

刘厚滋《中国文学史钞（上）》

刘厚滋（1909—?），字惠荪，又字佩韦，江苏镇江人。《中国文学史钞（上）》，无出版者，无出版年月，北京琉璃厂西门澄云阁代售。仅出上册。

---

①卢前：《八股文小史·弁言》，上海：商务印书馆，1937年版，第1页。
②卢前：《八股文小史》，上海：商务印书馆，1937年版，第151页。

25开，360页。

书中辑录郑振铎、容肇祖、陆侃如等所著文学史的部分章节，其中出版时间最晚的是容肇祖《中国文学史大纲》，1935年9月出版，据此可断定，本书成书时间在1935年9月之后。又，本书上册出版后，因抗日战争爆发，下册未及印成。于是可断定，本书成书时间在1935年9月至1937年7月间。考虑到从编辑、成书到上册印刷出版需要一年左右时间，兹将本书出版时间断为1937年春夏。

本书有两个别具一格之处：一是全书辑集而成，除编者自撰部分章节外，其余从胡适、郑振铎、陆侃如、冯沅君、容肇祖所著文学史著作中，择录有关章节，分别按朝代、类别编入；二是编者把中国文学史分期为"古代文学（殷商至战国）"、"中古文学（西汉至南北朝）"、"中世文学（隋唐至宋代）"、"近世文学（元明至清）"，这在当时普遍以朝代分期的文学史编著风气中令人瞩目。此外，第二讲中引用了当时新发现的甲骨文研究成果，并专节探讨"近世考古学之发生与文学之关系"，这是有远见的，也显示了当时中国文学史研究的新动向。

据上册中的目录，全书分六讲、四十八节。分上、下两册：上册四讲，由殷商至南北朝；下册两讲，全系他人著述，由隋唐至清。

目次：

上册

第一讲 引论：一、文学与文学史之定义（刘厚滋撰）；二、中国文学史与文体（刘厚滋撰）；三、文学史与其他科学之关系（刘厚滋撰）；四、文学史之研究法（刘厚滋撰）。

第二讲 文字与文学：一、文字之起源（刘厚滋撰）；二、甲骨文字之发现（刘厚滋撰）；三、钟鼎款识学之发生与金文（刘厚滋撰）；四、近世考古学之发生与文学的关系（刘厚滋撰）。

第三讲 古代文学：一、殷契卜辞与易（刘厚滋撰）；二、古器物铭辞与书（一）（刘厚滋撰）；三、古器物铭辞与书（二）（刘厚滋撰）；四、诗三百篇（刘厚滋撰）；五、楚辞（刘厚滋撰）；六、春秋战国时代之纪事文（刘厚滋撰）；七、战国诸子文学（刘厚滋撰）；八、纵横家言与赋体（刘厚滋撰）。

第四讲　中古文学：一、西汉及庙堂文学（刘厚滋撰）；二、乐府古辞（陆侃如撰）；三、五七言诗的起源及其发展（容肇祖撰）；四、史学之成立与司马迁班固及荀悦（容肇祖撰）；五、曹氏父子与建安文学（刘厚滋撰）；六、魏晋的文人（刘厚滋撰）；七、晋宋鼎革与陶渊明（刘厚滋撰）；八、谢灵运与颜延之（刘厚滋撰）；九、南北新民族之文学（刘厚滋撰）；十、齐梁诗人（郑振铎撰）；十一、批评文学的发端（郑振铎撰）；十二、佛教文学的输入（胡适撰）；十三、六朝的辞赋（郑振铎撰）；十四、南北朝的散文（郑振铎撰）；十五、传世石刻中的北朝文学（刘厚滋撰）。

下册

第五讲　中世文学：一、隋及唐的文学（郑振铎撰）；二、唐代的诗（陆侃如撰）；三、古文运动（郑振铎撰）；四、唐及五代的词（容肇祖撰）；五、唐代的传奇或小说（容肇祖撰）；六、唐及五代的民间文学（容肇祖撰）；七、宋代的词（冯沅君撰）；八、宋代的诗（容肇祖撰）；九、宋代的骈文、散文、白话文及其他的著作（容肇祖撰）。

第六讲　近世文学：一、元明散曲（冯沅君撰）；二、元明杂剧（冯沅君撰）；三、元明的诗散文（容肇祖撰）；四、明代的小说（容肇祖撰）；五、明清传奇（冯沅君撰）；六、清代的诗词（容肇祖撰）；七、清代的骈文与散文（容肇祖撰）；八、清代的小说（容肇祖撰）。

6月

薛砺若《宋词通论》

薛砺若（1903—1957），名光泰，字保恒，号砺若，安徽霍邱人。《宋词通论》，开明书店1937年7月初版，1949年4月第三版，32开本，350页，约20万字。1985年6月上海书店影印出版；20世纪90年代初期，收入上海书店出版的"民国丛书"第一编文学类第62种（与王易《词曲史》合为一册）影印出版；2008年9月，凤凰出版集团、江苏文艺出版社收入"北斗丛书"出版简体横排本，16开平装，315页。

本书以论述宋词的发展轨迹、评述宋代各名家得失为主要内容，重视大词人的作用，并以此划分宋词的分期。作者认定的宋词"大作家"为柳永、苏东坡、姜白石、辛弃疾，而将其他词人作为"一般作家"论述。本书笔调优美，颇有不凡见识。

全书分七编，将宋词划分为六个时期，按照分期分编叙述，首编为总论，共二十七章、若干节。

目次：

一般作家：王安石—黄庭坚与黄大临—司马光—王观—舒亶—章楶—王诜—赵令畤—朱服—张耒—陈师道—李之仪—晁补之—晁冲之—张舜民—王安国、安礼与王雱—刘弇—葛胜仲—秦观与秦湛—谢逸—苏过—米芾—魏夫人—李清臣—僧仲殊等—几首无名作家词—略去的作家。

第四编　宋词第三期

第一章　集大成的周邦彦（一、集大成的意义和其究竟；二、周词特长之处；三、他的影响和流弊）；第二章　天才的徽宗赵佶与最大女诗人李清照（一、宋徽宗；二、李清照）；第三章　一般作家：晁端礼—万俟咏—田为—杜安世—王之道—曹组—王安中—赵企—李持正—何大圭—赵长卿—蔡伸—吕渭老—鲁逸仲—阮阅—刘一止—向镐—吴则礼—李吕—曾纡—曹勋—李祁—蒋子云—宋齐俞—沈会宗—林少赡—王庭珪—略去的作家。

第五编　宋词第四期

引言　政治环境的两大反映

第一章　颓废的诗人：李邴—向子諲—陈与义—苏庠—杨无咎—朱敦儒—范成大—杨万里—朱熹—史浩—几个方外的作家；第二章　愤世的诗人（第一节　稼轩以前及并时的此派作家——赵鼎—岳飞—张元干—张孝祥—洪皓—叶梦得—黄公度—胡铨—韩元吉—陆游—陈亮—袁去华—杨炎正—高登—吕本中—刘子翚—刘仙伦；第二节　天才横溢的辛弃疾）；第三章　柳永期的余波：陈克—周紫芝—程垓—汪藻—徐俯—朱翌—康与之—李弥逊—颜博文—葛立方—张镃—曾觌—张抡—吴琚—赵彦端—赵师侠—石孝友—洪适—洪迈—王千秋—侯真—韩玉—丘崈—王禹偁—谢懋—蔡柟—俞国宝—陆淞—曹冠—几首无名之作—略去的作家。

第六编　宋词第五期

引言

第一章　风雅派（或古典派）的三大导师：姜夔—史达祖—吴文英；第二章　一般附庸作家：卢祖皋—高观国—孙惟信—张辑—周晋—张榘—洪咨夔—洪瑹—杨冠卿—韩淲—王炎—管鉴—刘光祖—严仁—汪

苹—刘翰—郑域—赵以夫—杨伯岩—魏了翁—蔡戡—冯取洽—杨缵—翁孟寅—赵汝芜—冯去非—萧泰来—吴礼之—卢炳—李肩吾—黄升；第三章　辛派词人：刘过—程珌—黄机—岳珂—方岳—陈经国—文及翁—王埜—李昂英—李好古—李泳—刘克庄—吴潜—附录　本期几个女作家—略去的作家。

第七编　宋词第六期

引言　本期词风的特征

第一章　南宋末期三大作家：王沂孙—张炎—周密；第二章　一般附庸作家：蒋捷—施岳—陈允平—罗椅—赵闻礼—薛梦桂—黄孝迈—赵孟坚—李彭老—李莱老—黄公绍—何梦桂—谭宣子—利登—奚㵎—陈逢辰—柴望—莫苍—杨恢—王易简—吴大有—赵与仁—赵淇；第三章　哀时的诗人：刘辰翁—李演—文天祥—邓剡—徐一初—陈德武—汪元量—汪梦斗；附录　略去的作家。

8月

陈介白《中国文学史》

陈介白（1902—1978），河南西平人。《中国文学史》，北平聚魁堂1937年8月排印，贝满女子中学发行，北京书局印刷。[1]本书分上、下卷，上卷现收藏于浙江大学图书馆古籍部（不见下卷），扉页印着"聚魁堂排印"，正文左下角印着"国立北京师范大学"字样，32开，毛边线装铅印本，108页，约5万字。

浙江大学图书馆古籍部将本书登记为"民国初年印"，实误。陈介白1926年才由燕京大学毕业，是时24岁，即便他在毕业前后排印本书，也不是"民国初年印"。兹据以下三点考订本书成书时间：

---

[1]陈玉堂《中国文学史书目提要》说："《中国文学史》，陈介白著，1937年北京书店出版，其他情况待查原书。"（第96页）

一、"聚魁堂"即北平聚魁堂装订讲义书局的简称，该书局在20世纪30年代为北平各校教师排印了许多讲义；二、1931年7月，北平师范大学与北平女子师范大学合并，定名国立北平师范大学，1937年7月，该校转移西部并与其他高校合并，直到1949年才恢复；三、1939年秋，周作人组建伪北京大学文学院，"当时中文系教授有陈介白、赵荫棠、张弓、朱肇洛、郑骞"①。

由于陈介白《中国文学史》中有"国立北京师范大学"字样，据上述史实可断定，此书只可能成书于1931年7月至1937年7月间。

陈介白另著有《中国文学史概要》（国立北京大学文学院国一讲义，20世纪40年代出版），就该书前半部分内容看，与1937年版《中国文学史》上卷基本一致，说明《中国文学史概要》系前者的修订本。

目次：

第一章　诗经：篇目编辑、删订、应用、体制、地域、艺术、影响。第二章　楚辞：名称起源、篇目、艺术、影响。第三章　散文的兴起：书经、左传、国语、老子、孔子、墨子、孟子、荀子、韩非子。第四章　秦李斯与文学。第五章　汉武：汉赋与楚辞的关系、汉赋与楚辞的比较、汉赋的完成及其影响、汉赋及其作者、贾谊、枚乘、司马相如、东方朔、扬雄、班固、张衡、蔡邕。第六章　汉代乐府与五言诗：乐府的来源、乐府的歌辞。第七章　汉代散文：史记、汉书、论衡、昌言。第八章　汉魏间的五言诗：汉魏之际的时代与文学、曹操、曹丕、曹植。第九章　魏晋间的五言诗：魏晋之际的时代与文学、阮籍、嵇康、傅玄、张华、潘岳、陆机、左思、刘琨、郭璞。第十章　陶潜：生平、诗文。第十一章　宋齐的韵文：谢灵运、谢惠运、颜延之、鲍照、谢瞻、谢庄、谢朓、王俭、王融、孔稚珪。第十二章　梁陈的韵文：江淹、任昉、丘迟、沈约、何逊、刘孝倬、吴均、萧衍、萧纲、萧绎、萧统、徐陵、江总、陈叔宝。第十三章　北朝及隋的韵文：庾信、炀帝、薛道衡。第十四章　六朝的民间乐府：（甲）南朝平民文学：（一）吴声歌曲，（二）西

①黄开发整理：《沈启无自述》，《新文学史料》2006年第1期。

曲；（乙）北朝平民文学：（一）北歌。第十五章 南北朝的骈文及散文。第十六章 魏晋南北朝小说。第十七章 魏晋南北朝文集及文评。第十八章 唐诗的兴起：唐诗的兴起与分期、唐诗发达的原因、唐诗兴盛的状况。第十九章 唐代的律诗与绝句：律诗的渊源、绝句的渊源、律诗风格的变迁。第二十章 初唐诗：王绩、王勃、杨炯、卢照邻、骆宾王、沈佺期、宋之问、杜审言、张若虚。第二十一章 盛唐诗：孟浩然、王维、王之涣、李颀、贾至。第二十二章 李白。第二十三章 杜甫。第二十四章 中唐诗：韦应物、刘长卿、皎然、钱起、卢纶、李益、韩愈、柳宗元、李贺、孟郊、贾岛、白居易、元稹、刘禹锡。第二十五章 晚唐诗：杜牧、温庭筠、李商隐、韩偓、罗隐、徐蕙、江采苹、李怡、鱼玄机、晁采、薛涛。第二十六章 唐代古文运动：陈子昂、柳宗元。第二十七章 唐代小说：（一）神怪类 王度、沈既济、沈亚之、李公佐，（二）恋爱类 陈鸿、白行简、元稹、蒋防，（三）豪侠类 薛调、李公佐、杜光庭。第二十八章 唐代民间文学：民间故事赋的来源、变文的来源、变文的种类。第二十九章 唐及五代词：词的起源、五代词人、李存勖、和凝、韦庄、冯延巳。第三十章 宋代的古文复兴：古文复兴与运动、欧阳修、曾巩、苏轼、王安石、朱熹、陈亮、陆游。第三十一章 宋代诗：宋诗的导源。

9月

〔日〕青木正儿著、隋树森译《元杂剧序说》

青木正儿《元杂剧序说》，东京弘文堂书房1937年9月初版。此书由隋树森译成中文，于1941年7月由开明书店出版。

目次：

第一章 杂剧沿革；第二章 杂剧组织；第三章 曲本及作家；第四章 初期的本色派；第五章 初期的文采派；第六章 中期末期的名家及无名氏杰作；第七章 元人杂剧现存书目。

本年

齐燕铭《中国文学史略（上册）》

齐燕铭（1907—1978），曾用名齐振勋、齐震、田在东，笔名齐鲁、叶之余等，北京人。1933年任中国大学讲师，曾在中国大学、中法大学、东北大学讲授中国文学史、戏曲史、文字学；1937年编印了《中国文学史略（上册）》、《中国戏剧源流》等讲义，1940年任延安中央研究院研究员，编写中国文学史，并在鲁迅艺术学院兼课。

目次（待访）。

梁启勋《中国韵文概论》

梁启勋（1879—1965），字仲策，广东新会人，梁启超之大弟。《中国韵文概论》，商务印书馆1937年初版，32开，195页，约9万字。

本书动笔于1932年4月24日，成于1937年1月7日。编著体例以文体为纲、作品为纬，并简明标举朝代；内容上，偏重于一定时代的代表性文体或作品，如汉代的赋、唐代的诗、宋代的词、元代的曲等。林宰平在卷首"序"中认为，本书具有普通文学史之长处，同时指出本书论诗时叙金元，不举刘静修、袁清容、杨铁崖等，是以"太略"。作者解释说，本书并非文学史，所以注重"每一时代之结晶品"，而不需详尽。

目次（不分编次章节）：

　　骚、赋、七、骈文、律赋、诗、乐府、词、曲。

1938年（民国二十七年）

7月

张雪蕾《中国文学史表解》

张雪蕾《中国文学史表解》，长沙商务印书馆1938年7月初版，32开，250页，约12万字。孙俍工作"序"。

1931年年初，张雪蕾因参加革命军被捕入狱。此书是他从这年夏天开始，花费三个月时间在狱中编成。应狱警要求，全书以文言文写成。作者自谓，编写出版本书的动机，是鉴于抗日战争形势，"举此相助，愿吾人以拯救全民族脱于牢囚自任"。而"今试披是编，当知吾古先民之所遗，允宜继续发扬而光大之，使为全民族精神上之甲胄，然后能与世界各民族并存而不替。""有夏一族……葆有悠久之文化，岂可长甘囚虏，不思乘时奋起耶。"[1]此言可表明，1937年中日战争全面爆发后，中国文学史写作被赋予"救亡图存"的使命，成为文化抗战的一种方式。

作者张雪蕾在"自序"和"例言"中，并未提及刘宇光《中国文学史表解》（1933年6月版），他开出的参考书目中，也无刘著，事实上，这是两部同名却具体内容不同的书。与刘著不同的是，张雪蕾在编写这部书时，除了为每时期绘制表解，还有"明按"，以按语的方式表明自己的见解。尤为不同的，是本书"立意脱离原著之束缚，仅取其可征信者，自为表解述评，而使成为另一独立之体制"[2]。孙俍工因此说本书"含有多量的文艺批评的功用，极为显著"，可以"作一部文艺批评史读"。（见"孙序"）张雪蕾以按语方式点评或注释表解，实际上把文学批评引进了表解体，拓展了表解体的容量和

---

①张雪蕾：《中国文学史表解·自序》，长沙：商务印书馆，1938年版。

②张雪蕾：《中国文学史表解·例言》，长沙：商务印书馆，1938年版，第3页。

功用。

本书是对曾毅《中国文学史》的表解，同时参考了谢无量、孙俍工、陈钟凡、顾实、郑振铎等人的文学史著作。每章之末有说明，有按语，"略陈其要"，每篇末附录"读后记"一篇。书分五篇，共一百四十八表，按文体、作家依次编排，共七十七章，书末附录"跋语"、各篇"参考各书"（书目）。

目次：

第一篇 总论：一、文学史上之特色；二、文学与文字；三、文学与科学；四、文学与学校；五、文学与思想；六、文学之种类。

第二篇 上古文学：一、唐虞文学；二、三代文学（上）；三、三代文学（下）；四、春秋战国之文学（上）；五、春秋战国之文学（中）；六、春秋战国之文学（下）；七、秦之文学。

第三篇 中古文学：一、两汉文学概论；二、汉初之文学；三、武帝时文学之极盛（上）；四、武帝时文学之极盛（下）；五、司马相如与司马迁；六、汉代之诗歌；七、刘向父子与扬雄；八、光武帝中兴文学之遗谟；九、班氏父子与张衡；十、东汉之专门著述；十一、建安文学；十二、魏晋间文风之嬗变；十三、太康文学；十四、元嘉文学；十五、永明文学；十六、梁陈间作者；十七、六朝之乐府；十八、文集与文史递兴；十九、隋之统一与文运之开始。

第四篇 近古文学：一、唐之文学及思潮（上）；二、唐之文学及思潮（下）；三、声律之完成；四、初唐之文学；五、开元天宝间之极盛；六、李白、杜甫；七、大历元和间之风气；八、晚唐之诗学；九、唐初文章凡三变；十、韩愈、柳宗元；十一、词学之发展；十二、唐代小说之盛兴；十三、宋之学术与文学之影响；十四、宋之政治与文学之影响；十五、西昆体；十六、欧阳修与文运扩新；十七、洛党与川党；十八、江西诗派；十九、南渡后之文；二十、南渡后之诗；二十一、宋代词学之极盛；二十二、文史与文料；二十三、辽金文学；二十四、元之建国文学；二十五、小说戏曲之兴盛；二十六、明之国势与文运；二十七、明初作者；二十八、台阁体及复古派；二十九、嘉靖文学（上）；三十、嘉靖文学（下）；三十一、公安派与竟陵派；三十二、明末文学。

第五篇　近世文学：一、前清文学之概观（上）；二、前清文学之概观（下）；三、明季遗老；四、清初之文学；五、王渔洋与朱竹垞；六、方苞刘大櫆；七、神韵派之反动者；八、骈体文之兴盛；九、桐城派与阳湖派；十、折衷派与曾国藩；十一、词学之复盛；十二、清之戏曲小说；十三、结论。

梁昆《宋诗派别论》

梁昆《宋诗派别论》，长沙商务印书馆1938年7月初版，32开，176页，8万余字。无凡例和序跋。1939年5月再版。另有1980年5月台北东升出版公司版，精装大32开，184页。

《宋诗派别论》初版时列入王云五主编的"国学小丛书"。作者梁昆鉴于"元明以来，论宋诗者，多失于不论派别"而作是书。

本书是民国时期影响最大的宋诗研究著作之一。它在当时众多文学史著作中引起学者们关注，是因为采用了与众不同的研究视角和著述体例。

首先，本书打破此前文学史、诗史通过罗列代表作家来叙述宋诗的路子，尤其是不顾长期以来学术界对宋诗流派评价很低的状况，毅然从诗歌流派产生、发展和演变过程的视角来讲述宋诗的发展。作者开篇即指出宋诗流派研究的重要性：

> 诗之有派别始于宋。欲论宋诗，不可不知其派别：盖一派有一派之方法，一派有一派之习尚，一派有一派之长短，一派有一派之宗主。凡是派别同者，其诗之方法同，习尚同，长短同，宗主同；苟不知其派别之异，徒执其一，以概其余，曰宋诗云云，宋诗云乎哉？……欲研究宋诗，而不先明其派别者，未可也。[1]

---

① 梁昆：《宋诗派别论》，长沙：商务印书馆，1938年版，第1~2页。

自南宋开始就陆续有论者对宋诗派别进行研究，如严羽、方回、戴表元、全祖望等，作者一一指出其病，然后在前人基础上，将宋诗分作九体。因为"道学诗体非诗家正统，晚宋诗家非纯宋时人"①，故将道学派（理学派）、晚宋派附于九体之后。作者把宋诗分为十一个流派，抓住了宋代诗史的一个纲，虽有泛流派的倾向，流派划分的标准也不统一，甚至有些名目失当，但宋诗的主要流派首次得到了全景式的展现，至今仍有借鉴意义。

其次，本书在著述体例上也有独到之处。除首尾两章外，作者依时序分别叙述了十一个重要派别，每一派按"小传"、"宗主"、"习尚"和"批评"分别予以描述和品评。"小传"即派中主要作家简介；"宗主"指宗尚此派诗歌风格的作家，作者侧重于对宗主尚不明确者予以梳理辨析；"习尚"即此派诗歌的突出特色，一般来说，宗主的诗作特色就是该派的特色，如香山派以白居易诗歌为特色，具有通俗易懂的特点；"批评"只要针对诗派习尚，分析其利弊。这些体例设置，在篇幅安排上考虑到了作家地位的主次、叙述的详略，在内容上既有作家"小传"、流派归属辨析，也有作品评价，使得各派源流、嬗变，一目了然。

本书主要不足，在于明显有泛流派倾向，且流派的标准不一致，有些名称也失当。如作者因《江湖》诸集影响颇大而将书中所载109位诗人统统列为江湖诗派成员，这一做法明显不妥。又如，书中说"东坡之主诗盟，不专宗某一古人，乃兼重才气，任人个性自由发展，绝不加以限制，又绝不以体裁不同而相互攻驳，故苏派诸人各具面目"②。既然苏门文人"不专宗某一古人""各具面目"，他们又怎么可能成为"东坡派"呢？

全书十三章，按不同派别，叙及诗人近130人。书末"各派之源流表"，直观体现宋代各诗派之关系，可资参考。

目次：

一、分派法之商榷；二、香山派；三、晚唐派；四、西昆派；五、

---

① 梁昆：《宋诗派别论》，长沙：商务印书馆，1938年版，第6页。
② 梁昆：《宋诗派别论》，长沙：商务印书馆，1938年版，第65页。

昌黎派；六、荆公派；七、东坡派；八、江西派；九、四灵派；十、江湖派；十一、理学派；十二、晚宋派；十三、各派之源流表。

8月

鲁迅《汉文学史纲要》

鲁迅《汉文学史纲要》，上海复社印行，1938年8月初版。

陈玉堂认为，鲁迅此书作为鲁迅先生纪念委员会编《鲁迅三十年集》第二十种，于1941年8月出版。[①]其实，早在1938年8月，此书已被收入《鲁迅全集》第十卷。1938年版的《鲁迅全集》是由鲁迅先生纪念委员会编辑，上海复社出版，蔡元培作"序"，许广平题"跋"。全集共600万字，20卷，分为纪念本和普通本两种：纪念本32开本，真金滚顶口，深蓝线绒封面，外套为柚木双层书箱，阴文镌刻"鲁迅全集纪念本"，系蔡元培题字，编号印制200套（如今其价值已同宋版书）；普通本为黑色真皮包装32开本，普通纸。

除了陈玉堂所录1941年8月版之外，《汉文学史纲要》还有几种版本：1947年10月大连光华书店重印《鲁迅三十年集》版；1958年4月，人民文学出版社版；1973年9月，人民文学出版社横排本第一版（60页）；再有，就是1949年后，《鲁迅全集》在大陆数次重新整理出版的版本，如1981年版。

本书系鲁迅先生1926年9月至1927年1月在厦门大学讲授中国文学史课程时编写的讲义。鲁迅在《两地书·四一》中说得很清楚："我们的功课，大约每周当有六小时"，"其中……两点是中国文学史，须编讲义。看看这里旧存的讲义，则我随便讲讲就很够了，但我还想认真一点，编成一本较好的文学史"。[②]在《两地书·四四》中又说："只有文学史续编讲义，大约每星期四五千字即可，我想不管旧有的讲义，而自己好好的来编一编，功罪在所不计。"[③]鲁迅对当时已有的中国文学史讲义不满意，所以趁着这次讲课需要，

[①]陈玉堂：《中国文学史书目提要》，合肥：黄山书社，1986年版，第142页。
[②]鲁迅：《鲁迅全集（第11卷）》，北京：人民文学出版社，1981年版，第117页。
[③]鲁迅：《鲁迅全集（第11卷）》，北京：人民文学出版社，1981年版，第123页。

"自己好好的来编一编"，争取"编成一本较好的文学史"，命名为《中国文学史略》。由于厦门大学这边"书籍不多"，"编起来很不方便"。1927年2月起，鲁迅转任广州中山大学中文系主任，仍讲授中国文学史。由于在厦门大学所编《中国文学史略》讲义只编到汉代，索性改名为《古代汉文学史纲要》。鲁迅对这部讲义不大满意，1926年12月19日致沈兼士的信中说："文学史稿编制太草率"，"挂漏滋多，可否免其献丑，稍积岁月，倘得修正，当奉览也"。①直至鲁迅逝世两年后（1938年），这部讲义才被收入郑振铎等编《鲁迅全集》第十卷，首次得到出版，出版时题名删去"古代"二字，改为《汉文学史纲要》。

鲁迅在广州中山大学授课时曾油印此讲义。分篇陆续刻印，书名刻于每页中缝，前三篇为"中国文学史略"（或简称"文学史"），第四至十篇均为"汉文学史纲要"。凡3.4万字，分十篇。

本书具有一般教学型文学史常见的特点，如章节体，长段引录诗文作品，介绍文学史常识，除篇首外，每篇文末都列有参考书目。可以说，本书在体例上不但没有创新，甚至不如当时坊间的一些同类书籍。本书的不同凡响之处，主要在对先秦、秦汉作家及其作品的精到阐释与分析。鲁迅评文素来看重文采，喜爱繁辞丽句。他以文采为标准，逐一评定先秦诸子散文。认为，《论语》、《墨子》两书"其文辞皆略无华饰，取足达意而已"，《孟子》"渐有繁辞，而叙述则时特精妙"，至于《庄子》一书，"其文则汪洋辟阖，仪态万方，晚周诸子之作，莫能先也"。②从这里，能看出鲁迅辨析作家作品时经常使用比较的方法。他通过类比，来辨析作家、作品在思想和艺术风格方面的异同。

本书的学术价值和影响固然不及鲁迅的另一部文学史（《中国小说史略》），却也受到一些学者推崇。1958年郑振铎在《中国文学史的分期问题》一文中说："鲁迅先生编的《汉文学史纲要》虽然只写了古代到两汉的一部

①鲁迅：《致沈兼士》，《鲁迅全集（第11卷）》，北京：人民文学出版社，1981年版，第517页。

②鲁迅：《汉文学史纲要》，上海：复社，1938年版，第261~262页。

分，却是杰出的。"

目次：

第一篇　自文字至文章；第二篇　《书》与《诗》；第三篇　老庄；第四篇　屈原及宋玉；第五篇　李斯；第六篇　汉宫之楚声；第七篇贾谊与晁错；第八篇　藩国之文术；第九篇　武帝时文术之盛；第十篇　司马相如与司马迁。

孙俍工《中国民族文艺史》

孙俍工《中国民族文艺史》，成都诚达印书馆印刷，统一出版社代售，1938年8月1日初版。仅见出第一册，线装铅印。

据书前"自序"，本书系作者在成都军分校主编《党军导报》之"民族文艺"栏目时编辑，拟分四册，依次为汉魏六朝期、唐宋期、元明清期、近代期。第一册叙述汉魏六朝时期民族文学史。"绪论"由《民族文艺底质素》、《民族文艺与民族主义》、《民族文艺的题材》三篇论文组成。

目次（不详）。

郑振铎《中国俗文学史》

郑振铎《中国俗文学史》，长沙商务印书馆1938年8月初版，32开道林纸精装本，二册，730页，约37万字。

本书由长沙商务印书馆出版于抗战初期，印数较少，到抗战胜利后，几乎已绝版；1954年7月作家初版社予以修订出版，以初版本原纸型重印出版，分精装本（一册）和平装本（二册）两种。重印本除纠正个别明显的刊误外，未作其他修订。此后还有近十种版本，如：1959年11月文学古籍刊行社版、1984年上海书店据1938年出版本影印版、1998年11月花山文艺出版社据1938年版重排版（收入《郑振铎全集》第七卷）、2009年1月中国社会科学出版社版、2009年7月中国文联出版社版等。近年还有些出版社为本书加配了若干幅插图，如2006年5月上海人民出版社版、2009年6月北京工业大学出版社版。这些出版社为《中国俗文学史》加配插图，很可能是受了郑振铎《插图本中国文学史》的启发。上海人民出版社2006年版的《出版前言》中说："本版由金良年先生加配插图，共238幅。"实际上只有46幅，其中有不少插图与插图的释文以及插图与正文的内容明显不符。有读者对这种加配插图的行为提出质疑："很不严肃地出个插图本，很不严肃地弄一些插图，这是对郑振铎先生这部经典名著的不尊重，不但起不到弘扬的作用，反而是糟践了这部名著。"①

本书是中国民间文学研究的先声，与王国维《宋元戏曲史》、鲁迅《中国小说史略》互为补充，三足鼎立，珠联璧合，均为研究中国文学史必读典籍。郑振铎在本书中将"俗文学"定义为"通俗的文学，就是民间的文学，也就是大众的文学"。并大胆断言："俗文学不仅成了中国文学的主要的成分，也成了中国文学史的中心。"据此，他将俗文学分为五大类：一是诗歌，包括民歌、民谣、初期的词曲等；二是小说，专指"话本"，包括短篇的说话与长篇的讲史等；三是戏曲，包括初期戏文（传奇）、杂剧、地方戏等；四是"讲唱文学"，包括变文、诸宫调、宝卷、弹词、鼓词等；五是游戏文章。并据五大分类，按朝代分章论述上自先秦、下迄清末，历朝历代俗文学（小说、戏曲除外）的发展情况。作者认为俗文学有六大特质：一是大众的，生于民间，为民众而写作，为民众所喜欢，故亦谓之平民文学；二是无名的集体创作，不时被许多人发挥与润改，很难知道原作者与确凿的产生年月；三是口传的，流动性的，随时可能改样，到被写下来时方有定形；四是新鲜的，但又常是粗鄙的，有的地方描述很深刻，有的地方便不免粗糙；五是想象力往往很奔放，气魄往往很伟大；六是勇于引进新的东西，包括外来的事物、外来的文体。这六大特质，有些与本书所选的俗文学作品存在较大裂缝，比如第十二章"弹词"，在介绍完早期无名作品之余，又一并介绍《再生缘》、《天雨花》这些有明确作者的作品，仅此就不符合第一、二、三条特质，因而令人觉得这六大特质不够精确。裂缝的产生，应该归因于郑振铎在选取中国俗文学材

---

① 徐大军：《如此插图与如何插图——〈中国俗文学史·插图本〉的遗憾》，《博览群书》2006年第8期。

料时，过于浓烈的文体意识和"人弃我取"的态度。他介绍《再生缘》、《天雨花》，就是因为它们还没有进入"正统文学"的行列，从来没有人专门研究过。

本书的价值不仅在于提出许多独到而有意义的理论见解，填补了中国文学史研究的一些空白，而且在于它以简练扼要的语言，论述了民间口传文学在中国文学史上的地位和作用。该著也是一部关于中国民间文学史的资料性重要著作，它的出版，标志着我国民间文学史研究进入成熟期。

全书共十四章，第一至六章为上册，第七至十四章为下册。

目次：

第一章　何谓"俗文学"；第二章　古代的歌谣；第三章　汉代的俗文学；第四章　六朝的民歌；第五章　唐代的民间歌赋；第六章　变文；第七章　宋金的"杂剧"词；第八章　鼓子词与诸宫调；第九章　元代的散曲；第十章　明代的民歌；第十一章　宝卷；第十二章　弹词；第十三章　鼓词与子弟书；第十四章　清代的民歌。

10 月

袁厚之《中国文学概要》

袁厚之，湖南湘潭人。《中国文学概要》，上海海云艺文社发行，1938年10月初版，1941年5月再版，线装铅印本，68页，18.7万字。章士钊封面题字。

本书其实是一部包括文字、经史子集的国学杂编，并非"中国文学史"，但书中亦有部分文学史内容，尤其第四章"诸子"中列有"农家"一节，为其他书所少见。全书共五章，四十八节。

目次：

第一章　文字：一、文字之原始；二、文与字之别；三、文字之要义（字形、字声、字义）；四、六书；五、训诂；六、甲骨文；七、金石文字；八、别字；九、书法。

第二章　群经：一、经之名称；二、易经；三、书经；四、诗经；五、三礼；六、春秋；七、经之致用与其失；八、论语；九、尔雅；十、孝经。

第三章　史部：一、史之源流；二、史体之变迁；三、史部分类；四、四史与二十五史；五、二十五史概略；六、三通与九通；七、通鉴；八、历代史学著述；九、地理。

第四章　诸子：一、诸子之起源；二、诸子之分类；三、儒家；四、道家；五、阴阳家；六、法家；七、名家；八、墨家；九、纵横家；十、杂家；十一、农家；十二、小说家；十三、诸子与后世文章取经；十四、子书之存佚与伪托。

第五章　文章：一、记序文；二、议论文；三、辞令文；四、小说；五、剧曲；六、诗文派别。

〔日〕青木正儿著、江侠庵译《南北戏曲源流考》

江侠庵（1875—1951），原名楚洋，广东广州花都人。青木正儿著、江侠庵译之《南北戏曲源流考》，长沙商务印书馆印行，1938年10月初版，32开，106页，约5万字。

本书原是青木氏1927年所写的一篇论文，后来与另一篇论文《从昆曲到皮黄调之推移》合并，扩大篇幅撰成《支那近世戏曲史》（即1936年2月商务印书馆出版的王古鲁所译《中国近世戏曲史》）。

本书分"南北戏曲的起源"和"南北戏曲的消长"两篇，共八章。

目次：

上篇　南北戏曲的起源

一、宋代杂剧所用的乐曲；二、南宋杂剧和金的院本；三、元代杂剧的改进；四、南戏发达的径路。

下篇　南北戏曲的消长

五、元代北曲的盛行和南曲的下沉；六、南曲的兴隆和其余势；七、北曲的就衰和其末路；八、南北曲的音乐差异。

11月

〔日〕青木正儿著、隋树森译《中国文学概说》

隋树森译《中国文学概说》，上海开明书店印行，1938年11月初版，1947年3月再版，24开，199页，约9万字。黎锦熙题签书名。

本书是青木正儿《支那文学概说》的第二种中译本，第一种是郭虚中译《中国文学发凡》（1936年10月商务印书馆出版）。隋译本将原著第五、六章合为一章，作为第五章"戏曲小说学"，此外均与郭译本相同。

全书11万字，共六章、十七节，书末附人名和书名索引。

目次（参见郭译本之目次）。

本年

任访秋《中国文学史讲义》

任访秋（1909—2003），原名维崐，字仿樵，河南南召人。《中国文学史讲义》，未出版，大约在1938年完成，共30万字。

据任芳秋的弟子关爱和说："1933年起，先生出于教学的需要，着手编写《中国文学史》讲义。"[1]任访秋的另一弟子解志熙讲得要详细："任访秋先生1929年夏从河南一师毕业后，随即考入北平师范大学国文系，1933年毕业后即赴洛阳师范任教，开始文学史的撰著……"解志熙断定"《中国文学史讲义》撰写于1934~1938年间"[2]。

在本书第一篇"绪论"中，任访秋总结了1934年以前中国文学史研究方

---

[1]关爱和：《从同适斋到不舍斋——任访秋先生的学术道路及其贡献》，《文学遗产》2010年第6期，第150页。

[2]解志熙：《古典文学现代研究的重要收获——任访秋先生文学史遗著二种校读记》，《中国文学研究》2012年第1期，第29页。

面的既有成果之得失，除了肯定"专体的研究颇有几部杰出的，如王国维的《宋元戏曲史》、鲁迅的《小说史略》、刘毓盘的《词史》、陆侃如与冯沅君所合著的《诗史》，都是精心结撰"之作外，认为"就近年来所出版的中国文学通史来看，几乎连一部令人满意的作品都没有"。他作出如此判断，是因为自家有一套写作文学史的"科学的方法"：

> 我们现在来从事于这样烦难的工作，只要能用科学的方法，小心审慎地去研讨，虽不能说能发前人所未发，至少"可以无大过矣"。所谓科学的方法，不外是客观的，以证据为依归，我们研究作家的身世，有可信的史料我们来引用，否则宁可阙疑，绝不以讹传讹。对作品的真伪，应依辨伪的通则，去考证它的产生时代。其次是注意文体演变的说明，与时代背景的解释，对作家绝不存崇拜英雄的心理，去夸大的推尊，应着实的解释作品所以产生的必然性。①

虽然这种"科学的方法"在后世学者眼中已成老生常谈，在"以论带史"风气渐浓的20世纪30年代中后期，却如同苦口的良药。

他又针对文学史研究者有意或无意美化研究对象的现象，强调文学史写作"必须持一种客观的态度，能实事求是，既不阿附此，更无须攻击彼"②。此论有利于维护文学史著作的客观性、防止文学史写作主观化，可谓真知灼见。

第二编"周至秦的文学"，分为"周民族的文学"、"楚民族的文学"、

---

①转引自关爱和：《从同适斋到不舍斋——任访秋先生的学术道路及其贡献》，《文学遗产》2010年第6期，第150页。

②原文如此："大概过去研究文学的总免不了门户之见，常常是入主出奴，尊骈俪的必菲薄古文，尊唐诗的必菲薄宋诗。至于尊唐宋古文同尊宋诗的，其訾议骈俪同唐诗，自不必说了。我们要极力避免这种习气，要具有独特的精神，不依附古人，同时又必须持一种客观的态度，能实事求是，既不阿附此，更无须攻击彼，能够这样，才可以达到我们所希望的'真'与'信'的目的。"（转引自关爱和：《从同适斋到不舍斋——任访秋先生的学术道路及其贡献》，《文学遗产》2010年第6期，第150页）

"秦民族的文学"三章。作者综合地域和民族因素对文学的影响，将西周至秦朝的文学分为三大民族文学，虽嫌笼统，却不失为一家之言。第四编"唐诗"，力破初、盛、中、晚分期的琐碎与矛盾，而采纳胡适之说，以"安史之乱"为界，把唐朝分为前后期，于是此篇分别以李、杜作为前后期的枢要诗人，纵论唐诗前后期之变迁大势。此举更能反映唐诗实际，显示了作者的研究功力。

至于本书的特点，解志熙作过精确的归纳，兹摘录如下：

> 任先生对中国文学史的大见识，特别表现于一些专章的"余论"一节。"所论往往是承前启后的文学史演进之大势"，"和文学流变之关键，所以特别地精警透辟而启人思索。
>
> ……
>
> 在三四十年代的文学史著中，任先生的这部文学史讲稿还有两个与众不同的特点。一是特别注意从学术思想史的角度来看文学问题，二是"运用辩证的思想方法来看待文学的流变及其与社会的关系。①

大凡中国文学通史写作，很难做到面面俱到，遗漏在所难免。但若是遗漏某时期或某文体公认的代表作家，则令读者难以接受。任访秋此书中有一些遗漏，对全书价值有消极影响。如叙述宋词，竟然对李清照不置一词。此外，作者在"绪论"中声称要以"客观的态度"实事求是述史，但从本书来看，他没有做到这点。比如，第四篇讲唐代文学却只限于唐诗，对韩柳主导的唐代古文运动，弃置不论。这并非作者无意中疏漏了，而是因为他受周作

---

①解志熙：《古典文学现代研究的重要收获——任访秋先生文学史遗著二种校读记》，《中国文学研究》2012年第1期，第31页。

人"狠批韩愈"的影响，有意不提韩愈及唐代古文运动。①

目次（待访）。

---

①20世纪30年代以来，周作人写了一批声讨"载道"的古文之首领韩愈的文章，如《中国新文学的源流》（1932年）、《谈韩退之与桐城派》（1935年）、《关于家训》（1936年）、《宋人的文章思想》（1936年）、《谈方姚文》（1936年）、《〈瓜豆记〉题记》（1936年）、《读书随笔》（1936年）、《谈孟子的骂人》（1937年）。周作人是任访秋在北大读研究生时的导师，"可谓亲承音旨、与闻绪论"，所以周作人对韩愈及古文运动的态度，"自然就深刻地影响了甚至左右了任先生的散文史观"。（解志熙：《中国小品文发展史·校订后记》，《汉语言文学研究》2011年第3期，第108页）

1939年（民国二十八年）

2月

陈安仁《宋代的抗战文学》

陈安仁（1889—1964），字任甫，广东东莞人。《宋代的抗战文学》，长沙商务印书馆1939年2月初版，①32开，48页，约1.5万字。

本书为王云五主编的"国学小丛书"之一，普及性读物。据第一章"宋代政治社会的背景"，可知作者编纂此书，是为了展示宋代长期战争环境下，"诗人才人所描写的主题，所形成的倾向，所闪烁的星芒"。显然，这个编书动机，与当时"中华民族史上遭逢着国家兴亡交替的剧变，遭逢着社会政治、时代的暗影"密切相关。作者通过写史来激励国人抵抗日本侵略的用心，是很明显的。

目次：

> 第一章　宋代政治社会的背景；第二章　宋代文学的主流；第三章　主战派的抗战文学（一、寇准；二、韩琦；三、李纲；四、严羽；五、吕定；六、宗泽；七、岳飞；八、谢枋得）；第四章　晚宋诗人喷发的血忱（一、陆游；二、文天祥；三、汪元量；四、谢翱；五、郑思肖）；第五章　逃离现实逃避战争的文学。

3月

杨荫深《中国文学家列传》

杨荫深《中国文学家列传》，上海中华书局1939年3月初版，24开，正文

---

① 陈玉堂《中国文学史书目提要》录为"1939年3月出版"（第156页），实际上应为2月。

498页，附录44页，约33万字。

本书中的文学家，包括诗人、词人、戏曲家、小说家、辞赋家、散文家、批评家、翻译家。对于哲学家、历史学家等与文学无关者，都排除在外。旧称苏武、李陵为五言诗之鼻祖，而作者认为，这都是后人托伪，因此书中没有录入。

本书上起周代，下迄民国，涉及文学家（不含新文学家）520人。按文学家的时代先后编次，介绍其生平事迹与文学创作。书后附有《中国文学家籍贯、生卒、著作表》和《姓名索引》。

目次（略）。

4月

陶秋英《汉赋之史的研究》

陶秋英，姜亮夫夫人，原籍苏州，出生于上海。《汉赋之史的研究》，上海中华书局1939年4月初版，32开，192页，约8万字。1970年2月台北新文丰出版公司影印出版。郭绍虞作"序一"、姜亮夫作"序二"，舒新城校阅审订。

本书原为作者在燕京大学时的硕士毕业论文《赋史》之缩写本。与他书不同，本书从赋与其他文类之间的关系来体现赋的历史渊源及其演进。体例方面，作者仍以时代为经、体格为纬。

本书为"中国文艺社丛书"之一。

全书分三篇，共十章、二十九节，述及赋的源流、产生、演变、沿革及汉赋的生成、派别源流、作者等。

目次：

序一、序二、叙例

第一篇　总论：第一章　什么是赋；第二章　赋的源流略述（第一节　赋的名称的成立；第二节　赋的实体的产生；第三节　赋的衍变；第四节　赋的沿革）。

第二篇　骚赋：第一章　骚赋的由来（第一节　名称的由来；第二

节　实体的由来）；第二章　骚赋时期的作者（第一节　屈原；第二节宋玉；第三节　其他；第四节　骚赋时期的一个非骚赋作者——荀卿）；第三章　骚赋在赋史上的地位（第一节　历史的；第二节　文学的）。

第三篇　汉赋：第一章　汉赋的生成（第一节　政治影响概观；第二节　贵族的提倡；第三节　道家思想的影响；第四节　与其他学问的关系；第五节　著作之风已著）；第二章　汉赋的派别源流；第三章　汉赋时期的作者（第一节　贾谊；第二节　枚乘；第三节　司马相如；第四节　王褒；第五节　扬雄；第六节　班固；第七节　张衡；第八节蔡邕；第九节　其他诸名家略述）；第四章　汉赋在赋上的地位（第一节　统一南北文学的功绩；第二节　汉赋是自骚赋滋生各文体的关键；第三节　赋体备于汉）；第五章　结论。

5月

朱星元《中国文学史通论》

朱星元（1911—1982），又名朱星，江苏宜兴人。《中国文学史通论》，天津利华印务局1939年5月初版，32开，分洋装、平装两种，156页，约5.8万字。刘迺仁题签书名。

本书原是作者20世纪30年代初期讲授文学史课程的补充材料。以"中国文学史通论"为书名，是因为本书是作者阅读近百种文学史著作之后的随感录。1939年作者任教于天津工商学院时，修改"中国文学史通论"并付印出版而成本书。全书主要内容，与作者1935年5月出版的《中国文学史外论》大体一致，应该是在《中国文学史外论》一书基础上修改、补充而成。

全书共五章、十六节，内容简略。就书中内容来看，第一、二、三、五章实际上属于"文学史研究史"，第三、四章属于"文学史学概论"。前面几章对中国文学史写作诸多问题的总结回顾，颇有价值。如第二章总结了五种文学史写法，即叙述的、研究的、评论的、考证的、引录的。作者指出了这五种写法须把握哪些原则。这些都非常准确。直到今天，我们使用的文学史写法仍不外乎这五种。作者朱星元还提出了"一部理想的文学史的编法"：

> 以政治上的时代为经。但时代的划分，亦不当过紧，如把晚唐五代两宋完全分开，而把整个的文学潮流生生地腰斩了。这未免过于割裂。在每个时代中，应当把代表文学（或一种或几种以上）着重叙述，其他的亦不能不顾到。在说明一种文学潮流时，又不可不先阐明它的来源及其影响，尤其对于社会的经济的政治的背景，不可不澈（应为"彻"——引者注）底说明。①

看得出来，朱星元看重"社会的经济的政治的背景"对文学的决定作用，他的"理想的文学史"带有明显的唯物史观色彩。从朱星元在书中多处引用谭丕模之言来看，他和谭氏在文学史写作上有很多相同或相近的看法。比如，朱星元赞同谭氏提出的文学史分期"应当以经济的变动为标准"。可以推断，朱星元心目中的"理想的文学史的编法"，是倾向于政治式写作的。

书中还总结出四种文学史写作的语言体式，即骈文、古文、普通文言、语体（白话）。针对"现在差不多一般的著述，统用语体了"，有人甚至认为"文言是不合的"。朱星元说："用骈文古文写文学史，对于事实的记叙，固是不便，至于用普通文言，实在是没有什么不合的。"因为，"文言比白话简约，简约利于记叙，而文学史恰是记叙之事"。何况，"往昔的文学，都偏重文言"。所以，"能用文言写述，尤觉事文一致"。鉴于白话和文言各有利弊、各有适用之处，朱星元总结说："文言和白话是并立的了，不差。不过还要有一个界限，就是要写详博的文学史，可以用文言；浅显的文学史，则最好用白话。因为白话到底是比较浅显一些，普遍些。"②

书中对文学史著作的批评不少很有见地。譬如指出谢无量的《中国大文学史》除了存在文学定义混乱的毛病，还有"写法的杂乱，简直像一部抄

---

① 朱星元：《中国文学史通论》，天津：利华印务局，1939年版，第58页。
② 朱星元：《中国文学史通论》，天津：利华印务局，1939年版，第61、62页。

录"①；批评胡适的《白话文学史》、《五十年来中国之文学》"妄加论断，竟视史为私人的论述；甚而一意攻讦，其视史有若攻击之利器"②。作者对郑振铎的《插图本中国文学史》（1932年出版）推崇有加，认为"它确是目前文学史中最好的一部"。总其特点，约略有四：一是定义确定，范围确定；二是态度忠实；三是有系统；四是多所发现。此外，郑著在编法（即著述体例）方面也有四个其他史书没有的体制：参考书目、年表、索引、插图。③

总体说，本书是一部优秀的罕见的总结中国文学史写作之作。

目次：

第一章　文学史的界说目的及其他：一、文学定义；二、文学史界说；三、文学史目的；四、文学史范围。

第二章　文学史写作的方法及其他：一、文学史作法；二、文学史写法；三、文学史编法；四、文学史所用的文字。

第三章　中国文学史的沿革及其分类：一、中国文学史的起源与其进展；二、中国文学史分类。

第四章　中国文学史上的几个普通概念：一、中国文学的序幕；二、中国的特征（A、南方文学与北方文学；B、平民文学与贵族文学；C、男性文学与女性文学；D、白话文学与文言文；E、写实文学与浪漫文学）；三、中国文学变迁的痕迹；四、中国文学进化的公例；五、中国文学的优越；六、中国文学的弊病。

第五章　中国文学史读法。

6月

朱维之《中国文艺思潮史略》

朱维之（1905—1999），浙江苍南人。《中国文艺思潮史略》，合作出版社出

---

①朱星元:《中国文学史通论》,天津:利华印务局,1939年版,第69页。
②朱星元:《中国文学史通论》,天津:利华印务局,1939年版,第67页。
③朱星元:《中国文学史通论》,天津:利华印务局,1939年版,第71~74页。

版，上海长风书店发行，1939年6月初版，同年8月再版，32开，174页，约9万字。

1930年秋，朱维之赴东京早稻田大学和中央大学的研究科进修。在早稻田大学山口刚教授的启发下，研究中国文艺思潮史。早在金陵神学院读书的时候，朱维之"因为羡慕西洋文艺思潮的眉目清楚、有条有理，使读者容易把握历代文艺的精神，很想编写一部中国文艺思潮史，使我们头绪纷繁、枯燥无味的文学史，也能成为眉目清楚、又简要又不枯燥的东西"。可是从浩如烟海的作品和零星的论文中找出一条线索来，谈何容易，而且也不是短时间内能办到的。朱维之深感心有余而力不足。山口教授著有《支那文艺思潮》，正是这方面的专家，给了朱维之诸多指点，使他"心中的混沌逐渐有了模糊的轮廓"。又参考胡适《白话文学史》、高须芳次郎《东洋文艺十六讲》、铃木虎雄《支那诗论史》等用新观点整理中国文艺的著作之后，完成了《中国文艺思潮史略》初稿。1934年，曾以此初稿在福建协和大学讲课，后来在沪江大学暑期学校也用过。①1939年7月，《中国文艺思潮史略》由上海长风书店正式出版，一个月后再版。当正要出第三版的时候，太平洋战争爆发，长风书店内迁，不料途中此书的纸型毁于战火，准备在后方出版的意愿落空。②抗日战争胜利后，改由开明书店出版，于1946年12月出版（即开明书店初版本），24开，160页；到1949年3月，出第三版。1978年9月，香港港青出版社未经作者授权私自印了一版。③1988年4月，《中国文艺思潮史略》经修改增补为《中国文艺思潮史稿》，由南开大学出版社出版。1989年，上海书店据1946年12月出版的第三版影印出版，列为"民国丛书"第一编文学类第61辑。

另有一种版本，书名《中国文艺史略》，作者朱星元，由关东出版社在昭和十六年（1941）11月出版。此书目次、内容都与《中国文艺思潮史略》相

---

① 参见朱维之：《中国文艺思潮史略·自序》，上海：长风书店，1939年版。
② 参见朱维之：《中国文艺思潮史略·三版自序》，上海：开明书店，1946年版。
③ 1986年，朱维之曾托人就《中国文艺思潮史略》被盗印事，向香港港青出版社交涉。出版社负责人表示，一定向朱先生赠送样书及支付稿酬，但此后该出版社的承诺未兑现。

同，但书名少了"思潮"两字，查朱维之著作目录，无此版本，疑是当时盗版。

本书是国内最早问世的一部完整的文艺思潮史，它在分期上以思潮的起伏和流变为原则，所以不是切瓜式的，而是波浪式的，表示出思潮起伏消长的本来式样。在著述体例方面，本书打破了以朝代更替作为主要线索的文学史写作格局，创建了以文学思潮的演变作为主要线索的文艺思潮史体例。

本书在全面描写中国文学发展历史的同时，附带论述了儒、道、佛思想对中国文艺思潮与文学创作的影响。尤其可贵的是，既充分论述了外国哲学、宗教、文艺对中国文艺的影响及所带来的变化和发展，又论述了中国文学对西方文学的影响。这种"双向影响"的研究，便于读者了解中国文学在世界文学史上的地位并正确认识其价值；而这种"双向影响"研究方法，开阔了中国文学史写作的视野，为中国文学史写作引进了中西比较文学的视域。

总之，本书从内容到结构，都令当时的学术界一新耳目。

目次：

第一章　序论：一、文艺思潮史底意义；二、民族性——遗传与环境；三、中国民族性是消极的吗？四、中国文艺中所表现的女性都是病态的吗？五、奔迸于中国文艺根底的两大主潮。

第二章　北方现实思潮底发达（西周至春秋）：一、黄河流域；二、诗经；三、儒家底诗教。

第三章　南方浪漫思潮底发达（春秋战国）：一、南方风物；二、楚民族；三、楚辞所表现的文艺思潮；四、老庄底文艺；五、老庄论艺术。

第三章　南北思潮底合流（秦汉魏晋）：一、合流底经过；二、神仙思潮底泛滥；三、汉赋和散文底思潮；四、乐府古辞底思潮；五、魏晋文艺思潮。

第四章　佛教思潮底勃兴（东汉至盛唐）：一、佛教底输入；二、佛教文学底翻译；三、佛教思潮底结合；四、对于自然的礼赞；五、技巧上的精练；六、六朝小说及其他艺术与佛道思潮；七、唐代文艺与佛道。

第五章　社会问题和复古运动（盛唐、中唐）：一、问题底发生；

二、杜甫；三、边塞诗人；四、白居易和白派诗人；五、韩愈底复古运动；六、柳宗元。

第六章　唯美主义底高潮（中唐至北宋）：一、唯美文学底先驱；二、李商隐和温庭筠；三、花间派；四、南唐二主和冯延巳；五、词底黄金时代；六、北宋底正宗词派；七、宋诗底老境美。

第六章　民族意识底抬头（宋、元）：一、宋之国难与文艺；二、陆游；三、辛派词人；四、晚宋词人；五、异族统治下底思潮；六、小说戏曲。

第七章　古典主义（元、明）：一、旧文化底复兴；二、南戏底复兴；三、古典主义的诗文；四、拟古典主义。

第八章　浪漫主义（明、清）：一、浪漫思潮底兴起；二、浪漫的戏剧；三、浪漫的小说；四、公安派和竟陵派；五、纳兰性德和黄仲则。

第九章　写实主义（清以来）：一、科学精神和实践思潮；二、清代小说底写实倾向；三、古文和诗底写实倾向；四、五四以来新文学底主潮。

8月

章学诚《文学大纲》

章学诚（1738—1801），字实斋，清代史学家、思想家、方志学家，浙江会稽即今浙江绍兴人。《文学大纲》，上海三友书社发行、各大书店代售，1939年8月再版。24开平装本，82页，约5万字。

章学诚一生精力都用于讲学、著述和编修方志。所著《文史通义》，与唐刘知几的《史通》并称史学理论名著，共9卷（内篇6卷，外篇3卷），是清中叶著名的学术理论著作。其中《文德》、《文理》和《史德》等篇中涉及文学史及其理论见解最多。由于学界一般视之为史学理论著作，故不收入本编。《文学大纲》一书，虽无常见的章节体，只是数篇大致按时间顺序排列的专论的汇集，但能自成体系，因而实为一部优秀的断代专题文学史。书中对赋、词、曲之起源及其特质的叙述，多有超凡见解。

目次：

先秦诸子之文与六艺之关系；左传与战国策之比较；四史之特征；
两汉文学与魏晋六朝文学之异同（附：古文异法）；赋之定义与其种类；
词之起源与其特质；曲之由来与其种类；书说文之特质；传记体之作法
及其种类；议论文之要素。

本年

不题撰人《文学大纲》

不题撰人《文学大纲》，上海三友书社1939年再版，出版时间不详（上海
图书馆著录有初版本，惜版权页佚）。

本书系选编类书籍。

目次：

先秦诸子之文与六艺之关系；《左传》与《战国策》之比较；四史之
特质；两汉文学与魏晋六朝文学之异同；桐城派与八大之源流；赋之定
义与其种类；历代诗体之变迁；词之起源与其特质；曲之由来与其种类；
书说文之特质；传记体之作法及其类例；议论文之要素。

沈启无、景太昭《中国文学史》

沈启无（1902—1969），江苏淮阴人。景太昭（1881—1945），名耀月，
山西芮县人。二人所编之《中国文学史》，北京女子师范学院铅印，线装，
上、下册。景太昭的《中国文学史》，另有单独铅印。

本书系北京女子师范学院自印的授课讲义，无出版单位和出版日期。据
查，北京女子师范学院成立于1938年秋，至1941年10月与北京师范学院合并
为北京师范大学。而沈启无在北京女子师范学院任教的时间为1938年秋至
1939年秋，故而推断，他和景太昭合编的《中国文学史》讲义，约印刷于
1939年初。

本书分上、下编，上编为沈启无所编，题为《中国文学史讲稿上编》，下编为景太昭所编，题为《中国文学史下编》。此书已十分罕见，未见其他中国文学史书目提及。

目次：

中国文学史讲稿上编①

第一讲　绪论：一、什么是文学

第二讲　上古文学：一、总论

第三讲　中古文学：一、总论

中国文学史下编

甲篇　近古期

第一编　唐五代

第一章　初唐诗；第二章　盛唐诗；第三章　中唐诗；第四章　晚唐诗；第五章　唐散文与骈文；第六章　唐小说；第七章　唐五代词。

第二编　宋

第一章　北宋词；第二章　南宋词；第三章　宋散文与四六文；第四章　宋诗；第五章　宋笔记与弹词小说。

第三编　辽金元

第一章　辽总；第二章　金总；第三章　元杂剧；第四章　元传奇；第五章　元长篇小说；第六章　元诗词及散文。

乙篇　近代期

第四编　明

第一章　明复古派诗文；第二章　明戏曲；第三章　明小说。

第五编　清

第一章　清散文与骈文；第二章　清诗与词；第三章　清小说；第四章　清戏曲；附章　明清制艺诗文。

---

①仅据笔者所见,辑录沈启无所编上编的部分目录。

1940年（民国二十九年）

1月

赵景深《民族文学小史》

赵景深《民族文学小史》，上海世界书局1940年1月初版，24开，139页，约6万字。

本书原名《近古民族文学小史》，因为叙述的只是宋元明清部分，并未论述宋代以前的部分，故得现在这个书名。此外，本书各篇原来是独立的文章，编成书后，各篇在内容上有一些重叠，全书的结构也显得错综复杂。

目次：

第一章　诗歌：第一节　辛弃疾的诗；第二节　晚宋的诗；第三节　一位将军的诗；第四节　明末的二张；第五节　晚明的词。

第二章　小说：第一节　《水浒》和《西游》；第二节　李广和于谦；第三节　三大英雄传奇；第四节　光辉的女性；第五节　讲史五种。

第三章　戏剧：第一节　概说；第二节　元代杂剧和戏文；第三节　明代传奇；第四节　清代杂剧；第五节　清代传奇。

附录五篇

10月

吴烈《中国韵文演变史》

吴烈《中国韵文演变史》，上海世界书局1940年10月初版，32开，192页，约10万字。何炳松题写封面书名。

本书所谓"韵文"包括《诗经》、《楚辞》、汉赋、乐府、唐诗、宋元词曲等，按其在文学史上出现的先后顺序，叙述各自起源、与时代之关系、盛衰、对后世之影响及其流派和代表作家。注重各文类与社会之关系、文类之间的关系，是本书特点。全书三十九章，不分节。

目次：

12月

李崇元《清代古文述传》

李崇元，字续川，广东梅县人。《清代古文述传》，长沙商务印书馆1940年12月初版，32开，103页，约5万字。张寿镛作序。

本书列为王云五主编的"国学小丛书"之一，编写于1928年至1931年间。1931年完稿后交上海商务印书馆，因"一·二八"事变毁于战火。1932年重新编写，至1934年重新编成，又经两年时间的删改，才定稿。[①]据作者说，初稿中没有涉及李文胤，后据章炳麟的建议加入，此外还增加了顾亭林，又据金松岑的建议将魏默深与龚定庵分开作传。

本书实为清代作家传记，但其"重在传述文学，不与史传同"，故可视为文学史参考书。全书从侯方域开始，至王树枏止，多数各人一传，有些两人或数人合传，收入清代作家近百人。作者另外著有《清代散文述传》一书，未见。

目次：

卷一：侯方域、魏禧、汪琬、顾炎武、叶燮、施闰章、宋琬、李文胤附万言、宋莹、邵长衡、计东附潘耒、柳以蕃、凌泗、陈廷敬、李绂。

卷二：朱彝尊、韩菼、姜宸英、戴名世、方苞、姚鼐、刘大櫆、汪中、朱仕琇附林明伦、彭绩附彭绍升、罗有高、姚鼐。

卷三：吴定、鲁仕骥、秦瀛、恽敬附陆继辂、王灼附钱伯坰、张惠言、陈用光附陈学受、陈溥、姚莹、邓显鹤附周树槐、吕璜、刘开附刘继。

卷四：姚椿附毛岳生、吴德璇、管同附管嗣复、梅曾亮、方东树、张穆附冯志沂、魏源、朱琦附王拯、彭昱尧、曾国藩、吴嘉宾、龚自珍。

卷五：龙启瑞、邵懿辰、戴钧衡、鲁一同附潘德与高延第、段朝瑞、李镛、苏惇元、吴敏树、郑珍、杨彝珍附孙芝房、薛福成、张裕钊、王先谦、黎庶昌、方宗诚、徐宗亮附萧穆、孙衣言、李慈铭附王闿运。

卷六：吴汝纶、贺涛、范当世、方昌翰附姚永概、严复附康有为、马其昶、李详、王树枏附李刚己、赵衡。

---

①张寿镛的"序"，作于1934年8月，可证明本书定稿时间是1934年。

1941年（民国三十年）

1月

刘大杰《中国文学发展史（上卷）》

刘大杰（1904—1977），笔名大杰、雪容女士、绿蕉、夏绿蕉、修士、湘君、刘山等，室名春波楼，湖南岳阳人。《中国文学发展史》分两卷，上卷完成于1939年，1941年1月由中华书局印行，24开布面精装本，408页，约20万字；下卷完成于1943年，1949年1月由中华书局初版（详后）。

本书上卷共十五章，始于殷商巫术文学，迄至唐代唯美诗的复活与唐诗的结束，分为六十余节；下卷从第十六章晚唐五代的词起，至第三十章清代的小说止，共七十余节，均以文体、作家按代叙述。

在本书"自序"中，刘大杰提到他对前人研究成果的汲取："王国维的《人间词话》、《宋元戏曲史稿》，梁启超的《陶渊明》，胡适的小说论文等等，在我评论唐宋词、元人散曲、陶渊明、《老残游记》及其他作品的时候，所受影响是较为显著的。再如周作人的《中国新文学源流》一书，在评论明末散文和金圣叹的章节里，也可以看出它的影响。"但对他写作本书影响最大的，是朗松的《法国文学史》，甚至可以说他以朗松此书为蓝本。刘大杰像朗松一样，在编写时"以描述思潮和变迁为主务，从作家的身世、性格与社会背景的结合，发现并着重阐发作家作品的个性"。因而在《中国文学发展史》中，文体的兴衰与代变实为文学史成为"史"的重要内涵。

作者对中西文学史理论的合理吸纳使本书的理论架构颇有特色。刘大杰采纳泰勒、郎松等西方学者的理论，强调以"物质基础"、"社会经济"以及"精神文化"等因素为文学的背景和条件，在此基础上追究每一时代的"文学思潮"，同时联系文学的"生物的机能"，通过分析作家各具个性的创作，最终描绘出作为"人类情感与思想发展的历史"的"文学发展史"①。

但本书最能显示个人学术风格和审美趣味的,是不仅有不少独到的见解,而且叙述生动、富于感染力,书中的评议体现出了作者卓越的艺术鉴赏眼光。可以说,本书是中国文学史叙事中"史传"传统与"诗史"传统的有机结合。

1949年下卷出版以后,作者对全书作了三次删改,有1958年版(上海古典文学出版社,上、下卷)、1963年版(中华书局)和1976年版(上海人民出版社)。②另有1972年香港古文书局版(上、中、下三册)、1982年7月上海古籍出版社新一版(上、中、下三册)、2006年复旦大学出版社全新版(上、中、下三卷)。各种版本中,最具代表性的是初版本和1962年的修订本,譬如复旦大学出版社印行的即据后一种。

2007年8月百花文艺出版社据20世纪40年代的初版本重印出版,该书"内容介绍"称:"刘大杰先生的《中国文学发展史》是近世中国文学通史著作中最重要的一部巨著。"此言不虚。刘大杰的《中国文学发展史》是近世最重要的中国文学通史著作之一,亦可谓20世纪前期中国文学史写作的典范之作。此书为他在海内外赢得了巨大声誉,据说1949年以后毛泽东曾多次询问乃至亲自指导刘大杰修订《中国文学发展史》。

目次:

第一章 殷商社会与巫术文学:一、卜辞中的古代社会与原始文学的状况;二、周易与巫术文学。

第二章 周诗发展的趋势:一、《诗经》时代的社会形态;二、《诗经》与乐舞的关系;三、宗教诗的产生;四、宗教诗的演进;五、社会诗的产生;六、抒情诗;七、余论。

---

①刘大杰:《自序》,《中国文学发展史(上卷)》,上海:中华书局,1941年版。

②关于刘大杰先生修改这三个版本的详细过程,可参见林东海《文林廿八宿——师友风谊》(北京:人民文学出版社,2007年版);关于三个版本的异同,可参见马榕《谈谈〈中国文学发展史〉的版本变化》(《中华读书报》2011年1月26日第14版);研究这三个版本的学术论文,可参见贾毅君《文学史的写作类型与性质——论刘大杰〈中国文学发展史〉的三次修订》(《天津大学学报》(社会科学版)2001年第3期)。

7月

〔日〕青木正儿著、隋树森译《元人杂剧序说》

青木正儿著、隋树森译、徐调孚校注《元人杂剧序说》，1941年7月开明书店印行，32开，190页，9万余字。经译者修订增补后，改名《元人杂剧概说》，1957年7月由中国戏剧出版社再版，32开，166页，9.9万字。

本书系青木正儿将《支那戏曲史》一书叙述元代杂剧的部分，加以增补整理而成。此书亦为作者选编的《元人杂剧》一书日译本的弁言。书中第一、二章有些地方与青木氏《支那近世戏曲史》一书的第二、三、七、十五章重复，但前书中的错误，此次也得到订正，而且内容上有所增补。所以，本书可视为《支那近世戏曲史》的姊妹篇。

青木正儿在这部书中，叙述元人杂剧的起源与派别，浅显清楚，自成体系。据其自述："本书偏重于作品的介绍与批评，这是曲学先辈王国维、吴梅两家的著作中不大谈到的。"这确实是本书的一个特色。

原著印成于1937年秋天，之后中国发现了大批新的元剧作品，因而到1941年，书中部分内容有修补之必要，尤其最后一章《元人杂剧现存书目》，须补充的内容更多。译者在书中收入了徐调孚增补的相关内容，以弥补原著之遗憾。

译者在翻译时，删去了原著中的"凡例"和几处中日戏剧比较的内容。

目次：

第一章　杂剧之沿革：唐宋的戏曲；元代杂剧的勃兴；兴隆的原因；杂剧的南侵；戏文的下沈；杂剧的衰颓。

第二章　杂剧之组织：结构；歌曲；曲辞；宾白；题目正名；脚色；杂剧的分类；分类举例。

第三章　曲本及作家：现存的曲本；曲本的比较；作家；作风。

第四章　初期之本色派：（一）关汉卿；（二）杨显之；（三）郑廷玉张国宾武汉臣之悲欢离合剧（附）杨文奎之儿女团圆；（四）高文秀康进

之李文蔚之水浒剧；（五）李行道王仲文孟汉卿之断狱剧；（六）吴昌龄戴善甫石君宝之风情剧；（七）纪君祥李直夫岳伯川。

第五章　初期之文采派：（一）王宝甫与白仁甫；（二）马致远（附）谷子敬之城南柳；（三）李寿卿；（四）张寿卿石子章之闺怨剧；（五）尚仲贤李好古之龙女剧。

第六章　中期末期之名家及无名氏杰作：（一）郑光祖；（二）乔吉；（三）其他中期作家宫天挺杨梓范康金仁杰；（四）末期之作家秦简夫萧德祥朱凯罗本；（五）元无名氏杰作；（六）明初之作家王子一谷子敬贾仲名杨文奎。

第七章　元人杂剧现存书目：（一）初期全本六十八种逸套十三种；（二）中期全本十三种逸套二种；（三）末期及明初全本十六种逸套一种；（四）无名氏全本三十五种逸套三种。

8月

施慎之《中国文学史讲话》

施慎之《中国文学史讲话》，上海世界书局1941年8月初版，1947年再版，32开，正文200页，约11万字。沈东士题签书名。1965年台湾文星分店影印出版，列为"文星集刊56"。

本书被列为世界书局的"学术讲话丛书"之一，以朝代为经，各种文学部门的发展为纬，每个时代具有代表性的文学分别述于首节，其他非代表性的述其后。共九章，二十八节，起于秦汉迄至清末，最后一章为古文学的结束。据作者说，清末以后的"现代文学"将有本书的姊妹篇《中国新文学史讲话》详述，但后来未见此书出版。

目次：

第一章　先秦的文学：一、诗经；二、楚辞；三、最早的散文。

第二章　秦汉三国的文学：一、辞赋的发达；二、乐府和五言诗；三、历史文和学术文。

第三章　两晋南北朝的文学：一、骈俪文的极盛；二、五言诗的极盛；三、民间文学的乐府诗；四、小说和文学批评。

第四章　隋唐的文学：一、诗的黄金时代（上）；二、诗的黄金时代（下）；三、短篇小说的兴起；四、从骈俪文到古文。

第五章　五代两宋的文学：一、词的黄金时代；二、两宋的诗文；三、平话的产生。

第六章　金元的文学：一、散曲的发生和进取；二、戏曲文学杂剧；三、白话小说的兴盛；四、诗词文总述。

第七章　明的文学：一、章回小说和短篇平话；二、杂剧传奇和散曲；三、诗词文总述。

第八章　清的文学：一、小说；二、戏曲；三、诗词；四、文。

第九章　古文学的结束。

12月

谭正璧《文学源流》

谭正璧《文学源流》，上海世界书局1941年12月初版，24开狭长本，79页，约3万字。

本书为"国文丛刊"之一，以适合现实生活及青年心理为主，专供中等学校学生及同等程度的校外青年课内或课外研究国文之用。

本书采用"以文类为经、时代为纬"的著述体例，依次叙述诗歌、文章、小说、唱本、戏曲的渊源和沿革。全书共五章、二十节，眉目清楚，语言平易、生动，内容详略有别。

目次：

发端

第一章　诗歌的源流：第一节　叙论（诗歌的起源、横的分类、纵的分类）；第二节　乐府（乐府、诗经、汉代的乐府、六朝民歌）；第三节　古今体诗（最初的五古作者、六朝诗人、唐诗的仿古时期、唐诗的浪漫时期、唐诗的写实时期、唐诗的唯美时期、宋元明清作家）；第四节 词曲（词曲的创格、温韦与花间派、北宋词家、南宋词家、清代词学复兴）。

第二章 文章源流 第一节 叙论（文章的起源、横的分类、纵的分类）；第二节 辞赋（诗辞的进化、楚辞作者、汉赋的西京时期、汉赋的东京时期、六朝骈赋）；第三节 古文（古文运动的前夜、韩愈及其同志、唐宋八大家、归有光、桐城派与曾国藩）；第四节 小品文（初期作品、魏晋南朝之作、水经注与洛阳伽蓝记、唐柳宋苏、晚明小品）。

第三章 小说源流：第一节 叙论（小说的起源、横的分类、纵的分类）；第二节 琐话集（古代琐话、六朝琐话三大派、后人仿作）；第三节 短篇小说（琐话的整篇化、唐人传奇三大派、现存宋元话本、传奇话本的仿作）；第四节 长篇小说（由讲史到长篇小说、明人四大奇书、清代三杰作、侠义与公案小说）。

第四章 唱本源流：第一节 叙论（唱本的起源、横的分类、纵的分类）；第二节 宝卷（佛教的宣传书、变文的拟作、宝卷三大类）；第三节 弹词（词与话本的源流、今存三种诸宫调、淘真与弹词、明代作品、清代女性之作、俗弹词）；第四节 鼓词（词与传奇的合流、今存两种鼓子词、两位鼓词作家、民间鼓词、大鼓书词）。

第五章 戏曲源流：第一节 叙论（戏曲的起源、横的分类、纵的分类）；第二节 戏文（最初的戏曲、宋戏文本事考、元人所作）；第三节 杂剧（杂剧的盛况、蒙古时代、一统时代与至正时代、朱权与朱有燉、短剧的起来）；第四节 传奇（戏文长篇化、汤显祖与沈璟、南洪北孔、附谈皮黄）。

习题（一、二、三、四、五）。

蒋伯潜、蒋祖怡《词曲》[1]

蒋伯潜（1892—1956），名起龙，又名尹耕，以字行，现代学者、教育家，浙江富阳人。蒋祖怡（1913—1992），蒋伯潜之子，古代文学研究学者。《词曲》，1941年12月由上海世界书局初版，32开，241页，约16万字。1948年12月第三版。1997年5月，作为"古典文史知识丛书"之一由上海书店出版社出版横排简体字本。

本书系"国文自学辅导丛书"第二辑之一。"这册书里面所述的，大致是词曲的分别及其背景。"[2]作者在第一章中依据文艺作品包含"思想"、"情感"、"想象"三个要素，一一判定词和曲属于文学。但作者的企图不是到此为止，而是据此指出曲和词具有一般文学的文艺价值。不仅于此，作者进而论述说：

> 就中国韵文史来讲，它们的演变由简单而趋复杂，由单纯而趋于综合，而其渊源都是起于民间歌曲。由诗歌而乐府而词而曲，篇什渐长，句法渐多变化，而合于音乐的需要，曲更和戏剧有了联系，复杂性也增加了。因此，我们可以说"词"、"曲"是韵文的成书作品，也是韵文最后的果实，其艺术性也随之而增加，内容也日见分化。虽我们可以说"词"、"曲"的文艺价值，超出一般的文艺作品。[3]

词和曲的文艺价值是否"超出一般的文艺作品"，尚须商榷。但作者通过中国韵文的演变来考察词曲的文艺价值，这个思路在当时是有创造性的。

书中多处引用王国维《宋元戏剧史》和日本学者盐谷温《支那文学概论》、青木正儿《支那近世戏曲史》等文学史著作中的论断。引证王国维之言最多，几乎时常可见。但作者并非对王氏之言深信不疑，而是有时有所修正。

---

①《词曲》一书实际上由蒋祖怡撰写。因该书封面和版权页都标注"编著者　蒋伯潜、蒋祖怡"，而《词曲》系二人合编的"国文自学辅导丛书"之一，故仍以二人为本书编者。

②蒋伯潜、蒋祖怡：《词曲》，上海：世界书局，1941年版，第14页。

③蒋伯潜、蒋祖怡：《词曲》，上海：世界书局，1941年版，第7页。

如第四章述南北曲的渊源时指出："南北曲是同时并起的戏曲，而它们与宋杂剧金院本有莫大的关系。"又说："王国维以为南曲出于南宋之戏文，与杂剧无涉。但此说据日本人青木正儿所反对。他以为，戏文一语，当为元人初呼南宋旧杂剧之语，绝非与杂剧为别种之剧。"作者蒋祖怡对于这两家的意见，没有盲从任何一家，而是在分析南宋杂剧与南戏的差异的基础上，指出："南北曲虽然由宋杂剧变来，已比前期的戏曲已进步更繁杂了。这也是戏曲演变中的自然趋势。"①

书末有两篇附录（"词话曲话与词曲集"和"双声叠韵与宫调"）。附录一罗列词话书目27种、曲话书目18种、词谱及词韵书目15种、词的总集15种、曲的总集10种、词的别集29种、曲的别集24种，所列书目，有些今已绝迹；附录二录入《上平声叠韵双声表》及吴梅《词学通论》所附《八十四宫的管色及杀声》。

目次：

①蒋伯潜、蒋祖怡：《词曲》，上海：世界书局，1941年版，第50页。

本年

万迪鹤《魏晋六朝文学批评史》

万迪鹤（1906—1943），京派作家，笔名迪鹤，四川人。《魏晋六朝文学批评史》，上海独立出版社1941年初版，其他情况不详。

万迪鹤出版过《火葬》、《达生篇》、《外滩公园之夜》、《中国大学生日记》等小说，1943年4月12日病逝于四川巴县乡下，其后事由老舍帮助料理。

目次（待访）。

1942年（民国三十一年）

5月

朱东润《八代传叙文学述论》

朱东润《八代传叙文学述论》，完成于1942年，是时作者任教于国立武汉大学。此书直到2006年才由复旦大学出版社首次出版。

书稿确切完稿日期不详。作者在完稿后曾撰一文，记述著书事宜，文末署"民国三十一年五月，朱东润自序于乐山寓庐"[1]。故可推知，本书稿大约完成于1942年5月。

"全书以文献辑佚为依据，用西方传叙文学眼光审视中国汉魏、六朝时期的作品，认为传叙文学的目标是人性真相的叙述，以此评述数百部作品，赞赏《曹瞒传》、《庞娥亲传》、《法显行传》、《高僧传》等作品的成就。本书视野开阔，功力遥深，融贯中西，见解独到，历经六十多年，仍具新锐气象。"[2]

目次：

第一　绪言；第二　传叙文学底名称和流别；第三　传叙文学底蒙昧时期；第四　传叙文学底产生；第五　传叙文学底自觉；第六　几个传叙家底风格；第七　传叙文学勃兴底幻象；第八　划时代的自叙；第九　思想混乱底反映；第十　南朝文士底动向；第十一　《高僧传》底完成；第十二　北方的摹本。

附录第一　《东方朔别传》；附录第二　《钟离意别传》；附录第三　《郭林宗别传》；附录第四　《赵云别传》；附录第五　《邴原别

---

①朱东润：《八代传叙文学述论·序》，上海：复旦大学出版社，2006年版。
②摘录自2006年复旦大学版《八代传叙文学述论·内容提要》。

传》；附录第六 《孙资别传》；附录第七 《曹瞒传铩》；附录第八 钟会《张夫人传》；附录第九 何劭《荀粲传》；附录第十 何劭《王弼传》；附录第十一 夏侯湛《辛宪英传》；附录第十二 傅玄《马钧序》；附录第十三 郭冲《诸葛亮隐没五事》；附录第十四 皇甫谧《庞娥亲传》；附录第十五 释法显《法显行传》；附录第十六 陶潜《晋故征西大将军长史孟府君传》；附录第十七 萧统《陶渊明传》；附录第十八 释慧皎《晋庐山释慧远传》。

6月

姚茫父《曲海一勺》

姚茫父（1876—1930），名芒，又名华，字一鄂，又字重光，号茫父、莲花龛主，室名猗室，贵州贵阳人。《曲海一勺》，贵阳文通书局印行，1942年6月初版，24开土纸本，68页，约14.5万字。

据为本书作序的卢前说，姚茫父《曲海一勺》成书于"三十年前"，此后卢前在河南大学讲"曲学通论"时曾以本书为教材。可推断，其成于民国元年（1912）左右。而此次系经卢前整理后首次出版单行本。

姚茫父是清末民初曲学大家之一，著有《菉漪室曲话》四卷，在曲的校雠、辑佚方面素有成绩。而本书是姚氏"发扬曲体，论曲的发展期"的代表作。

全书分四篇，第四篇又分上、下两部分，所以实际有五篇。第一篇"述旨"，说明从诗到曲的变迁；第二篇"原乐"，根据先儒礼乐的用途，证明现在乐亡所以民苦的道理，其实是追溯古今音乐变革原因和经过；第三篇"明诗"，从诗五变而为南北曲，叙述诗到曲的变革甚详，但叙述古传诗时偏重辞而忽略声，又说明宋金元明南北剧消长分合的情形，指出"北曲宗乐而南曲宗词"；第四、五篇"骈史"，偏重戏曲的效用，认为曲又兼诗与小说之用，曲是有叙事内容的词章，有韵之说部，故以两篇的篇幅叙述骈文之发展源流。卢前对于作者在民初有如此见解，表示由衷钦佩，认为本书与王国维《人间词话》"有同等的价值"①。

目次：

姚茫父先生曲学——代序

述旨第一；原乐第二；明诗第三；骈史上第四；骈史下第五。

10 月

〔日〕铃木虎雄著、殷石臞译《赋史大要》

铃木虎雄（1878—1963），字子文，号豹轩，别号药房，日本新潟县人。铃木虎雄著、殷石臞译《赋史大要》，重庆正中书局印行，1942年10月初版，24开土纸本，318页，约19万字。1966年11月台北正中书局第一版，1976年4月第二版，1992年4月第三版。

本书原著完成于1935年10月，1936年初由东京富山房出版，6月经东京帝国大学留学生殷石臞译成中文，1942年10月列为"国学丛刊"之一在正中书局出版。

铃木虎雄在本书"原序"中表述写作动机，说是感于"史家、文家重散而轻骈，局于儒家文以载道之见者，轻重之特甚；是谬见耳"。鉴于骈文之重要，铃木虎雄特撰写了本书。

书中对"律赋"的看法值得注意："律赋本骈赋之狭义者"，而"骈赋者，偏于使平仄字之相对，谋音调之谐适，且主修辞之工整也"。又指出律赋与日本俳句的异同："律赋者，实尚音律谐协，对偶精切者也。故单据此点，则与俳赋有同性质。而其更与律赋（应为俳赋——引者按）相区异者，以于押韵为设限制，而采用于官吏登用之试也。"②铃木氏提出，科举考试限韵是律赋得以形成的原因，此说被后世中国学者普遍接受。

---

①卢前：《姚茫父先生曲学——代序》，姚茫父《曲海一勺》，贵阳：文通书局，1942年版，第7页。

②（日）铃木虎雄：《赋史大要》，殷石臞译，重庆：正中书局，1942年版，第113、163~164页。

铃木氏在书中将赋的历史依次划分为六个时期，即"骚赋时代"、"辞赋时代"、"骈赋时代"、"律赋时代"、"文赋时代"、"八股文赋时代"。后世辞赋研究，大多采用这种分期方式。然而，铃木氏此说并非首创。明代徐师曾在《文体明辨》中将赋分为"古赋、俳赋、律赋、文赋"；1927年郭绍虞发表《赋在中国文学史上的位置》一文，就将赋史分为"短赋"、"骚赋"、"古赋"、"俳赋"、"律赋"、"文赋"六个时期。①铃木氏的赋史分期法，颇有综合二者的痕迹。至于他以"八股文赋时代"指称清代赋史，则不可取。理由是，所谓"八股文赋"始自唐初，此后历代均为科举考试内容之一。

《赋史大要》作为中国学术史上的第一部赋史，"其主要贡献有二：一是在讨论赋之定义、形成、分期后，着重探讨了韵文形式的赋兼有'事物铺陈分口诵二义'，此为赋学研究家普遍接受；二是理出了一条由骚赋到散赋、骈赋、律赋、文赋、股赋的赋体之历史衍化线路，同样受到重视"②。"《赋史大要》在日本学界誉为名著"③，在中国也是赋史研究的经典著作。

全书分七篇，共二十一章、若干小节。取材于李调元《赋话》、彭元瑞《宋四六话》、孙梅《四六丛话》及何焯《文选评》等书者甚多。

目次：

----

①郭绍虞：《赋在中国文学史上的位置》，《照隅室古典文学论集（上册）》，上海：上海古籍出版社，1983年版，第82~85页。

②许结：《二十世纪赋学研究的回顾和展望》，《文学评论》1998年第6期。

③（日）爱甲宏志：《文心雕龙学者介绍·铃木虎雄》，杨明照主编：《文心雕龙学综览》，上海：上海书店，1995年版。

第一章　汉赋材料及区分：汉书艺文志之记载、西京杂记及其他之记载。

第二章　汉之楚辞家：枚乘七发与其渊源。

第三章　前汉辞赋之隆盛期及其代表作家：梁园宾客；武帝登用文学之士；武帝之辞赋爱好；宣帝之辞赋爱好与王褒；宣帝之辞赋观；成帝时代辞赋之积聚。

第四章　赋之实质——目的：赋以铺陈事物为目的；赋与讽谕；赋与事典及类书；赋与六义之关系；赋颂通名；赋用一定形式铺陈事物；所铺陈者之内容。

第五章　赋之结构——形式：赋之首中尾；赋之结构实例；苏轼何焯论高唐赋；赋体句法及赋中随时押韵；随时押韵诸例；赋中句例；赋中骚句例；骚体句法变革；其他句法；七字句别种之效力；赋中长句；赋之叙法；赋中押韵法；赋与韵部；赋之对句；汉赋中隔对；汉赋诸例。

第四篇　骈赋时代

第一章　骈赋特性：骈赋特色；曹植洛神赋；何宴景福殿赋；晋文中单对及长隔对；三都赋长隔对；潘陆木孙诸赋；长短隔对之影响；南北朝唐宋诸家例。

第二章　赋中四六隔对：赋中四六隔对；音韵谐调及字句工丽；谢庄赤鹦鹉赋；吴均沈约简文庾信等诸赋；骈赋与律赋。

第三章　骈赋与五字七字句：魏晋南北朝五字句例；晋南北朝七字句例；赋中五七字句多用影响；诗赋句形混用先例；五七字句混用之唐初赋体；诗赋句形混用与七言诗长篇。

第四章　骈赋描写。

第五章　小赋：南北朝人小赋；骈赋诸例；小赋例。

第五篇　律赋时代

第一章　律赋性质及唐赋大概：徐师曾赋论——排斥律赋；律赋性质；官吏试验与赋；唐代最初之试赋；试赋限韵之始；制举试赋；唐律赋之大始。

第二章　律赋形式：律赋韵数；诗之韵数及试赋韵数；韵脚不用全数者；押韵顺序；韵脚平仄数比例；韵脚字句；试场惯例数事。

第三章　试赋隆昌时期：德宗考试与龙虎榜；贞元时代之试赋家；李程日五色赋；王起五色露赋；白居易与元稹及彼等试赋之特色；白居易性习相近远赋；动静交相养赋；白赋与八股文；李程王起与八股文；贾炼蒋防谢观。

第四章　晚唐期：文宗武宗及僖宗朝；咸通以后之趋势；主要作家；李调元王黄赋评；晚唐律赋特性及重隔句之繁用；王棨江南春赋；棨之其他诸作；重隔句用例；徐寅勾践进西施赋；黄滔律赋；五声字依次用韵与洪迈说；滔之代表作品；洪迈滔赋评；李调元评；滔作为晚唐一格；明皇回驾经马嵬赋。

第五章　宋之律赋：宋太宗赋试；孙何诗赋试验论；真宗赋试；赋之作品与人物；宋试赋之趋势；李调元唐宋试赋之比较及宋赋特质与其长短；宋初之赋——唐风；欧苏及其以后之风格；苏轼一派之风格；欧苏赋风长处；李鹿宋赋评；宋律赋作者一般；律赋诸例；赋之次韵到底；律赋逸事若干则。

第六章　宋以后试赋：金代试赋；元代试赋；明代试赋。

第六篇　文赋时代

第一章　文赋性质及文赋先驱：文赋性质；文赋先驱。

第二章　宋之文赋：宋律赋与文赋之关系；文赋开山欧阳修；苏轼前后赤壁；杨万里之赋；陈朱文赋评。

第三章　文赋对后代之影响：对后代之影响；股对及不拘句数押韵；赋之股对与八股文扇对之比较；股对及不拘句数押韵与骈律文赋之关系；王守仁思归轩赋与文赋及骚古赋。

第七篇　八股文赋（清赋）时代

清赋通观；一句字数及其构造；不押韵骈文之股法；清赋中八股文句法；由押韵观清赋；股法押韵之相互关系——隔股韵、清赋押韵与古代诗押韵法。

附载：清赋诸句例（有陈兆仑圣驾南巡赋等七例）。

本年

吕碧城《文学史纲》

吕碧城（1883—1943），字圣因，别署兰清、遁天、清扬，晚年法号宝莲，安徽旌德人。《文学史纲》，1942年香港东莲觉苑讲义本。

据悉，吕碧城乃民国才女，曾被袁世凯聘为大总统秘书，著有《吕碧城集》、《信芳集》、《晓珠词》、《欧美纪事》、《文史纲要》、《美利坚建国史纲》等。

抗战期间，作者为避战火移居香港，并讲学于斯。据作者说："（《文学史纲》）于历代作家及文学典籍，皆择要志之，读者欲广其用，自可按图索骥，各适所需，不囿于是编也。"（《自序》）

目次（待访）。

张寿镛《诗史初稿》

张寿镛（1875—1945），字伯颂，号泳霓，别号约园，浙江鄞县（今浙江宁波鄞州）人。著名爱国教育家、藏书家、文献学家。著有《约园杂著》及其续编、《约园演讲集》、《诗史初稿》、《经学大纲》、《史学大纲》、《诸子大纲》、《文学大纲》、《约园诗文选辑》等。

《诗史初稿》，十六卷，大开本铅字排印，白纸印制，1942年自费刊印。

目次：

卷首：文王年表；武王年表；周公年表；成王年表；诗总表。

卷一 文王纪；卷二 武王纪；卷三 成王纪；卷四 懿王纪；卷五 夷王纪；卷六 厉王纪；卷七 宣王纪、卷八 幽王纪；卷九 平王纪；卷十 桓王纪；卷十一 庄王纪；卷十二 禧王纪；卷十三 惠王纪；卷十四 襄王纪；卷十五 顷王纪；卷十六 定王纪。

1943年（民国三十二年）

5月

梁乙真《中国民族文学史》

梁乙真《中国民族文学史》，重庆三友书店印行，1943年5月初版，24开土纸本，496页，约30万字。

本书原名《近世中国民族文学发展史》，因书中仅述宋元明清之民族文学史，未及宋以前，只因书名过长，才改为现在的《中国民族文学史》。

卷首有蒋中正（介石）的题词"民族吼声"，沈尹默题签和沈薇所作"代序"。沈序长达万余言，补叙宋以前之民族文学，内容有"何谓民族文学"、"春秋以前至汉的有关民族文学"、"爱国的民族文学"、"主战文学和非战文学"、"应如何本着诗人的非战精神"等。另有作者"自序"。

全书分四篇，以宋元明清四个部分叙述，共二十六章、若干节。

目次：

第一篇　宋辽夏金元种族战争中的民族文学

第一章　绪论：一、战争永远是不能避免的；二、战争与文学的关系；三、宋代始终是在战火弥漫的赤火光中；四、宋代民族文学发展的三个阶段。

第二章　辽夏侵扰声中民族文学的抬头：一、寇准；二、韩琦；三、范仲淹。

第三章　金人进逼中民族诗人的呼声：一、李纲；二、李若水；三、腾茂实；四、宇文虚中；五、刘子翚。

第四章　南渡后诗人之种族战争的吼声：一、辛弃疾；二、张孝祥；三、张元干；四、岳飞；五、陆游；六、陈傅良、黄公度、吕定、严羽。

第五章　蒙古族压迫下宋诗人黍离麦秀之歌：一、文天祥；二、谢枋得；三、谢翱；四、郑思肖；五、汪元量；六、林景熙；七、许月卿。

第六章　种族战争失败后之耻辱的烙印。

第七章　南宋遗民海外发展与中国文化的传播。

第八章　蒙古帝国淫威下汉人在文学中表现的反动：一、诗人、词人、散曲家；二、小说家；三、戏曲家。

第二篇　明代边患倭祸反映中的民族文学

第一章　蒙古帝国覆灭后汉族固有文化的复兴：一、诗、词、散文（朱元璋、刘基、宋濂、王祎、民族文学的讴歌者）；二、戏曲（琵琶记、荆钗记、白兔记、杀狗记、拜月亭）。

第二章　瓦剌侵犯中民族文学的勃兴：一、于谦；二、郭登；三、李东阳。

第三章　倭寇犯华动乱中的民族文学：一、谭纶；二、俞大猷；三、戚继光；四、陈第；五、唐顺之；六、茅坤；七、归有光；八、徐渭；九、倭寇犯华的残暴实录。

第四章　丰臣秀吉犯朝鲜给与明文学上的影响。

第五章　汉满初期种族战争中的民族文学：一、熊廷弼；二、袁崇焕；三、孙承宗；四、被讴歌的秦良玉。

第三篇　明清剧烈的种族战争中民族文学运动的展开

第一章　民族革命运动中对敌的三个策略：一、革命的运动；二、秘密的结合；三、文字的鼓吹。

第二章　护发运动与民族文学：一、左懋第；二、袁继咸；三、戴重；四、罗宾王；五、麻三衡。

第三章　文字狱与民族文学：一、吕留良的文狱；二、吴炎与庄氏史狱；三、屈大均的衣冠冢案，金堡的偏行堂集案。

第四章　明裔恢复运动与民族文学的发展：一、南都破后民族文学家的崛起（陈子龙、夏元彝、夏完淳、黄淳耀、吴易）；二、鲁王监国时民族文学家之抗战运动（张国维、钱肃乐、刘宗周、黄宗炎、孙爽、阎尔梅、万泰、张煌言）；三、唐王左右的民族诗人（陈邦彦、张家玉、邝露）；四、桂王政府的双忠（瞿式耜、张同敞）。

第五章　学风转变中五位民族思想的领导者：一、黄宗羲；二、顾炎武；三、王夫之；四、颜元与李塨。

第六章　太平天国大反抗中三位实践的民族文学家：一、洪秀全；二、石达开；三、李秀成。

第四篇　由对外战争到最后的国内种族战争间之民族文学

第一章　鸦片战争中所反映的民族文学。

第二章　英法联军陷京后在文学上所留之耻辱的烙印。

第三章　中法战争中民族文学的蓬勃。

第四章　中日战争时代的民族文学。

第五章　维新运动中的爱国文学。

第六章　义和团事变在文学上的反映：一、义和团之史的发展；二、反帝运动展开后所反映的诗歌小说。

第七章　辛亥革命时代民族文学运动的展开：一、在国民党之实践的反满运动中所见到的民族文学；二、在秘密结社下所反映的民族文学；三、活跃于辛亥时代的民族文学运动。

7月

徐梦麟 《云南农村戏曲史》

徐梦麟，名嘉瑞。《云南农村戏曲史》，国立云南大学西南文化研究室编写并发行，1943年7月初版，32开，287页，约18万字（其中正文约6万字，书末"附录曲谱"约1.6万字，其余均为剧本，约占10万字。1958年云南人民出版社重印本书，作者仅对原书中个别章节作了删节。此外，增加李何林1944年4月15日写于昆明的《读〈云南农村戏曲史〉》，同时删去了姜寅清的西南研究丛书"缘起"一文，另增加"后记"。重印本32开，304页，约21万字。

本书主要通过考订昆明花灯各种音调的来历，明其源流和发展，并采撷了大量民间剧本，是20世纪前期为数不多的区域文学史之一，当时被列为国立云南大学西南文化研究室编"西南研究丛书之三"（卷首有姜寅清的《西南研究丛书缘起》）。

全书正文七章、十五节，文后附刊剧本十五种，题为"云南农村戏曲集"。书末为李廷松所著"附录曲谱"，卷首有游国恩作的序。

目次：

第一章　导论：一、民谣的收集和研究；二、中国的民谣；三、民谣与音乐；四、民谣与呡谣。（1958年重印版中，第一章改为三节：一、中国的民谣；二、民谣与音乐；三、呡谣）

第二章　云南农村戏曲第一部（旧灯剧）：一、打渔（又名渔家乐）、补缸、小放羊、打霸王鞭、包二接姐姐、瞎子观灯、劝赌、乡城亲家、贾老休妻、三怕老婆、赵匡胤打枣、姑娘算命、朱买臣休妻；二、旧灯剧音调；三、旧灯剧音调的来历（一）；四、旧灯剧音调的来历（二）；五、旧灯剧音调的来历（三）；六、灯剧和连厢；七、云南秧歌的歌法及其来源；八、各调的文章。

第三章　旧灯剧的内容：一、打渔（又名渔家乐）、补缸、小放羊、打霸王鞭、包二接姐姐、瞎子观灯、劝赌、乡城亲家、贾老休妻、三怕老婆、赵匡胤打枣、姑娘算命、朱买臣休妻；二、货郎卖线；三、存目。

第四章　云南农村戏曲第二部（新灯剧）：一、引论；二、旧灯剧衰落和新灯剧的勃兴；三、新灯剧音调的来历。

第五章　新灯剧的内容和来源：绣荷包、出门走厂、借亲配、大放羊、双接妹、割肝救母、大侃郎、柳阴记、牡丹卖菜、存目。

第六章　云南农村戏曲中的方言。

第七章　结论。

8月

罗根泽《魏晋六朝文学批评史》

罗根泽《魏晋六朝文学批评史》，商务印书馆印行，1943年8月重庆初版（渝版粉报纸），1947年2月上海版，24开，141页，约13万字。

本书原为作者《中国文学批评史》第四编，经改写后列为"中央大学文学丛书"之一，书名副标题为"中国文学批评史第三篇"。

全书共十一章，七十九节。

目次：

第一章　文学概论（一、文学含义的净化；二、文学概念的转变；三、文学价值的提举；四、社会学术的因素；五、葛洪的反古与提倡深美博富的文学；六、萧统的摈除子史与提倡翰藻的文学；七、裴子野雕虫论；八、萧纲的鼓吹"郑邦"文学；九、徐陵的编辑"丽人"艳歌；十、萧绎的兼重华实）。

第二章　文笔之辨（一、文笔分别历史；二、文笔分别三说；三、辞笔之分；四、诗笔之分）。

第三章　文体类（一、文体二义；二、魏晋以前的文体论；三、桓范的各体文学方法论；四、傅玄的"七"论及连珠论；五、陆机的十分法；六、挚虞文章流别志论；七、李充翰林论；八、左思及皇甫谧的赋论；九、颜延之所谓"咏歌之书"与"褒贬之书"；十、萧统文选的分类；十一、旧题任昉文章缘起）。

第四章　音律说上（一、音律说的前驱——文气说；二、文气与音律的关系；三、范晔的自然音律说；四、四声的发明；五、音律在文学上的功用；六、甄琛沈约的讨论四声；七、陆厥沈约的讨论音律；八、一般的音律研究；九、刘善经四声指归）。

第五章　音律说下（一、沈约八病说蠡测；二、文镜秘府论所列文二十八病；三、王斌的病犯说；四、刘滔的病犯说；五、沈氏的病犯说；

六、刘善经的病犯说；七、元兢的病犯说；八、崔融的病犯说；九、佚名的文笔式——文笔十病得失）。

第六章　创作论（一、自庄子至曹丕的天才说；二、陆机的文学方法论及文学应感说；三、葛洪的天才与方法并重说；四、颜延年及其他雕章琢句的学说；五、萧子显的变化说）。

第七章　鉴赏论（一、魏晋以前的鉴赏论；二、曹丕所言鉴赏之蔽与曹植所言鉴赏之难；三、葛洪的鉴赏论）。

第八章　论文专家之刘勰（一、刘勰以前的文学批评家；二、作文心雕龙的动机；三、几个主要的文学观；四、文体论；五、创作论；六、文学与时代；七、批评及其原理）。

第九章　论诗专家之钟嵘（一、作诗品的时代及动机；二、文学上的自然主义；三、诗之理论的起源与历史的起源；四、诗的滋味；五、诗人的品第及流派）。

第十章　北朝的文学论（一、北朝的风土习性和历史发展；二、苏绰及魏收邢劭的尊古崇理文学观；三、颜之推的地位及其兼采古今的文学论；四、文人轻薄的指摘；五、各体文学的缓急；六、创作与评论）。

第十一章　佛经翻译论（一、支谦的指出翻译之难；二、道安的五失本三不易说；三、鸠摩罗什的"嚼饭"妙喻；四、慧远的折中说；五、僧叡的研究译字；六、僧叡的讨论汉梵异同；七、彦琮的八备说；八、玄奘的五种不翻说；十、赞宁的六例说）。

9月

钱基博《中国元代文学史》

钱基博《中国元代文学史》，湖南蓝田新中国书局发行，1943年9月初版，线装本，47页，6万余字。另有浙中书局铅印本，1943年出版。

本书著述体例如作者的《现代中国文学史》，也是以作家为纲论述，且用古雅的文言文。共分五节，自耶律楚材至王逢止，述及作家三十多人。

目次：

第一节　发凡；第二节　耶律楚材、赫经附阎复、刘秉忠、刘因附安熙、姚燧附张养浩、元明善附马祖常、苏天爵；第三节　方回、戴表元、谢翱附方凤、牟巘、赵孟頫附邓文原、袁桷；第四节　虞集、欧阳玄、揭傒斯附范梈、杨载、黄溍、柳贯附戴良；第五节　吴莱、杨维桢附吴复、李孝先、顾瑛、倪瓒、王逢。

10月

〔日〕长泽规矩也著、胡锡年译《中国学术文艺史讲话》

长泽规矩也（1902—1980），字士伦，号静庵，神奈川人，日本著名文献学家；胡锡年（1913—1996），又名雪岩，浙江海盐人，著名中日关系史学者。长泽规矩也著、胡锡年译《中国学术文艺史讲话》，上海世界书局1943年10月初版，32开，208页，11万余字。

据译者胡锡年在"译序"中说，本书属于指示中国学术文艺入门途径的书，告诉读者一些关于中国学术文艺的基本知识。而在诸多中国学术史入门书籍中，本书又属于讲述比较清晰、"取材最赅当"的一种。另外，"对于民间文学，特别详细，重要典籍（如《诗经》）的内容，能略予介绍，这都是一般学术史或文学史所没有的，不能不说是本书的特点"。

本书以中国学术史和文艺史为两条并行的主线，按照朝代分别展开叙述。这样有利于读者了解并比较不同时期的中国学术史和文艺史，尤其是有助于读者将文艺史置于学术史的大背景下予以理解。因此，本书无疑是一部视野比较特别的文学史。但令人遗憾的是，作者以学术史和文艺史为两条并行的主线分别叙述，而不顾二者之间的联系，这样一来，实际上人为地割裂了二者，以至于书中未能体现文艺作为学术之一种与其他中国传统学术之间的关系。

目次：

一、序说：中国文化的起源、中国的学问、中国的学问与文艺、儒学的变迁、文学观、中国文学诸体、中国文学的特征、文学与文艺。

二、先秦学术思想：古传说一瞥、禅让传说的批评、先秦学术界概观、儒家、墨家、名家、道家、法家、阴阳家、农家、纵横家、杂家、兵家、学界的二大潮流、诸学派的衰亡。

三、先秦时代的文艺：序说、诗经、楚辞、散文。

四、汉魏六朝的学界：焚书、儒家的复兴、儒教与主权、经书的今古文、儒教的经典、儒学的纷争、前汉末期的学界、后汉的汉学、迷信的流行、魏晋的儒学、六朝的儒教、其他学问。

五、汉魏六朝的文艺：辞赋、乐府、古诗的起源、古文、骈文的起源、魏晋的诗坛、南北朝诗文、批评文学、小说。

六、隋唐的学问：序说、五经正义、唐的学制、石经、老庄之学、史学、其他诸学、印刷。

七、唐代的诗文小说：唐诗、初唐、盛唐、中唐、晚唐、古文、传奇小说、民间文艺。

八、宋元的文艺：序说、散文、宋诗、元诗、文学评论、小说、戏曲。

九、宋学流行的一般：序说、实学、疑经疑传、南宋的宋学、出版业、王阳明、学界的流弊。

十、明代的文艺：诗文、小说、戏曲。

十一、清代的学术：初期的经学、考证学、音韵文字学、史学、地理学、书志学、天文历算、今文学、清末的学界。

十二、清朝的文艺：序说、诗坛、词、古文、骈文、戏曲、小说。

十三、余论。

11月

罗根泽《隋唐文学批评史》

罗根泽《隋唐文学批评史》，商务印书馆1943年11月重庆版，1947年2

月上海版，24开，152页，约14万字。

本书为作者"中国文学批评史第三分册"，列为"中央大学文学丛书"之一。

全书共七章，六十五节。

目次：

第一章　诗的对偶及作法（上）：一、对偶说的兴起；二、对偶及其他格律说的史料；三、古人同出的十一种对；四、上官仪的六种及八种对；五、元兢的六种对；六、崔融的三种对；七、皎然的八种对；八、总不对与首尾不对。

第二章　诗的对偶及作法（下）：一、元兢的调声三术；二、佚名的调声术；三、元兢古今诗人秀句；四、李峤评诗格；五、王昌龄诗格一——十七势；六、王昌龄诗格二——格律论；七、王昌龄诗格三——今本诗格及诗中密旨；八、皎然诗议；九、皎然诗式；十、佚名的诗文作法。

第三章　诗与社会及政治：一、陈子昂的提倡风雅诗；二、李白的提倡古风；三、杜甫的兼取古律及倡导社会诗；四、元结的反对声律与提倡规讽诗；五、三位选家的意见；六、杨绾贾至梁肃及权德舆等的诗教论；七、刘晓的先德后艺说与尚衡的文章三等说。

第四章　元稹白居易的社会诗论：一、原因与动机；二、"补察时政"与"泄导人情"；三、历代诗的优劣；四、乐府论；五、通俗与次韵；六、触忌与退转；七、自我批评与自选诗集。

第五章　史学家的文论及史传文的批评：一、唐初史学之盛；二、文学为政治工具说；三、艳丽之毒；四、折中的文学论；五、天才与学力；六、文学史观；七、史与文；八、史传文的批评；九、刘知几的意见。

第六章　早期的古文论：一、古文的兴起；二、李谔王通的攻击六朝文；三、唐初四杰的反对淫巧文；四、陈子昂与卢藏用的提出载道说；五、萧颖士李华的宗经尚简说；六、独孤及元结的折中意见；七、梁肃的提出文气与李观的重视文辞；八、古文理论家之柳冕的文论；九、权德舆的二尚二有说；十、吕温独孤郁等的天文说及人文说。

第七章　韩柳及以后的古文论：一、韩愈的贡献；二、道与文的关系；三、古文方法；四、"不平则鸣"与"文穷益工"；五、柳宗元的地位及其所言道之二病；六、学文的步骤与作文的态度；七、"得之难"及"知之难"；八、诗与文；九、刘禹锡的诗文分论；十、时人的见解与李翱的批评；十一、裴度对李翱重文说的抗议；十二、皇甫谧孙樵的怪奇主义；十三、沈亚之的改创主义；十四、李德裕的自然灵气说。

1944年（民国三十三年）

1月

朱东润《中国文学批评史大纲》

朱东润（1896—1988），原名世溠，字以行，江苏泰兴人。《中国文学批评史大纲》（以下简称《大纲》），桂林开明书店印行，1944年1月初版（土纸本），1946年9月再版，1947年4月第三版，24开，正文400页，约30万字。1957年12月古典文学出版社重版，增"后记"，全书340页。2001年7月，上海古籍出版社将之列为"蓬莱阁丛书"之一重印出版，正文392页，书前有章培恒所作"导读"。

1929年4月，朱东润担任国立武汉大学外文讲师，后应武汉大学文学院院长闻一多邀请，在中文系讲授中国文学批评史课程。当时朱东润"读过森茨伯里的英国文学批评史的，但是那时中国只出过陈钟凡教授的中国文学批评史，虽然筚路蓝缕，陈先生已经做出了最大的贡献，究竟只是尽了启蒙的责任，无法应用到大学的讲坛"。多年后，朱东润在《自传》中说："这就是我那本《中国文学批评史》的由来。"[1]为了上好课，他必须认真备课编讲义。那时的武汉生活条件比较差，据朱东润后来的《自传》回忆："那时的武昌最有名的是三不：道路不平、电话不灵、电灯不明。我们平时都给电灯搞苦了，要开新课，不能不读书，遇到这样的电灯，实在也只能对付着搞下去。""每周要写五六千字的讲义，查对资料不在其内，实在有苦难言。"为了准备讲稿，朱东润"常在武昌旧书店走动"。这样边讲边写，到1932年夏天，完成《中国文学批评史讲义》（以下简称《讲义》）初稿。1932年秋天，重加订补，1933年完成第二稿。1936年再行删正，1937年完成第三稿，秋天开始排印。

---

[1] 朱东润：《朱东润自传》，《文献》1981年第2期，第157页。

但由于抗日战争爆发，1938年春天武汉大学西迁，这时讲义只印了一半，下半部分文稿因此失散。1944年，将第三稿的上半部和第二稿的下半部合并，略加修订，在著名学者叶圣陶的赞助下，由开明书店出版，这就是《大纲》。

上海图书馆收藏有《讲义》，国立武汉大学排印本，系朱东润题赠"启东兄"，书的目录下有题记：

> 二十年度，授中国文学批评史，编次讲稿，上起先秦，下迄明代。次年续编至清末止。

对照朱东润的《自传》，可断定，最初编纂的讲义，"上起先秦，下迄明代"，这是《讲义》初稿，"次年续编至清末止"的是第二稿。而上海图书馆收藏的《讲义》，虽无排印时间，却可确定为1933年。也就是说，朱东润的"中国文学批评史"在1933年已有排印本。

由于《大纲》由第三稿的上半部和第二稿的下半部合并而成，从第42节"高棅"开始到清末，《大纲》的内容与《讲义》完全一致。不同的是从"绪言"到宋元这一时期的内容。经比较，"首先值得注意的是，《讲义》常引用西人理论，作中西比较；《大纲》予以删除，并强调民族精神"。周兴陆先生认为，这种修改不是随意的，而是有着朱东润自己的思考。"这种修改大约出于两方面的原因：一是随着研究的深入朱先生反思以西释中的学术模式，抛弃了过去那种引西方理论来阐释中国理论的学术思路，而注重于发掘中国自己的文学理论。二是在外患日趋严峻的形势下，朱先生爱国情绪更加激越，这种爱国情绪在学术上则表现为不愿意仰洋人之鼻息。"[1]《大纲》"第二孔子孟子荀子及其他诸家"开篇表述自家的"文学"观："文学者，民族精神之所寄也。凡一民族形成之时期，其哲人巨子之言论风采，往往影响于其民族精神，流风余韵，亘千百年。故于此时期中，能深求一代名哲之主张，于其民族文学之得失，思过半矣。此其人虽不必以文学批评家论，而其影响之大，

---

①周兴陆：《从〈讲义〉到〈大纲〉——朱东润早年研究文学批评史的一段经历》，《古典文学知识》2006年第6期，第4、5页。

往往过一般之批评家远甚。"①这种强调民族精神的"文学"观，在20世纪三、四十年代的文学史家中比较常见，而且直接体现在他们的文学史写作实践中。抗战爆发后，不仅国内文艺界爱国情绪高涨，连素来"两耳不闻窗外事，一心只读圣贤书"的学者，也按捺不住，在著述中有意或无意地体现出这种强烈的情感。朱东润也不例外，他在《大纲》中增添了一些烛照现实的文字，如《大纲》补充了第十九节"初唐及盛唐时代之诗论"，将唐代诗论家分成"为艺术而艺术"（殷璠、高仲武、司空图等）、"为人生而艺术"（元结、白居易、元稹等）两派。并阐发说：

> 大抵主张为艺术而艺术者，其论或发于唐代声华文物最盛之时，如殷璠是；或发于战事初定、人心向治之时，如高仲武是；或发于乱离既久、忘怀现实之时，如司空图是。惟有在天下大乱之际，则感怀怅触，哀弦独奏而为人生而艺术之论起：元结于天宝之乱，故有《箧中集序》；元白在元和间，目睹藩镇割据，国事日非，故有论诗二书。②

"这一论断是《讲义》所没有的，是朱先生在1936年删正时撰写的。这一方面是用当时较为流行的文学理论来烛照和梳理唐代文论，另一方面从时代盛衰治乱来立论，也寄寓了朱先生对现实社会的关切。"③

在《大纲·自序》中，朱东润指出《大纲》与此前已出版的陈钟凡、郭绍虞、罗根泽的《中国文学批评史》相比，有三个不同点：一是注重个人而不见时代和宗派；二是把每个批评家对各种文体的批评集中在一起叙述，而不是分开，即强调整体批评；三是在叙述上特别注重近代批评家。④朱东润承认，关于第一点，自己"忘去了作者的时代或宗派，是一种不能辩护的疏忽"⑤。第二、三点，却是有意为之。朱东润发现，将同一批评家对不同文体

①朱东润：《中国文学批评史大纲》，桂林：开明书店，1944年版，第3~4页。
②朱东润：《中国文学批评史大纲》，桂林：开明书店，1944年版，第94页。
③周兴陆：《从〈讲义〉到〈大纲〉——朱东润早年研究文学批评史的一段经历》，第6页。
④朱东润：《自序》，《中国文学批评史大纲》，桂林：开明书店，1944年版，第3、4页。
⑤朱东润：《自序》，《中国文学批评史大纲》，桂林：开明书店，1944年版，第3页。

的论述分置各处，固然论述方便，却颇有割裂之病。因此，他在书中采取了第二点所示的策略。至于采取第三种策略，则针对当时学界"信而好古"的风气，一般文学史或文学批评史往往厚古薄今。为此，朱东润采取了远略近详的叙述原则。全书七十六节，论元明清文学批评有三十六节。

除以上三点，《大纲》体现的文学史观也与陈著、郭著、罗著有所不同。文学史写作，须以"史观"为根基。几乎所有文学史家都倾向于强调述史的客观性，对于文学批评史写作而言，也不例外。郭绍虞在文学批评史写作中，"极力避免主观的成分，减少武断的论调，重在说明，而不重在批评"。罗根泽的做法大抵相同。这种力求客观中正的写作态度，自然是史家必备的。胡伦清称赞罗根泽有"较为清澈"的历史观，却批评朱东润的《大纲》缺乏清楚的史观。①这个批评有失公允。正如朱东润所言：

> 一切史的叙述里，纵使我们尽力排除主观的判断，事实上还是不能排除尽。……我们的目标，不妨完全是史实的客观叙述，然而事实上不能办到，这是第一点。还有，既然是史，便有史观的问题。作史的人总有他自己的立场。他的立场所看到的，永远只是事态的片面，而不是事态的全面。固然，我们也说要从不同的角度观察事态，但是一个事态许多片面的总和，仍旧不是事态的全面。这是又一点。还有，历史的记载当然是史，文学批评史也是史，但是和历史的史毕竟还有些许的不同。……在取材的时候，不能不有一个择别，择别便是判断，便不完全是史实的叙述。在叙述几个批评家的时候，不能不指出流变，甚至也不能不加以比较，这也是判断，更不是史实的叙述。文学批评史的本质，不免带有一些批评的气息。②

朱东润此言，容易让人想到长期困扰中国文学史写作的"史与论"之争。

①胡伦清：《我所见到的几种中国文学批评史》，《浙江学报》第2卷第1期，1948年版。
②朱东润：《自序》，《中国文学批评史大纲》，桂林：开明书店；1944年版，第5页。

他一方面肯定了"一切史的叙述"都难免主观，不能做到"完全史实的客观叙述"，另一方面，基于文学批评史写作的品性，他指出，在批评史的选择、批判和叙述中，要蕴含作者的文学史观和审美趣味。这个发现，为中国文学批评史写作指明了一个方向。

《大纲》是我国第一部比较系统、完整的中国文学批评史，它奠定了中国文学批评学科的初步框架和体系，与陈钟凡、罗根泽、郭绍虞的《中国文学批评史》并称本学科的经典著作。朱自清在《诗文评的发展》一文中，盛赞《大纲》是我国"第一部简要的中国文学批评全史"。著名文学史家章培恒认为，可分浅层次和深层次两个角度来考察《大纲》的贡献："从浅层次来看，此书的明显特色是初步确立了中国文学批评史的框架；这也可说是大家看得见的贡献。就其深层次而言，则是第一次用新的文学观念较系统地考察了我国从先秦到清末的文学批评发展过程，尽可能地挖掘了在这个过程中在不同程度上体现了文学本质特征的观点和主张，描述了它们的演进历程，也适当地交代了与它们相矛盾的文学批评及其变迁。……这种深层次的贡献，大致又可分为两个方面，即新颖文学观念的贯彻和具有卓见的文学批评发展过程的描述。"[1]

全书以历代批评家为叙述主体，上起孔孟，下迄清末陈廷焯，共七十六章。虽采用传统的著述体例，却首次把小说、戏曲理论纳入中国文学批评史写作的范围并予以专题阐述，而其他三种文学批评史（陈、罗、郭）主要是诗、文的批评。如本书第四十八节、四十九节论明代中后期曲家的戏曲理论，第六十三节论金圣叹对《西厢记》、《水浒传》的点评，第六十四节论李渔的戏曲理论，等等。

目次：

第一　绪言；第二　孔子孟子荀子及其他诸家；第三　诗三百五篇及诗序；第四　西汉之文学批评；第五　东汉之文学批评；第六　建安时代之文学批评；第七　陆机陆云；第八　皇甫谧、左思挚虞、附李充；

---

①章培恒：《〈中国文学批评史大纲〉导读》，朱东润：《中国文学史批评大纲》，上海：上海古籍出版社，2001年版，第2页。

第九　葛洪；第十　范晔、萧子显、附裴子野；第十一　沈约；第十二　刘勰；第十三　钟嵘；第十四　萧统、萧纲、萧绎；第十五　颜之推；第十六　隋代之文学批评及《文中子》；第十七　唐初史家之文学批评；第十八　刘知几；第十九　初唐及盛唐时代之诗论；第二十　白居易、元稹；第二十一　韩愈；第二十二　柳冕、柳宗元、孙翱、皇甫湜、李德裕；第二十三　司空图、附唐人论诗杂著；第二十四　欧阳修、曾巩；第二十五　王安石、蔡绦、叶梦得；第二十六　苏轼、苏辙、张耒；第二十七　黄庭坚；第二十八　陈师道、范温；第二十九　吕本中、韩驹；第三十　张戒；第三十一　杨万里、姜夔、陆游；第三十二　叶适；第三十三　朱熹、附道学家文论；第三十四　自诗本意至诗集传；第三十五　严羽；第三十六　刘克庄；第三十七　晁补之、李清照、黄升；第三十八　沈义父、张炎；第三十九　方回；第四十　元好问；第四十一　贯石云、周德清、乔吉；第四十二　高棅；第四十三　李梦阳、何景明、徐祯卿、附李东阳；第四十四　杨慎；第四十五　谢榛、王世贞；第四十六　唐顺之、茅坤；第四十七　归有光；第四十八　徐渭、臧懋循、沈德符；第四十九　吕天成、王骥德；第五十　袁宏道；第五十一　钟惺、谭元春；第五十二　钱谦益；第五十三　冯班；第五十四　陈子龙、吴伟业；第五十五　黄宗羲；第五十六　王夫之、顾炎武；第五十七　侯方域、魏禧；第五十八　毛奇龄、朱彝尊；第五十九　王士禛；第六十　吴乔、赵执信；第六十一　叶燮；第六十二　清初论词诸家；第六十三　金人瑞；第六十四　李渔；第六十五　方苞、刘大櫆；第六十六　姚鼐、刘开；第六十七　纪昀；第六十八　沈德潜；第六十九　袁枚；第七十　赵翼；第七十一　章学诚；第七十二　阮元；第七十三　恽敬；第七十四　张惠言、周济；第七十五　曾国藩；第七十六　陈廷焯。

罗根泽《周秦两汉文学批评史》

罗根泽《周秦两汉文学批评史》，商务印书馆1944年1月重庆版，1949年

2月上海版，24开，140页，约7.8万字。1966年8月台湾商务印书馆亦有出版，30开平装本，204页。

郭绍虞先生在评价本书时指出："以材料丰富著称。……他搜罗材料之勤，真是出人意外，诗词中的片言只语，笔记中的零楮碎札，无不仔细搜罗。"[①]那么，罗根泽先生怎样搜罗材料呢？他在本书"自序"中回忆自家搜集资料的过程，颇可代表那一代文学史家治学之勤勉，兹摘录数言如下：

> 故都多公私藏书，余亦量力购求，止诗话一类，已积得四五百种……最珍贵者，有明刊本宋人蔡传《吟窗杂录》、明人胡文焕《诗法统宗》。二书皆诗学丛书，收有晚唐五代以至宋初诗格诗句图甚多，得以分述五篇二、三、四各章……其有公私珍藏，不能割让，或割让而索价太昂，则佣人缮写，亦积得数十册。闻傅沅叔先生藏有《永乐大典》本诗话数种，未及借抄，变起仓皇，至今犹于邑于怀也。又以诗话盛于宋，而宋人诗话，泰半亡佚，与内子蔓漪，于《苕溪渔隐丛话》、《诗话总龟》、《诗林广记》及诸家笔记中，辑出数十种……闻中央大学自京移渝，载书颇富，遂于二十九年一月，由陕入川……[②]

历来著史者面临的首要同时也是最大难题，莫过于史料搜集困难。倘若仅用现成或易见史料，恐怕难发常人所不能之见识，故发掘新史料是提升史著价值的捷径。然而，新史料从何而来？罗先生上述之言，点明了几个途径：一、出资寻购；二、书主不卖或索价太高就抄录；三、自己动手从前人文章、文集等书籍中辑出；四、去各大图书馆或藏书单位查阅。无需多言，这四个途径，也是罗根泽先生《周秦两汉文学批评史》一书的资料来源。

本书为"中央大学文学丛书"之一，也是罗根泽拟编写的《中国文学批评史》第一分册。《中国文学批评史》共分四册，由先秦至五代，其余三册分

---

① 参见罗根泽：《中国文学批评史》（第三册），上海：上海古籍出版社，1982年版，第1~2页。

② 罗根泽：《周秦两汉文学批评史·自序》，重庆：商务印书馆，1944年版，第2页。

别是：《魏晋六朝文学批评史》、《隋唐文学批评史》、《晚唐五代文学批评史》，具体出版情况分别见其条目。

本书分两篇，共七章、五十七节。

目次：

第一篇　周秦文学批评史

第一章　绪言：一、文学界说；二、文学批评界说；三、文学与文学批评；四、文学史与文学批评史；五、中国文学批评的特点；六、文学批评与时代意识；七、文学批评与文学批评家；八、文学批评与文学体类；九、史家的责任；十、历史的隐藏；十一、材料的搜求；十二、选叙的标准；十三、解释的方法；十四、编著的体例。

第二章　诗说：一、诗人的意见；二、古诗的编辑；三、春秋士大夫的赋诗；四、孔子的诗说；五、孟子所谓"以意逆志"与"知人论世"；六、荀子所谓"诗言志"；七、墨子的用诗；八、诗与乐。

第三章　"文"与"文学：一、古经中的词令论；二、最广义的文学；三、孔子及孔门诸子所谓"文""文学"及"文章"；四、孟子所谓"养气"与"知言"；五、荀子的立言论准；六、易传对于文学的点点滴滴；七、墨子的"三表法"及其重质的文学观；八、晚出谈辨墨家的论辨文方法；九、老子的"美言"与提倡"正言若反"；十、庄子书中艺术创造论、写作方法论、及书文糟粕论；十一、韩非的反对文学及解老篇的重质轻文。

第二篇　两汉文学批评史

第一章　诗的崇高与泪没：一、诗的崇高；二、诗的泪没；三、卫宏毛诗序；四、郑玄诗赠序。

第二章　"文"与"文章"及其批评：一、文学的兴起；二、所谓"文"；三、所谓"文章"；四、扬雄的意见；五、王符荀悦的意见。

第三章　对于辞赋及辞赋作家的评论：一、辞人的意见；二、刘安司马迁的批评；三、司马相如的"赋心"与扬雄的"赋神"；四、汉书艺文志的辞赋分类；五、"爱美""尚用"的冲突与融合；六、讽谏说；七、讽谏说的作用及价值；八、讽谏说下的作家批评。

第四章 王充的文学批评：一、王充在中国文学批评史上的地位；二、王充的精神及其背景；三、王充所崇拜的桓谭；四、"尚文"与"尚用"；五、"作"与"述"；六、"实诚"与"虚妄"；七、"言文一致"与"文无古今"。

3月

〔日〕竹田复著、隋树森译《中国文艺思想》

竹田复著、隋树森译《中国文艺思想》，贵阳文通书局印行，1944年3月初版，32开土纸本，48页，2万余字。

本书为卢前、谢六逸主编的"文艺丛刊"之一，系竹田复所著《支那文艺思想》的中译本。

全书以儒、道两家的文学观分类叙述，共四章，可作文学史写作史料参考。

目次：

一、文艺之意义；二、儒家的文学观（诗及文章观、小说观、戏曲观）；三、道家的文学观（大巧若拙、人生如朝露、复归自然、人间解放）；四、结论。

4月

胡文楷《历代妇女著作考》

胡文楷，浙江昆山人。《历代妇女著作考》，约成书于1944年4月，[①]64万字。1957年11月由上海商务印书馆出版，1973年台北鼎文书局影印出版，

---

①此书具体成书时间无明确记载。据1957年版"闽侯江畬经"所作之"序"，文末标注"甲申端午闽侯江畬经"，可知该序作于"甲申端午"。此外，卷首"题辞"亦标注"甲申四月李宣龙"、"甲申初夏存晦老人"、"甲申冬中 慧茂居士费师洪"，于是更可确定，"甲申四月（1944年4月）"时，本书稿已成。

1987年上海古籍出版社出版增订本。

本书是中国目录学史上一部重要著作。作者以编著闺秀艺文目录的形式，运用丰富的材料展现了中国古代女性文学的发展。共著录4000多位女性作家的作品、略传，清晰地展示出女性文学发展的一些脉络与特质，其中也透露了作者的文学史观。

全书由汉魏迄清末，以朝代编次，每代中按姓名笔画多少为先后排列，以便检索。满蒙、方外或姓氏佚者，列于卷末。书中资料，多采自各省府州县志书，故史料价值较高。可作为中国妇女文学史资料参考。

目次：（因目录中历代女作家之名太多，兹略去）

卷一　汉魏六朝；卷二　唐代；卷三　宋代；卷四　元代；卷五明代一；卷六　明代二；卷七　清代一；卷八　清代二；卷九　清代三；卷十　清代四；卷十一　清代五；卷十二　清代六；卷十三　清代七；卷十四　清代八；卷十五　清代九；卷十六　清代十；卷十七　清代十一；卷十八　清代十二；卷十九　清代十三；卷二十　清代十四；卷二十一　清代十五；补遗；附编　现代；附录一　合刻书目；附录二　总集；附录三　期刊。

6月

王季思《西厢五剧注》

王季思（1906—1996），学名王起，字季思，以字行，笔名小米、之操、梦甘、在陈、齐人，室名玉轮轩，浙江温州人。《西厢五剧注》，杭州龙吟书屋1944年6月初版，32开平装本，206页，约15万字。

1948年，经修订注释后，本书整理定名为《集评校注西厢记》，由上海开明书店出版。1954年经第三次修订，由上海新文艺出版社出版，即《〈西厢记〉校注》第一版。由于1958年发现《西厢记》弘治等本，王季思再次重加校补，由中华书局出版新一版，即《〈西厢记〉校注》。1963年又重印6次。1978年发表《第四次〈西厢记〉校改本补记》。多次重印新版，各版都有所丰富、补充或改正。各版总印数达100多万册。

王季思自幼熟读经史子集，爱看戏曲、小说。1925年，考入东南大学中文系，曾参加词曲大师吴梅的潜社，开始词与散曲的创作；并与外文系陈楚淮等组织春泥社，在闻一多老师指导下，从事话剧与新诗创作。20世纪40年代初任教于浙江大学，潜心研究中国文学史及元人杂剧，完成《西厢五剧注》。

本书对《西厢记》的作者与曲文作了详尽的考证、校勘，对方言俗语也作了十分详尽的注释。尤其是《西厢记》剧本中方言俗语众多，甚至有些蒙古语、汉蒙混合语、各地民间口语、歌谣。王季思通过大量金元杂剧、说唱散曲、笔记小说、歌谣，把方言俗语连同例句相互对读比照，得出令人信服的注释。

这部书一出版就受到广泛关注，风行一时，压倒了一向流行的金圣叹评本《西厢记》，至今仍是最通行、最权威的校注《西厢记》本子。曾有日本学者编成《王季思校注〈西厢记〉索引》，把它作为工具书备查。《西厢五剧注》是王季思从事学术的成名作和代表作，奠定了他一生的学术地位。

目次（略）。

10 月

萧涤非《汉魏六朝乐府文学史》

萧涤非（1906—1991），原名忠临，江西临川人。《汉魏六朝乐府文学史》，重庆中国文化服务社印行，1944年10月初版，32开土纸本，378页，约18万字。1984年3月由人民文学出版社修订重排出版，24开，321页，启功题写书名。

本书原为作者在清华研究院的毕业论文，导师黄晦闻（即黄节），动笔于1931年，脱稿于1933年。1934年，作者执教于山东大学时，曾着手把毕业论文修改成讲义，但因故中途停止。直到1941年在西南联大任教，才重新改写，于1943年改成，被列为"青年文库"（朱光潜、老舍、叶圣陶、罗根泽等任编委）之一出版。

五四以后，文学史写作大多看重民间文学，至20世纪30年代，汉代乐府研究及其文学史写作，吸引了不少学人。萧涤非此著的特点，主要在于其具有强烈的史识。黄节在"审查报告"中评价说："统观成绩全部，皆能从乐府本身研究。知变迁，有史识；知体制，有文学；知事实，有辨别；知大义，有慨叹，此非容易之才。"不论叙述哪朝哪代的乐府，萧氏都把它置于乐府文学发展的全局视阈下加以考量，这使他常有新奇之论。如在论"乐府变迁之大势"时说："自汉武立乐府，下迄于唐，历时九代，无虑三变。寻其往迹，可得而言。两汉乐府，虽亦有文人诗赋，然大部皆采自民间，今所存《相和歌辞》是也，故其中多社会问题之写真，而其风格亦质朴自然，斯乐府正则也。"此论一反历代重视汉代文人乐府而轻视民间乐府的传统观念，高度评价民间乐府，认为民间乐府才是"乐府正则"。正是因为侧重民间文学，书中一字不提班固的《汉书》，直到沈约《宋书·乐志》才稍微提及，黄节先生赞其"真有识之言"。同理，对于南朝乐府，本书也作了比较全面、客观的评价，认为其理论价值在于："今之言文学史者，率偏重南朝数大诗人，而略于其乐府，要知南朝乐府自是有时代性与创作性之文学。虽其浪漫绮靡，不足拟于两足，然在文学史上实具有打开一新局面，鼓荡一新潮流之力量。"

很大程度上因为作者紧紧抓住民间乐府及其特质，因而给后人留下"一部成就卓越的分体文学史著作"[①]。

全书六编，由"乐之起源与前秦乐教"至"隋乐府"止，共二十七章、若干节。卷首以黄节在1933年为作者之毕业论文写的《审查报告》代序。

目次：

引言、黄序（《审查报告》）

第一编　绪论

第一章　乐之起源与前秦乐教；第二章　乐府之产生及其沿革；第

---

① 王运熙：《读〈汉魏六朝乐府文学史〉》，《乐计诗述论》，上海：上海古籍出版社，1996年版。

三章　乐府之界说与分类；第四章　论五言出于西汉民间乐府不始班固；第五章　乐府变迁之大势。

第二编　两汉乐府[①]

第一章　论汉乐府之声调（一、雅声；二、楚声；三、秦声；四、新声）；第二章　汉初贵族乐府（一、安世房中歌；二、郊祀歌；三、鼓吹铙歌）；第三章　两汉民间乐府（一、西汉民间乐府；二、东汉民间乐府　附录黄节先生说和相三调[②]）；第四章　东汉文人乐府（班婕好、马援、东平王苍、傅毅、张衡、辛延年、宋子侯、蔡邕、繁钦、诸葛亮、无名氏、田恭）。

第三编　魏乐府——附吴

第一章　概论（一、文人乐府之全盛；二、声调之模拟；三、体裁之大备）；第二章　曹操四言乐府；第三章　曹丕七言乐府；第四章　曹植七言乐府；第五章　王粲左延年诸人之叙事乐府；第六章　吴乐府——乐府填词之初祖韦昭。

第四编　晋乐府

第一章　晋职舞曲歌辞（一、鞞歌舞；二、杯槃舞歌；三、拂舞歌）；第二章　晋之故事乐府（傅玄：惟汉行、秋胡行、庞氏又烈妇；石崇：王明君词）；第三章　晋之拟古与讽刺乐府（张华：轻薄篇；博陵王：宫侠秋；傅玄：苦相篇、明月篇；董逃行历九秋篇；陆机：饮马长城窟行）。

第五编　南朝乐府

第一章　论南朝新声乐府发达之原因；第二章　南朝前期之民间乐府——晋宋齐（一、吴声歌—吴歌中之双关语；二、神弦歌；三、西曲歌）；第三章　南朝后期之文人乐府——梁陈（梁武帝、梁简文帝、沈

---

①陈玉堂《中国文学史书目提要》此处录为"西汉乐府"（第200页），实误，应为"两汉乐府"。

②陈玉堂《中国文学史书目提要》此处录为"黄晦闻先生相和三调辨"（第200页），此录与萧涤生该书1984年人民文学出版社版同，而初版本目录为"黄节先生说和相三调"。

约、江淹、吴均、柳恽、陈后主、徐陵、江总）；第四章　汉乐府大作家鲍照。

第六编　北朝乐府——附隋

第一章　概论；第二章　北朝民间乐府——附木兰诗（一、战争；二、羁旅；三、豪侠；四、闺情；五、贫苦）；第三章　北朝文人乐府（温子升、邢邵、魏收、萧悫、高昂、赵王招、萧㧑、王褒、庾信）；第四章　南北朝乐府之比较观；第五章　隋乐府（一、文帝时之拟古乐府；二、炀帝时拟南朝乐府）。

12月

陈子展《唐代文学史》

陈子展《唐代文学史》，重庆作家书屋刊行，1944年12月初版，草纸印刷，32开，157页，6.7万字。内封页题为"中国文学史丛编——唐代文学史"，为"丛编"之一卷。1948年商务印书馆再版。

本书为陈子展在作家书屋出版的"中国文学史丛编"之一。陈子展的"中国文学史丛编"，"源溯上古，迄于晚清，并附现代"[1]，据本书末所附广告，这套丛书分十册，即将出版的有《唐代文学史》、《宋代文学史》、《明代文学史》、《元代文学史》，而实际上后两种未见出版。1947年9月，由作家书屋将本书与作者的《宋代文学史》合为一册出版（即沪一版），书名为《唐宋文学史》。

在本书之前出版的胡云翼的《唐代的战争文学》（商务印书馆1927年版）、陆晶清的《唐代女诗人》（神州国光社1931年版）、胡朴安、胡怀琛兄弟合著的《唐代文学》（商务印书馆1931年版）、孙俍工的《唐代底劳动文艺》（亚东图书馆1932年版）等都从某些侧面叙述唐代文学，而本书比较全面地论述了唐代的诗歌、古文及唐代新出现的小说、词等文学样式的文体特征与嬗变轨

---

[1]参见该书卷前介绍。

迹。全书共分为八个部分：第一章"说到唐代文学"论述唐代文学兴盛的原因及唐代文学发展的分期；第二至五章分别为"初唐诗人"、"盛唐诗人"、"中唐诗人"、"晚唐诗人"，阐述唐代诗歌发展演变的历史进程；第六至八章分别为"古文运动"、"唐人小说"、"晚唐五代词人"，先后探讨唐代的散文、小说及晚唐五代的词。

这部书于作者中年时期撰写，此前已有写作《最近三十年中国文学史》等几部文学史的成功经验，因而本书不仅体例完整，内容丰富详细，将唐代文学变迁的态势与发展规律描述得十分清晰，而且时有精彩论述。比如，作者承继高棅《唐诗品汇》中对唐诗的四分法，将唐代文学细分为初、盛、中、晚四个阶段。认为这四个时期以近体诗与古文为盛，因而作者主要讨论这两种文体在唐代的发展态势。书中说"五言古诗相传自苏、李而成立，五言律诗则自沈、宋而成立"，"到了初唐四杰，沈、宋诸人，他们的这类诗，不但属对精密，平仄也精到了，五言律诗的体制完成了。同时七言律诗也成立了，沈、宋就是兼工七言律诗的人"①。这一学术判断是符合近体诗发展实际的。关于唐代古文的发展，作者认为王勃起到了不可替代的作用，同时指出王勃"还是想在骈俪文范围内改革"，而不是从散文的内容、题材和风格上彻底地革新。这一任务要到陈子昂及其后来者才能最后完成，认为陈子昂是古文运动的先驱。②关于唐人小说，作者将之与唐诗并举，认为二者堪称"一代之奇"。尤其令人敬佩的是，作者在20世纪40年代文学史写作重视文学创作外部环境的语境下，从文学内部各文体彼此之间的关联来探讨唐人小说繁盛的原由。作者以白居易《长恨歌》、元稹《会真诗》中"顶有小说味"，陈鸿因《长恨歌》而作《长恨歌传》、元稹又作《莺莺传》，得出一个结论："当时诗歌与小说二者在发展的进程中彼此确乎有些联系。"③又说："小说发展最盛的时期正和古文运动最盛的时期相当。我想：要是文体不解放，那么，自由活

---

① 陈子展：《唐代文学史》，重庆：作家书屋，1944年版，第13页。
② 陈子展：《唐代文学史》，重庆：作家书屋，1944年版，第103~104页。
③ 陈子展：《唐代文学史》，重庆：作家书屋，1944年版，第116页。

泼、描写有生气的小说，未必会这样发达起来。"①此外，书中对于词的起源、诗与词之关系、魏晋南北朝民族融合对于唐文学的影响等，都有独到而中肯的见解。

另外，书中的语言也没有一般文学史的空谈理论、枯燥乏味。作者这样评价王维的山水诗："写来不费力，却是由静中妙悟得来的，言外暗示透出的。这是诗趣，也是禅趣。诗家三昧在此，禅家三昧也在此。"②又解释为何"王维的诗常用静字闲字"，说"唯其能闲能静，才能察物工画，审音精乐，独坐耽禅"③。如此论述，既切中肯綮，又清楚流畅，充满语言的张力。

本书与陈子展《最近三十年中国文学史》具有类似的缺陷，比如过于偏爱白话文、论述色彩较浓而史料引述不足。

目次（见1947年沪一版）。

---

①陈子展：《唐代文学史》，重庆：作家书屋，1944年版，第122页。

②陈子展：《唐代文学史》，重庆：作家书屋，1944年版，第32页。

③陈子展：《唐代文学史》，重庆：作家书屋，1944年版，第30~31页。

1945年（民国三十四年）

1月

龙榆生《词曲概论》

龙榆生（1902—1966），名沐勋，晚年以字行，号忍寒公，江西万载人。《词曲概论》，1945年1月油印，13.1万字。此稿在作者生前没有正式出版，直到1980年4月才由上海古籍出版社首次出版。

本书为作者授课讲义，因其20世纪三、四十年代先后在暨南大学、广州中山大学、南京中央大学及上海音乐学院等校任教，此油印本讲义的完稿时间、油印时间不详。但：一、书中常见"在封建社会里""劳动人民""统治阶级"等词语，很难想象这些词语会出现在20世纪30年代的大学课堂上，故可断其完稿于40年代中后期；二、作者曾在1945年1月出版的《东南风》创刊号发表《词曲概论》一文。据这两点断定，此时（1945年1月）《词曲概论》讲义已完稿并油印。

本书分上、下编：上编主要探讨词的起源，论述词曲的发展和演变，介绍唐宋词、元曲、明清传奇等重要作家的艺术成就和作品的思想内容，并评价这些作家、作品在文学史上的地位和影响；下编是词学研究，与文学史基本无涉。

目次：

上编 论源流：第一章 词曲的特性和两者的差别；第二章 唐代民间词和诗人的尝试写作；第三章 令词在五代北宋间的发展；第四章 论唐宋大曲和转踏；第五章 慢曲盛行和柳永在歌词发展史上的地位；第六章 宋词的两股潮流；第七章 论诸宫调；第八章 论元人散曲；第九章 论元杂剧；第十章 论明清传奇。下编 论法式（略）。

4月

陈子展《宋代文学史》

陈子展《宋代文学史》，重庆作家书屋刊行，1945年4月初版，草纸印刷，32开，184页，约7万字。

本书为陈子展在作家书屋出版的"中国文学史丛编"之一。1947年9月，由作家书屋把1944年12月出版的《唐代文学史》与本书合为一册出版（即沪一版），书名为《唐宋文学史》。

目次（见1947年沪一版）。

5月

刘永济《十四朝文学要略》

刘永济（1887—1966），字宏度，号济生，别号诵帚，晚号知秋翁，室名云巢、易简斋、微睇室、诵帚庵等，湖南新宁人。《十四朝文学要略》，中国文化服务社印行，1945年5月在渝初版，1946年12月在沪二版，32开，正文267页，约13万字。书中多数内容曾以《中国文学史纲要》为题，1928年至1929年间刊载于《学衡》第65、68、71期。作者逝世后，其长女刘茂舒提供作者本人校订过的本子，1984年2月黑龙江人民出版社出版；后刘茂新（刘茂舒之妹）整理刘永济遗作，将1984年版收入《刘永济集》，2007年10月由中华书局出版。①

本书系朱云影、程希孟、赵纪彬主编（编委包括朱自清、叶圣陶、杨振声、罗根泽等）的中国文化服务社"青年文库"之一。原书稿是作者1928年在沈阳东北大学讲授中国文学史时的讲义，因编至隋代而罢手，故用此书名。但卷首"叙论"乃当初为编写"中国文学史"而设，并非专指十四朝，故这

---

① 刘茂新：《后记》，《刘永济集》，北京：中华书局，2007年版。

部分的篇幅很长，论述兼及隋以后的文学。

"叙论"对中国文学史研究中的一些基本问题，如四纲、经纬、三准、三训等理论范畴作了独到的分析和阐述。先辨"文"之涵义，后明"体"之别类。关于文学的定义，作者指出"文之为训，本于交道，故有经纬之义焉；文之为物，又涵华采，故有修饰之说焉。以道德为经纬，用辞章相修饰。在国则为文明，在政则为礼法，在人则为文德，在书则为书辞，在口则为词辨"①。文学于国、于政、于人、于书、于口表现各异，但本质相同，即必须能传达道德思想，有"文采"。

卷一"上古至秦"侧重阐述各时段文学创造的主要特点。如，第一节"古代茫昧难征"论文学的起源；第二节"孔子删述之影响"，侧重孔子删述六经对六经传播的伟大作用；第三节"诗经为后世感化文学之祖"，侧重《诗经》的道德感化作用；第九节"楚辞为赋家之祖"，重点论屈原、宋玉的辞赋的风格。

卷二"汉至隋"侧重于探寻文学现象、文学流派的成因、辨别其异同。如第十节"六朝诗学之流变"，作者对六朝诗体瞬间多变的现象予以详稽博考，又从政治背景、宗教影响及士人心态等因素总结出六个方面的原因。这在当时是可贵的。不过，令人遗憾的是，作者只考察了六朝诗学流变的外部原因，未曾进入诗歌内部。

书中不仅使用文言文，而且多数是对仗工整的骈文句式，如论文学的起源，指出"初民讴歌吟呼之作，起于作乐之时，书契之前；世人述志箴谏之诗，兴于书契之后，制礼之始"②。这可能是因为，作者对刘勰《文心雕龙》颇有研究（曾著有《文心雕龙校释》），喜爱《文心雕龙》惯用的骈文句式。

全书叙述上古至隋之文学。凡行文中遇有疑难或需解释之处，随时以小字详加注明，横征博引，类同"笺注"，能对正文起到佐证、补充或延伸论证的作用，但有时夹注过长，给读者造成阅读不便，也削弱了正文的主旨。如

①刘永济：《十四朝文学述略》，哈尔滨：黑龙江人民出版社，1984年版，第3页。
②刘永济：《十四朝文学述略》，哈尔滨：黑龙江人民出版社，1984年版，第38页。

卷二第五节"两京当诗体穷变之会"中"故李陵、婕妤，见拟前代"九字之下，其按语竟然长达六页共四千多字！

目次：

卷首　叙论

卷一　上古至秦：一、古代茫昧难征；二、孔子删述之影响；三、诗经为后世感化文学之祖；四、春秋时诗学之盛；五、纵横家为诗教之流变；六、论著文之肇兴；七、诸子文学之影响；八、战代文学有三大宗主；九、楚辞为赋家之祖赢秦统一与文学。

卷二　汉至隋：一、辞赋蔚蒸之因缘；二、两京赋体之流变及其作家之比较；三、赋家之旁衍；四、汉乐府三声之消长；五、两京当诗体穷变之会；六、史体之大成及马班之异同；七、篇体变古之渐；八、建安文学之殊商；九、魏晋之际论著文之盛况；十、六朝诗学之流变；十一、南北朝风谣特盛及乐声流徙之影响。

7月

罗根泽《晚唐五代文学批评史》

罗根泽《晚唐五代文学批评史》，商务印书馆印行，1945年7月重庆版，1946年2月上海版，32开，69页，7万余字。

本书系罗根泽"中国文学批评史"第四册，同时为"中央大学文学丛书"之一。

目次：

第一章　文学论：一、自唐代社会变迁说起；二、李商隐的反道缘情文学说；三、李牧的事功文学说；四、皮日休陆龟蒙的隐逸文学说；五、刘蜕罗隐的文章丧亡论；六、韩偓欧阳炯的香艳说；七、韦庄韦谷的清丽说；八、黄滔吴融等的反艳丽说；九、刘昫徐铉的折中说。

第二章　诗格（上）：一、诗格的两个时代；二、五代试士的注重诗格赋格；三、材料的获得；四、王壑炙谷子诗格；五、李洪宣缘情手鉴诗格；六、齐已风骚旨格；七、虚中流颡手鉴；八、徐衍风骚要式；九、徐寅雅道机要；十、王玄诗中旨格；十一、王梦简诗要格律；十二、桂林淳大师诗评；十三、文亥诗格；十四、保逻处囊诀。

第三章　诗格（下）：一、旧题魏文帝诗歌；二、旧题贾岛二南秘旨；三、旧题白居易金针诗格及梅尧臣续金针诗格；四、旧题白居易文苑诗格；五、旧题梅尧臣梅氏诗格；六、惠洪天厨禁肉及林越少陵诗格；七、已佚的诗格；八、诗格总集——李淑诗苑类格；九、诗格丛书——蔡传吟窗杂录；十、赋格及文格；十一、反诗格的言论。

第四章　诗句图：一、诗句图的渊源；二、李商隐梁词人丽句；三、张为诗人主客图；四、李洞集买贾岛诗句图；五、宋太宗真宗御选句图；六、惠崇句图；七、已佚的诗句图；八、蔡传句图、续句图及陈应行句图；九、高仪孙诗句图；十、诗句图的评价。

第五章　诗品及本事：一、司空图的救世与避世；二、诗境的建立；三、二十四诗品；四、比喻的品题及其来源；五、文字以外的风格；六、文人之诗与诗人之文；七、孟棨本事诗；八、续本事诗三种。

本年

李岳南《语体诗歌史话》

李岳南（1917—？），笔名丘山、金石，河北藁城人。《语体诗歌史话》，成都拔提书店1945年6月初版，草纸32开，108页，约6.5万字。

其内容从"诗三百篇"说到"抗战以来的白话诗歌"。

目次（待访）。

吴庆鹏《唐宋散文史》

吴庆鹏《唐宋散文史》，1945年贵州熙民印书馆初版。其他情况待访原书。据陈玉堂《中国文学史书目提要》录入。

龙榆生《宋词》

龙榆生的《宋词》，是其在南京中央大学任教时的油印讲义。一册，分"北宋词坛概况"、"晏殊晏几道"、"欧阳修"、"张先柳永"、"苏轼"五章，共33页，有批注。[①]

目次（略）。

[①] 张晖：《龙榆生年谱》，上海：学林出版社，2001年版，第254页。

1946年（民国三十五年）

1月

傅庚生《中国文学批评通论》

傅庚生（1910—1984），字肖岩，祖籍山东蓬莱，辽宁辽阳人。《中国文学批评通论》，商务印书馆，1946年1月重庆版，1947年8月上海版，32开，224页，约14万字。1975年3月台北华正书局重印出版。

1943年，傅庚生的第一本学术著作《中国文学欣赏举隅》由开明书店出版。本书为他的第二部学术著作。

鉴于当时批评史研究较为兴盛而"对于文学批评之原理与问题短于发抒；间有旁及之者，又不免格于体制，或则简阔其言辞，或则枘凿其篇目，不能予人以明确的概念与因依之准则"[①]，傅庚生独创新格，撰著《中国文学批评通论》，"诠证古今，沟通中外"，旨在横向性地阐释文学批评的一般理论。虽为横的理论性论著，但对于渊源所自、影响所及，也连带论述，可作为文学批评史书看待。例如，第四章"中国文学批评史略"，分为"先秦文评之规模"、"两汉批评学渐趋精密"、"魏晋南北朝文论之盛"、"隋唐复古主张之萌芽与确立"、"两宋文评语诗话"、"元明文评语公安派等"、"清之桐城派等"，以简洁的语言概述先秦至清的文学批评发展。

在20世纪中国文学批评史研究中，傅庚生的《中国文学批评通论》不论从编写体例还是理论立场上看，都是一部较为独特的著作。下面试作分析。

一、编写体例

全书分为上、中、下三编。上编"绪论"四章，以为源头，系全书之滥觞；中编"本论"四章，是全书主体，从感情、想象、思想、形式共四个方

---

①傅庚生：《中国文学批评通论·自序》，重庆：商务印书馆，1946年版。

面论述中国文学批评；下编"结论"三章，总结中国文学的特征。这种编写体例具有两个特点：一是存"编"和"章"而去"节"，并未按照当时流行的章节体例编次，其缘由，据作者"自序"："非囫囵吞枣，苟以成编；由通论之体，割裂多不适宜也。"二是以"绪论""本论""结论"这三大块来结构全书，具有逻辑严密、框架清晰的长处。

二、理论立场

此书较早注意用近现代西方文学理论来对中国古代文学批评作横向的理论研究，因而明显的理论色彩是它区别于其他文学批评史著作的标识。其中，又以较多引述西方心理学理论显得独特。如引述古代文论家对悲观文学的重视后，依据近代"文学为苦闷的象征"的原理给予解释。解释"比兴"说："诗有比兴之义，比者藉联想作用以将彼喻此也，兴则系藉创造的想象以融物态而起人情者也。"并引古代之比兴论以实之。解释刘勰的"风骨论"说："综览刘氏之论，以为抒摅者情思，而形之于文者风，犹今之云感情、思想咸为文学之元素，又须藉联想作用以形之也；以为铺陈者辞藻，而持其纲者骨，犹今之云形式亦为文学元素之一，又须藉分想作用以饬之也。"指出论创作可分为"直觉的"与"反省的"两种，分别举刘勰《文心雕龙》中《神思篇》和《通变篇》的构思论给以说明。此外，依据现代文论中思想和情感的关系论来评析古代文论中的相应论断，批评"载道"与"尚用"说，"皆遮蔽文学之翳障"。①

傅庚生认为，文学创作和文学批评都因人、因地、因时而各异，所以，不同作家的文章有不同的风格，南北文学有地域文化方面的差异，而文学批评理论也是中外殊异。但切不可因此否认相通之处。他主张融通不同风格的作家、南北文学和中外文学理论，使之适应于现代。"夫生今之时，仍墨守古今文学相沿之成规，不旁察中外文化交融之反应，则止可以因袭与守阙，必不能为谋承先与启后，所谓闭户不可造车也；然若必艳羡外族文化既成之果，

①这一自然段摘录自《郭绍虞、朱东润先生的早期研究与中国文学批评史的学科独立》一文，详见 http://jpkc.fudan.edu.cn/s/44/t/43/01/59/info345.htm，发布时间 2008 年 5 月 18 日。

蔑视本国文学已种之因，则只宜于介绍与摹仿，亦不足语于融会与创作，所谓抽刀不能断水也。"①他既主张融会中外，又强调发扬民族文学理论的传统。这在当时，是高出一般人的见识。

他还注意到文体互相渗透的现象，指出"戏剧可以参校诗歌而编排矣，小说可以易戏剧之衣冠为文学描写矣，散文可以脱小说之樊篱而自由抒其情思矣"②。

目次：

上编　绪论：一、文学之义界；二、文学批评之义界；三、创作与批评；四、中国文学批评史略。

中编　本论：五、中国文学批评之感情论；六、中国文学批评之想象论；七、中国文学批评之思想论；八、中国文学批评之形式论。

下编　结论：九、个性时地与文学创作；十、文学之表里与真善美；十一、中国文学之文质观。

2月

杨荫深《中国俗文学概论》

杨荫深《中国俗文学概论》，上海世界书局印行，1946年2月初版，32开，128页，约8万字。

本书中的俗文学，包括谣谚、歌曲、小说、戏剧和唱词、相声等十六类。全书采用"以文类为经、时代为纬"的注释体例，共十七章、四十九节。

目次：

第一章　绪论：一、俗文学是什么；二、俗文学的文类；三、研究俗文学的困难。

第二章　谣谚：一、谣谚的意义；二、谣谚的体例。

---

①傅庚生：《中国文学批评通论》，重庆：商务印书馆，1946年版，第222页。

②傅庚生：《中国文学批评通论》，重庆：商务印书馆，1946年版，第223~224页。

第三章　民歌：一、民歌的解说；二、民歌的列别；三、民歌的体例。

第四章　俗曲：一、俗曲的产生；二、旧调的俗曲；三、地名的俗曲；四、新创的俗曲。

第五章　话本：一、话本的由来；二、话本的体例。

第六章　章回小说：一、章回小说的渊源；二、章回小说的体例。

第七章　杂剧院本：一、杂剧与院本的相同；二、杂剧院本的由来；三、杂剧院本的演出。

第八章　戏文传奇昆曲：一、戏文的渊源；二、由戏文到昆曲；三、戏文的体例。

第九章　元杂剧与南杂剧：一、元杂剧的渊源；二、元杂剧的创始；三、杂剧的体例。

第十章　皮簧戏：一、皮簧戏的由来；二、皮簧戏的体例；三、皮簧戏的演出。

第十一章　地方戏：一、地方戏的两大系统；二、关于各地的大戏；三、秧歌与蹦蹦戏；四、滩簧与越剧；五、花鼓戏与楚剧；六、傀儡戏与影剧。

第十二章　变文：一、变文的发现；二、变文的由来；三、变文的体例。

第十三章　诸宫调：一、诸宫调的产生；二、诸宫调的体例。

第十四章　宝卷：一、宝卷的由来；二、宝卷的体例。

第十五章　弹词：一、弹词的异称；二、弹词的由来；三、弹词的体例。

第十六章　鼓词：一、鼓词的由来；二、鼓词的体例；三、子弟书及其他。

第十七章　相声：一、相声的渊源；二、相声滑稽与双簧。

4月

郭麟阁《魏晋风流及其文潮》

郭麟阁（1904—1984），河南西平人。《魏晋风流及其文潮》，1946年4月重庆红蓝出版社北平分社出版，32开，104页，约8万字。

作者曾执教于中法大学、辅仁大学等高校，著有《红楼梦研究》（法语）、《法国文艺论集》（法语）、《法国文学简史》（法语）。其中，《法国文学简史》（卷一、卷二）是第一部中国人用法语撰写的法国文学史。作者在书中批判地采用了法国著名文学批评家、文学史家如圣佩夫（Sainte Beuve）、泰纳（Taine）、布吕乃基耶（Brunetière）、朗松（Lanson）等的观点。本书是作者引入法国文学史观编纂而成。作者结合法国文学理论，把魏晋文学史视为一场浪漫主义的文学运动。

本书为"中华全国文艺作家协会北平分会"主编的丛书之一，共十章。目次：

第一章 历史鸟瞰；第二章 社会背景；第三章 玄学清淡（一、玄学发达之原因；二、玄学；三、清淡）；第四章 风雅韵致（一、通达；二、服药；三、纵酒；四、山水风景园林台榭；五、音乐）；第五章 道教组织之完成（一、起源；二、张陵五斗米道；三、丹鼎派；四、符箓派）；第六章 佛教思想之勃兴（一、译经之起始；二、译经代表人物；三、重要教义）；第七章 建安时代文艺之主潮；第八章 正始时代文艺之主潮；第九章 太康时代文艺之主潮；第十章 永嘉以后文艺之主潮。

9月

廖辅叔《中国文学欣赏初步》

廖辅叔（1907—2002），广东惠州人。《中国文学欣赏初步》，生活书局

（上海、重庆、新加坡）发行，1946年9月初版，同年12月再版。窄32开本，65页，约17万字。另有生活书店1949年4月东北版出版本。

本书为生活书店"新知识初步丛刊"之一种。

目次：

一、中国文学的特色；二、中国文体的演变；三、从作品看作家；四、技巧；五、结语。

10月

崔荣秀《中国文学史概略》

崔荣秀《中国文学史概略》，李松伍校订，国民图书公司1946年10月印，32开，平装，238页。

全书分绪论、说诗、说辞、说歌、说赋、说曲、戏剧、小说之史的研究、说文章、结论，共十章。

目次（待补）。

王易《乐府通论》

王易《乐府通论》，上海中国文化服务社1946年10月初版，32开，117页，约5万字；1948年11月再版。另有北京大学出版社1982年版、上海书店1989年影印版（收入"民国丛书"第四编第57种）。

书中的序作于1932年11月，据此推断，大约书成于此时。

本书最大的特点就是结合音乐来论述乐府诗。全书对乐府诗的起源、建立、沿革等作了探讨，并结合音乐论及乐府诗，将中乐与西乐进行了比较，认为燕乐、西乐实出一源，同出印度。其体例与作者《词曲史》（1932年再版）类同。

目次：

述原第一、明流第二、辨体第三、征辞第四、构律第五、余论。

11月

蒋祖怡《诗歌文学纂要》

蒋祖怡《诗歌文学纂要》，1946年11月重庆中正书局初版，32开，217页，约12.2万字。

1940年前后，蒋伯潜、蒋祖怡父子应重庆正中书局之约编撰"国学汇纂丛书"，其中的《经学纂要》、《诸子学纂要》、《文字学纂要》、《宋明理学纂要》、《校雠目录学纂要》、《文体论纂要》、《经典纂要》等七种由蒋伯潜撰写，《文章学纂要》、《史学纂要》、《诗歌文学纂要》三种由蒋祖怡撰写。本书即为"国学汇纂丛书之五"。

作者把中国古代诗歌视为一种文学现象而非文体，据此观察古代诗歌，于是得到一些不同于一般文学史编者的发现。

作者先是总结中西方关于诗歌起源的各种说法，认为诗歌在文字出现以前就已经有了，源于先民的祭祀和劳动。他如此认为，也是因为他坚信音乐是诗歌的根本特质，而不像当时一般人那样相信诗歌的特质在于思想情感和外在的形式美。他按照音乐在诗歌中的基本功能的不同，把诗歌文学分为"歌唱文学"和"表演文学"两大主流，又按照不同时期诗歌所具有的音乐形式之不同，分作相应的系统，如先秦时期的歌唱文学分作"诗经系统"和"楚辞系统"、汉代至唐朝的乐府为"乐府系统"等。

由于特别关注音乐与诗歌文学的关系，作者发现了"诗歌文学演变的一个大原则"：

> 大凡一种诗歌文学的起来，最初一定盛行于民间的，后来播之于音乐，便成为它底全盛时代，于是一般人群起仿效；可是文人并不完全都了解音乐，于是文字与音乐渐渐地脱离了关系，而这诗歌文学亦渐趋于没落衰老的一条路。这时候另一种诗歌文学正在民间滋长起来，代替了

才没落的那一种。①

这个概括，过于强调诗歌的音乐内涵而忽视思想情感，并不是很准确。但作者发现的"大原则"总体上还是没错的。

在"大原则"指引下，作者进一步发现了"中国诗歌文学流变中的一个奇迹"：

> 歌唱文学与表演文学的合流始于唐代，而成于宋代。两条巨龙汇集，又融成另一种新型而伟大的文学形式。而这种文学是含有"歌唱""表演"两种特质的。②

平心而论，由于作者拘囿于中国诗歌的音乐、功能和形式而忽视内容，他"发现"的"大原则"和"奇迹"等，尚可商榷。但本书的主要特色并不在于作者新奇的见解，而是其与众不同的编写体例。具体表现在三个方面：

一、以诗歌在各时期的演变系统为经，以各诗歌系统自身的流变为纬。如此，就与以时代（朝代）为经、作家作品（思潮、流派等）为纬的述史体例有很大不同。因而避免了流行的述史体例人为分割文学之病。

二、将文学概论引进文学史写作。对于每种诗歌系统，作者并非只梳理其演变轨迹，而是经常以夹叙夹议的手法作学理性的探讨。因而本书总体上是一部文学史，却又像一部文学概论。

三、注重诗歌文学的发展演变，对作家和作品多有省略。

然而需要指出的是，本书的编写体例，颇受龙沐勋《中国韵文史》（1934年）的影响。试举几个例子。首先，龙沐勋在《中国韵文史》中，"以诗经、楚辞、乐府、五七言古近体诗为一系，宋元以来词曲为一系"。本书则把宋代以前的诗歌称为"歌唱文学"，宋以后称为"表演文学"。其次，龙沐勋在

---

①蒋祖怡：《诗歌文学纂要》，重庆：正中书局，1946年版，第14页。
②蒋祖怡：《诗歌文学纂要》，重庆：正中书局，1946年版，第22页。

"编辑凡例"中申明"本书以一种体制之初起与音乐发生密切关系者为主"①，本书的编写也视音乐为诗歌的根本特质，而且全书以音乐与文学的分合作为主线。

目次：

第一篇　绪论

第一章　诗歌文学之起源；第二章　诗歌文学之特质；第三章　诗歌文学之流变。

第二篇　歌唱文学

第一章　诗经系统：第一节　诗经的内容；第二节　诗经之地域作者及时代；第三节　诗经的文章。

第二章　楚辞系统：第一节　楚辞的时代；第二节　楚辞的内容；第三节　楚辞的文章。

第三章　乐府系统：第一节　乐府之起源及其概说；第二节　六朝乐府之鸟瞰；第三节　乐府之没落与唐代的新乐府。

第四章　古诗系统：第一节　五言七言古诗的起源；第二节　魏晋的五言古诗；第三节　复古运动及其影响。

第五章　律绝系统：第一节　齐梁小诗与律绝之形成；第二节　唐代诗歌；第三节　宋诗与清诗。

第六章　俗曲系统：第一节　佛曲；第二节　大鼓与弹词。

第七章　词曲系统：第一节　词的起来；第二节　词的勃兴与衰老；第三节　元明散曲。

第八章　新诗系统：第一节　新诗的起来；第二节　新诗之动向。

第三篇　表演文学

第一章　诗歌文学与表演文学之合流：第一节　宋代乐曲；第二节　院本与诸宫调。

第二章　元人杂剧——北曲：第一节　北曲之来源；第二节　元杂

_____

①龙沐勋：《中国韵文史·编辑凡例》，上海：商务印书馆，1934年版。

剧之结构作风与作者。

第三章　明人传奇——南曲：第一节　明人传奇——南戏之来源；第二节　南曲之概说；第三节　南戏之流变与近代剧。

第四篇　余论

第一章　论音律；第二章　论文章；第三章　体制。

1947年（民国三十六年）

4月

朱志泰《元曲研究》

朱志泰《元曲研究》，上海永祥印书馆1947年4月初版，32开，90页，约3.5万字。

本书被列为范泉主编的"青年知识文库"之一。全书共四章，内容大多取材于王国维《宋元戏曲史》和日人青木正儿《元人杂剧序说》二书。赵景深、顾仲彝分别为本书作序。

目次：

第一章　元曲的兴起；第二章　元曲的剖视；第三章　元曲的作家及作品；第四章　元曲的衰落和南曲的复兴。

5月

林庚《中国文学史》

林庚（1910—2006），字静希，福建闽侯人。《中国文学史》，厦门大学1947年5月初版，24开，408页，约27万字。朱自清作序。此书出版后，数次重版。目前最新的版本为清华大学2010年版。

作者为现代著名学者林宰平之子，1933年毕业于清华大学，1934年起留校任朱自清助教，并在北京大学等校兼课，讲授中国文学史；1937年至1947年任教于厦门大学；1947年回京，1952年起，任北大中文系教授，曾任古典文学教研室主任。1954年出版《中国文学简史（上卷）》（上海文艺联合出版社）。

本书原为林庚在厦门大学授课的教材，1941年曾由厦大出版组以油印本装订成书，但油印本只有《启蒙时代》、《黄金时代》、《白银时代》前三编。1946年，厦大出版委员会决定出版"厦门大学丛书"，将林庚先生的《中国文学史》列为丛书的第一种，并于1946年冬交厦门市大道印务公司承印出版，但因纸价不断飞涨，几经停滞，直至1947年5月才印成。

作者在"自序"中称，早在12年前已有编一部中国文学史的计划，其动机，除了为满足授课需要，还有两点：一是当时大学的课程是旧的，为了沟通新旧文学的愿望而写；二是作者感到文坛上纠纷很多，就是因为没有一个文学的主潮，为了探寻这个文学的主潮，要回过头去看历史，参照过去文学主潮的消长兴亡来寻找今后的主潮。

本书是至今影响很大的文学史著作，也是林庚一生最重要的论著。当时有报刊评论说："全书计达四百余页，颇多独到见解，书前有作者及朱自清先生序文，极为名贵。"①后世对此书的评价甚多，但似乎很少有人注意到，作者在书中特别强调"少年精神"这个概念，并以之贯穿全书的写作。后来作者回忆说：

> 我在研究建安时代的文学时，感到建安时代对诗歌来说，是一个文艺复兴时代。代表人物曹子建是富于少年精神的，他的人物性格，他写的诗，比如《野田黄雀行》，他的方方面面，都是带着一种少年精神的。我讲少年精神，最初就是从建安时代讲起，到了唐朝就更充分地发挥了。少年精神的内涵，就是有朝气有创造性的、蓬勃向上的，即使是忧伤痛苦，也是少年的忧伤痛苦。

因为重视"少年精神"，作者在材料选取和对作家作品的评价方面，跟其他文学史著作者有很大的不同：

---

① 《厦大校刊》第二卷第三期，1947年5月31日出版。

比如说对王维的肯定，一般人都欣赏王维后期的东西，就是《辋川》绝句那样的作品，都是很安静的东西。而我认为王维的真正价值是他的少年精神，是他早期的《少年行》，是"大漠孤烟直，长河落日圆"这样一类早期的作品。虽然他的边塞诗不多，但他年轻时的作品才是他的真正代表作，"唯有相思似春色，江南江北送君归"，这才是真正代表唐诗的。"晚来唯好静，万事不关心"，这不代表王维，那已经是他的末期了，人老了，当然比较安静了，已经不是创造的高潮了嘛。他创造的高潮还是那些在民间传唱的"红豆生南国，春来发几枝。劝君多采撷，此物最相思"，"清风明月苦相思，荡子从戎十载余"……①

最显著的不同，应该是林庚用诗人的锐眼写作中国文学史。朱自清在为本书作的序中说：

> 著者用诗人的锐眼看中国文学史，在许多节目上也有了新的发现，独到之见不少。这点点滴滴大足以启发研究文学史的人们，他们从这里出发也许可以解答些老问题，找到些新事实，找到些失掉的链环。著者更用诗人的笔写他的书，虽然也叙述史实，可是发挥的地方更多；他给每章一个新颖的题目，暗示问题的核心所在，要使每章同时是一篇独立的论文，并且要引人入胜。他写的是史，同时要是文学；要是著作也是创作。这在一般读者就也津津有味，不至于觉得干燥、琐碎，不能终篇了。这在普及中国文学史上是会见出功效来的，我相信。②

"用诗人的锐眼看中国文学史"可谓一语道出林庚《中国文学史》的特色所在，而林庚在20世纪90年代末期回忆当年写作《中国文学史》时也承认说："我那时是在写新诗的基础上，作为一个作家去写文学史的。"③正因为作

①张鸣：《林庚先生谈文学史研究》，《文史知识》2000年第2期，第7页。
②朱自清：《朱佩弦先生序》，林庚：《中国文学史》，厦门：厦门大学出版社，1947年版。
③张鸣：《林庚先生谈文学史研究》，《文史知识》2000年第2期，第4页。

者"作为一个作家去写文学史",所以他"在许多节目上也有了新的发现","更用诗人的笔写他的书","给每章一个新颖的题目"。例如"知道悲哀以后"、"文坛的夏季"、"旅人之思的北来"等,既"暗示了问题的核心所在",也给人耳目一新之感。在评论历代作品时,作者以诗人的灵性去体验、去感悟。尽管同样是重视审美批评,却体现出与以往及同时代文学史著作不同的写作思路。再加上全书使用白话文,清新、素洁,充满感性的灵动。于是,此书可谓开辟了中国文学史写作的一种侧重个人审美批评的新风格(以往史著大多侧重史识),不过,在此后出版的文学史写作中,这种新风格却不多见。其原因,应该在于多数文学史研究者对这种风格持否定态度。

目次:

朱佩弦先生序、自序

启蒙时代

第一章 蒙昧的传说;第二章 史诗时期;第三章 女性的歌唱;第四章 散文的发达;第五章 知道悲哀以后;第六章 理性的人性;第七章 文坛的夏季;第八章 苦闷的醒觉。

黄金时代

第九章 不平衡的节奏;第十章 人物的追求;第十一章 原野的认识;第十二章 旅人之思的北来;第十三章 主潮的形式;第十四章 诗国高潮;第十八章 散文的再起。

白银时代

第十九章 口语的接近;第廿章 凝静的刻画;第廿一章 抒情时期;第廿二章 晚唐余风;第廿三章 骈俪的再起;第廿四章 古典的衰歇;第廿五章 文艺清谈;第廿六章 第四乐府;第廿七章 理性的玄学。

黑夜时代

第廿八章 梦想的开始;第廿九章 讲唱的流行;第卅章 杂剧与院本;第卅一章 舞台重心;第卅二章 章回故事的出现;第卅三章 梦的结束;第卅四章 女性的演出;第卅五章 诗文的回溯;第卅六章 文艺曙光。

7月

陆侃如《中古文学系年》

陆侃如（1903—1978），原名侃，又名雪成，字衍庐，笔名小璧。祖籍江苏太仓，出生于江苏海门。《中古文学系年》，1985年6月由人民文学出版社出版，分上、下两册，32开精装，938页，82万字。

据陆侃如在本书"序例"中自述，他认为文学史的工作要分三个步骤：一是朴学的工作（对于作者的生平、作品年月的考订、字句的校勘训诂等。这是初步的准备）；一是史学的工作（对于作者的环境、作品的背景，尤其是当时社会经济的情形，必须完全弄清楚。这是进一步的工作）；还有一个是美学的工作（对于作品的内容和形式加以分析，并说明作者的写作技巧及其影响，这是最后一步）。三者具备，方能写成一部完美的文学史。据此，陆侃如制订了一套系统的中古文学研究计划，即写成三部书：第一是《中古文学系年》，对作者的生平、作品写作年的考订和对作品的校勘、训诂等，按照年份考订排列；第二是《中古文学论丛》，就当时文学的社会经济背景方面加以探讨，分若干专题写成论文；第三是《中古文学史》，即在以上研究的基础上，编写断代文学史。遗憾的是，他的一整套计划仅着手开始了《中古文学系年》，而且只写到西晋就搁笔了。

本书是陆侃如在1937年至1947年花费十年时间写成的。其"序例"落款云："一九四七年七月七日，序于沈阳东北大学西新村109号。"可确定初稿完成于1947年7月7日。1949年以后，陆侃如对初稿不断进行修改、补充，直到1978年12月1日逝世为止。因而本书可以说是他一生的心血。

这部著作，上自公元前53年扬雄生，下迄公元340年卢湛死。以年为纲，以人为目，考证了这400年内152位文学家的生平事迹、著作篇目及著作年代，辑录了大量的资料，考证精细，征引丰富。从这部著作中，可以看出陆先生朴学方面的功力，也可略见陆先生的治学方法。这一段的作家，大多传记简略或无传记，考论鲜据，不少问题难以搞清。陆先生对历史上遗留下来的疑难问题，作了大量的考评工作，不少地方突破了旧说。他在资料上钩沉辑佚，补充了史书的失载，订正了史书上的误记，同时也订正了严可均《全汉文》、《全三国文》、《全晋文》和丁福保《全汉诗》、《全三国诗》、《全晋诗》的误收和失采。

《系年》引书达数百种之多，不仅翻遍了前五史及严可均、丁福保所辑全部诗文，又从《初学记》、《北堂书钞》、《艺文类聚》、《太平御览》等类书中，辑录了很多资料。同时还从《三国志》裴松之的注、《世说新语》并注，以及《水经注》、《职官表》及方志中，钩沉稽隐，搜集了许多有价值的资料。对作家的生平、著作史料，本传不足，则求之于别传；本传、别传不足，又求之于他人传记中的资料。对于近代学者的研究成果，如刘汝霖的《汉晋学术编年》、刘师培的《扬子法言技补》、唐兰的《马融的一生》、郑鹤声的《班固年谱》等，陆先生均间有所采。凡有不同看法者，皆一一指出。就连国外汉学家的著作，陆先生也不忽略。

这部书稿可以说是中古近四百年的文学年鉴，如把一个个作家的有关条目合起来，则是一个个作家的简单年谱和作品系年考。作者在最后的"索引"部分，作了这方面的梳理工作，前有详目，后有索引，正文部分是系年考证，很便于读者翻阅，可以作为一部工具书使用。书中辑录了不少作家的生活史料、佚闻轶事，对文学史的研究、作家作品的研究，对年谱和作家评传的撰写，均有较高的参考价值。①

目次：

序例；详目；卷首（公元前五三年至一年）；卷一（公元一年至五零年）；卷二（公元五一年至一零零年）；卷三（公元一零一年至一五零年）；卷四（公元一五一年至二零零年）；卷五（公元二零一年至二五零年）；卷六（公元二五一年至三零零年）；卷末（公元三零一年至三五一年）；索引。

---

①刘文忠：《读陆侃如先生的〈中古文学系年〉》，《文史哲》1983年第4期，第44、45页。

刘锡五 《中国文学史大纲》

刘锡五 (1904—1970)，曾用名刘荣福、刘心平，河南孟县人。《中国文学史大纲》，1947年7月中国文化服务社河南分社初版，10月再版，32开，80页。

本书内容只涉及文（含辞赋）与诗，不包括词、曲、小说和戏剧。

目次（略）。

9月

陈子展 《唐宋文学史》

陈子展 《唐宋文学史》，作家书屋印行，1947年9月沪一版，32开本，342页，约14.5万字。姚蓬子任发行人。

本书分唐、宋两部分，曾分别于1944年、1945年间在重庆初版，书名为《唐代文学史》、《宋代文学史》。

目次：

唐代

一、说到唐代文学；二、初唐诗人；三、中唐诗人；四、盛唐诗人；五、晚唐诗人；六、古文运动；七、唐人小说；八、晚唐五代词人。

宋代

一、说到宋代文学；二、古文运动之复兴；三、宋代诗人（上）；四、宋代诗人（下）；五、宋代词人（上）；六、宋代词人（下）；七、宋代平话。

11月

刘开荣 《唐代小说研究》

刘开荣 (1909—1973)，湖南衡阳人。《唐代小说研究》，上海商务印书馆1947年11月初版，32开，220页，约14万字。1950年7月，由上海商务印书馆重版发行；1955年6月，修订第一版，1956年11月修订第二版；1966年7

月、1994年5月、1997年，台湾商务印书馆先后三次重版。

1935年秋，刘开荣考入金陵女子文理学院中文系，是时陈中凡受聘于该校中文系讲授中国文学史，刘开荣因此得以接受陈中凡指导。1943年，刘开荣投陈寅恪门下，在成都燕京大学历史研究所攻读研究生。本书即脱胎于刘开荣的研究生毕业论文《唐代小说研究》。因而，本书的写作曾受陈寅恪、陈中凡两位先生的影响，尤其陈寅恪，是作者的指导教师。①

全书分上、下两篇，上篇为"传奇小说"，下篇为"俗文小说"，共八章、三十七节。所选小说，多数根据鲁迅的唐宋传奇小说研究著作，侧重于社会背景对唐代小说的影响。书末附录《古镜记》、《李娃传》等十篇原文，并列有《太平广记》、《小说考证》等82种参考书目。

目次：

附录

1955年修订本与1947年初版本相对比，改动较大：一、不再分上、下篇，改为纯章节体；二、增加了社会背景对唐代小说影响的内容；三、删去初版本下篇"俗文小说"中有关变文的部分，以及一些被认为阶级立场反动

---

①此处刘开荣的生平等介绍,摘录自董宝光《学贯中西的湖南才女刘开荣》(《纵横》2006年第2期)。董宝光是刘开荣的女婿。

的作品。

修订本目次：

第一章　序论——唐代传奇小说勃兴的社会基础：第一节　盛唐以前统治阶级的内部矛盾与斗争；第二节　新兴市民势力的成长；第三节　唐传奇小说是城市文学的表现形式之一。

第二章　传奇小说勃兴与古文运动、进士科举及佛教的关系：第一节　"古文运动"产生的原因及其与传奇小说勃兴的关系；第二节　进士科举与传奇小说的产生；第三节　传奇小说从佛教文学吸收了什么。

第三章　传奇小说的前期作品——王度古镜记及无名氏补江总白猿传：第一节　古镜记的两个特点与形式；第二节　"古镜"的意义溯源与作品所表现的作者的世界观；第三节　补江总白猿传产生的可能原因的分析；第四节　"白猿传"在唐小说史中的地位与写作时代的推测，附古镜记及补江总白猿传全文。

第四章　朋党之争与周秦行纪：第一节　周秦行纪的主题；第二节　周秦行纪的写作时代；第三节　周秦行纪的作者问题，附周秦行纪及周秦行纪论全文。

第五章　传奇小说中的恋爱主题所反映的阶级矛盾（上）（李娃传与莺莺传）：第一节　李娃传的主题与唐代的士族婚姻制度；第二节　作者白行简的身世和创作李娃传的立场与态度；第三节　莺莺传的主要矛盾在哪里；第四节　作者元稹的创作方法与其主观世界的矛盾，附李娃传及莺莺传全文。

第六章　传奇小说中的恋爱主题所反映的阶级矛盾（下）（霍小玉传）：第一节　进士与倡妓恋爱主题的社会背景；第二节　唐倡妓的一般生活状况和社会地位；第三节　霍小玉传中悲剧性的分析；第四节　霍小玉传的作者问题，附霍小玉传全文。

第七章　反映小有产者思想意识的枕中记与南柯太守传：第一节　枕中记与南柯太守传所透示的颓废的人生观；第二节　枕中记与南柯太守传

所反映的不同的时代及社会背景；第三节　枕中记与南柯太守传的作者，附枕中记与南柯太守传全文。

第八章　晚唐的农民起义与豪侠小说（红线传及虬髯客传）：第一节农民起义的原因；第二节　红线传的主题思想所表现的人民性；第三节虬髯客传的主题所反映作者的立场观点及作品的创作时代问题，附红线传及虬髯客传全文。

后记、主要参考书目。

〔日〕盐谷温著、隋树森译《元曲概说》

盐谷温著、隋树森译《元曲概说》，上海商务印书馆印行，1947年11月初版，32开，84页，5万余字。1958年由商务印书馆重印出版。

本书原为盐谷温所译中国《元曲选》（1940年出版）一书的长"序"，此文叙述中国戏曲沿革甚详。次年春，译者隋树森便将其译成中文。

全书共九章、若干段落，末为结论。

目次：

第一章　歌曲之沿革：诗骚、乐府、绝句、词、曲。

第二章　唐之歌舞戏：歌舞之起源、唐之梨园、大面、拨头、踏摇娘、苏中郎、窟垒子、参军戏。

第三章　宋之杂剧：北宋之杂剧、五花爨弄、南宋之杂剧、鼓子词、诸宫调、唱赚、傀儡、影戏。

第四章　金之院本：金之文化、院本、诸宫调、董西厢、刘知远、连厢词。

第五章　元曲之勃兴：科举说、其否定、杂剧十二科、元曲选、古今杂剧、西厢记、西游记、元曲之西译。

第六章　元曲之作家：录鬼簿、太和正音谱、六大家。

第七章　元曲之体例：一本四折、一折一调一韵、楔子、一人独唱、题名正名。

第八章　南北曲之比较：南曲之起源、南曲、体制上之比较、音韵上之比较、乐律上之比较、脚色上之比较、（附）昆曲、二黄与梆子。

第九章　元曲选之解题：史剧三十种、风俗剧三十一种、风情剧二十种、道释神怪剧十九种、结论。

1948年（民国三十七年）

春

鲍文杰《中国文学史略》

鲍文杰，浙江人。《中国文学史略》，杭州中流出版社发行，1948年春初版，32开，72页，约4.5万字。

本书原是作者任教于杭州市第十九中学时编写的讲义，因为是在战争时期编写，资料十分缺乏，仅参考了陆侃如、冯沅君《中国文学史简编》、朱东润《中国文学史大纲》和郑振铎《中国文学论集》等书。

全书共八章、若干节，由周前文学至清代，按代分述，内容极简略，叙述散乱。

目次（略）。

4月

何剑熏《中国文学史（上）》

何剑熏（1911—1988），四川阆中人。《中国文学史（上）》，重庆寒流社印行，联营书店代发行，1948年4月初版，32开精装方形本，324页，约17万字。仅印500册。

据作者说，本书于1942年12月开始动笔，1943年秋写至北宋。目前仅见写到商殷的上册，下册尚未发现。不过，就本书"绪论"内容看，作者之言非虚。"绪论"中述及不少文学史家和文学史理论观点，如刘大杰、胡适、郑宾于、胡风等。此外，还引用了马克思、列宁及蒲列汗诺夫（普列汉诺夫）等唯物史观言论。"绪论"长达9.8万字，共27节。可见，作者起先确实是打算作通史叙述的。

在中国文学史写作史中，直到20世纪30年代，引文注释虽已引起注意，但尚无规范可言。到了40年代，给引文加注释已成为约定俗成的写作规则，但人们仍未就具体如何注释形成统一意见。1942年，何剑熏即将开始写作本书时，特意给自己拟定引用他著的若干规则，如："凡引用文字，概以作者及书名附后；如仅综述意见，非引全文者，则作者及书名即载注释中。如所引仅为一书，前面已注出者，后面即不注。"①

目次：

一、原始共产社会的文学：第一章　艺术的发生与宗教；第二章诗歌的起源及其最初的形式；第三章　神话；第四章　传说中的这一时期的诗歌。

二、奴隶社会的文学：第一章　文学上几个重要事情的开始（抒情诗的发生、散文的产生、神话的没落、艺术首次的大分裂）；第二章　奴隶社会文学的诸性格；第三章　商殷社会的一般关系；第四章　商殷时代的诗歌与散文。

5月

谭正璧《中国文学史》（新一版）

谭正璧《中国文学史》，上海光明书局1948年5月新一版，24开，424页。

本书的叙述以简明为主，但对于那些作品失传的作家，也依据前人相关材料，同样叙入。书中明清部分，以通俗文学为主，又以鼓词最为详细，因为其他文学史著对鼓词基本涉及（郑振铎《插图本中国文学史》叙及鼓词，但当时尚未出版）。

本书是适用于中学以上教学的参考书，其实就是谭正璧1935年8月出版的《新编中国文学史》，所谓"新一版"，只是删去了最后的"现代文学"部

---

①何剑熏：《中国文学史（上）·序》，重庆：寒流社，1948年版，第2页。

分内容而已。

目次（详见1935年版）。

8月

柳存仁《上古秦汉文学史》

柳存仁（1917—2009），华裔澳大利亚学者，世界著名汉学家，祖籍山东临清。《上古秦汉文学史》，上海商务印书馆1948年8月出版，32开平装本，171页，约8万字。

本书为商务印书馆"国学小丛书"之一。书前有吕思勉的长篇序文。此书原为油印讲义，1940年写成。

作者在"绪言"中，先辨"文学"与"历史"之义。经厘定中外"文学"之义后，认为文学必须具有四个要素，即"想象、思想、情绪、形式"。经辨析"历史"之义后，认为"文学史应为历史之一部分，而以叙述各时代文学之演变为其原则"。指出文学史的任务为："第一，文学史宜特别注意各时代文学演变或交替之痕迹，原因及其影响；第二，文学史宜详叙作家之个性环境及生活全貌，与其作品成就之关系；第三，文学史宜研究文学作品之本身，并介绍优美作品，以供学者之欣赏与参考。"他的这些认识，对此后乃至今日的中国文学史写作，都具有参考价值。

本书分章叙述，着重于文学的发生与发展，由上古迄于汉代。作者以进化论文学史观考察这段时期的中国文学，"特别注重各体文学自民间产生文人袭用以后，由长大扩张渐趋衰老之整个历史，而尤当说明其产生及演化之原因"[1]。

至20世纪40年代，已出现了好几种中国早期文学的断代史，本书的特色，在于着重辨析中国文学萌生的过程和早期各种文体的主要特点时，广泛汲取了到那时为止国内各种专门研究的成果，对西方文艺学、文化人类学等

---

[1] 柳存仁：《上古秦汉文学史·绪言》，上海：商务印书馆，1948年版，第7页。

领域的研究状况也非常关注，因而本书富于理论色彩，视野开阔。

目次：

12月

葛存悆《中国文学史略》

葛存悆，江苏人。《中国文学史略》，北平大同出版社出版发行，北大出版部印刷，1948年12月初版，32开，177页，约11万字。

卷首有"钱自严太史题词"、"邢蛰人太史序"、"自序"。据"自序"，本书系作者在北平铁道管理学院讲授中国文学史课程时编写。编写本书的目的，是感于中国古代文学之历史悠久，而民国以后"不患外国文学之不输入，惟患本国文学之日趋衰落"[①]。

全书共十二章、三十二节，叙述由上古至清代之文学史，使用普通文言写作，内容庞杂而叙述简略。体例方面的特点，主要有：以朝代为经、历代文学变迁趋势与特点为纬，每章末专辟一节"文学家小传"。

目次：

---

①葛存悆：《中国文学史略·自序》，北平：大同出版社，1948年版，第2页。

第五章　魏晋：第十二节　魏晋文学变迁之大势；第十三节　魏晋文学之特点；第十四节　魏晋文学家小传。

第六章　南北朝及隋：第十五节　南北朝及隋文学变迁之大势；第十六节　南北朝及隋文学之特点；第十七节　南北朝及隋文学家小传。

第七章　唐及五代：第十八节　唐及五代文学变迁之大势；第十九节　唐及五代文学之特点；第二十节　唐及五代文学家小传。

第八章　宋：第二十一节　宋代文学变迁之大势；第二十二节　宋代文学之特点；第二十三节　宋代文学家小传。

第九章　辽金元：第二十四节　辽金元文学变迁之大势；第二十五节　辽金元文学之特点；第二十六节　辽金元文学家小传。

第十章　明：第二十七节　明代文学变迁之大势；第二十八节　明五代文学之特点；第二十九节　明五代文学家小传。

第十一章　清：第三十节　清代文学变迁之大势；第三十一节　清五代文学之特点；第三十二节　清代文学家小传。

1949年（民国三十八年）

1月

刘大杰《中国文学发展史（下卷）》

刘大杰《中国文学发展史》，分两卷，上卷完成于1939年，1941年1月由中华书局印行；下卷完成于1943年，1949年1月由中华书局初版，504页，约38万字。1949年后，出现过多种合订本。[①]

本书上卷共十五章，始于殷商巫术文学，迄至唐代唯美诗的复活与唐诗的结束，分为六十余节；下卷从第十六章晚唐五代的词起，至第三十章清代的小说止，共七十余节，均以文体、作家按代叙述。

目次：

第十六章 晚唐五代的词：一、词的起源与成长；二、晚唐的代表词人温庭筠；三、民间的词；四、五代词的发展与花间词人；五、南唐词人。

第十七章 宋代的文学环境与文学思想：一、宋代的文学趋势与社会环境；二、宋代的古文运动。

第十八章 北宋的词：一、宋词兴盛的原因；二、宋初的词坛；三、词风的转变与都会生活的反映；四、苏轼的出现与词风的再变；五、格律诗派的形成；六、格律诗派的代表周邦彦；七、女词人李清照。

第十九章 南宋的词：一、时代的转变；二、朱敦儒及其他诗人；三、辛弃疾及其他词人；四、古典词派的形成与极盛——由姜夔到张炎。

第二十章 宋代的诗：一、宋诗的特色与流变；二、由西昆到欧苏；

[①]关于各种版本的刘大杰《中国文学发展史》上、下卷合订本及对本书的述评，详见前文相关内容。

《儒林外史》；三、曹雪芹与《红楼梦》；四、《镜花缘》及其他；五、平话小说；六、清末的小说。

3月

〔日〕青木正儿《清代文学评论史》

青木正儿此书，于1950年1月由日本岩波书店印行（日文版），1969年12月台湾开明书店出版由陈淑女翻译的中译本，32开，229页；1988年1月，中国社会科学出版社出版由杨铁婴翻译的中译本，32开，正文共241页，计13.3万字。

本书于1949年3月已成书。据书中"原序"介绍，青木正儿在东北大学讲授《宋元文艺评论史》（1929年）、《中国文学评论著作解说》（1934年、1935年）时，涉及六朝以至清初。1935年，在岩波"东洋思潮"讲座讲授"中国文学思想"时，便主要根据在东北大学的讲义，从上古一直讲到清末。1941年，在京都大学讲授"清代文学思想"时，修订、补充了原先关于清代文学思想的内容。同时，借着出版《中国文学思想史》（岩波书店1943年版）一书的机会，作者对清代的内容作了进一步修订，并于1949年3月完稿，交给岩波书店印行。

作者认为，中国文学的整体思潮动向，大都以评论形式出现，所以本书侧重于评论。作者希望读者"通过本书看清思潮动向，而不是单纯叙述评论的发展过程"①。

本书是青木正儿最后一部文学史著作。

目次：

第一章　清初的反拟古运动：一、钱谦益（牧斋）；二、冯班（定远）；三、吴乔（修龄）和贺裳（黄公）。

---

①〔日〕青木正儿：《清代文学评论史·序》，杨铁婴译，北京：中国社会科学出版社，1988年版。

本年

〔法〕马古礼《中国文学史（散文卷）》

马古礼（Georges Margouliès），原籍俄国，移居巴黎。作为汉学家，马古礼著述颇丰，其中影响较大的有《〈文选〉辞赋译注》（Le "Fou" dans le

Wen-siuan. Etude et textes），1926年由巴黎保尔·古特纳（Paul Geuthner）出版社初版；1948年在巴黎印行的《中国文学选萃》诗文合集法译本，所选由屈原到林纾，凡二百余家，遴选富有代表性，书中的序言叙述中国文学发展史，轮廓清晰，叙述准确。

所著《中国文学史》（*Histoire de la Litterature Chinoise*），散文卷于1949年初版（336页），诗歌卷于1951年初版（417页）。

目次（略）。

后记

本书是在《20世纪前期中国文学史写作编年研究》（北京师范大学出版社2013年版）基础上，按照新的编纂体例增订、修改而成。

2009年6月，我从中山大学中文系博士研究生毕业后，觉得有继续深造的必要，故而在这年9月辞职赴浙江大学做中国语言文学博士后。初到杭州，人生地不熟，几乎没有外出的必要，于是深居简出，利用互联网和浙江大学图书馆、浙江省图书馆等图书收藏机构的收藏，搜集中国文学史著作，最终编纂成《20世纪前期中国文学史写作编年研究》一书。现在回想当年，或枯坐宿舍，或静立图书馆，每天用一台14英寸的手提电脑打字，颇有青灯黄卷的孤寂和清冷。但我那时凭着一股甘坐冷板凳的精神，硬是以一己之力完成了这项工作。几年后，这本书获得国家社科基金后期资助立项，由北京师范大学出版社出版。不过，我对于中国文学史著作搜集整理的热情并没有就此消退，而是有了更高的热情、更大胆的计划，即，盘底从古至今的各种中国文学史著作，做一个全面、系统的编年。这显然是一项宏大的系统工程。无须讳言，像这样搜集整理中国文学史著作，被很多人视为"壮夫不为"乃至费力不讨好。迄今为止的一个事实是，此项工作虽有学术价值且惠及后世，却极少有人去做。事情总得有人去做，我虽不才，倒是自愿承担这一项工作。自2013年以来，我一直断断续续在做这件事，虽所得有限，如今仍打算先行出版这几年搜集整理中国文学史著作的一部分成果，就教于学界同人，以便及时修改、调整下一步的工作。

如果上述计划进展顺利，这个以"中国文学史著作编年叙录"为题的课题，将陆续出版以下几种著作成果：

1.《中国文学史著作编年叙录·古代文学史卷（上、下）》；

2.《中国文学史著作编年叙录·近现代文学史卷（上、下）》；

3.《中国文学史著作编年叙录·当代文学史卷》；

4.《中国文学史著作编年叙录·通史卷》。

本书即为其中第一种。

需要说明的是，所谓"古代文学史卷"，主要收入以先秦至清代的中国文学发展沿革为书写对象的著作，此外，也收入以民国初期（大致为中国现代文学史第一个十年）的文学为尾缀的文学史著作。如，郑作民的《中国文学史纲要》（合众书店1934年版）第十二章"当代文学"，论及文学革命、创造社、革命文学。由于时间和精力有限，特别是编者见识浅陋，书中难免有遗漏谬误之处，敬请读者增补、指正！

本书的出版，受到"岭南英杰工程"人才经费资助，承蒙向继东先生牵桥搭线，得到山西人民出版社蔡咏卉女士悉心编辑，在此深表谢意！

付祥喜

2022年10月